굿 데이터

초판 1쇄 발행 | 2023년 2월 20일

글 | 샘 길버트
옮긴이 | 김현성
펴낸이 | 박성신
펴낸곳 | 도서출판 쉼
등록번호 | 제406-2015-000091호
주소 | 경기도 파주시 문발로115, 세종벤처타운 304호
대표전화 | 031-955-8201
팩스 | 031-955-8203
전자우편 | 8200rd@naver.com

ISBN 979-11-87580-64-5 (03320)

잘못된 책은 바꿔드립니다.

굿 데이터

디지털 세상의 미래를 향한 한 낙관주의자의 인도

샘 길버트 지음 · 김현성 옮김

이 책의 한글 표기는 국립국어원의 원칙에 따르며, 외국 인명과 도서명 등 또한 국립국어원의 원칙에 따른다.
옮긴이의 설명을 미주로 달아 두었다.
고유명사 중 도서명은 국내에서 번역된 제목을 그대로 썼다.

늘 다른 가능성을 탐색하는 제니에게

서른아홉 살이던 2018년, 나는 학교로 되돌아갔다. 인터넷 가격 비교 사이트에서 구한 이삿짐 기사 레이의 도움을 받아 여행 가방과 몇 상자 분량의 책들을 밴van 뒷자리에 싣고 런던에서 케임브리지까지 이동했다. 학생 이삿짐 서비스 업체들에게 9월은 매우 바쁜 시기였기에, 우리는 케임브리지로 가는 동안 레이가 그 주에 했던 다른 이사 작업들(사우샘프턴으로, 맨체스터로, 그리고 다시 케임브리지로)에 대해 잡담을 나누었다. 그러다가 눈에 들어온 그의 열쇠고리에서 나는 그가 독일셰퍼드를 애호한다는 사실을 알아차리곤 혹시 개를 키우는지 그에게 물었다. 그는 롤라와 찰리라는, 구조견 출신의 개 두 마리를 키우고 있었다. 이제 다섯 살인 롤라는 새끼일 때부터 사람을 좋아하는 편이었고, 롤라보다 나이가 많은 찰리는 낯을 가리는 성격이라 했다. 우리는 개를 키우는 것이 인간의 육체와 정서에 얼마나 좋은 영향을 주는지에 대해 계속 이야기했다. 그러다가 레이는 내게 왜 케임브리지로 가느냐고 물었다. 정치학을 공부하러 간다는 내 말을 듣고 그는 잠시 생각하더니(아마도 브렉시트나 도널드 트럼프 또는 그 둘 모두를 떠올리지 않았을까 싶다) "확실히 정치를 공부하기에 정말로 재미있는 때이긴 합니다."라고 답했다. 물론 내 결정에 대해 모든 사람이 레이만큼 차분하게 반응한 것은 아니었다.

학교로 돌아가기 전 6년 동안, 나는 영국에서 가장 빠르게 성장하는 IT 기업 중 하나인 Bought By Many[1]의 최고 마케팅 책임자였다. 회사에 사직서를 제출한 후 링크드인에 나의 퇴사 소식을 알리자, 오래 알고 지냈던 동료 한 사람이 커피 한 잔 하지 않겠느냐고 연락을 해 왔다. 나는 그가 나의 학문적 연구에 관심이 있겠거니 짐작했다. 그러나 클러켄웰에 있는 한 힙한 카페에서 만난 그는 "글쎄요…"라고 말했고, 플랫 화이트에스프레소에 스팀밀크를 혼합하여 만든 호주식 카페라테가 나왔을 때 그는 이렇게 말을 이었다. "당신은 원래 대단한 분이었습니다만, 솔직히 조금 이상하게 변한 것 같습니다."

아무래도 그는 내가 중년의 위기를 겪고 있다고 생각하는 듯했다. 훗날 케임브리지에서 혼자 학생 아파트 지하의 부엌 서랍을 닦고 있을 때에야, 나는 비로소 그가 어디 출신이었는지 알 수 있었다.

왜 나는 이렇게 누가 봐도 다소 황당해할 법한 길을 택했을까? 그 시작은 2018년 4월 17일 저녁에 열린 『가디언The Guardian』 지의 라이브 이벤트였다. 그 시절 나는 개인적으로는 모든 것이 순조롭게 풀리고 있었지만, 바깥 세상은 모든 것이 무너지고 있는 것 같았다. 프랑스, 네덜란드, 독일 그리고 오스트리아 등지에서 우파 포퓰리스트들이 선거에서 승리하고 의회의 의석을 차지하는 등 자유민주주의가 처한 상황이 지속적으로 악화되어 가고 있었기 때문이다. 하지만 다른 변화도 있었다. 세상은 드디어 브렉시트, 트럼프의 등장 그리고 다른 모든 위기에 대한 책임이 있는 무언가(또는 누군가)를 찾아낸 것이다. 그것은 바로 페이스북이었다. 즉 자유민주주의의 위기가 결국 마크 저커버그Mark Zuckerberg의 책임이라고 볼 수도 있게 된 것이다.

가디언 지의 이벤트는 케임브리지 애널리티카[2]에서 일하다가 내부고발자가 된 크리스토퍼 와일리Christopher Wylie와 케임브리지 애널리티카 스캔들을 파헤친 『옵저버』 기자 캐롤 캐드윌래어Carole Cadwalladr 간의 대담으로 구성되었다. 당시 나와 함께 있었던 짐은 2008년 데이터 회사인 익스피리언[3]에서 그가 나를 채용했을 때부터 알고 지낸 친구였다. 우리는 대규모 페이스북 광고 플랫폼 운영 스타트업인 테크라이튼먼트의 인수를 포함해, 디지털 마케터들을 위한 익스피리언의 소프트웨어 및 데이터 상품의 개발 전략을 함께 고민했었다. 이후 짐은 성격 퀴즈일종의 심리테스트를 활용해 온라인 광고를 개인별로 맞춤화하는 비즈니스를 운영하는 VisualDNA의 마케팅을 맡았고 나는 Bought By Many에서 수십만 명의 신규 고객을 찾아내고 관리했는데, 이 과정에서 주로 개와 고양이에 대한 사람들의 선호도 데이터를 기반으로 한 페이스북 광고가 활용되었다.

당시 어두운 강당 안에서 케임브리지 애널리티카가 페이스북 데이터를 악용하여 정치인 고객들을 대신해 일반 유권자들에게 어떻게 심리전을 펼쳤는지에 대한 와일리의 설명을 들을 때 내 마음속에 무언가가 떠오르기 시작했다. 나는 짐을 힐끗 쳐다보았고, 그 역시 상당히 곤혹스러워 보였다. 우리도 잘못하고 있었던 것일까? 우리도 나쁜 무리에 속했던 것일까? 나는 마치 침몰하는 것 같은 기분을 느꼈다. 하지만 그제서야 나는 내가 현실과 동떨어져 있었다는 사실을 깨달았다. 와일리가 매력적이고 카리스마 넘치며 재치 있는 사람이었음은 의심할 여지가 없었다. 찢어진 청바지에 커다란 안경, 코 피어싱과 핫핑크 머리칼이 어우러진 그는 전형적인 데이터 긱여러 분야를 탁월하게 이해하고 있는 특이한 사람의 이미지였다. 탐사 보도 기자인 캐드월래어가 그를 매력적인 취재원으로 발굴한 이유, 또한 그가 청중의 관심을 이끌어 낼 수 있었던 이유 역시 명백했다. 그는 데이터 분석에 활용되는 복잡한 기술들을 일반 대중이 이해하기 쉽게 설명하는 재능을 지닌 뛰어난 이야기꾼이었다. 그러나 나의 전문적인 경험에 비추어 봤을 때 페이스북과 디지털 타깃 광고의 기능에 대해 이야기한 것들 중 상당수는 오해의 소지가 있었다. 게다가 그중 일부는 오해의 차원을 넘어 명백한 오류였다.

행사장을 나오면서, 나와 짐은 남편과 함께 헬스케어 싱크탱크를 운영하던 친구를 우연히 만났다. 그들은 그날 행사에서 들은 내용으로 인해 상당히 괴로워했으며, 분노했다. 그들은 녹색당[4] 당원이었지만, 그들의 분노는 정당 정치와 관련된 것이 아닌, 민주적 제도의 완결성에 관한 것이었다. 그들은 페이스북이 분명 민주주의의 기본 토대를 훼손하고 있으며, 무언가 조치를 취해야만 한다고 생각했다. 나도 현대 정치에 대한 그들의 우려에 공감했지만, 페이스북 서비스를 중단하는 것이 답이라는 것에는 동의하지 않았다. 나는 그들에게 와일리가 이야기한 것들 중 무엇이 잘못되었는지, 그리고 지적이고 사려 깊은 수많은 사람이 그의 이야기에 빠져드는 것이 왜 위험한지에 대해 설명하고 싶었다. 어찌되었든 나는 18년 동안 데이터 분석 및 디지털 마케팅 분야에서 일해 왔고, 이는 스스로 성취한 것이니 말이다. 하지만 나는 결국 아무 말도 하지 못했다. 설명하기에 적절한 어휘가 없다는 사실을 깨달았기 때문이다. 당시 나는 데이터 마케터의 기술 관료적이고 때로는 신비하게 보일 수 있는 언어를 사용했고, 세분화, 잠재 고객, 쿠키, 유사 잠재 고객 등의 개념에 대해 이야기할 수 있었지만 이는 별 도움이 되지 않았을 것이다. 결국 나는 데이터에 대한 새로운 소통 방식이 필요하다고 느꼈고, 그래서 직장을 그만두고 학교로 돌아가게 된 것이다.

페이스북과 같은 IT 기업과, 지난 몇 년 동안 일어난 정치·사회적 격변 사이의 분명한 연관성을 설명하기 위한 영향력 있는 이론은 비교적 짧은 시간 안에 도출되었다. 이 이론은 '감시 자본주의'라 일컬어지며, 데이터의 역할에 초점을 맞추고 있다. 이 개념은 하버드 비즈니스스쿨의 쇼사나 주보프Shoshana Zuboff 교수가 2015년 처음 고안했으며, 그녀는 최근 700쪽 분량의 저서 『감시 자본주의 시대The Age of Surveillance Capitalism』에서 이를 주된 개념으로 격상시켰다. 한편 제이넵 투펙치Zeynep Tufekci[5], 시바 바이디야나단Siva Vaidhyanathan[6], 존 노튼John Naughton[7] 등

IT 기술에 대해 비판적인 시각을 가진 학자들 역시 이에 동참하고 있다. 페이스북을 겨냥한 사례라고 할 수 있다.

당신은 페이스북, 인스타그램 또는 왓츠앱에 가입할 때 인터넷 프로필을 구성하고 다른 유저들을 검색하기 위해 페이스북에 소정의 개인 정보를 제공하게 된다. 이 정보에는 당신의 전화번호, 생일, 다녔던 학교, 가장 좋아하는 음악 등이 포함될 수도 있다. 이후 페이스북을 계속 사용하게 되면, 이 데이터는 당신과 페이스북에서 연결된 친구, 당신이 가입한 그룹 또는 조직, 당신이 팔로우하는 공인 등과 같은 다른 정보들로 보완된다. 우리는 이러한 종류의 데이터를 '프로필 데이터'라 일컬을 것이다.

페이스북은 당신의 활동 내역에 대한 정보 역시 수집하는데, 예를 들어 당신이 '좋아요'를 누르거나 공유한 뉴스, 당신이 시청하는 비디오 또는 당신과 가장 자주 교류하는 친구 등과 같은 정보들이 이에 해당한다. 한편 당신이 페이스북 이외의 다른 웹상에서 검색 등을 수행할 때에도 관련 데이터가 수집되는데, 이는 '페이스북으로 로그인하기' 같은 기능을 통해 페이스북과 다른 웹 사이트가 통합되어 있기 때문이다. 우리는 두 번째 종류의 이런 데이터를 '행동 데이터'라 부를 것이다. 그런 다음, 당신의 프로필 데이터와 행동 데이터는 페이스북에서 결합되어 당신을 거의 무한대에 가까운 잠재 고객 중 한 사람으로 만들 것이며, 광고주들은 페이스북에서 제공하는 도구를 사용하여 타깃 광고에 비용을 지불할 수 있다. 예를 들어, 매트리스 회사에서 요가를 좋아하는 29세에서 45세 사이의 여성에게 자사의 신제품을 홍보하고자 할 경우, 페이스북의 데이터들은 이러한 것을 가능하게 한다. 당신의 프로필이 광고 타깃에 적합하다면, 가부좌를 틀고 매트리스 위에 앉아 있는 여성의 모습이 피드에 표시될 것이고, 만약 적합하지 않다면 광고는 표시되지 않을 것이다. 만약 매트리스 회사가 전통적인 매체를 활용하여 광고를 하고자 한다면, 건강에 신경 쓰는 여성들을 대상으로 하는 잡지에 광고를 싣거나, 주요 도시 철도역의 광고판 등에 광고를 게재해야 한다. 그럴 경우, 그 광고를 보는 대부분의 사람들이 그 회사가 목표로 하는 고객이 아닐 가능성이 크다.

이러한 방식으로 수집되고 편집된 데이터 덕분에 페이스북의 광고 공간은 잡지나 광고판 등 거의 모든 다른 광고 수단보다 가치 있게 된다. 이것은 페이스북이 수익을 창출하는 가장 중요한 방식이기도 하다. 감시 자본주의 이론에서는 이러한 수익 모델을 '근본적으로 정당성이 없는 행위'라고 아주 강력하게 비판한다. 무언가가 정당하지 않다면, 우리는 이를 옹호해서는 안 된다. 정당하지 않다는 것은 단순히 정의롭지 않다는 것뿐만 아니라, 실질적으로 관용의 대상이 되어서는 안 되기 때문이다. 이러한 정당성 없는 행위의 전형적인 예로 무장한 조직이 쿠데타를 통해 민주주의 국가의 통제권을 장악하는 것을 들 수 있다. 감시 자본주의 이론에서 페이스북의 데이터 사용이 그 정도로 심각하다고 주장하는 것에는 세 가지 이유가 있다.

첫째로, 당신은 페이스북에 스스로의 프로필 데이터를 타깃 광고용으로 제공하도록 동의하거나 허락하지 않았다는 것이다. 물론 페이스북의 서비스 이용 약관을 이야기해 볼 수는 있겠으나, 그 문서는 길고 불친절하다. 그렇기에 사람들이 그 문서들을 실제로 읽으리라 기대하는 것은 공정하지 못하다. 따라서 당신이 그 약관들을 수락함으로써 암묵적으로 동의했다는 것은 구체적인 정보에 기반한 동의로 간주될 수 없다. 둘째로, 행동 데이터의 수집 자체가 본질적으로 권리침해의 성격을 지닐 뿐만 아니라 은밀하게 이루어진다는 점이다. 이는 마치 누군가가 당신의 집에서 당신을 몰래 촬영하거나 전화를 도청하는 것과 같은 수준의 사생활 침해와도 같다.

다시 강조하건대, 페이스북의 이용 약관에 명시된 내용은 우리가 하고자 하는 이야기들과 관련이 없다. 왜냐하면 페이스북 이용자 대부분이 약관에서 설명하는 기술적인 절차 등을 이해할 수 없기 때문이다. 뿐만 아니라 페이스북이 제공하는 서비스에 접근할 권한을 잃지 않으면서 프로필과 행동 데이터에 대한 수집을 명시적으로 거부할 수 있는 방법 또한 존재하지 않기 때문이기도 하다. 마지막으로, 페이스북의 수익 모델이 만들어 내는 사회적인 관계들이 다분히 착취적이라는 점을 들 수 있다. 당신의 프로필 데이터는 엄연히 디지털 자산이 되어야 하고, 행동 데이터는 디지털 노동의 잉여산출물로 간주되어야 한다. 페이스북은 이러한 데이터를 당신에게서 받아, 현대적인 디지털 방식으로 이용자들이 마치 포악한 봉건 영주를 위해 봉사하는 듯한 그림을 만든다. 따라서 페이스북이 데이터를 통해 획득하는 힘은 근본적으로 불법이다. 그 어떤 합리적인 인간도 누구나 이러한 것들을 모두 이해한다면 데이터 제공에 동의하지 않을 것이기 때문이다.

공상과학 디스토피아에서 바로 튀어나온 듯한 다음 이미지는 크리스토퍼 와일리와 캐롤 캐드월래어 사이의 대담을 홍보하는 자료이다. 두 개의 거대한 손이 컴퓨터 화면 앞에 일렬로 앉아 있는 사람들을 짓누르고, 이들은 문자 그대로 그 손가락들에 의해 조종당하고 있다. 손가락의 끝이 각 인물들의 머리와 결합되어 흡사 피를 뽑아내듯 데이터를 뽑아내고 있다. 이 홍보 이미지에는 '인터넷은 힘있는 자를 위한 선전의 도구로 타락했습니다'라는 설명이 달려 있는데, '감시 자본주의는 이미 실행되고 있습니다' 역시 알맞은 제목이 될 수

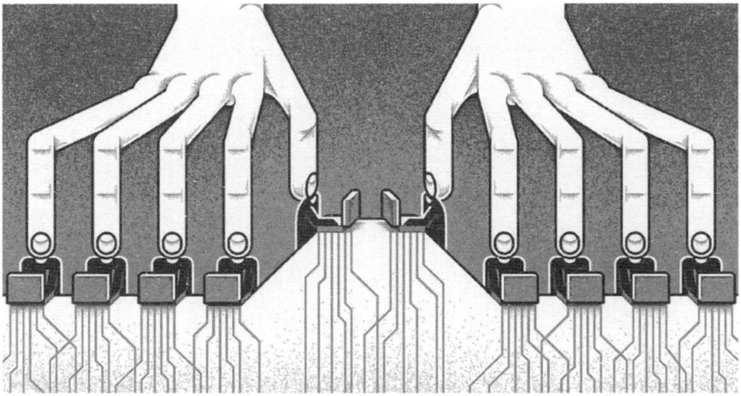

<감시 자본주의는 이미 실행되고 있다>
2018년 4월 17일 『가디언』 지가 주최한 크리스토퍼 와일리와 캐롤 캐드월래어 간 대담의 홍보 이미지

있을 것이다. 하지만 이것으로 끝이 아니다.

감시 자본주의 이론은 페이스북의 성장 목표가 이러한 데이터들을 더 많이 축적하고자 하는 열망에서 비롯되었으며, 그렇게 이익을 쫓는 탐욕은 전 세계로 급속히 확장되는 결과로 이어졌다고 주장한다. 분노가 더 많은 클릭과 공유로 이어지고 더 많은 행동 데이터를 생성한다는 점으로 볼 때, 정치적 선전과 극단적인 콘텐츠 그리고 가짜 뉴스를 퍼트리기 위하여 페이스북 앱을 사용한다는 것은 결국 일부 정치인들의 목적에 부합한다는 것이다. 즉 감시 자본주의 이론에 따르면, 미얀마에서 로힝야족을 상대로 저질러지는 인종 청소, 대안 우파적 음모론의 부상, 안티 백서 운동, 도널드 트럼프에서 로드리고 두테르테Rodrigo Duterte[8], 이탈리아의 마테오 살비니Matteo Salvini[9]에 이르는 포퓰리스트들의 정치 권력 획득은 페이스북이 추구하는 비즈니스 모델이 만들어 낸 재앙적인 결과물이다. 뿐만 아니라 감시 자본주의 이론은 페이스북이 인간의 자유를 침해한다고 주장한다. 방대한 양의 행동 데이터를 기반으로 한 사용자 인터페이스 디자인은 당신이 앱을 사용하는 데 더 많은 시간을 할애하도록 유도하기 위해 설계되었으며, 이는 당신의 건강한 삶을 위협하기 때문이다. 극단적인 예로 청년층 사이에 만연해진 불안, 자해 및 자살 충동 등의 증가를 들 수 있는데 이는 주의 산만, 불만족스러움, 권태감 등 일반적인 감정 상태도 포함하는 것이다. 전 페이스북 직원이었던 안토니오 가르시아 마르티네즈Antonio Garcia Martinez가 "페이스북은 인터넷 세상에서 합법화된 크랙"[10]이라고 말한 것처럼, 페이스북은 당신으로부터 불법적으로 획득한 데이터와 함께 데이터 사이언티스트, 소프트웨어 엔지니어 및 디자이너 등을 활용하여 디지털 중독이라는 신종 전염병을 만들어 내고 있다.

지금까지 해 온 이야기를 모두 종합해 보면, 한 편의 무서운 이야기가 된다. 페이스북은 당신의 개인 데이터를 훔쳐 그들의 앱에 중독되도록 조종하고, 이를 통해 더 많은 데이터를 생성해 내게 한 뒤 그 데이터마저도 훔쳐 간다. 그런 다음 이들은 훔친 데이터를 광고주에게 판매하여 제품 구매를 유도하거나 선거 또는 국민투표에서 포퓰리스트가 유리하도록 조작할 수 있다. 페이스북은 광고주들이 당신의 데이터를 원하는 이유나, 데이터의 사용 방법이나, 사회에 끼치는 영향 같은 것들에 대해서는 전혀 관심이 없다. 왜냐하면 그들의 관심은 오로지 이익뿐이기 때문이다. 당신의 '좋아요'와 공유, 댓글이 계속해서 판매 가능한 데이터를 생산해 내고, 페이스북이 아무런 신경을 쓰지 않는 동안, 케임브리지 애널리티카는 브렉시트 찬성 진영과 트럼프의 선거 운동 본부 측에 당신의 데이터를 당신을 겨누는 무기로 사용하게끔 도왔다.

지금까지 한 이야기들이 맞다는 확신이 들기 시작하였는가? 만약 그렇다면 충분히 이해한다. 우리는 데이터라는 것에 대해 극도로 비관적인 순간에 서 있기 때문이다. 매일매일 사이버 정보 유출 공격, 조직적인 범죄 및 권위주의적 억압에 소셜 미디어와 스마트폰이 연루되었다는 기사가 쏟아지는 것만 같다. 또한 온라인에서 자기 생각을 말할 때 야기되는 위험 역시 그 어느 때보다도 심각해졌다. 그러므로 왓츠앱이나 스냅챗과 같은 암호화된 개인 메시지 플랫폼에 대한 선호도가 빠르게 증가하는 것은 놀라운 일이 아니다. 한편 이러한 상황 속에서 IT 회사는 더더욱 강력하게 성장하고 있는 듯하다. 10년 전만 하더라도 세계 10대 기업 중 IT 기업은 단 하나뿐이었으나, 지금은 10개 중 7개가 IT 기업이다. 페이스북, 구글, 아마존, 마이크로소프트 및 애플과 같은 거대 IT 기업의 시가총액은 대부분의 개별 국가 GDP를 넘어섰고, 이를 통해 회사 설립자와 경영진들에게 어마어마한 부를 안겼다. 정책 결정권자들은 IT 회사들이 침해한 세계 질서, 시민 의식, 평등과 같은 것들을 데이터 사용 방법을 제한함으로써 복구하겠다고 약속하고 있다. 그러나 이 이야기에는 조금 더 낙관적인 다른 측면도 존재한다. 바로 '굿 데이터'에 관한 이야기이다.

나는 데이터와 빅 테크에 대해 글을 쓰는 다른 대부분의 사람들과는 다소 다른 관점에서 이야기를 시작할 것이다. 여론을 형성하는 학자, 문화 평론가 및 언론인들은 앞서 언급한 문제에 대한 지식이 풍부한 사람들이지만, 동시에 이들은 페이스북에서 광고 캠페인을 실행하거나, 비즈니스 성장을 위해 구글 데이터를 분석한 경험은 없는 외부 관찰자의 입장이기도 하다. 나는 디지털 마케팅 및 데이터 과학을 실제로 경험한 사람으로서 내부적인 관점을 제공하고 이런 중요한 문제들에 대한 새로운 사고방식과 통찰을 제공하고자 한다.

언뜻 보기에 역설적일 수 있지만, 나는 거대 IT 기업들이 우리의 데이터를 어떻게 사용하는지에 대해 그렇게까지 걱정할 필요가 없는 이유를 강조하여 이야기할 것이다. 타깃 디지털 광고는 우리가 생각하는 것만큼 사악하거나 설득력 있지도 않으며, 우리가 만들어 내는 대부분의 데이터는 우리가 속고 있는 것처럼 그렇게까지 귀중한 자원은 아니다. 또한 IT 기업들의 힘이, 그 거대한 규모에도 불구하고 국가의 힘에 미치지 못하는 이유를 설명할 것이며, 이들을 규제하지 않고서도 이들이 공익적인 목적에 더 잘 복무할 수 있도록 하는 방법을 제시할 것이다. 하지만 이 중에서 가장 중요한 것은, 공개된 도메인에 더 많은 데이터(정부 데이터, IT 기업의 데이터, 그리고 우리의 데이터)를 제공함으로써 얻을 수 있는 어마어마한 사회적인 이득에 관한 이야기이다.

디지털 기술은 일상생활의 거의 모든 측면에서 데이터를 생성하고 소비할 정도로 우리 주변에 널리 퍼져 있으며 앞으로도 계속 증가할 것이다. 이 데이터가 과연 선을 위한 힘으로 활용되는지 여부는 우리가 함께 사회적 규범을 만들고, 우리를 대신하여 정치인들이 법률과 규제를 만드는 과정에서 무엇을 선택하는지에 달려 있다. 현재는 감시 자본주의 이론이 이러한 선택의 프레임을 제공하고 있지만, 나의 관점에서 볼 때 IT 회사의 데이터 사용과 관련된 위험은 지나치게 과장된 반면, 데이터 공개가 개인과 사회 모두에 제공하는 이점은 과소

평가되거나 잊히고 있다. 이제는 데이터가 우리 모두의 삶을 더 좋게 만들 수 있다는 가능성을 재발견해야 한다. 즉, '굿 데이터'에 대해 이야기할 때라는 뜻이다.

굿 데이터 차례

GOOD DATA

part 3. 권력

part 4. 제언

GOOD

PART 1
편집증

DATA

GOOD

DATA

1
새로운 석유?

2018년 4월, 페이스북의 최고경영자 마크 저커버그는 케임브리지 애널리티카 스캔들과 관련하여 미국 의회 청문회에 참석하기 위해 워싱턴 D.C.로 소환되었다. 나는 그때 런던의 자택에서 이틀 연속 저녁 늦게까지 청문회 생중계를 시청했다. 유타의 80대 상원 의원인 오린 햇치Orrin Hatch가 저커버그에게 '사용자가 서비스 자체에 대해 비용을 지불하지 않는 상황에서, 그 비즈니스 모델을 어떻게 유지하는 것입니까?'라고 질문하는 코미디 같은 상황에도 불구하고 이 광경은 상당히 차분해 보였다. 검은 정장에 파란 넥타이를 맨 저커버그는 정치적 득실에 근거한 질문이나 기술에 대한 이해도가 낮은 질문들에 모두 성실하게 대답했지만, 이 정도로 현대 세계와 단절된 상황은 그에게도 다소 가혹했던 모양이다. 그는 웃음을 참으려는지 잠시 멈칫한 후, "의원님, 저희는 광고를 게재합니다."라고 재치 있게 답변했다.

광고 기반의 비즈니스 모델은 수백 년간 다양한 신문, 잡지, 라디오, TV 채널의 상업적 기반을 형성해 왔다. 이러한 미디어들은 삶의 일부로 간주되기도 하거니와, 논쟁할 만한 주제로 여기지는 않는다. 뉴스, 오피니언 및 엔터테인먼트 채널들은 무료로 제공되며, 그들의 재정은 독자, 시청자, 청취자에게 제품 판매를 촉진하고자 하는 기업들에게 광고 공간을 판매함으로써 충당된다. 이러한 광고 공간의 가치는 얼마나 많은 잠재 고객에게 광고가 도달하는지, 그리고 이 고객들이 광고주의 제품에 금전을 지불하는 경향이 어떠한지에 따라 다르다.

페이스북 및 구글, 트위터와 같은 디지털 광고 공간 소유자의 비즈니스 모델 역시 기본적으로는 웹 사이트와 앱의 유저 인터페이스에 내장된 광고 공간을 광고주들에게 경매를 부치는 형식으로 수익을 창출한다. 이 때문에 소셜 네트워킹, 메시지 송수신, 이메일 및 검색과 같은 서비스를 이용자에게 무료로 제공할 수 있는 것이다. 이러한 비즈니스 모델이 전통적인 모델과 다른 점은 광고주들에게 특정한 잠재 고객을 겨냥할 수 있는 데이터를 사용한다는 점이다. 페이스북과 구글 같은 회사들의 비즈니스 모델이 근본적으로 불법이라는 감시 자본주의 이론의 주장은 결국 이들의 이러한 데이터 사용 방식에 근거하고 있는 것이다.

이 책의 서두에서, 나는 이삿짐 기사 레이의 독일셰퍼드에 대해 언급한 바 있다. 그가 먼저 이야기를 꺼내지 않았지만, 나는 그의 'I Heart GSDs'[11] 열쇠고리를 보고 레이의 개에 대한 힌트를 얻었다. 만약 그가 자홍색과 하늘색이 섞인 스카프를 매고 있었다면, 나는 그에게 웨스트햄 유나이티드 축구팀에 대해 질문했을 것이다. 물론 질문하기 전까지 나는 그가 독일셰퍼드를 키우는지 확실하게 알 수는 없었다. 그 열쇠고리가 우연히 그의 손에 들어왔을 수도 있고 레이가 그 밴 자체를 친구에게서 빌렸을 수도 있었기 때문이다. 그러나 나는 결과적으로 올바른 추측을 해낸 셈이 됐고, 그의 반려견에 대해 따스하고 의미 있는 대화를 나눌 수 있었다.

통계학자들은 이러한 일련의 과정을 확률적 추론이라 일컫는다. 이삿짐 기사 레이는 내가 이사하는 시기, 나의 목적지인 케임브리지 중심부, 내 짐의 양은 적은데 그중 책이 차지하는 비율이 높다는 사실을 조합하여 내가 학생이라는 하나의 사실을 만들어 냈을 것이다. 이와 같은 확률적 추론은 당신이 페이스북의 타깃 광고 대상이 되었을 때 일어나는 일이다. 광고주는 자신이 송출하는 광고를 보고 싶어하는 고객(예: 요가를 좋아하는 여성, 독일셰퍼드 애호가, 웨스트햄의 팬)을 정의하고, 페이스북은 데이터를 사용하여 이러한 고객군에 해당하는 사람이 누구일지 추측한다.

사실 페이스북도, 광고주도 당신이 선호하는 것에 대해 실제 제대로 알지는 못하며, 그럴 필요조차 없다. 어떤 스포츠용품점에서 당신에게 웨스트햄 관련 상품에 대한 광고를 보여 주었는데, 당신이 웨스트햄 팬이 아니라면 사실 아무런 문제도 되지 않는다. 당신은 0.5초도 지나지 않아 화면을 스크롤해 그 광고를 지나갈 것이고 광고는 곧 사라질 것이다. 만약 페이스북이 정확하게 추측해 냈다면 오히려 그것이 이상하게 보일 수 있는데, 이 때문에 일각에서는 페이스북이 스마트폰이나 노트북 컴퓨터에 장착된 내장 마이크를 통해 사람들의 말을 듣는 것이 틀림없다고 확신하기도 한다. 우리는 "아니 글쎄, 내가 오늘 친구에게 신상 웨스트햄 저지를 사려고 생각 중이라고 말했는데, 그게 지금 내 인스타그램 피드에 광고로 뜨더라니까!"라고 이야기할지도 모른다. 그러나 페이스북이 사람의 대화를 듣는다는 설명보다는, 웨스트햄 구단은 프로 축구 시즌이 다가올 때쯤 신상품을 출시하게 마련이고, 스포츠용품점들은 이러한 신상품들을 팬들에게 팔고자 할 것이며, 이 팬들 중 상당수가 웨스트햄의 페이스북 페이지에 '좋아요'를 누르고 그 팀에 대해 이야기할 것이라는 설명이 더욱 그럴싸하다. 사실 대부분의 사람들은 광고 타겟팅이 자신을 향해 진행되고 있다는 사실을 거의 눈치채지 못한다.

감시 자본주의 이론의 주요한 주장 중 하나는 이러한 타겟팅이 사생활 침해이므로 용납할 수 없다는 것이다. 그러나 사생활이라는 것은 대개 주관적이며, 완전히 사적인 영역의 견해는 사회와 개인마다 각각 다르다. 이삿짐 기사 레이의 열쇠고리를 발견한 후 독일셰퍼드에 대해 질문함으로써 나는 그의 사생활을 침해한 것인가? 나는 그렇게 생각하지 않으며, 레이 역시 사생활을 침해당했다고 여기지 않을 것이다. 열쇠고리 자체가 자동차의 시동 장치에 꽂혀 있었기 때문에 조수석에 앉아 있는 나 또는 조수석에 앉을 다른 고객들에게 그 열쇠고리가 아주 잘 보일 뿐이다. 즉 공공 영역에 있었다는 뜻이다. 내가 만약 스웨덴과 같이 다른 나라에 있었더라면, 낯선 사람과의 상호 작용을 기대하는 상황은 달라졌을 수도 있다. 스웨덴에 있는 또 다른 나 역시 스웨디시 발훈트[12] 열쇠고리를 발견했을수도 있지만, 그것에 대해 언급하는 것은 무례하다고 여길 수 있다. 또한 만약 레이가 자신의 일을 사생활과 엄격하게 분리하는 것을 선호했다면, 또 다른 상황이 발생했을 수도 있다. 만약 그랬다면 그는 백미러에 찰리레이의 독일셰퍼드 중 한 마리의 입마개를 걸지 않았을 것이고, 별 의미 없는 열쇠고리를 사용하거나 반려견의 입마개를 보이지 않는 곳에 두었을 것이다.

레이가 선택한 열쇠고리는 우리가 페이스북 프로필로 표현되는 프로필 데이터의 아날로그 버전이다. 실제 프로필 데이터라면, 레이가 페이스북의 독일셰퍼드 커뮤니티 페이지(거의 250만 명의 팔로워를 보유)에 '좋아요'를 누르거나, 독일셰퍼드 오너 그룹(10만 명 이상의 회원이 있음)에 가입하는 것을 유사한 예로 들 수 있다. 좋아하는 페이지와 가입한 그룹은 페이스북 프로필에 표시되며, 광고주를 포함한 다른 페이스북 사용자들은 이를 볼 수 있다. 이 데이터들은 당신이 숨기기로 선택하지 않는 한 공개 영역에 계속 머물러 있으며, 당신의 관심사에 대한 확률적 추론은 이 데이터들로부터 만들어질 수 있다.

페이스북이 당신의 프로필 데이터를 기반으로 한 광고를 표시하는 것이 당신의 개인 정보를 침해하는 것일까? 나는 이 문제가 감시 자본주의 이론이 주장하는 것처럼 윤리적인 문제가 아닌, 개인적인 취향의 문제임을 주장하고자 한다. 현실에 더 가깝게 이야기하기 위해, 내가 2012년부터 2018년까지 일했던 IT 기업 Bought By Many의 초창기 에 관한 이야기해 보겠다.

왜 페이스북 광고인가?

창업 초창기에 경영자는 그들의 제품과 고객에 대해 명확하게 인지하기 전까지 비용을 절감할 수 있는 모든 일반적인 일을 한다. 이를 달성할 수 있는 한 가지 확실한 방법은 바로 사무실 공간을 절약하는 것이다. 나와 두 명의 공동 창업자는 런던 중심부의 패링던이 사무실 위치로 가장 적합하다는 데 동의하고 온라인에서 가장 저렴한 공간을 알아보기 시작했다. 최종적으로 우리가 정착한 곳은 관리 서비스가 제공되는 한 건물 안에 있는, 하얀색으로 도색된 방이었다. 그곳은 공식적으로는 2인용 사무실이었으나 작은 책상을 둔다면 우리 모두가 사용할 수 있으리라 생각하고 결정한 것이다. 이 공간에는 Bought By Many의 유일한 자산인 프린터와 커피 머신을 놓기에 충분한 자리가 있었으며, 손님이 찾아올 경우 다른 사무실에서 의자를 빌려 와 닫힌 문 뒤에 설치하곤 했다.

우리를 처음 방문한 사람은 초기 투자자인 존이었다. 그는 Bought By Many에 무려 30만 파운드를 투자했기 때문에 우리는 그에게 친절하고 좋은 인상을 남기길 원했다. 우리는 그에게 카페라떼 한 잔을 타주고 빌려 온 의자를 문 뒤에 두었다. 회사의 공동 창업자인 스티븐은 존이 자리에 앉자 창업 후 처음 몇 주 동안 우리가 달성한 것들에 대해 설명하기 시작했다. 그런데 존이 의자에 체중을 싣자마자 의자의 오른쪽 뒷다리가 마루판을 뚫고 그 아래 빈 공간으로 들어가 버렸다. 존은 갑작스럽게 뒤로 넘어졌으나, 운 좋게도 커피를 엎지는 않았다. 응급 처치를 할 필요도, 존의 옷을 드라이클리닝 할 필요도 없었지만 그 사건은 우리에게 충분히 굴욕적이었다. 그 후 우리가 처음으로 인력을 채용하고 몇 달 후 5인실로 이사했을 때, 바닥에 구멍이 뚫린 우리의 예전 사무실은 문구용품을 보관하는 공간으로 바뀌었다.

우리가 회삿돈을 절약하는 또 다른 방법은 우리의 급여를 최대한 절감하는 것이었다. 이 때문에 스티븐은 시간제 임시 CEO 자리를 유지했다. 즉 Bought By Many로부터 최소한의 급여만 받아도 되지만 동시에 그가 항상 사무실에 있을 수 없다는 뜻이기도 했다. 다른 공동 창업자인 가이와 나는 생활비를 줄임으로써 비용의 절반을 관리했다. 가이는 이따금 메이든헤드[13]에서 런던으로 기차를 타고 통근하는 대신 그의 정원 지하 창고에서 근무했다. 그래서 나는 종종 사무실에서 혼자 있어야 했고 함께 일하는 사람들과 물리적으로 가까이 있는 것을 선호하는 내 성향상 그런 날들은 다소 힘들기도 했다. 게다가 당시 사무실은 높은 천장과 강철 프레임 창문으로 둘러싸여 있었는데, 이는 이 사무실의 특징이기도 했지만 겨울에 매우 추웠다.

그로부터 6년 후, 케임브리지 대학 도서관의 음침한 구석에 혼자 남겨진 것처럼 당시 나는 내 선택에 대한 우울한 의구심에 빠져들곤 했다. 하지만 그 시기는 페이스북이 그렇게 가치 있게 된 이유가 무엇인지 알게 된 때이기도 했다.

당시 Bought By Many는 보험에 대한 동일한 니즈를 가진 사람들을 온라인 그룹에 모으면 그들의 집단 구매력을 활용하여 보험사와의 거래 시 협상력을 더 높일 수 있을 것이라는 가설을 세우고 있었다. 가이가 웹 사이트의 코드를 짜는 동안 스티븐은 보험사와의 계약을 협상했고, 나는 그룹 운영을 위한 아이디어를 구상하고 이 아이디어를 실제 고객들에게 테스트하는 것에 중점을 두고 일했다. 첫 번째 아이디어는, 젊은 청년이 아마추어 럭비 경기를 하던 중 인생을 바꿀 만한 부상을 입을 경우 백만 파운드를 보험금으로 받는 보험 상품을 설계하는 것이었다. 이에 관심이 있을 만한 사람들을 찾기 위해 나는 학교 럭비 경기 결과를 강박적으로 추적하기 시작했고, 어느 팀이 가장 강한지 알아낼 수 있었다. 또한 나는 월요일마다 10~15개 학교 럭비 팀 코치들에게 개별적으로 이메일을 보내 토요일의 경기 결과를 축하하거나 안타까워하는 마음을 전달하기도 했다. 그렇게 하고 나서 Bought By Many의 보험 상품을 설명하는 것이 나의 계획이었지만, 지속된 노력에도 불구하고 사람들의 관심을 끌기에는 역부족이었다. 그러던 끝에, 한 럭비 코치가 우리의 제안에는 두 가지 중대한 문제점이 있다고 지적했다. 첫째, 학교는 럭비가 안전하지 않은 운동이라는 인식을 주거나 기존의 보험 상품들에 문제가 있다는 인식을 심어 줄 수 있다는 우려 때문에 학부모들에게 이러한 보험을 제안하기를 다소 꺼린다는 것이었다. 둘째, 우리 보험 상품은 경기를 하던 중 크게 다친 사람의 경우, 선수 노조 또는 럭비 풋볼 유니온RFU[14], 이들을 포함하는 럭비 패밀리가 부상자들을 잘 보살펴 주리라는 기대감을 간과했다는 것이다. 이와 같은 럭비계의 선수 케어는 실제로 잉글랜드 U-21에서 프롭[15] 포지션으로 뛰던 맷 햄프슨Matt Hampson[16]이 경기 중 스크럼이 무너지며 마비 장애가 왔을 때 빛을 발했다. 나는 맷을 인터뷰하기 위해 럿랜드 시골에 있는 그를 찾아갔고 그는 사고 후 자신이 받았던 재정적, 실용적 그리고 정서적 지원에 대해 감동 섞인 어조로 이야기했다. 우리는 사람들이 공개적으로 이야기하기 꺼려 하는 문제와 외부인에게는 분명하게 보이지 않지만 내부적으로는 이미 충분히 좋은 해결책이 있는 문제를 선택한 것이었다.

우리의 두 번째 아이디어 역시 똑같은 결함이 있었다. 한 주택 보험사가 서머셋 카운티의 요빌에서 새로운 고객들을 확보하기를 원했고, 만약 우리가 100명의 고객을 등록하는 것에 성공하면 단체 할인을 제공하기로 했다. 나는 마을 주민들이 이웃과 함께 즐겁게 클럽 활동을 하고 이것이 더 저렴한 주택 보험 가입으로 이어지도록 하기 위한 다양한 방법을 시도했다. 이를 위해 나는 우리 웹 사이트를 한 번 클릭하게 하는 데에 무려 26파운드한화 약 40,590원라는 금액을 지불하는 재앙에 가까운 구글 애드 캠페인을 운영했었다. 커뮤니티 인플루언서를 만날 수 있다는 막연한 생각으로 스티븐과 가이를 설득해 요빌에 이틀 간 머물기로 했다. 우리는 무작위로 사람들과 이야기하면서 거리를 돌아다녔지만 아무도 관심을 보이지 않았고, 그럴 가능성도 없었다. 단, 우리가 이 과정을 통해 배우고 도움이 된 유일한 사실은, 많은 사람이 Bought By Many의 새롭고도 차별적이며 혁신적인 보험 가입 방식에 대한 메시지를 발견하였으며, 그러면서 동시에 그들이 이해하고 신뢰할 수 있는 기존 방식을 가치 있게 여긴다는 것이었다.

내가 페이스북으로 눈을 돌린 것은 앞서 말한 교훈을 되새기던 11월의 어느 날 오후였다. 신생 기업들을 위한 네트워킹 이벤트였는데, PA Public Affairs, 대관 업무 직군을 위한 소셜 네트워크를 설립한 창업자 크리스는 최초로 500명의 유저를 확보하는 데 도달한 방법에 대해 이야기했다. 그는 링크드인에 로그인하여 PA 직군을 대상으로 하는 모든 그룹에 가입하고 사람들의 질문에 대답했다고 한다. 그 질문들은 "홍콩 까우룽에서 피트니스 센터가 가장 훌륭한 호텔은 어디인가요?", "유로스타 열차 내에서 공급업체들과 미팅을 갖는 것이 가능했습니까?"와 같은 내용들이었다. 몇 주 후 그는 관련된 글의 링크를 자신의 웹 사이트에 게시할 수 있을 만큼 충분한 신뢰도를 확보했다고 느꼈고, 그룹의 다른 구성원들은 그 글들을 팔로우했으며 크리스의 네트워크에 기꺼이 가입할 만큼 충분히 그것들이 유용하다고 생각하게 되었다. 나는 Bought By Many에서 당뇨병 환자들을 위한 여행 보험이라는 아이디어로 비슷한 일을 할 수 있을까 궁금해졌다.

사실 링크드인에는 당뇨병과 관련성이 깊은 그룹이 많지 않았지만, 페이스북에는 상당히 많은 관련 그룹이 존재했다. 가이와 나는 스티브 존스턴 Steve Johnston과 리엄 맥기 Liam McGee라는 두 데이터 사이언티스트의 조력을 받아 보험에 대한 방대한 양의 익명 인터넷 검색 데이터베이스를 구축하였으며, 각 검색 주제에 대해 인터넷에 많은 분량의 콘텐츠를 볼 수 있게끔 만들었다. 이 데이터들을 분석한 결과, 수천 명의 사람이 당뇨병의 합병증 보장 내역을 포함하는 여행자 보험을 찾고 있었지만, 웹 사이트에 이러한 정보를 표시하는 보험 회사는 거의 없었다.

나는 보험업계가 당뇨병 환자들의 여러 니즈를 충족하지 못하는 부분에 대해 매우 귀중한 통찰을 얻었다고 생각했다. 그렇다면 나는 크리스처럼 성공하기 위해 당뇨병 환자들의 페이스북 그룹에 가입하고, 그들의 대화에 참여하고, Bought By Many의 여행 보험에 대해 언급할 수 있었을까? 아쉽게도, 그 그룹들을 둘러본 후 나는 할 수 없다는 결론을 내렸다.

첫째로 나는 크리스와 달리 한 가지 구체적인 통찰 외에는 그 그룹에 기여할 만한 것이 없었기 때문이고, 둘째로 대부분의 그룹은 상업적인 목적을 지닌 조직의 참여를 허용하지 않았기 때문이다. 명시적으로 금지되지 않은 경우에도, 내가 참여하는 것이 부적절함은 분명했다. 그들의 대화는 자신의 상태에 직접적으로 영향을 받는 사람들 간의 대화였기 때문이다. 이를테면 혈당 측정기에 대한 조언, 인슐린 주사에 대한 어색한 이야기, 그리고 고통에 대한 위로 같은 것들 말이다. 사실 온라인 그룹을 설명하기 위해 커뮤니티라는 단어를 사용하는 것에 대해 학계에서는 많은 논란이 있지만, 결국 이것이 내가 정확하게 관찰한 것이었다. 물론 나는 당뇨병 환자로 가장할 수도 있었지만, 이것은 심각하게 무례하며 또한 규범을 어기는 행동이었다. 나는 다시 생각해야만 했다.

이러한 일련의 과정들이 결국 나를 페이스북 광고로 이끌었다. 이것들에 대해 어느 정도 이해하게 된 것은 내가 당시 일했던 데이터 회사인 익스피리언과 테크라이트먼트[17]사를 합병하는 작업을 수행하면서였다. 그 회사의 소프트웨어는 소매 업체들이 대규모 제품 카탈로그에 대한 수천 개의 유사한 광고를 쉽게 생성하게끔 하는 것이었다. 사실 그 전까지는 Bought By Many와 크게 관련이 없다고 여겼기 때문에 페이스북 광고 테스트는 우선 순위가 낮았다. 그러나 페이스북에서 당뇨병에 대한 대화가 얼마나 활발한지 살펴보고 나니 페이스북 광고가 분명한 해답이 될 것으로 보였다. 나는 마케팅 캠페인을 어떻게 할 것인지에 대해 설정한 기준에 따라, 도달할 수 있는 잠재 고객의 수를 대략적으로 보여 주는 페이스북 도구인 Audience Insights잠재 고객 개념에 접속했다. 우선 지리적 필터를 영국으로 설정했다. 그리고 관심 분야 필터에 '당뇨병'을 입력하고 엔터 키를 눌렀더니, 무려 150만 명이 산출되었다! '당뇨망막병증'을 입력했더니 21만 6천 명, '당뇨병성 족부 질환'을 입력했더니 6만 6천 명을 산출했다. 놀라운 일이었다.

인터넷 검색 데이터를 분석한 결과 보험업계 고객들에게 아직 충족되지 않은 니즈들에 대한 중요한 통찰력을 얻을 수 있었고, 이제 당

편집증

뇨병 관련 온라인 커뮤니티의 규범을 위반하지 않고도 우리의 사업에 대해 알게 되면 분명 혜택을 받을 수 있는 사람들에게 이러한 내용을 전달할 수 있는 방법을 찾게 된 것이다. 분명히, 이러한 작업은 학교의 럭비 코치들에게 이메일을 돌리거나 요빌을 이틀씩 돌아다니는 것보다 더 나은 일이었다. 불과 한 시간 만에, 나는 당뇨병 환자를 대상으로 한 여행 보험을 판촉하기 위한 간단한 페이스북 광고 캠페인을 만들 수 있었다. 그 후 일주일 만에 스티븐은 당뇨병의 합병증을 보장할 수 있는 보험 중개인을 물색해 냈고, Bought By Many 회원들을 대상으로 12.5% 할인된 가격의 보험 계약을 협상했다. 2주 뒤 우리는 1,000명 이상의 회원을 보유하게 되었다. 사업이 돌아가고 있다는 뜻이다.

마이크로 타겟팅의 옳고 그름

Bought By Many의 초기 단계 광고를 설정할 때 내가 수행하고 있었던 타겟팅 유형을 마이크로 타겟팅이라고 하는데, 이를 쉽게 설명하자면 높은 수준의 특이성을 가진 고객을 정의하는 것이다. 예를 들면, 페이스북의 데이터를 기반으로 당뇨병성 망막증에 관심을 보이는 18세 이상의 영국인을 찾는 것이라고 할 수 있겠다. 케임브리지 애널리티카 스캔들 이후, 마이크로 타겟팅은 데이터 기반 광고에서 소위 '그릇된 것'으로 간주되는 모든 것들의 대명사가 되었다. 그렇기에 당신은 당뇨병 여행 보험에 대한 나의 마이크로 타깃 광고를 본 사람들이 불쾌해했을 것이라고 생각할지도 모르겠다. 그러나 실제로는, 대부분의 환자들이 그 광고를 매우 좋아했다. 왜 그랬을까? 나는 사람들이 그 광고를 통해 일정 부분 당뇨병 합병증으로 인해 직면하는 어려움(저렴한 여행 보험을 이용한다든지)을 인식하고 이에 대한 실질적인 도움을 제공했기 때문이라고 생각한다. 무엇보다 사람들은 '당뇨병 관련 여행 보험'이라는 도전적인 일에 대해 토론할 수 있는 공간을 만드는 것을 중요하게 여겼다. 광고에 달린 댓글은 여행자 보험의 장단점을 두고 서로 다른 보험사 및 서로 다른 국가별 의료 시스템에 대한 경험을 공유하는 장이 되었다. 이삿짐 기사 레이가 반려견에 대한 질문을 받아도 언짢아하지 않았던 것처럼, 광고에 응답한 사람들 대부분은 Bought By Many가 당뇨병이라는 질환에 대해 이야기하는 것을 개의치 않아했으며 실제로 그들은 이를 환영했다. 두 가지 경우 모두에서 데이터 추론을 기반으로 대화를 시도한 결과 새롭고도 특별한 혜택을 서로 주고받는 무언가가 만들어진 것이다.

광고를 좋아하지 않는 다른 소수의 사람들은 두 그룹으로 나눠 볼 수 있다. 첫 번째 그룹은 광고를 본 사람들 중 1% 미만으로 광고 자체를 상당히 싫어하며, 광고로 인해 발생한 자신의 불쾌감을 알리기 위해 기꺼이 시간과 에너지를 쓰는 사람들로 구성되어 있다. 여기에는 댓글을 사용하여 모욕적인 메시지와 GIF 이미지를 게시하는 행위가 포함되어 있다. 이 그룹의 사람들은 프라이버시를 문제 삼는 것이 아닌 듯하다. 이들은 광고가 보인다는 것 자체를 불쾌해하며, 자신의 프로필 데이터를 이용한 타깃 광고와 스팸을 동일시했다. 두 번째 그룹은 광고를 거부하는 첫 번째 그룹보다는 크지만 광고가 가치 있다고 생각하는 그룹보다는 작은데, 자신이 광고의 타깃이 될까 염려하는 사람들로 구성되어 있다. 이들은 회사의 페이스북 페이지에 비공개 메시지로 이와 같은 우려를 표현하거나, '페이스북은 내가 당뇨병 환자라는 사실을 어떻게 알 수 있나요?'와 같은 댓글을 게시하는 방식으로 표현하기도 했다. 타겟팅 광고 자체가 사람들에게 감정적인 문제가 될 수 있는 원인을 이해하려면, 앞서 언급한 사람들의 관점을 더 자세히 고려해 볼 필요가 있다.

현재 Bought By Many는 페이스북 메신저, 이메일 및 전화로 들어오는 문의사항에 답변하는 전담 팀을 포함해 200명이 넘는 직원들을 고용하고 있지만, 당시에는 마케팅, 제품, 서비스 운영 및 고객 담당 인력이 나 혼자였다. 이러한 운영 방식에는 심각한 문제가 있었는데, 나는 회사에서 처음으로 소셜 미디어 관리자인 하이디를 고용할 때까지 무려 2년 동안 Bought By Many 페이스북 광고의 댓글 스레드인터넷 게시판의 운영 형태에서 낯선 사람들과 소통하는 일에 주말을 소비해야 했다. 토요일 오전에 아침 식사를 하며 질문에 답글을 달았고, 일요일 저녁에 앤티크 로드쇼TV쇼 진품명품과 비슷한 프로그램가 방영되는 동안 소파에 앉아 답변을 해야 했다. 만약 내가 낮에 외출을 한다면 아마 버스 정류장, 레스토랑, 상점 또는 박물관 등지에서 늘 질문에 답을 달아야 했을 것이다. 이는 나의 삶의 질에 썩 좋지 않았지만, 반대로 장점도 있었다.

광고를 하는 사람들이 어떻게 생각하고 느끼는지에 대해 이해하게 되었기 때문이다. 나는 이들로부터 상당한 통찰을 얻었기 때문에 하이디를 채용하고 3년간은 하이디가 휴가를 떠날 때 회사의 모든 사람이 회사 페이스북의 댓글에 돌아 가면서 사람들의 질문에 답변하게끔 했다. 이 일을 통해 얻은 통찰들은 대부분 보험업에 관한 것들이었지만, 데이터에 관한 사람들의 태도와 이해도에 관해서도 많은 것을 배웠다.

나는 타깃 광고의 대상이 되는 것에 반대하는 일부 사람들과 매우 흥미로운 교류를 할 수 있었는데, 그들은 일반적으로 프로필에서 식별할 수 있는 것을 기반으로 한 타겟팅은 싫어하지 않았다. 그들이 부적절하다고 생각했던 것은 대개 행동 데이터를 기반으로 한 타겟팅이었다. 이삿짐 기사 레이의 독일셰퍼드 열쇠고리가 프로필 데이터의 아날로그 버전이었다는 이야기를 기억할 것이다. 이와 비교해 볼 때 레이가 나를 학생으로 결론 내릴 수 있었던 것은 내 행동 데이터의 아날로그 버전, 즉 페이스북 앱과 그 밖의 웹 공간에서 디지털 활동을 할 때 생성되는 데이터 종류였다.

실제 행동 데이터의 예시로는 케임브리지 대학 지저스 컬리지 학생들의 게시물에 '좋아요'를 누르거나, 대학원의 각종 프로그램에 지원하는 시기에 동 대학 입학처의 웹 사이트에서 시간을 보내는 것 등이 포함된다. 이와 비슷하게, 주요 당뇨병 환자 지원 자선단체의 페이스북 페이지를 공개적으로 팔로우할 경우 당뇨병 여행자 보험에 대한 페이스북 광고가 표시되는 것은 행동 데이터 기반 타깃 광고의 한 예이다. 만약 당신이 프로필에 당뇨병에 관한 어떠한 것도 넣지 않았는데도 광고 타깃이 된다면, 이는 완전히 다른 문제가 된다. 마찬가지로 레이가 나에게 무엇을 공부할 것이냐고 물었을 때 나는 사생활을 침해받는 느낌이 들지는 않았지만, 그가 에이든브룩스 병원 근처로 데려다 주며 무슨 일로 가는 것이냐고 물었다면 나는 다른 감정을 느꼈을 것이다.

앞의 이야기에서 내가 말하고자 하는 것은, 감시 자본주의 이론이 주장하는 것처럼 데이터 기반 광고가 본질적으로 개인 정보를 침해하지 않는다는 것이다. 사람들은 때때로 타깃 광고에 우호적이기도 하며, 소셜 미디어와 그 주변에서 나눌 수 있는 대화를 통해 진정한 가치를 얻기도 한다. 그들이 광고에 무관심하더라도, 대부분의 사람들은 소셜 미디어 프로필에 공개한 자신의 관심사에 대해 이야기하는 사람들과 갈등을 빚지 않는다. 만약 광고가 프라이버시를 침해한다고 느꼈다면, 이는 공개하지 않았다고 간주되는 것들이 행동 데이터를 통해 추론되고 처리되었기 때문이다. 이러한 추론의 위험성을 줄이는 방법은 두 가지가 있는데, 하나는 잠시 후에 논의할 법에 의한 방법이고, 다른 하나는 당신의 데이터가 사용되는 방식 자체를 통제하는 것이다. 그리고 감시 자본주의 이론의 지지자들이 이야기하는 것과 달리 이러한 위험을 축소하는 일은 전혀 어려운 일이 아니다.

당신은 상품이 아니다

'만약 당신이 금전을 지불하지 않는다면, 당신은 그저 상품일 뿐이다'[18]라는 문구는 페이스북의 비평가들 사이에서 굉장히 인기 있는 주장이다. 이는 존 노튼이 주장하는 IT 기술에 대한 95개 명제 중 하나이며, 니얼 퍼거슨Niall Ferguson[19]은 네트워크의 힘에 대해 저서 『광장과 타워The Square and The Tower』에서 다루었고, 제이넵 투펙치는 TED 강연에서 유사한 이야기를 했다. 이 아이디어는 페이스북의 유료 고객이 이용자가 아닌 광고주라는 점과 광고주를 위한 가치를 창출함과 관련해 이용자 데이터의 역할을 강조한다는 점에서 공감을 받는 것처럼 보인다. 이 주장은 학문적 영역과 정치적 논쟁, IT 저널리즘 분야에서 흔히 오가는 이야기가 되었지만, 안타깝게도 근거가 없는 주장이다.

'당신은 상품입니다'라는 문구는, 사실상 페이스북이 판매하고 광고주가 구매하는 것을 정확하게 설명하지 않는다는 문제가 있다. 페이스북의 상품은 앱의 광고 공간이다. 이를 회사와 사용자 간 관계에 대한 은유적 주장으로 이해하게 되면 페이스북이 당신을 마치 상품인 양 취급한다는 인상을 주게 된다. 이러한 주장은 결국 당신의 권리나 행복한 삶을 존중하지 않는 방식을 취하고 있기도 하다. 영국 하원의 디지털, 문화, 미디어 및 스포츠 위원회가 가짜 뉴스에 대해 조사한 결과 페이스북의 이용자 인터페이스 디자인 및 복잡하고 긴 이용약관은 '실제로 사람들이 자신의 데이터를 보호하는 것을 극도로 어렵게 한다'라고 결론지은 것이 대표적인 예이다. 만약 이 결론이 사실이라면 페이스북이 당신을 속인 것일 수 있지만, 이러한 주장은 잘못되었다. 대다수의 법률적 문구와는 대조적으로, 오히려 페이스북의 데이터 사용 정책은 가독성을 위해 설계되었다고 보아야 한다. 페이스북의 광고 설정 센터는 사용자에게 데이터 사용의 투명성을 제공하고, 이용자의 데이터를 타깃 광고에 사용할 수 있는지의 여부, 그 시기 및 방법을 통제할 수 있도록 되어 있다.

이용자들은 타인과의 관계 상태, 직장에서의 직책, 자신의 고용주, 학력 및 관심사에 대한 프로필 데이터를 페이스북이 조회하지 못하도록 할 수 있으며, 페이스북이 소유한 다른 앱 또는 서드파티원천기술을 가지고 있는 회사를 활용해 기술을 만들거나 중간다리 역할을 하는 제3자의 의미 웹 사이트에서 공유될 수 있는 행동 데이터 역시 조회가 불가능하게끔 설정할 수 있다. 아울러 은행 또는 휴대전화 서비스 공급 업체와 같이 이미 이용자의 연락처 정보를 보유하고 있는 회사가 페이스북에 제공하는 고객 목록에서도 자신을 제외할 수 있다. 이러한 조회 금지 옵션은 페이스북의 기본 설정 페이지 및 페이스북에 표시되는 모든 광고에 나타나는 '이 메시지가 표시되는 이유' 링크를 통해 선택이 가능하다.

이 기능들은 모두 간편하게 사용할 수 있으며, 조회 금지 옵션을 활성화할지라도 기본적으로 사용 가능한 소셜 네트워크 기능이 저하되지는 않는다. 이용자가 더 자세한 설명을 원할 경우, 페이스북은 광고 타겟팅 및 개인 정보 보호 장치가 작동하는 원리를 설명하는 시각적인 가이드를 제공하기도 한다. 사실 이러한 부분들을 고려할 때, 제

5장과 8장에서 후술하겠으나 소셜 미디어 업체들은 광고를 완전히 제거하는 것 이외에 더 이상 무언가를 하기가 어렵다는 사실을 염두에 두어야 한다. 게다가 이러한 방식으로 개인 정보를 제어할 수 있다는 사실이 생소하다면, 당신은 이 방법을 접하지 못한 소수에 속한 것일 수도 있다.

2018년 4월 로이터 통신의 조사에 따르면 페이스북 이용자의 69%가 개인 정보 설정을 변경하는 방법을 알고 있으며, 이용자의 39%가 최근에 설정을 변경한 것으로 나타났다. 만약 당신이 개인 정보 설정 방법에 대해 알고 있는데도 이를 변경하기 위해 아무런 조치도 취하지 않았다면, 이 지점에서 그 이유를 생각해 볼 필요가 있다. 만약 그 이유가 귀찮아서라면, 타깃 광고에서 당신의 데이터를 활용하는 것이 과연 정말로 심각한 일인가?

만약 설정을 변경하였을 경우, 아마 당신은 페이스북과 인스타그램 피드의 품질이 저하되었음을 눈치챌 수 있을지도 모른다. 광고 기본 설정 센터로 이동하는 방법에 대한 다음 이미지의 배경에는 신상 칠리 비프 튀김에 대한 광고가 있다. 이는 내 페이스북 피드에서 가져온 것인데, 나는 고기를 먹지도 않고 자동차를 소유하지도 않기 때문에 매력적인 잠재 고객이 될 가능성이 매우 희박하다. 당신이 이 광고를 보게 된 이유에 대한 페이스북의 설명은 브리티시 페트롤륨[20]이 케임브리지에서 18세 이상의 사람들에게 광고가 도달하기 원한다는 사실을 나타낸다. 이는 광범위 타겟팅의 좋은 예인데 마이크로 타

페이스북에서 광고를 보았을 때 광고 기본 설정 센터로 이동하는 방법

겟팅 광고가 그 요건이 구체적인 반면 광범위 타깃 광고는 다소 일반적이라고 할 수 있다. 어필해야 하는 대상의 범위가 넓고, 이들의 광고는 고객 간 공통 분모가 가장 작기 때문이다. 광범위 타켓팅의 경우 Bought By Many의 광고와 같이 당뇨병성 망막증 환자가 여행자 보험에 가입할 때 겪는 어려움에 대해 의미 있는 대화가 이루어지기는 어렵다. 이 책의 들어가는 글에서 언급한 내 친구 짐이 타깃 광고에 사용되는 Gmail 계정의 데이터에 조회 금지 옵션을 활성화시켰을 때, 급여 담보 대출 및 데이팅 앱에 대한 광고가 더 많이 보이기 시작했다. 짐과 나는 데이터 기반 타깃 광고를 차단함으로써 많은 개인 정보를 보호할 수 있었지만, 이는 우리의 인터넷 경험에 다소 부정적인 영향을 끼쳤다.

광고를 위한 데이터 사용에서 개인 정보 관련 위험을 완화하는 또 다른 방법은 법률을 통하는 것이다. 유럽 연합의 GDPR일반 데이터 보호 규정과 같은 최근의 법률은 기업이 소비자로부터 행동 데이터를 수집하려 할 때 사전에 동의를 구해야 한다. 대부분의 행동 데이터는 쿠키 기술[21]에 의존하고 있다. 요즘 새로운 웹 사이트를 방문할 때마다 버튼 또는 체크박스를 선택할 것을 요구하는 팝업창이 뜨는 이유는 쿠키 활용에 반드시 동의를 받도록 하는 GDPR의 규제 때문이다. 이러한 접근 방식의 중요한 단점은, 사실상 모든 사람들의 인터넷 탐색 과정을 방해한다는 것이다. 데이터 개인 정보 보호에 대한 개인적인 기본 설정과 무관하게, EU 역내에 거주하는 경우 방문하는 모든 웹 사이트에서 쿠키 활용을 수락하거나 또는 거부해야만 한다.

아이러니하게도 이러한 방식은 광고주가 판촉을 위해 데이터를 활용하여 타겟팅을 하는 대신, 값싼 속임수에 의존했던 과거 인터넷 광고의 대명사인 유비쿼터스 팝업[22] 방식의 광고만큼 이용자들을 거추장스럽게 한다. 결국 요점은 GDPR과 같은 법률이 시행되면 우리는 개인 정보 보호와 인터넷 사용 편의성 사이에서 사실상 절충안을 선택하기가 어려워진다는 점이다.

데이터는 새로운 비료이다

지금까지 나는 감시 자본주의 이론이 타겟팅 광고의 사생활 침해에 대해 이야기하는 것이 너무 단순화되어 있다고 당신을 설득해 왔다. 그렇다면 페이스북이 막대한 이익을 위해 당신의 데이터를 훔쳐 광고주들에게 이것을 '판매'했다는 주장은 어떤가? 타깃 광고 자체가 그렇게 나쁜 일이 아님에도 불구하고 이러한 행위는 정말로 부당한 일일까? 이러한 주장의 논리를 더욱 잘 규명해 내기 위해, 음악가이자 기업가이며 감시 자본주의 이론의 또 다른 지지자인 윌.아이.엠will.i.am[23]의 이야기를 살펴보도록 하자.

사람들이 자신의 데이터를 소유하고 통제할 수 있는 능력은 인간의 중심을 이루는 가치로 간주되어야 한다. 데이터는 그 자체로 자산으로 다루어져야 하고, 사람들은 이에 대한 정당한 보상을 받아야 한다. 음악가로서 나는 내 가사와 반주곡들에 소유권을 부여하는 저작권 시스템의 혜택을 받는다. 내가 생성한 데이터만 다르게 처리되어야 하는 이유는 무엇인가? 정보가 거대한 '데이터 전제군주'들의 수십억 달러 규모에 이르는 수익을 창출하는 원료로 사용됨에도 불구하고, 나에게 그 어떤 재정적 가치도 없다는 것은 말이 되지 않는다. […중략…] 우리 손에는 그저 광고, 가짜 뉴스와 절름발이 '스폰서드 콘텐츠(소셜 미디어에서 자신이 생산한 콘텐츠에 도달률을 높이기 위해 플랫폼에 소정의 비용을 지불하고 인위적으로 더 많은 사람에게 노출시키기 위한 수단 – 옮긴이)' 로만 가득한 '무료' 계정이 쥐어질 뿐이다.

윌.아이.엠의 주장에 따르면, 그에게 가사와 반주곡이 음악가의 창의적인 노력의 산물인 것처럼, 데이터 역시 노력의 산물이다. 따라서 데이터는 당신의 자산이어야 하며, 페이스북이나 구글과 같은 데이터 전제군주가 데이터를 일종의 원재료로 사용할 때 당신은 필연적으로 착취를 당한다. 그리고 이 회사들이 대가로 제공하는 소셜 미디어 서비스는 공정한 보상이 아니다. 즉 당신의 재산이 도난당하고 있다는 뜻이다.

윌.아이.엠의 주장을 뒷받침하는 기본적인 가정은, 당신의 데이터가 경제적인 가치를 보유한다는 것이다. 이것은 사람들이 데이터를 새로운 석유라고 부를 때 전제하는 내용이기도 하다. 윌.아이.엠의 특집 아티클이 실린 잡지 『더 이코노미스트』는 2017년 표지에서 거대 IT 기업을 해양 석유 굴착 장치로 묘사하며, 데이터를 세계에서 가장 귀중한 자원이라고 명명하기도 했다. 그러나 이러한 가정에는 문제가

『더 이코노미스트』 2017년 5월호 표지

있다. 데이터는 결코 석유와 같지 않기 때문이다.

은유적 표현 방식은 우리가 무형적인 개념에 대해 생각하는 중요한 방식이므로, 데이터를 가리키는 특정한 은유가 놓치고 있는 몇 가지 중요한 지점들을 생각해 보고자 한다. 첫째로 석유는 그 양이 한정되어 있으며 시추하기가 어렵고 시추 자체에 많은 비용이 든다. 반면, 데이터는 엄청나게 풍부하고, 크게 힘들이지 않고도 상상하기 어려울 정도로 많은 양이 생성되기도 한다. 둘째로 석유는 한 번 연소하면 사라지지만 데이터는 계속해서 사용할 수 있다. 그리고 가장 중요한 세 번째 차이는 석유는 균질한 성격을 지닌 원자재이지만, 데이터는 그렇지 않다는 점이다. 한 배럴의 원유는 다른 한 배럴의 원유와 같은 가치가 있지만, 데이터는 정반대의 성격을 지닌다.

당신의 젠더 정체성이나 종교와 같이, 당신의 삶 깊숙이 중요한 영향을 끼치는 것들을 포함하여 대부분의 데이터들은 소비자로서 당신의 선호도를 나타내기가 어려우므로 경제적 가치가 거의 없기 때문이다. 반면에 아마존 장바구니에서 결제하지 않은 채로 4벌의 청바지를 넣어 둔 것과 같은 진부하기 그지없는 데이터들은 특정 시점에 아주 소수의 기업에는 필요할 수 있지만, 실제로 경제적 가치가 높을 수 있다. 석유는 수요와 공급을 기반으로 시장에서 거래되는 반면, BBC의 경제 코너에서 데이터 가격이 바이트당 100달러 미만으로 하락했다거나 마크 저커버그가 페이스북이 데이터 생산량을 제한할 것이라고 발표하는 등의 뉴스는 접할 수 없을 것이다. 이는 페이스북이 하는 사업이 데이터 판매가 아니기 때문이다. 케임브리지 애널리티카 스캔들에 대한 넷플릭스 다큐멘터리인 'The Great Hack거대한 해킹'을 본 적이 있다면 위와 같은 이야기는 상당히 놀랍게 들릴 수 있을 것이다. 그렇다면 지금부터 페이스북의 비즈니스 모델을 파헤치고 이들이 정말로 어떻게 작동하는지 알아보도록 하자.

앞서 이미 언급했듯이, 페이스북은 당신의 데이터를 판매하는 것이 아니라 광고주에게 광고 공간을 판매할 뿐이며, 데이터는 광고 기반 비즈니스 모델의 수많은 구성 요소 중 하나일 뿐이다. 다른 구성 요소들은 뉴스 피드에 표시되고 댓글이 달리는 가상 캔버스 형식 또는 게시글 형식 등이 있다. 여기에는 마케터가 페이스북 광고 및 캠페인을 생성하고 관리할 수 있게 해 주는 정교한 도구인 Ads Manager가 포함된다. 그리고 가장 중요한 것은, 이러한 광고의 구성 요소들에는 페이스북의 전체 도달 범위, 즉 하루 평균 거의 한 시간 가량 페이스북이 소유한 앱들을 보는 25억 명 가량의 사람들이 모두 포함된다는 것이다.

페이스북의 광고들을 가치 있게 만드는 것은 데이터 그 자체뿐만 아니라 이러한 모든 구성 요소들이 데이터와 함께 작동한다는 사실이다. 조용한 오후에 페이스북의 광고 시스템을 관찰하던 내가 들뜨게 된 것은, 당뇨병성 망막증이 있는 사람들에게 다가갈 수 있는 기능 때문이 아니었다. 만약 Bought By Many가 그 커뮤니티에 할 이야기가 있다면, Diabetes.co.uk 웹 사이트의 망막증 포럼에 업로드되어 있는 스레드에 대한 후원 문의로 연락할 수 있었을 것이고, 이는 페이스북 광고만큼이나 효과가 있었을 것이다. 그러나 Bought By Many는 크론병, 협심증 또는 섬유근육통과 같은 다른 질병을 앓는 사람들을 위한 여행자 보험에 대해서도 할 일이 있었다. 그리고 우리는 이삿짐 기사 레이와 같은 독일셰퍼드 소유자뿐만 아니라, 퍼그, 코카푸 및 자이언트 슈나우저 등을 키우는 이들에게도 반려동물 보험에 관해 이야기할 것들이 있었다. 즉 나를 가장 들뜨게 한 것은 하나의 소프트웨어를 통해 뉴스 피드라는 친숙한 환경에서 다양한 커뮤니티와 즉시 대화를 시작할 수 있는 기능이었다.

나는 반려견의 품종이나 의학적 상태에 관한 정보와 관련해 가장 인기 있는 인터넷 포럼을 조사하거나, 다른 웹 마스터들과 흥정을 하거나, 다른 웹 사이트들의 요구 사항에 맞게 다양한 형식으로 이미지를 구성할 필요가 없었다. Bought By Many 사무실의 작은 책상에 앉아 있으면, 몇 분 안에 어느 누구에게라도 연락할 수 있을 것 같은 느낌이 들었다. 따라서 데이터는 이러한 맥락에서 경제적 가치를 얻게 된다. 종종 페이스북의 광고 수익을 이용자 수로 나누어 페이스북이 데이터에 대해 책정한 금액을 계산할 수 있다는 주장이 나오곤 하는데, 페이스북의 2018년 회계 결산에 따르면 그 금액은 연간 1인당 25달러 미만이다. 그러나 이는 페이스북 이용자의 데이터가 가진 평균 가치를 크게 과장하고 있으며, 수십억 명의 일상생활에서 일부가 되어 버린 소프트웨어와 앱을 개발함으로써 창출되는 페이스북의 수익이 가진 중요성을 인지하지 못한 것이다. 데이터에 대한 비유로는 석유보다 비료가 더욱 적합할 수 있다. 대부분의 데이터와 마찬가지로 분뇨는 일상적인 삶의 부산물이며, 이를 유용한 작물용 비료로 처리해 내기 위해 대규모로 수집하고 물류를 구축한 기업이 있는 것이다.

검은콩(원문은 'Blackeyed peas'이다. 해당 작물의 공식적인 명칭이 'Black-eyed pea'로 다소 다른 점을 생각해 볼 때, 앞에서 언급한 블랙아이드피스의 리더 윌.아이.엠의 주장을 풍자적으로 반박하기 위해 일부러 검은콩 재배를 언급한 것으로 보인다 - 옮긴이) 재배를 전문으로 하는 사업 하나를 상상해 보자. 거름으로 만든 비료를 밭에 뿌리고, 식물은 점점 성장한다. 그 후 꼬투리를 수확해 콩을 따고 분류하여 통조림으로 만든 뒤 이를 배송하게 된다. 당신이 농장 근처에 살고 있다면, 아마 당신의 가족은 약간의 원재료를 기부했을 것임이 틀림없다. 한편 당신은 동네 슈퍼마켓 선반에 있는 콩 통조림을 보고 시도해 보고 싶은 요리법이 생각나 통조림 두 개를 구입했다. 자, 토르티야 칩 그리고 시원한 맥주와 함께 검은콩 살사를 즐기기 위해 앉아 있는 동안 윌.아이.엠이 나타난다고 가정해 보자. 그가 완두콩 비료에 들어가는 거름을 생산하기 위한 일은 당신의 노력이었고 그 거름은 당신의 재산이며 그에 대한 보상으로 농장 수익의 일부를 받아야 한다고 말한다면, 나는 그가 당신을 설득하기 쉽지 않을 것이라고 생각한다.

비료를 만들기 위한 분뇨는 단지 전체 과정의 일부일 뿐이며, 실제 경제적인 가치는 그 농장이 수행하는 다른 모든 절차에 달려 있다는 사실은 매우 분명하다. 게다가, 차라리 당신은 살사를 즐기며 윌.아이.엠에게 다른 주제의 이야기를 하는 것이 더 나을 것이다.

GOOD

DATA

2
마인드 게임

더블린에 있는 페이스북 유럽 본사 방문은 그 시작부터 다소 끔찍했다. 2016년 2월, 우리가 3년 반 정도 Bought By Many의 비즈니스를 구축해 오던 시점이었다. 우리는 총 16명의 팀으로 성장했고 마케팅 팀에는 7명이 근무하고 있었다. 나는 익스피리언에서 알게 된 헬렌에게 JustGiving을 떠나 Bought By Many로 이직하여 신규 고객을 확보하는 업무를 관리하도록 설득했다. 이후 그녀는 구글에서 광고 전문가로 일하던 고든과, 페이스북 광고 업무를 교육하기 위해 생기발랄한 졸업생 라이를 채용했다. 그 후 약 18개월 동안 헬렌과 라이가 페이스북 측의 계정 관리자를 회사에 할당하도록 설득한 끝에, 우리는 회사 캠페인 문제와 실적 개선을 위한 아이디어를 공유할 인력을 확보할 수 있었다.

그러던 어느 날, 매우 갑작스럽게 나는 아일랜드 국가번호로 보이는 전화 한 통을 받았다. 수화기 건너편에서는 동부 해안 사투리 억양의 목소리가 흘러나왔다. "샘, 제 이름은 션 맬러니이고, 당신 회사의 페이스북 계정 전담 관리자입니다." 션은 페이스북 팀의 다양한 구성원 및 다른 초기 단계 기업들과 함께 더블린에서 워크숍을 갖고자 우리에게 연락한 것이었다. 통화 이후 그는 우리 회사의 계정이 다른 계정 관리자 조에게 이전되었다고 이메일을 보냈다. 나는 그 이유가 궁금했지만 드디어 페이스북의 구성원들과 직접 소통할 수 있다는 기대에 들떠 그 이유에 대해 오래 생각하지는 못했다.

나는 스티븐에게 신규 고객 확보 팀 전체가 더블린으로 가야 한다고 설득해야만 했다. Bought By Many의 회원이 10만 명이 넘는 시점이었고, 우리는 이들을 보험 회사에 소개함으로써 빠른 수익 성장을 거두고 있었다. 그러나 흑자 전환까지는 아직 갈 길이 멀었고, 또 한 번의 투자 유치가 시급한 시점이 다가오고 있었다. 다시 말해, 현금 사정이 여의치 않았다. 스티븐은 우리 중 한 명이 하루 정도만 다녀와서 우리에게 습득한 내용을 보고하는 정도만으로 괜찮다고 말했지만, 나는 더 넓은 시각으로 생각하고자 했다. 페이스북과 제대로 된 관계를 구축하고, 페이스북의 변덕스러운 알고리즘 방식에 대한 여러 질문에 대답을 얻으며, 그 과정에서 하나의 팀으로 결속할 수 있는 기회가 바로 눈앞에 있었기 때문이다.

새벽에 라이언에어[24]를 이용하여 저렴한 호텔에서 하룻밤만 묵으면 4명이 총 500파운드도 되지 않는 가격으로 이 여정을 해낼 수 있었다. 나는 스티븐에게 이 작은 투자를 위해 페이스북 캠페인의 클릭 수를 약간만 개선하면 된다고 건의했고, 결국 그를 설득했다. 하지만 개트윅 공항[25]에서부터 일이 꼬이기 시작했다. 우리는 아침 6시에 눈을 비비며 공항 터미널에서 아침식사를 하기 위해 만났으나, 비행기가 3시간이나 연착되는 바람에 워크숍 시작 시간인 오전 11시에 맞춰 페이스북 유럽 본사 사무실에 도착할 수가 없었다. 설상가상으로 우리는 조에게 연락하지 못했다. 아직까지도 왜 그랬는지 이해할 수 없지만, 우리는 조의 휴대전화 번호를 받지 못했고, 그는 라이가 보낸 이메일에 답장조차 하지 않았다.

내 눈앞에는 우리가 페이스북 사무실 앞에서 문전박대를 당하고, 그들의 계정 관리 프로그램에서 쫓겨나는 환상이 아른거렸다. 마침내 더블린에 도착한 뒤 우리는 전속력으로 달려 택시를 잡았지만, 택시 기사는 목적지까지 상당한 시간이 소요될 것이라고 말했다. 공교롭게도 한 유명한 갱 단원의 장례식이 거행되는 바람에, 교통이 통제되고 도로 보안이 강화됐기 때문이다. 마침내 택시는 더블린의 부두 사이에 있는 사무실 빌딩들 사이에 우리를 내려 주었다. 캘리포니아 쿠퍼티노에 있는 애플 파크의 웅장함에 대해 듣고, 영화 '인턴'에서 구글플렉스의 장난기 넘치는 모습도 보고, 샌프란시스코 베이 지역에 있는 페이스북 캠퍼스의 어떤 마을과 같은 느낌에 대해 읽은 입장에서 다소 실망스러웠지만, 어쨌든 우리는 약속 시간보다 한 시간 반 늦게 도착했다.

우리는 콘크리트 계단을 올라 회전문을 통해 아트리움으로 향했고, 접수원이 조와 미팅을 잡는 동안 나는 연회석, 승강기에 대한 접근을 통제하는 보안 패스 작동식 게이트, 젖은 우산을 위한 덮개 등을 둘러보았다.

주변에는 사원증을 목에 건 사람 한두 명이 수다를 떨고 있었고, 복층 난간에 붙어 있는 포스터들에는 '완벽함을 추구하기보다 우선 완료하는 것이 낫다', '대담하게 나아가라', '만약 두려움이 없다면 어떤 선택을 할 것인가?' 그리고 지금은 악명 높은 문구가 된 '빠르게 움직이고 낡은 것을 파괴하라'와 같은 몇 가지 슬로건이 부착돼 있었다. 그러나 유럽 본사에는 세계에서 가장 혁신적인 회사 중 하나라는 사실을 알려 주는 슬로건은 거의 없었다. 이런 포스터는 제쳐두고라도, 당시 우리는 Bought By Many의 고객 중 하나를 방문하고 있을 수도 있는 것이었다. 마침내 후드티 차림의, 다소 얼굴이 상기된 한 청년이 다가와 "Bought By Many에서 오셨습니까?"라고 물었다. 그가 바로 조였다. 나는 그를 팀에 소개했고, 우리 각자의 역할과 이번 워크숍에서 우리가 얻고자 하는 바를 설명하며 '구매'라는 단어를 가능한 한 여러 차례 강조하려고 애썼다.

내가 늦게 도착한 점에 대해 사과하면서 워크숍에서 우리가 놓친 부분들을 따라잡을 수 있기를 바란다고 말하자, 그는 "아, 사실 아직 회의를 시작하지도 못했습니다. 몇몇 다른 분들도 늦어서 말이죠. 우선 먼저 회사를 좀 둘러보시고, 점심 식사를 한 후에 워크숍을 진행하면 어떨까 합니다. 우선 Bought By Many가 어떤 사업을 하고 있는지

듣고 싶습니다."라고 답했다.

회사를 견학 중이던 다른 그룹에 합류하면서, 나는 조에게 페이스북에서 얼마나 오래 일했는지, 그리고 페이스북에 입사하기 전에는 무엇을 했는지 물었다. 그는 작은 디지털 광고 대행사에서 일하고 싶어 졸업 후 아일랜드로 이주했는데, 그로부터 1년 후 더 큰 대행사에 취업을 했을 때쯤 페이스북으로부터 이직 제안을 받았다고 했다. 현재 그의 역할은 그가 처음으로 담당한 계정 관리 업무였으며 담당한 지 몇 달 되지 않았다고 했다. 나는 그에게 "얼마나 많은 고객을 관리하고 계십니까?"라고 물었고, 그는 "흠… 75에서 80명 정도? 사실 솔직하게 말씀드리자면, 요새 고객 수가 줄고 있습니다."라고 답했다.

익스피리언에서는 대부분의 B2B 회사와 마찬가지로 상당히 많은 수의 계정 관리자를 채용했었다. 익스피리언에 매년 동사의 제품에 수만 파운드 이상을 지출한 고객이라면, 아마 계정 관리자가 있을 것이다. 그들 대부분은 이제 막 경력을 쌓기 시작하는 단계이지만, 익스피리언의 상품 라인업에 대해 잘 이해하고 있을뿐더러 익스피리언이 당신의 성공에 관심이 있다는 것을 어필하기 위해 당신의 사업에 충분한 질문을 던질 것이다.

청구서가 오발송되거나, 익스피리언 시스템에 로그인이 불가능할 경우 아마 그들은 즉시 처리해 줄 것이다. 만약 매년 수십 만 파운드 이상을 지출한다면, 더 상위에 있는 계정 관리자가 당신에게 붙을 것이다. 이들은 당신을 점심 식사나 파티 등에 초대하고 신상품이 출시되면 당신이 우선적으로 써 볼 수 있게 해 줄 것이다. 또한 당신을 위한 비즈니스 기회를 찾아내기 위해 선제적인 사전 분석을 수행할 수도 있다. 만약 그보다 더 많은 수백만 파운드를 지출한다면, 전략적 계정 책임자가 할당될 것이다.

그들은 당신에게 필요하다면 CEO 또는 다른 저명 인사들과 머리를 맞대고 함께 고민할 수 있는 자리를 제공할 것이며, 당신이 비즈니스를 평가하는 데에 정확함을 제공할 것이다. 그러나 페이스북은 앞서 언급한 것들 중 그 어떤 것도 하지 않는다. 우리 회사는 페이스북 광고에 거의 연간 50만 파운드 이상을 지출하고 있었지만 우리는 조의 시간 중 겨우 1% 정도만 우리에게 사용하게 할 수 있었을 뿐이다. 몇 주 후 회사의 재무 관리자가 병가를 내는 바람에 요금 지불이 지연되자, 페이스북은 지체 없이 광고 플랫폼에 대한 액세스를 차단했다. 페이스북의 계정 관리자들은 그들의 휴대전화 번호를 고객에게 제공할 수 없었기 때문에 우리는 조에게 전화로 연락할 수도 없었다. 라이의 이메일에 대한 조의 답장에서는, 우리가 과거에 얼마의 금액을 지불했든지 간에 연체 계정 처리에 관한 프로세스는 바뀔 수 없다는 내용이 있었다. 페이스북의 미지급금 담당 부서가 우리의 요금 연체 사유를 인정할 때까지 우리는 무려 11일간 플랫폼 운영 중단으로 인해 매출이 곤두박질 치는 것을 보아야 했다.

페이스북이 이런 식으로 통상적인 고객 관리 관행을 무시했다는 사실은 어떤 시사점을 주는 것일까? 나는 페이스북의 광고 매출 및 고객 관리 담당 조직의 수익 창출 활동 난이도가 매우 낮기 때문이라고 생각한다. 실제로 페이스북의 이용자 수는 그간 놀라울 정도로 증가했고, 이로 인해 페이스북은 광고주들의 예산이 다른 채널에서 페이스북으로 이동하면서 발생한 거대한 파도를 만끽할 수 있었다. 동시에 그들은, 페이스북의 제품 관리자 및 소프트웨어 개발자들이 만들어 낸 광고주 플랫폼의 높은 사용자 친화성 및 접근성의 이점도 함께 누렸다. 이런 이점들은 직무 자체의 난이도를 낮게 만들기 때문에, 그들에게 있어서는 오히려 목표를 달성하지 못하는 것이 더 큰 도전일 수도 있을 것이다. 유감스럽게도 이러한 현상은 결국 고객 관리 기능 자원을 적절하게 배분하거나 고객에게 좋은 서비스를 제공하는 문화를 창출하지 못하는 원인이 된다.

나는 투어가 별로 즐겁지 않았다. 우리는 마치 동굴같이 생긴 카페테리아를 둘러보았는데, 냅킨 거치대 및 케첩 봉지들이 수북한 통, 그리고 줄을 서는 방향을 나타내는 수동적 공격성[26]을 띤 표지판이 자리 잡고 있었다. 그 후 우리는 그로부터 한 층을 더 올라가 회색 카펫 타일, 덕트와 스트링 조명 아래에 일렬로 놓여 있는 직사각형 책상으로 구성된 우울할 정도로 친숙한 개방형 사무실 공간을 둘러보았다. 외투들이 여기저기 놓여 있는 바퀴 달린 사무용 의자에 걸려 있었고, 이동식 협탁 위에는 배낭들이 올려져 있었으며 여기저기 손 소독제 병들과 버려진 테이크아웃 커피 컵 등이 있었다. 다른 한편에는 전기 안전 테스트 통과 스티커, 이더넷 케이블이 있는 노트북 도킹 스테이션이 있었고, 오래 방치된 듯한 화분 옆 구석에 A4 인쇄 용지들이 쌓여 있었다.

오래된 전단지와 브로셔는 상자에서 쏟아져 나왔으며, 화이트보드들은 창문 앞이나 콘크리트 기둥 옆 등지에 텅 빈 채로 서 있었다. 창문에는 햇빛이 모니터 화면을 가리는 것을 막기 위해 블라인드가 쳐져 있었고, 'Ted and Dougal'[27] 및 'Quantum of Salad'[28] 등과 같이 기발한 회의실 이름들은 페이스북 글로벌 운영의 중심지가 사실은 완전히 평범한 곳임을 강조하는 역할을 했다.

마침내 워크숍이 시작되었는데도 나의 기분은 쉽사리 나아지지 않았다. 조보다 훨씬 더 어리고 경험이 적은 두 명의 페이스북 계정 관리자가 등장하여 온라인 광고 효과 측정의 기본적인 사항을 설명하는 발표를 진행했고, 나는 결국 뉴스 피드 알고리즘에 대해 내부적으로 배울 것이 있으리라는 희망을 버렸다. 한편 페이스북의 크리에이티브 팀에 있는 한 사람이 런던에서 스카이프를 통해 접속하기도 했는데, 그는 자신이 사용하던 부스에서 갑작스레 쫓겨나 회의를 떠나기 직전까지 계속 청중에게 인지도를 제고할 수 있는 비디오 광고에 대한 지출을 늘리라고 권고했다. 이 시점에서 우리가 이들에게 배울 것이 딱히 없다는 사실은 분명해졌다.

페이스북의 그 누구도 우리에게 무언가를 가르쳐 주지 않았고, 우리는 헬렌과 라이가 그들이 아직 하지 않은 페이스북 광고에 대해 알아야 할 가치를 별로 느끼지 못했다. 마치 오즈의 마법사에 나오는 등장인물들처럼, 우리는 커튼 뒤를 들춰 보고 나서야 결국 그곳에는 마법이 없다는 사실을 깨달은 것이다. 나는 런던으로 돌아가 스티븐에게 이를 어떻게 설명해야 할지 고민이 되었다. 그러던 중 예상치 못한 일이 일어났다. 검은색 청바지에 깔끔한 옥스포드 셔츠를 걸친 한 청년이 무대에 오른 것이다. 조는 그를 PL & Partners라는 페이스북 전문 광고 대행사의 공동 창립자인 크리스티안 라르센Kristian Larsen이라 소개했으며, 그가 고객 사례 연구를 발표할 것이라고 안내했다. 내가 전형적인 덴마크식이라고 생각한 겸손하지만 건조한 유머로 운을 뗀 크리스티안은 티셔츠 매장이 온라인 비즈니스를 개발하도록 돕기 위해 페이스북 광고를 활용하여 접근한 방식을 설명했다. 그 업체의 경우 예산이 상당히 빠듯했기 때문에, 그는 리타겟팅 캠페인을 시작했는데 그 티셔츠 판매 웹 사이트를 방문했으나 아무것도 구입하지 않고 떠난 사람들에게 페이스북 광고를 보여 주는 방식으로 진행되었다.

그는 Custom Audiences맞춤 타겟팅라는 페이스북 광고 기능을 활용하여 사람들이 어떤 티셔츠를 보는지에 따라 서로 다른 이미지를 송출했다. 동시에 마케터는 최적화라고 일컬어지는 프로세스를 통해 광고의 다른 구성 요소들(헤드라인, 메시지, 회사 로고의 위치, 클릭할 버튼의 문구가 반드시 '자세히 보기' 또는 '지금 바로 구매'여야만 하는지 등)을 변경하고 이를 반복적으로 테스트하여 캠페인의 실적을 지속적으로 개선시켰다. 매장의 기존 고객을 최대한 활용하고 있다고 확신한 크리스티안은 새로운 고객을 유치하는 쪽으로 관심을 돌렸고, 과거에 티셔츠를 가장 많이 구매한 고객들의 이메일 주소 목록을 만들어 페이스북에 업로드하였다. 그는 페이스북의 Lookalike Audiences유사 고객 타겟팅 기능으로 프로필 및 행동 데이터가 현재 매장에서 가장 경제성이 높은 고객과 유사한 그룹을 타겟팅해 낼 수 있었다.

결과는 인상적이었다. 불과 4개월 만에 매장의 웹 사이트 트래픽은 2배로 증가했고, 매출은 57% 상승하였으며, 페이스북 광고에 대한 투자 수익은 10배를 기록했다. 특히, 나는 그동안 페이스북이 자사의 도구를 사용하는 명확한 방법을 설명하는 것을 들어 본 적이 없었기에 반복 가능하도록 구조화된 데이터 중심의 접근 방식에 대한 크리스티안의 설명이 매우 인상적이었다. 워크숍이 끝나고 난 뒤, 그를 찾아 그와 그의 공동 창업자 매즈에게 나를 소개했고 우리는 덴마크에 가게 되면 그들의 사무실에서 만나기로 했다.

크리스티안과의 대화에서 힘을 어느 정도 얻은 헬렌과 고든, 라이 그리고 나는 리피 강을 건너 우리가 묵을 호텔에 체크인을 했다. 우리는 4명이서 방 3개를 쓰기로 했기 때문에 과연 누가 방을 같이 쓰게 될지에 대해 호텔 접수원과 친근한 농담을 나눈 뒤, 가방을 내려놓고 간단한 식사와 기네스 맥주를 즐기러 나갔다.

심리적 조작?

크리스티안의 프레젠테이션에 대한 이야기를 하면서 나는 페이스북 마케터가 사용할 수 있는 가장 중요한 테크닉과 기술인 최적화, 맞춤 고객 그리고 유사 고객 타겟팅에 대해 언급한 바 있다. 감시 자본주의 이론이 강하게 주장하는 또 하나의 명제는 이러한 기술이 심리적 조작에 해당한다는 것이다. 누군가를 조종한다는 것은 유도, 격려, 설득과 같은 정당성 있는 형태의 영향력과는 다소 다른데, 이는 그것이 조종당하는 쪽의 이해관계와 상충되기 때문이다. 만약 페이스북의 광고가 정말로 사람들을 조종하고 있다면, 이는 그 광고 자체가 너무나 강력하여 그것 외의 다른 방법으로는 사람들이 하지 않을 일을 하게 만들 수 있다는 것을 의미한다. 나는 감시 자본주의 이론이 심리적 조작의 개념을 크게 잘못 이해하고 있다고 생각하며, 아울러 케임브리지 애널리티카 스캔들에 대한 언론 보도 역시 부분적으로 책임이 있다고 생각한다.

지난 2014년 9개월 동안 케임브리지 애널리티카에서 파트타임 계약 근로자로 일했던 내부고발자 크리스토퍼 와일리는 회사가 페이스북 이용자들 중 샘플을 추출하여 성격 퀴즈를 홍보했다고 밝혔다. 퀴즈에 대한 사람들의 답변을 통해 수집된 프로필 데이터를 기반으로 케임브리지 애널리티카는 페이스북 이용자의 성격을 예측하기 위한 사이코그래픽 모델을 구축할 수 있었다. 이 맥락에서 '성격'이라는 것은 개방성(Openness), 성실성(Conscientiousness), 외향성(Extraversion), 친화력(Agreeableness) 그리고 신경질적(Neuroticism)인 정도에 따라 개인을 분류하는 OCEAN분류법에 의해 정의된다. 그 이후, 수천만 명의 페이스북 이용자로부터 프로필 데이터를 획득함으로써 케임브리지 애널리티카는 훨씬 더 많은 인구를 대상으로 그 모델의 예측을 적용할 수 있었다. 그러고 나서, 그들은 자신들이 분류한 성격 유형에 따라 사람들에게 다양한 정치 광고를 타겟팅했다. 예를 들어, 다소 신경질적인 미국 페이스북 이용자에게는 이민이 국가 안보에 미치는 위험성을 강조하는 광고를 내보낸 반면, 개방성이 높은 사용자에게는 이민의 경제적 혜택을 강조하는 광고를 내보냈다.

채널4 뉴스에서 탐사 보도를 통해 케임브리지 애널리티카의 CEO 알렉산더 닉스Alexander Nix 및 마크 턴불Mark Turnbull 이사를 포함한 회사의 고위 임원을 비밀리에 촬영한 결과(채널4 뉴스에서는 2017년 12월 케임브리지 애널리티카의 CEO 알렉산더 닉슨을 만나기 위해 의뢰인으로 위장한 사람을 잠입시켜 취재한 적이 있는데, 이때의 일을 일컫는 것으로 보인다 - 옮긴이) 케임브리지 애널리티카가 자신들의 정치인 고객들을 대리하여 페이스북을 심리전 도구로 사용했다는 와일리의 주장을 뒷받침하는 것으로 드러났다.

감시 자본주의 이론을 지지하는 사람들은 대부분 이러한 주장을 액면 그대로 받아들이지만, 이러한 주장들을 의심할 만한 두 가지 이유가 있다. 첫째는 디지털 광고 시장의 구조가 만들어 내는 인센티브와 관련이 있다. 페이스북과 같은 디지털 광고 공간의 소유주는 시장의 공급자에 속하며, 그들의 고객에게 광고 공간의 가치를 이야기할 동기가 부여된다. 그들의 목표는 타깃 고객들이 최대한 많이 볼 수 있는 광고 공간에 프리미엄을 지불하게끔 광고주를 설득하는 것이기도 하다. 한편 광고 시장의 경우 PL & Partners와 같은 대행 업체라든지, 소프트웨어와 데이터를 사용하여 미디어 소유주 또는 광고주의 수익을 개선하는 애드테크 기업들과 같은 수많은 중개자로 가득하다. 이러한 상황에서 미디어 판매 대행사나 공급자 측면의 애드테크 회사들은 광고 공간의 판매자를 대리하고 있기 때문에 그 공간에 대한 가치를 최대한 과장하도록 동기가 부여된다. 반면, 광고주를 위해 행동하는 미디어 구매 대행사나 수요자 측면의 애드테크 회사들은 고객이 지불하는 수수료 및 소프트웨어 라이선스 비용을 정당화하기 위해 프리미엄 광고 공간을 구매하는 이점에 대해 장밋빛 설명을 하도록 동기가 부여된다.

페이스북이 가진 데이터의 힘, 페이스북 광고 타겟팅의 정확성, 플랫폼에서 캠페인의 효율성과 같은 것들에 대한 주장은 결국 모두 앞서 언급한 맥락들에서 이해되어야 한다. 광고 시장의 다른 수요측 중개 업체와 마찬가지로, 정치계 광고주들에게 페이스북 미디어 구매 및 기술 패키지를 제공하는 케임브리지 애널리티카 역시 페이스북 광고 공간의 가치 및 이를 활용하는 능력에 대해 이야기할 만한 강력한 인센티브를 가지고 있었다.

간단히 말해 와일리와 닉스 그리고 턴불이 이야기한 영업용 메시지들은, 케임브리지 애널리티카의 역량에 대한 효율성까지 따질 것도 없이 그들의 역량을 뒷받침할 신뢰할 수 있는 증거 자체가 아니라는 뜻이다. 실제로 사이코그래픽 모델을 만든 데이터 사이언티스트 알렉산더 코간Aleksandr Kogan은 단지 1% 정도의 경우에서만 OCEAN 분류법에 따른 성격 특성을 정확하게 예측했다고 주장한다. 그러나 케임브리지 애널리티카는 2016년 미국 대선 당시 공화당 테드 크루즈 캠프에서 그 모델에 대해 비용을 계속 지불할 의사가 있었기 때문에 그 모델이 사실 쓸모없다는 것에는 전혀 개의치 않았다. 만약 이 모델이 사람의 성격 특성을 예측하는 데에 능숙했다고 할지라도 사이코그래픽 모델을 활용하여 페이스북 광고를 맞춤화하는 것이 기존 형태의 타겟팅보다 더 효과적이라는 증거는 없다.

1950년대 TV에 잠시 등장했던 서브리미널 광고[29]와 마찬가지로 마케팅의 기법 자체가 다소 소름 끼치는 방식을 취한다고 해서 그것이 반드시 효과가 있는 것은 아니다. 그리고 마케터인 내 관점에서 보았을 때, 크리스티안이 그의 고객을 도와 더 많은 티셔츠를 팔았던 것과 같은 접근 방식에 비해 심리학적 타겟팅은 불필요할 정도로 복잡한 면이 있다. 케임브리지 애널리티카와 관련된 주장들을 의심하는 두 번째 이유는 그들이 기술과 테크닉을 혼동하고 있기 때문이다. 페이스북과 다른 IT 기업들이 앱의 이용자 인터페이스를 지속적으로 수정하여 특정한 행동을 촉진한다는 이야기를 아마 들었을 것이다. 이것은 사실이다. 크리스티안이 클릭 수를 최대화하기 위하여 티셔츠 광고 인터페이스의 작은 부분들을 바꾸고 그것들을 테스트했던 것처럼, 페이스북은 어떤 디자인일 때 사람들이 가장 많이 메신저 알림을 탭하거나 인스타그램에 더 많은 해시태그를 포함하도록 유도하는지 확인하기 위해 새로운 아이디어를 지속적으로 시험한다.

이러한 종류의 테크닉을 마케터들이 '최적화'라고 부른다는 것을 기억할 것이다. 이러한 테크닉은 고도로 데이터 중심적이지만, 감시 자본주의 이론에서 시사하는 것과 같이 개인 프로필 데이터가 관련되어 있는 것은 아니다. 이와 관련된 데이터는 집계된 행동 데이터이기 때문이다. 사람들의 심리적인 프로필이 그들의 행동을 촉진하는 데에 사용된다면 이는 불쾌감을 줄 이유가 충분하지만 최적화 테크닉이 작동하는 방식은 그렇지 않다. 이들은 이용자를 구분하지 않고 대량으로 작업을 수행하기 때문이다. 그러므로 개인적이지 않은 이러한 방식을 두고 개인의 심리적 취약성을 기반으로 최적화가 사람들을 조종한다고 이야기하는 것은 이치에 맞지 않다.

정치에서 사용되는 최적화 테크닉의 잘 알려진 예는 다음과 같다. 영국의 정치 전략가 도미닉 커밍스Dominic Cummings[30]는 브렉시트 국민 투표 캠페인이 진행되는 동안 브렉시트 찬성 측에서 '다양한 버전의 광고를 실행하고 테스트했으며, 지속적인 반복 과정 중에 덜 효과적인 것은 삭제하고 가장 효과적인 것만 강화했다'라고 언급했다. 감시 자본주의 이론이 커밍스에게 옹호받는다는 것 자체만으로도 일부 지지자들에게 최적화 테크닉이 불법으로 간주될 이유는 아마 충분할 것이다. 그러나 커밍스가 설명하는 접근 방식은 2012년 미국 대선에서 오바마 캠프가 사용한 방식과 사실상 방법론적으로 동일하다. 당시 캠프에서는 '가입'이라고 표시된 버튼과 함께 오바마 대통령의 이미지가 등장하는 것보다 '자세히 알아보기'라고 표시된 버튼과 함께 대통령과 그 가족들이 등장하는 이미지가 기부자 등록을 약 40% 가량 더 많이 생성해 낸다는 것을 발견해 낸 것이 대표적이다.

더블린에서 처음 만나고 3년 후 페이스북에 대한 학문적 연구를 위해 크리스티안을 인터뷰했을 때 나는 브렉시트 찬성 진영의 페이스북 광고 전략에 대해 물었고 그는 그것을 '디지털 마케팅의 기본 중 기본'[31]이라고 불렀다. 당연하겠지만, 굉장한 마법 같은 일이 아니라는 뜻이다.

나는 감시 자본주의 이론이 기존 고객들을 광고로 타겟팅 할 수 있게 해 주는 페이스북의 맞춤 타겟팅 기능을 다소 혼란스럽게 정의한다고 생각한다. 맞춤 타겟팅 기능을 제공하기 위해 광고주는 고객의 이메일, 자택 주소, 휴대전화 번호 또는 페이스북 ID 목록을 업로드하고, 페이스북은 이 목록을 자신들의 데이터베이스와 비교하여 두 목록에서 겹치는 사람들에게만 광고를 표시하게 한다. 감시 자본주의 이론의 지지자들은 이러한 과정으로 인해, 단지 적절한 데이터가 있으면 사람들이 각 개인별로 맞춤화된 메시지를 통해 광고의 타깃이 될 수 있다고 생각하는 경향이 있지만 이는 사실과 다르다. 맞춤 타겟팅 기능이 작동하기 위한 최소 단위는 100명이며, 그보다 숫자가 작은 그룹에는 특정 광고를 표시할 수 없기 때문이다.

이러한 혼란의 일부는 언어적 측면에서 비롯된다. 최근의 마케터들은 그들이 하는 테스트를 일반적으로 '실험'이라 부르는데 이는 소프트웨어 회사들, 그러니까 최적화를 보다 쉽게 실행할 수 있고, 신뢰성 있게 결과를 측정할 수 있는 제품을 만드는 회사들에 의해 많이 사용된 용어라고 볼 수 있다. 이는 마케팅이 더 이상 무드보드[32] 및 홍청거리는 점심 식사와 관련이 없다는 점을 여럿에게 상기시킨다는 추가적인 이점도 있다. 이는 합리적이고도 정량적인 규율이 되기도 한다. 그러나 안타깝게도 감시 자본주의 이론의 지지자들은 페이스북 이용자들이 스스로의 이해나 동의 없이 지속적으로 실험의 대상이 되어왔다고 결론짓는다.

이것은 크리스티안의 발표에서 설명된 유형과 같은 일반 또는 정원 최적화[33] 실험과, 2012년 페이스북이 소셜 미디어에서 노출되는 단어가 사람들의 감정 상태에 영향을 끼쳤는지를 알아보기 위해 시행한 다소 윤리적으로 의심스러운 실험을 뒤섞는다. 또 다른 예는 '다크 포스트'라는 용어의 재부흥이다. 광고 시스템이 지금보다 더 기초적인 수준이었던 초창기 페이스북에서 광고를 하는 가장 쉬운 방법은 회사의 페이스북 페이지에 이미 게시한 것을 부스트[34]하기 위해 추가적인 비용을 지불하는 것이었다. 여기서 다크 포스트란 당신이 당신의 피드에 영구히 나타나지 않기를 원하는, 판촉의 목적으로 작성된 새 게시물을 일컫는데, 결국 이는 광고의 동의어라 할 수 있다. 페이스북의 광고 관리가 더욱 정교해지고 실행할 수 있는 광고 유형이 다양해짐에 따라, 이 용어는 의미를 잃고 더는 사용하지 않게 되었다. 하지만 이 용어가 페이스북의 비판자들 사이에서 최근 부활했는데, 이는 아무래도 이 어둠을 포함하는 단어 자체가 페이스북 광고에 은밀한 전략과 사악한 의도가 내재되어 있음을 암시하는 느낌을 주기 때문이라고 본다.

우리는 페이스북 광고가 판매자가 주장하는 것처럼 설득력이 강하다고 가정해서는 안 되며, 감시 자본주의 이론이 주장하는 것처럼 마케팅 담당자가 광고 효과를 높이기 위해 사용하는 최적화 기술 역시 그저 사악할 뿐이라고 가정해서는 곤란하다. 케임브리지 애널리티카 스캔들이 보여 주는 디스토피아적 서사는 일상적으로 운영되는 디지털 광고에서는 현실적으로 불가능하다.

익스피리언 박물관의 유사 고객 타겟팅 도구는 무엇일까?

유사 고객 타겟팅 도구는 페이스북 광고가 부리는 마법 같은 도구라 할 수 있다. 이 도구가 하는 일은 매우 직관적이고 간단하다. 광고주가 기존 고객과 유사한 특성을 가진 다른 잠재 고객을 타겟팅할 수 있게 해 주는 것뿐이다. 맞춤 타겟팅과 마찬가지로 광고주는 기존 고객의 목록을 페이스북에 업로드하고, 페이스북은 프로필 및 행동 데이터를 기반으로 유사하다고 판단되는 새로운 잠재 고객에게 광고를 표시한다. 광고주가 유사 고객 타겟팅 도구를 사용할 때 그들은 내가 수행했던 당뇨병 여행자 보험 캠페인처럼 타겟팅 기준에 대해 그들 스스로가 결정하지 않는다. 대신 페이스북의 머신러닝 알고리즘이 이를 대신 수행한다. 유사 타겟팅 도구 알고리즘이 작동하는 방식과 이

것이 상당히 강력한 도구인 이유를 설명하는 것은 더욱 복잡하다.

앞서 내가 더블린에서 크리스티안과 매즈를 만난 것이 페이스북 유럽 본사 방문 도중 있었던 유일하게 좋은 일이라는 느낌을 주었을지도 모르겠지만, 그렇지는 않았다. 페이스북 유럽 본사 사무실 맨 꼭대기 층에는 회사 역사관이 있었는데, 이곳에는 가상 현실 헤드셋인 오큘러스 리프트와 개발도상국과 오지에 와이파이 신호를 전송하기 위한 아퀼라 드론의 프로토타입 등 페이스북이 가장 기술적으로 야심차게 개발하고 있는 프로젝트 결과물들이 전시되어 있었다. 또한 스쿠터 탑승자용 헬멧, 숯 필터가 설치된 접이식 물병, 채식주의자용 고급 초콜릿, 탈부착식 밑창이 있는 슬리퍼, 구독형 향초 상자, 주문 제작 케이크 스탠드 등 성공을 거둔 페이스북 광고주들의 제품 역시 전시되어 있었다. 역사관의 전시물들은 페이스북 광고가 이전에는 존재할 수 없었던 광범위한 온라인 비즈니스를 가능하게 한다는 사실을 강조하고 있었다.

페이스북의 광고는 제조업체와 발명가가 자신의 제품을 대중들에게 직접 마케팅할 수 있도록 함으로써, 영세 업체와 대규모 소매 업체 간에 공정한 경쟁의 장을 마련하고, 소비자의 선택을 늘리며 또한 혁신을 장려하고 있었다. 나의 학술 연구를 위해 인터뷰했던 한 벤처 투자자는 여기서 한 걸음 더 나아간 논리를 펼쳤는데, 그녀는 런던의 실리콘 로터리[35]를 중심으로 한 영국 스타트업계의 폭발적인 성장은 페이스북 광고 없이는 이루어지지 않았을 것이라고 주장했다. 여기서 유사 고객 타겟팅 도구는 핵심적인 역할을 한다. 만약 당신이 케이크 받침대 사업을 성장시켜야 한다면, 이제 어떤 사람들이 당신의 케이크 받침대를 구매하는지 알아보기 위해 값비싼 돈을 지불해 그룹을 특정하거나 이런저런 설문조사를 시행하고, 이들이 보는 TV 프로그램이나 신문에 대한 마케팅 캠페인을 고안해 낼 필요가 없다. 당신은 기존 고객의 이메일 주소를 페이스북에 업로드하기만 하면 된다. 그러면 유사 고객 타겟팅 알고리즘이 아마 마법처럼 당신이 원하는 사람들에게 케이크 받침대 광고를 보여 줄 것이다.

유사 고객 타겟팅의 방법론은 사실 새로운 것이 아니다. 1980년대에 내가 일했던 익스피리언과 같은 데이터 회사에서 이미 발명해 낸 바 있다. 만약 익스피리언에 회사 역사관이 있었다면, 별것이 아닌 거의 잊혔을 물건이 아마 자랑스럽게 전시되어 있었을 것이다. 바로 캐이스[36] 우편 주문 카탈로그이다. 이 카탈로그의 페이지를 넘기면 우리는 카시오 디지털 시계, 시계 및 라디오가 부착된 통합형 커피 메이커, 히-맨 액션 피규어[37], 클레롤 족욕기[38] 등 수많은 복고풍 아이템들을 찾아볼 수 있다. 그 안에는 당신이 좋아하는 것의 분류 코드를 적어 넣을 수 있는 주문 양식과 이것을 무료로 보낼 수 있는 우편 주소가 적힌 봉투도 있을 것이다.

캐이스 카탈로그는 무려 천 페이지가 넘는다. 컬러로 인쇄하게 되면 제작 및 게시 비용이 아주 많이 든다는 뜻이다. 결과적으로 이 회사는 수익성 유지를 위해 자사의 카탈로그를 누구에게 보낼지 선택해

1980년대 우편 주문 카탈로그에 오른 소니 워크맨의 경쟁작들

야만 했다. 이때 카탈로그 발송 목록에서 반드시 포함해야 할 그룹은 바로 이전 상품들을 구입한 사람들이었을 것이다. 그러나 우편 주문 사업 자체를 성장시키기 위해서는 기존 고객에게만 의존할 수는 없었으며, 새로운 고객을 찾아야만 했다. 하지만 카탈로그를 보낼 잠재 고객을 대체 무슨 수로 알아낸다는 말인가? 당시에는 지리인구통계가 답이었다.

지리인구통계의 원리는 유유상종이라는 옛말과 같다. 다시 말해 우편 번호만으로 당신이 어떤 사람인지, 어떤 물건을 주로 구매하는지를 예측할 수 있다는 뜻이다. 예를 들어 만약 당신이 대중 교통이

다니지 않는 교외의 단독주택에 거주하고 있다면, 스튜디오 아파트로 개조된 도심의 에드워드 7세 양식[39] 테라스에 사는 사람보다는 유아용 카시트에 더 관심을 가질 가능성이 크다.

내 상상 속의 익스피리언 역사관에는 방문객이 지리인구통계를 실질적으로 잘 이해할 수 있도록 돕는 가상 현실 장치가 있다. 당신이 VR 헤드셋을 착용하고 1989년으로 되돌아가 캐이스 카탈로그의 데이터베이스 마케팅 관리자에게 빙의했다고 가정하자. 당신이 본 자신의 모습은 스톤워시 데님 재킷을 걸치고 볼륨이 풍성한 머리칼을 지니고 있으며, 후바-부바 풍선껌미국의 껌 제조 회사 리글리 컴퍼니(Wm. Wrigley Jr. Company)에서 제조하여 판매했던 풍선껌을 씹느라 입 안에는 지독하게 달콤한 향이 풍기고 있다. 현재 당신은 당신의 상사가 할당한 신규 고객에게 전자 제품 주문 목표치를 어떻게 달성할지 고민 중이다. 당신은 과거 하이파이 시스템, VHS 비디오 레코더 및 라디오 카세트 플레이어에 대한 주문이 가장 많이 집중된 우편 번호를 확인하기 위해 이미 고객 데이터베이스를 한 번 살펴본 상태이다. 당신은 기존 고객 데이터베이스를 선거인 명부의 데이터와 비교함으로써 지난 2년간 카탈로그를 전혀 받아보지 못한 우편 번호로 카탈로그를 보낼 수 있다는 것 정도는 알고 있다. 물론 이것은 좋은 시작이겠지만 충분하지 않을 수 있기 때문에 당신은 상자처럼 생긴 앰스트래드 컴퓨터[40] 앞에 앉아 모니터를 쳐다본다. 모니터의 상단에는 '모자이크MOSAIC'라고 표시되어 있으며, 그 아래에는 '우편 번호를 입력하시오'라는 명령과 커서가 깜박이고 있는 명령어 입력줄이 있다. 당신은 과거에 전자 제품 주문 비중이 높았던 우편 번호를 선택하고 엔터 키를 누른다. 잠시 후 컴퓨터는 'MK45 1SN과 가장 유사한 5개의 우편 번호 결과: SO40 3QN, BH16 5HQ, WA5 2NB, NG10 3JB, NR33 7BT.'라는 결과값을 제공할 것이다. 이제 당신은 카탈로그를 보냈을 때 컬러 TV 또는 전자레인지를 주문할 가능성이 가장 높은 곳이 이 나라의 어느 지역인지 알 수 있으며, 또한 다른 곳에 카탈로그를 보내느라 예산을 낭비할 필요도 없다.

모자이크는 익스피리언의 지리인구통계 분류 시스템의 이름이다. 다른 데이터 회사들 역시 유사한 시스템을 갖고 있으며 대개 비슷한 방식으로 작동하는데, 그 방식이라 함은 선거인 명부에서 가져온 수백만 개의 이름과 주소 테이블로 시작해, 가능한 한 많은 행에 다른 데이터 요소를 추가하고 특정 고객 유형에 대한 더 구체적인 그림을 만들어 나가는 방식을 의미한다. 이러한 데이터는 인구 조사와 같이 공개적으로 사용할 수 있는 출처, 소비자들에 대한 대규모 설문 조사에서 가져오거나 최초 데이터 제공자의 동의를 얻은 경우 다른 회사에서 구입할 수도 있다. 이들 데이터에는 가구 구성원의 연령과 소득에서부터, 반려동물 유무, 호텔 숙박과 캐러밴 여행 중 어떤 것을 선호하는지 여부에 이르기까지 다양한 항목들이 포함된다. 모든 행의 데이터 내용이 표에 다 채워질 필요는 없으며, 중요한 것은 고객에 대한 구체적인 그림을 만들어 내기 위해 각 우편 번호에 대해 충분한 데이터 포인트를 갖게끔 하는 것이다. 이 작업이 완료되면 유사한 데이터 특성을 공유하는 다른 사람들과 그룹화할 수 있게 된다.

익스피리언 모자이크 시스템은 이 그룹들을 보다 직관적이고 쉽게 기억할 수 있도록 이름을 지정한다. 나의 경우 지난 2013년 런던을 가로질러 덜리치에서 해크니로 이사했을 때 '교외 엘리트'에서 '유연근로자'로 그룹이 바뀌었다. 이 말인즉슨 에든버러의 모닝사이드(편리한 도시 생활을 만끽할 수 있는, 도심 근처의 교외 지역에 우아한 고급 주택을 소유한 가구) 그룹에서 맨체스터의 촐튼(서비스 업계에서 소득을 더 높여 이직할 준비가 된 성공적인 젊은 세입자) 그룹으로 이동한 것과 같다. 한편 1980년대 전자 제품을 판촉할 가능성이 가장 높은 우편 번호는 '안정적인 교외 거주자(중형 주택에서 정착 생활을 하는 중년의 교외 거주자)' 그룹에 분포했다.

익스피리언 역사관의 다음 방에는 1980년대 이후로 지리인구통계 분류법의 실질적 적용이 우편 주문 카탈로그업보다 더 광범위하게 확대되었음을 설명하는 게시판이 있을 것이다. 운전 시간 데이터를 추가함으로써 모자이크는 익스피리언의 고객들에게 그린 킹 브루어리[41] 또는 뷰 시네마[42]와 같은 새로운 펍과 영화관을 어디에 열어야 할지 도움을 줄 수 있었다. 또한 2010년 영국 총선에서 M1 노선 및 M6 노선 고속도로 주변에 거주하는 세일즈 전문가들인 '고속도로남'들을 주요 스윙 유권자로 분류해 낸 것 역시 모자이크를 사용한 지리인구통계 분석이었다. 아마 당신은 익스피리언 모자이크에 대한 설명이 당뇨병 합병증에 관심이 있는 사람들을 식별하는 데에 사용한 페이스북의 Audience Insights 도구와 유사하다는 것을 눈치챘을 것이다. 지리인구통계적 타겟팅이 우편 번호 데이터를 바탕으로 추론하여 작동하는 것처럼 페이스북의 타겟팅은 프로필 및 행동 데이터를 바탕으로 추론하여 작동하는 것이다. 지리인구통계를 활용하여 어린이용 카시트를 구매할 가능성이 더 높은 사람을 추려 내는 것처럼 페이스북 광고 타겟팅은 상식적인 수준에서 설명이 가능하다. 당뇨병 자선 단체의 페이스북 페이지에 '좋아요'를 누르고 당뇨병 환자를 위한 여행자 보험 광고를 보거나, 당신이 장바구니에 검정색 브이넥 티셔츠를 담게 되면 그 쇼핑몰이 당신을 인스타그램에서 팔로우하는 식이다.

유사 고객 타겟팅 도구는 이러한 방식에서 한걸음 더 나아가 빅데이터 시대에 맞게 지리인구통계를 업데이트한다. 머신러닝 기술은 수백만 개의 프로필 데이터, 행동 데이터 및 메타 데이터데이터에 대한 데이터에서 인간 분석가가 절대 발견할 수 없는 패턴들을 찾아낸다. 이를 통해 모자이크 및 그 이전의 어떤 것보다도 훨씬 세분화된 분류 시스템을 만들어 낼 수 있는 것이다.

유사 고객 타겟팅을 '마법'이라고 부를지, 그렇지 않다면 그저 '데이터 과학'으로 부를지에 대해서는 당신이 선택하면 된다. 그러나 어둠의 마법과 같은 호칭으로 부르는 것은 과연 공정할까? 감시 자본주의 이론에서는 확실히 이런 기술들을 어둠의 마법처럼 생각하는데, 특히 2016년 미국 대선 당시 도널드 트럼프 진영이 힐러리 클린턴 지지 그룹의 투표율을 낮추기 위해 벌인 유명한 선거 운동에서 유사 고객 타겟팅 도구가 사용되었음을 지적하곤 한다. 유사 고객 타겟팅을 사용한 페이스북 광고를 통해, 실제로 젊은 여성 유권자 그룹에는 힐러리의 남편이었던 빌 클린턴 전 대통령의 성추문 이슈를 노출시켰고, 아프리카계 미국인 남성 비중이 높을 것으로 보여지는 그룹에게는 20년 전 그녀가 그들을 향해 '심각한 약탈자들'[43]이라고 언급한 것을 상기시켰다.

이처럼 유사 고객 타겟팅 도구가 상당히 불미스럽게 사용된 것에 대한 책임은 과연 이 도구를 만든 페이스북의 기술자에게 있을까? 그리고 각 정당의 디지털 공보 담당자들은 과연 페이스북이 미처 생각지 못한 방식으로 유사 잠재 고객을 찾아내는 방법을 발굴해 낸 것에 책임이 전혀 없을까? 나는 잘 모르겠다. 좋든 싫든 우리는 선거 운동의 일환으로 네거티브 전술을 인정하고 있으며, 위 사례에서 유사 고객 타겟팅 도구는 옳지 못한 일의 원인이 아니라 그저 전달 메커니즘에 불과하다. 그러나 정치 캠페인에서 페이스북 광고를 활용하는 것은 결국 이를 해결하기 위해 더 많은 노력이 필요한 어두운 측면이기는 하다. 광고주가 티셔츠 매장의 신규 고객을 탐색하는 데에 유사 고객 타겟팅 도구를 매우 효율적 방법으로 활용하듯이, 이 도구는 정당들이 새로운 지지자를 모집하는 매우 효율적인 방법이다.

이민, 페미니즘, 신재생 에너지에 대한 투자 증대, 동성애자에 대한 평등권 보장 등에 반대하면서 민족주의와 징병제에 찬성하는 독일의 우익 포퓰리즘 정당 AfDAlternative fur Deutschland, 독일을 위한 대안를 생각해 보자.

이들은 2017년 독일 연방의회 선거에서 유사 고객 타겟팅 도구를 활용하였으며, 그 결과 창당 4년 만에 독일 연방의회에서 무려 94석을 확보하는 데 성공했다. 유사 고객 타겟팅 도구 덕분에 AfD는 페이스북에서 독일의 양대 정당인 기독교민주당과 사회민주당보다 두 배 더 많은 지지자 그룹을 확보할 수 있었다. 게다가 2019년 유럽의회 선거 기간 동안 AfD의 페이스북 광고는 페이스북 그룹 간 네트워크와 AfD의 정책을 지지하는 개인 페이스북 페이지 네트워크를 통해 체계적으로 전파되었다.

AfD와 같은 정당이 과연 합법적인지 여부를 주장하는 것은 현재의 나로서는 어렵지만, 나는 유사 고객 타겟팅 도구가 신흥 정치 세력(그 관점과 정책이 주류에서 멀리 떨어져 있는 자들을 포함한)들로 하여금 지나칠 정도로 쉽게 지지자를 모을 수 있게끔 만드는 것은 확실히 문제라고 생각한다. 페이스북은 유사 광고 타겟팅을 포함해 광고주를 위한 각종 도구에 접근하는 것을 거의 제한하지 않는다. 따라서 누구나 그들의 실제 의제와 관계없이 선거에 영향력을 행사하려고 시도할 수 있으며, 심지어 각 후보자나 정당의 당원, 선거운동원일 필요도 없다. 즉 페이스북 페이지 및 신용 카드만 있다면 가능하다는 뜻이다. AfD의 유럽의회 선거 광고는 지지자들 중 한 사람에 의해 크게 확산되었지만, 반대로 민권 운동가들이 전통적인 성 역할에 대한 AfD의 입장을 비판하는 페이스북 광고를 게재하고자 한다면 이 역시 막을 방법은 없을 것이다. 페이스북의 입장에서 이야기해 보자면, 점점 더 많은 국가에서 광고 승인 절차가 적용되고 이는 결국 광고를 하고자 하는 사람이 그 국가에 살고 있다는 것 등을 증명하지 않고서는 선거, 사회 문제 또는 정치에 대한 페이스북 광고를 더는 실행할 수 없게 될 것이다. 이러한 절차는 최소한 타국의 자국 정치 개입 위험을 완화시킬 수 있지만, 여전히 페이스북 정치 광고의 진입 장벽이 지나치게 낮다는 것은 문제로 남는다.

페이스북이 책임을 부인하는 또 다른 문제는 페이스북 광고에서 제기되는 그 주장들의 진실성에 관한 것이다. 이에 대한 마크 저커버그의 해명은 7장에서 살펴볼 예정인데, 간략하게 이야기하자면 표현의 자유를 옹호하려는 그의 약속 때문이다. 사실 이 같은 논리는 페이스북이 법률을 위반하지 않는 한 정치와 관련된 평범한 게시물이나 댓글을 삭제하지 않는 것에 대한 합리적인 사유가 될 수는 있다. 그러나 나는 오랫동안 이런 논리를 광고의 영역까지 확장하는 것은 말이 되지 않는다고 생각해 왔다. 어찌됐든, 표현의 자유는 인권의 영역이지만 광고의 자유는 그렇지 않기 때문이다. 영국에서는 TV, 신문 및 우편 판촉을 통한 광고들이 광고표준위원회와 같은 규제 기관에서 설정한 규칙과 다이렉트 마케팅 협회와 같은 기관에서 만든 규범을 통해 정직하게 운영된다. 우리는 ITV[44]를 통해 광고주가 근거 없는 주장을 하면서 동시에 표현의 자유를 정당화하는 것을 터무니없다고 여길 것이다. 우편물 회사가 거짓 주장을 담은 수만 개의 전단지를 배달하는 것을 표현의 자유를 근거로 정당화하는 것 또한 마찬가지다. 그렇다면 왜 페이스북에서는 이것들이 허용되는 것일까?

지난 2010년 미 연방대법원은 수정헌법 제1조인 표현의 자유 보호를 근거로 하여 독립 조직의 정치 광고를 제한하는 법률이 위헌이라고 판결했다. 그리고 페이스북은 미국의 기업이므로 정치 광고에 대해 연방대법원의 해석을 따른다. 이 때문에 결국 페이스북의 기본 설정 자체가 독일이나 영국 등 미국 헌법이 적용되지 않는 기타 국가에서도 누구든지 정치적인 페이스북 광고에서 자신이 원하는 대로 말할 수 있도록 하는 것이다.

한편, 페이스북에서 사회적 문제, 선거 또는 정치에 관한 것으로 간주되지 않는 광고는 그 어떤 제한도 없다. 중국의 여러 국영 언론사는 페이스북 광고를 사용하여 콘텐츠를 홍보함으로써 BBC나 『뉴욕타임즈』 및 CNN보다 더 많은 페이스북 팔로워를 확보할 수 있었다. 지난 2019년의 경우 중국국제텔레비전CGTN은 페이스북 페이지에 '좋아요'를 누르기만 하면 아기 판다에서부터 고속열차에 이르기까지 중국을 선전하는 상징적인 이미지들을 보여 주는 캠페인을 진행했다. 중국일보[45]의 경우 같은 방법인 클릭베이트[46] 접근 방식을 사용했는데(하긴 앵무새가 새우를 먹는 영상만큼 '소프트파워'를 말해 주는 것이 있겠는가?), 두 캠페인 모두 전 세계 수억 명의 페이스북 이용자가 보았다. 하지만 중국에서는 페이스북 이용이 금지되어 있기 때문에, 국영 미디어를 통한 해외 방송이 합법이라 할지라도 광고주들은 페이스북의 도달 범위 내에서 혜택을 얻지만 그들 자신은 광고에 접근할 수 없다는 모순이 발생한다.

이 같은 현상은 중국 시장에 진출하고자 하는 마크 저커버그의 오래된 열망을 반영한 결과일 수 있다. 하지만 미국의 전략적 이해관계까지 언급할 필요도 없이 회원들이 상호간 책임을 지는 커뮤니티로서 페이스북의 이념과는 반대되는 것으로 보인다. 광고에서 주장하는 것들에 대한 진실성이나 광고주 자체의 무결성을 검증하지 않는 것처럼, 페이스북은 유사 고객 타겟팅 도구를 사용하는 광고주가 그 데이터를 사용할 권한이 실제로 있는지는 거의 검증하지 않는다. 광고주들은 그저 '데이터 이용과 관련하여 해당 법률 및 규정을 준수합니다'

CGTN과 중국일보가 2019년에 게재한 페이스북 광고의 예시

라는 체크박스를 클릭하는 것일 뿐이다. 하지만 실제로 비윤리적인 광고주는 자신이 얻을 수 있는 모든 데이터를 얻으려 한다. 2019년 5월 21일까지 한 주 동안 페이스북에 내 데이터를 업로드한 88명의 광고주 중 69명은 내 동의를 받지 않았으며, 대부분이 내가 한 번도 접해 보지 못한 미국의 자동차 판매 대리점들이었다. 물론 이러한 일련의 예시들은 그렇게 심각한 결과를 초래하지는 않는다. 최악의 경우라고 해도 내 삶과 관련이 없는 광고를 보는 것 정도이기 때문이다. 중요한 것은, 유사 고객 타겟팅 도구에 대한 페이스북의 통제가 많은 약점을 내포하고 있음이 입증되었다는 것이다.

그래프 API

우리가 아직까지 다루지 않은 케임브리지 애널리티카 스캔들의 마지막 측면은 이러한 심리적 모델을 구축하는 데 사용된 데이터가 최초에 어떤 식으로 수집되었는가 하는 것이다. 많은 언론에서는 이를 데이터 유출이라고 불렀으나 이는 오해의 소지가 있다. 유출은 데이터가 접근 권한이 없는 사람에게 넘어가는 것을 말한다. 데이터 유출이라는 상황은 해커가 어떤 회사의 컴퓨터 시스템을 공격할 때나, 실수로 직원이 술집에 노트북을 두고 온 경우 발생할 수 있는 일이다. 반면에 케임브리지 애널리티카의 그 악명 높은 모델을 구축한 데이터 사이언티스트 알렉산더 코간은, 타사의 개발자를 위해 시스템에 내장된 파이프와 같은 존재인 그래프 API[47]를 통해 페이스북 사용자의 데이터에 접근할 수 있는 허가를 받았다. 당시 페이스북은 회사 외부의 개발자들로 하여금 이러한 방식으로 엄청난 양의 이용자 데이터를 수집할 수 있도록 상당히 적극적으로 나서고 있었다. 즉 케임브리지 애널리티카가 데이터를 수집하게 된 것은 실수가 아니라 페이스북의 정책이었던 것이다.

페이스북은 왜 제삼자에 의한 데이터 수집을 원했을까? 역설적이게도 이 같은 일은 마크 저커버그가 개인적으로 광고를 싫어했다는 점에서부터 출발해야 한다. 다른 많은 소프트웨어 개발자와 마찬가지로 그는 광고에는 별 관심이 없었다. 저커버그가 페이스북을 창립하기 위해 중퇴하지 않고 하버드에 그대로 머무르는 평행 세계가 있었다면 그 세계에서 저커버그는 1장에서 언급한 흔한 광고 거부자 중 한 명이 될 수도 있고, 여행자 보험 광고의 댓글 스레드에 저속한 내용의 GIF 파일을 게시했을 수도 있다. 그는 광고 사업을 하고 싶었던 것이 아니라, 플랫폼을 만들고 싶어했다.

플랫폼 사업은 광고 공간을 판매하여 수익을 올리는 대신에, 판촉에 참여하는 제삼자들끼리 이루어지는 막대한 양의 거래에 대해 각 거래별로 조금씩 수수료를 받아 수익을 올린다. 에어비앤비와 페이팔이 그 대표적인 예이다. 그래프 API는 이러한 플랫폼 비즈니스 모델이 가능하도록 설계되었는데, 페이스북이 의도한 방식의 한 예는 지역 비즈니스 검색 서비스인 옐프와 관련이 있다. 옐프는 그래프 API를 통해 데이터를 가져와서 이용자와 그 친구가 페이스북에서 좋아한 레스토랑을 선별하여 이용자를 위한 레스토랑 추천 서비스를 개선할 수 있었다. 또 다른 역설이지만, 이러한 과정의 다른 참여자는 페이스북 친구가 읽고 있는 뉴스 기사를 볼 수 있는 앱을 개발하기 위해 익스피리언과 손을 잡은 가디언 지였다. 페이스북은 궁극적으로 이런 방식을 통해 광고 없이 그래프 API 데이터를 활용하여 앱을 개발한 타사 개발자로부터 수익을 창출하기를 바랐다.

옐프와 가디언의 예에서 볼 수 있는 방식에서는 페이스북 이용자 자신의 데이터뿐만 아니라 친구의 페이스북 데이터도 필요한데, 내가 생각하는 케임브리지 애널리티카 스캔들의 가장 충격적인 측면은 바로 그 부분이었다. 수천만 명에 달하는 페이스북 이용자의 프로필 데이터는 그 친구가 성격 퀴즈를 완료하거나 경쟁에 참가하거나 페이스북 앱을 설치할 때 제공되었는데, 문제는 이 이용자들은 데이터 제공에 대한 옵션 해제는 고사하고 이러한 일이 일어나고 있는지조차 알아낼 방법이 없었다는 점이다. 이 때문에 사실 페이스북이 연방통상위원회로부터 50억 달러의 과징금 처분을 받은 것에 대해 이의를 제기하기는 어렵다. 그러나 이는 감시 자본주의 이론을 지지하는 사람들이 또다시 혼란에 빠지는 지점이기도 하다.

당시 로힛 초프라Rohit Chopra 미 연방통상위원회 위원장은 페이스북에 부과된 과징금이 충분하지 않다는 입장을 밝히며, "이 합의는 실질적으로 회사에 타격을 주지 못한다는 점 때문에 향후 이러한 위반이 또 발생할 것이 우려되고, 회사의 이용자에 대한 감시 또는 광고 전술에 대한 그 어떤 유의미한 제한도 포함하지 않는다."라고 밝혔다. 당신은 그의 말이 무슨 뜻인지 알겠는가? 초프라는 페이스북이 타깃 광고를 포함하지 않는 비즈니스 모델을 개발하기 위해 그래프 API를 만들었음에도 불구하고, 초프라는 페이스북의 광고 기반 비즈니스 모델 그리고 이 모델 하에서 벌어진 그릇된 역사적 관행과 그래프 API 사이에 인과 관계를 만들어 낸 것이다!

규제 기관들 사이에서 발생한 이러한 혼선이 빚어낸 결과 중 하나는, 이 장에서 설명한 데이터 분석 및 타겟팅 기술의 합법성에 대한 도전이었다. 학업을 이어 나가는 동안 이 문제 때문에 수렁에 빠졌을 때, 나는 적어도 수년 이상 마케팅 윤리에 대해 깊은 고민을 해 본 경험이 있는 사람을 찾아 이야기해야만 한다는 사실을 깨달았다. 2007년부터 2015년까지 익스피리언 모자이크의 임원이었던 나이젤 윌슨Nigel Wilson은 타깃 마케팅의 실행에 엄청난 영향력을 끼친 바로 그런 사람이었다. 나는 그를 만나기 위해 기차를 타고 노팅엄까지 가서 점심 식사를 하며 그에게 최근 ICOInformation Commissioner's Office, 영국 정보보호위원회가 정치 캠페인에 데이터 분석을 사용하는 것이 허용되어야 하는지에 대한 문제를 다룬 보고서를 편찬한 것에 대해 어떻게 생각하는지 질문했다. 그는 팔짱을 끼고 담담하게 입을 열었다.

"나는 ICO에 동의하지 않습니다. 그들은 요점을 놓치고 있기 때문입니다. 중요한 것은 데이터가 메시지와 타겟팅을 위해 사용되는 것이 아니라, 데이터를 사용하는 사람들의 더 넓은 맥락과 목적을 이해하는 것입니다. 지난 수십 년간 소비자들은 자신의 욕구와 욕망, 그리고 핫 버튼[48]에 호소하는, 고도로 타겟팅 된 메시지를 수신해 왔습니다. 이것이 바로 상거래가 작동하는 방식입니다. 마찬가지로, 정당이라면 대중을 더 잘 이해하고 그에 따라 메시지를 맞춤화하는 것에 도움이 되는 요소를 왜 만들어 나가지 않겠습니까? 젊은 가족들에게 교육 개혁의 계획에 대해 이야기하거나 통근자들에게 교통 인프라에 투자할 것이라고 이야기해서는 안 되는 것입니까? 케임브리지 애널리티카 스캔들은 분명히 사람들의 데이터가 허가 없이 사용되었다는 것에 그 맥락이 있습니다. 게다가 페이스북은 적절한 통제를 하지도 않았습니다. 그들은 이러한 타겟팅을 수행하는 사람들이 부유층인지, 이익 집단인지, 또는 외세인지조차 구별해 내지 않았죠. 또한 그들은 메시지가 과연 적절한지 또는 그들의 주장이 정확한지도 확인하지 않았습니다. 1990년대를 되돌아보면, 소위 '기적의 치료법'과 같은 근거 없는 주장으로 장애를 가진 사람들에게 우편 판촉하는 일은 있을 수 없었습니다. 즉 거짓 주장이 문제를 일으키는 일이 없도록 통제 장치가 마련되어 있었다는 것입니다. 솔직히 가장 고통스러운 것은 아무 죄 없는 지리인구통계적 타겟팅 자체가 문제로 취급받고 있다는 점입니다."

나이젤의 말을 다시 떠올려 보면, 마치 답답한 방 안에서 바닷바람을 쐬러 발을 내디딘 기분이 든다. 앞서 언급했듯이 정치적인 문제를 일으키는 것은 타깃 마케팅이나 페이스북의 광고주 도구가 아니다. 왜냐하면 정작 부족한 것은 누가 그러한 도구를 사용할 수 있으며 그들이 무엇을 말할 수 있는지에 대한 통제이기 때문이다.

GOOD

PART 2
번영

DATA

GOOD

DATA

3
집단 의식

날마다 전 세계 사람들은 약 56억 건의 구글 검색을 한다. 게다가 그들은 친구 또는 가족에게 하지 않을 이야기를 구글에게 이야기하기도 한다. 아마 그들의 파트너나 그들의 주치의 역시 마찬가지일 것이다. 휴대전화나 노트북이 있다면, 구글로 이동하여 검색창에 '나는 그냥(또는 나는 방금)'을 입력해 보라. 내 말이 무슨 뜻인지 알 것이다. 이 글을 쓰는 동안, 사람들이 이전에 검색한 내용을 기반으로 구글에서 예상하는 검색 중 일부는 다음과 같다.

- 나는 이제 배가 불러.
- 나 방금 교통사고 당했어.
- 나 방금 공황 발작이 왔어.
- 나는 그냥 그저 미칠 것 같은 한 주를 보냈어.
- 나 아기를 가졌는데, 이제 뭐로 불리게 되는 거지?

• 나 그냥 생리 중인데, 임신한 것 같은 기분이 들어.
• 나 방금 대변을 봤는데 혈변이 나왔어.

이 검색 결과들의 집합이 강조하는 것은 사람들은 단지 실용적인 정보를 얻기 위해서뿐만 아니라 인생의 가장 중요한 순간에 조언을 얻기 위해서도 구글을 찾는다는 점이다. 우리는 구글을 사용할 때 대개 자기 검열을 하지 않기 때문에 구글 검색으로 생성된 데이터는 매우 강력한 힘을 지닌다. 데이터 사이언티스트인 세스 스티븐스-다비도위츠Seth Stephens-Davidowitz[49]는 이를 '인간의 정신에 대해 수집된 가장 중요한 데이터 묶음'이라 불렀다. 나는 그의 말이 과장이라고 생각하지 않는다. 검색 데이터는 매 순간마다 더 깊어지는 인간의 필요와 욕망의 방대한 저장고로 간주할 수 있다. 이는 우리의 '집단 의식'을 심오하게 표현한 것이다.

내가 검색 데이터에 대해 학습하기 시작한 것은 익스피리언에서 전략 및 개발 책임자로 재직할 때였고, 나는 여기에 금방 빠져들었다. 익스피리언의 자회사인 웹 트래픽 조사 기관인 힛와이즈[50]에는 Search Intelligence검색 정보라는 소프트웨어 도구가 있었는데 이 도구는 인터넷 서비스 제공 업체 및 웹 브라우저 서비스 제공 업체와의 파트너십을 통해 호주, 미국, 영국 등지에서 수백만 명의 사용자가 수행한 인터넷 검색을 익명으로 통합하여 작업하는 것이었다. 이 소프트웨어에 로그인하면 관심 키워드를 활용해 데이터를 추출할 수 있었고, 어떤 검색이 특정 웹 사이트로 트래픽을 유도했는지 그리고 어떤 웹 사이트가 특정 검색에 대해 트래픽을 얻고 있는지 등에 대해 확인해 볼 수 있었다.

힛와이즈의 계정 관리 팀과 이야기하면서 나는 대부분의 고객이 이 도구를 다소 평범한 방식으로 활용하고 있다는 사실을 깨달았다. 이를테면 은행의 고객 인사이트 부서의 누군가가 모기지 검색에서 가장 많이 검색된 20가지 결과를 월간 보고서 PPT 작업 시 붙여 넣거나, 마케팅 담당자가 구글 광고 지출 예산 증액을 위해 경쟁 업체의 웹 사이트 데이터를 사용하는 방식으로 말이다. 앞서 1장에서 언급한 데이터 사이언티스트 스티브 존스턴과 리암 맥기를 알게 된 것은 데이터 사용에 대한 또 다른 가능성들을 고민하고 있을 때였다. 그들의 회사인 캐이어즘[51]은 힛와이즈와 제휴하여 소매 부문의 익스피리언 고객들에게 '수요 분류법'이라 불리는 서비스를 제공했는데, 여기에는 어떤 검색이 고객의 전자 상거래 웹 사이트로 트래픽을 유도했는지를 알아보고 고객들이 보유한 제품에 대해 구글에서 발생하는 모든 검색을 비교하는 작업들이 포함되었다. 고객이 활용할 수 있는 수요와 공급 사이의 격차를 찾는 아이디어 자체는 간단했지만, 이를 실행하는 데에는 많은 데이터와 면밀한 분석이 필요했다.

스티브는 자신의 DIY 브랜드인 스크류픽스를 위해 구축한 수요 분류의 실제 작업 예시를 나에게 주었다. 그는 스크류픽스 프로젝트를 진행하면서 힛와이즈의 인터넷 검색 데이터를 분석하고, 이를 스크류픽스 웹 사이트의 제품 목록과 비교함으로써 회사가 간과했던 다른 종류의 상업적 기회들을 모두 관찰할 수 있었다. 하나의 예시를 들어 보겠다. 압축 공기 또는 가스를 활용하여 나무에 못을 박는 도구를 우리는 뭐라고 부를까? 스크류픽스는 이를 '네일러'라고 부르고 웹 사이트에도 동일하게 나열해 두었다. 그러나 검색 데이터에 따르면 그보다 10배는 더 많은 사람이 그 도구를 '네일 건'이라고 불렀다. 건물 외벽에 설치되어 사람이나 동물이 접근할 때 적외선 센서가 작동하며 불이 켜지는 램프를 우리는 뭐라고 부를까? 스크류픽스는 이를 '실외등'으로 분류했지만, 대다수의 사람들은 이를 '보안등'이라고 불렀다. 마지막으로 주방을 개조하면서 새로운 인덕션, 화강암으로 만들어진 조리대, 양문형 냉장고를 설치하고 천장에 있는 스트립 조명을 교체하고 싶다면 우리는 무엇을 찾아야 할까? 검색 데이터에 따르면 대부분의 사람들이 구글에서 '주방 조명'을 검색한다. 그런데 스크류픽스는 다운라이트, 스포트라이트 및 매립형 LED 조명이 각기 집 안의 다양한 장소에서 기능할 수 있다고 생각했지만(이는 상당히 비합리적인 생각이었다), 정작 조명을 방 용도별로 분류해 두지도 않았다. 스티브는 스크류픽스에 사람들이 실제로 검색하는 것과 일치하도록 제품들을 설명하고 분류하는 방식으로 변경하였고, 그 결과 구글에서 훨씬 더 많은 트래픽을 확보하고 매출을 신장시킬 수 있었다.

나는 이 이야기에서 상당히 영감을 받았고 어느 금요일 스쿼시를 하기 위해 열차를 타고 가는 중에도 머릿속에서 아이디어가 맴돌았다. 나의 그날 저녁 스쿼시 상대는 오픈 대학교[52]에서 디지털 마케팅 부서를 운영하는 친구였다. 교육 분야는 대규모 데이터 분석을 시도하기에 아주 이상적인 분야임에 틀림이 없었고, 나는 비록 경기에서 졌지만 펍에서 가진 뒷풀이 자리에서 고등 교육 수요에 대한 6개월 가량의 분석 프로젝트를 판매할 수 있었다. 하지만 벤처 투자자들 역시 검색 데이터를 활용하기 위해 더욱 야심 찬 계획을 세우고 있다는 사실을 나는 거의 알지 못했다. 어느 날 Forward Internet Group포워드 인터넷 그룹[53]의 누군가가 힛와이즈의 계정 관리자에게 전화를 걸어 힛와이즈가 보유한 과거 10년치 데이터에 접근할 수 있는 권한을 부여하는 데 비용이 얼마나 크게 드는지를 문의했다. 실제로 힛와이즈는 Search Intelligence 서비스 사용자가 2년 동안의 검색 데이터에만 접근할 수 있도록 허용해 왔는데, 그 이유는 이러한 대용량 데이터 모음을 온라인으로 제공하는 데 드는 저장 비용이 매우 높기 때문이었다. 결국 계정 관리자는 그들을 위한 견적을 작성하면서 그들이 데이터로 무엇을 하려고 하는지 알아낼 수 있었다. 그들은 데이터를 모으고 분석하여 새로운 온라인 소매 비즈니스를 위한 가장 나은 미개척 기회를 포착하고자 했다. 그 방법론 자체는 스티브와 리암의 팀이 더 많은 트래픽을 얻기 위해 제품을 설명하고 분류하는 방법을 스크류픽스와 오픈 대학교에 제공한 것과 비슷할 것이다. 그러나 중요한 차이점은 Forward Internet Group은 이미 운영 중인 비즈니스에 대해 더 많은 판매를 유도하려고 하지 않는다는 것이었다. 그들은 아예 처음부터 사업을 설립하여 시작하기를 원했다. 다시 말해, 분석할 검색 데이터의 양 자체가 훨씬 많았다.

이 도전의 기념비적인 규모 및 그 복잡성으로 인해 Forward Internet Group의 데이터 사이언티스트들은 몇 달간 그들끼리 벙커라고 부르는 곳으로 사라졌다. 그들은 커피와 하리보를 입에 달고 거의 매일 밤을 새웠으며, 동료들은 점점 더 지저분해지는 그들의 모습과 그들의 눈에서 읽히는 거친 표정을 알아차릴 수 있었다. 이는 그들이 점점 프로젝트에 집착하고 있음을 의미했다. 결국 인내심을 잃어버린 경영진은 데이터 사이언티스트들을 이사회에 소집했다. 테이블의 상석에는 회사의 창립자이자 최고경영자인 닐 허친슨Neil Hutchinson이 앉았고, 그 옆에는 그가 가장 신뢰하는 조언자들이 있었다. 그는 "자, 이제 한번 들어 봅시다. 무엇을 발견해 냈습니까?"라고 시작했다. 후드티와 운동화 차림이 다소 어울리지는 않았던 데이터 사이언티스트들은 서로를 바라보기만 했고, 한동안 불편한 침묵이 흘렀다. 허친슨은 재차 말했다. "자, 우리는 새로운 비즈니스를 위한 최고의 기회를 찾기 위해 여러분에게 데이터를 수집하고 분석하도록 요청했습니다. 결과는 무엇입니까?" 마침내 그들 중에 한 명이 용기를 내어 "앵무새 새장입니다."라고 말했다. "앵무새 새장?" 허친슨이 반문했다. "지금 농담하는 겁니까?"

당연히 그들은 농담을 하고 있는 것이 아니었다. 검색 데이터에 따르면 온라인 소매 시장에서 발생하는 수요와 공급의 가장 큰 격차는 앵무새 새장의 시장에서 벌어지고 있었기 때문이다. 그의 용기 있는 발언으로 허친슨은 다른 것들은 우선 접어 두고 앵무새 새장 사업에 뛰어들었다. 우선 그들은 Just Cages라는 간단한 웹 사이트 페이지를 설정하고 이를 구글에 광고하는 데 약간의 비용을 지불했다. Just Cages에서 새장을 구입할 수 없었음에도 불구하고 웹 사이트를 2주간 클릭한 결과, 데이터 사이언티스트들이 옳았음을 알 수 있었다. 실제로 인터넷에서는 앵무새 새장에 대한 충족되지 않은 수요가 있었기 때문이다. 다음으로 그들은 Just Cages가 재정적인 위험이나 재고로 인한 실무적 불편을 경감할 수 있도록 인도에서 앵무새 새장을 고객에게 직접 보내는 도매상인 드롭쉬퍼를 찾아냈다. 퍼즐의 마지막 조각은 전자 상거래 기능을 구축하는 것이었다. 즉, 제품을 전시한 뒤 지불을 받고 온라인으로 주문을 처리하는 기능을 말한다. Just Cages 웹 페이지를 최대한 단순한 형태로 유지하기 위해 Forward Internet Group은 온라인 소매 플랫폼 업체인 쇼피파이[54]를 활용했다.

그 결과는 놀라웠다. Just Cages는 운영 1년 만에 320만 파운드의 매출을 달성했고, 사육장, 오두막, 수족관 및 파충류를 위한 특수 사육장 등을 판매하기 위해 10개의 전자 상거래 웹 사이트를 추가로 신설했다. 게다가 새로운 온라인 상거래의 기회는 반려동물을 위한 편의시설에만 국한되지 않았다. Forward Internet Group의 데이터 과학자들이 검색 데이터 연구에 몰두하는 동안, 신흥 기업가인 리처드 터커Richard Tucker와 조 머레이Joe Murray는 데이터 분석을 통해 밝혀낸 수요와 공급 간의 격차를 활용하여 가정 및 정원용품 소매업의 시장을 변화시키고자 하는 비전을 꾸리고 있었다. 이들이 설립한 월드스토어즈는 매트리스월드, 셰즈월드, 트램폴린월드와 같은 이름을 가진 수많은 다른 웹 사이트들로 구성되어 있다. 이들은 모두 구글 검색을 통해 표현되는 다소 특이한 가정 및 정원용품에 대한 소비자 수요를 충족하도록 설계되었다. 새로운 트렌드에 대한 검색 데이터를 지속적으로 모니터링함으로써 월드스토어즈는 전통적 경쟁자들보다 한 발 앞서 있었다. 터커는 "어떤 해에는, 트런들 침대[55]에 관한 일이 있었다."고 밝히며, "우리들 중 그 누구도 트런들 침대가 무엇인지 몰랐지만 사람들은 검색어에 늘 그것을 입력했다. 그래서 우리가 트런들 침대 재고를 구비해 두었더니, 엄청나게 팔린 것이 아닌가!"라고 회상했다.

Just Cages가 기대를 뛰어넘는 영리한 실험이었다면, 월드스토어즈는 검색 데이터 분석에 전적으로 기반을 둔 진지한 사업이었다. 2016년 두넬름 그룹[56]에 회사를 매각할 때까지 이들은 온라인 상점 네트워크를 통해 50만 개 이상의 가정 및 정원용품을 전시했으며, 연간 매출은 1억 파운드 이상, 직원 수 650명을 유지했다. 이 같은 일들은 빅 데이터가 소비자 선택, 경제 성장, 일자리 창출 및 사회 번영을 가능하게 하는 방법의 강력한 예시이다.

2012년 봄 내가 익스피리언의 사무실 책상 앞에 앉아 월드스토어즈에 대한 벤처캐피탈 회사의 최근 투자에 대한 뉴스 보도를 막 읽고 있었을 때 내 친구이자 마케팅 멘토이기도 했던 루스로부터 전화가 걸려 왔다. "돌려서 말하지 않을게. 도움이 필요해서 연락했어." 루스는 전략 컨설팅 회사 맥킨지에서 일하던 오랜 동료 중 한 명이 곧 온라인에서 특이한 유형의 보험을 제공하는 새로운 사업을 시작할 계획이라고 말했고, 나는 곧바로 귀를 쫑긋 세우고 그녀의 말에 집중했다. 루스는 내게 "스티븐은 사업적으로 굉장히 똑똑한 사람이고, 기술에 능한 공동 창업자가 있지만, 그에게는 디지털 마케팅 분야에 전문 지식을 가진 사람이 필요해. 혹시 그를 만나서 추천할 만한 사람이 있는지 알아봐 줄래?"라고 말했다.

당시 나는 인터넷 검색 데이터 분석을 보험 시장에 적용한다는 아이디어에 흥미를 느끼기는 했지만, 딱히 새로운 일자리를 찾고 있었던 것은 아니었다. 익스피리언에서의 내 일은 다채롭고 지적 자극을 주었으며, 파리와 뉴욕 출장 등을 포함한 여러 가지 특전도 있었다. 내가 굳이 이런 특혜를 초기 단계 스타트업의 혼돈과 삶의 불확실성과 맞바꾸어야 할 이유가 대체 어디 있단 말인가? 나는 루스에게 스티븐을 만나 커피라도 한 잔 하며 조언을 해 주겠다고 했지만 사실 거기까지가 딱 내가 기대한 만큼이었다. 그러나 스티븐과의 만남을 준비하기 위해 힛와이즈에서 다운로드한 검색 데이터를 분석하기 시작하면서 나의 단순한 호기심은 흥분으로 바뀌었다.

사실 업계 외부인에게 빅 데이터 분석이라는 것은 다소 지루하고 힘든 일처럼 들릴 수 있지만, 그만큼 큰 보람을 느낄 수 있는 일이며 완전히 몰두할 수 있는 활동의 일종이다. 산만한 것들은 나를 둘러싼 배경 속으로 다 녹아들고, 내 모든 정신적 자원은 그곳으로 흡수되기 때문에 마치 시간이 멈춘 것 같은 느낌이 들 때도 있다. 이러한 '몰입 상태'에 관한 이야기는 요가, 그림 그리기 또는 암벽 등반과 같은 활동과 관련해 더 자주 등장하지만 데이터 분석에도 분명 몰입 효과가 있다. 나는 때때로 이 일을 인광물질[57]의 주머니를 찾기 위해 깊고 푸른 바닷속을 조용히 헤엄치는 것에 비유하곤 한다. 내가 힛와이즈에서 다운로드한 보험 관련 검색 데이터(수백만 명의 마음에서 비롯된 이 위대한 영감)는 그 인광과 같은 빛이 모든 방향에서 반짝거리고 있었다. 기회가 너무 많이 보여 어느 쪽으로 헤엄쳐야 할지 더 자세히 들여다보기 위해 나는 일종의 수중 사진을 찍기로 했다.

나는 Forward Internet Group 및 월드스토어즈와 같이 시장에 현재 마땅한 참여자가 없다는 소비자들의 요구에 관심이 있었기 때문에 클릭으로 이어질 가능성이 80% 이상인 검색을 제거하는 것으로 작업을 시작했다. 검색 후 클릭으로 바로 이어지는 비율이 낮다는 것은 사람들이 검색 결과 페이지에서 자신이 찾는 것을 즉시 볼 수 없음을 나타내기 때문이다. 그리고 나는 불용어를 제거하기 위한 긴 목록을 만들었다. 불용어란 제품에 대한 소비자 수요에 대해 알려 주는 것이 없는 단어와 구문이다. 여기에는 다이렉트 라인 또는 아비바와 같은 보험 회사의 브랜드명, 정책 및 보장 범위가 같은 보험과 관련된 개념들, 견적 또는 청구와 같이 보험 상품의 가입 및 사용 과정에 대한 일반적인 용어가 포함되었다. 이것들을 모두 필터링한 후, 태그크라우드라는 온라인 시각화 도구에 데이터를 끌어다 두고 가장 자주 등장하는 단어를 보이게끔 요청하였다. 결과는 다음과 같다.

이 그림의 일부는 마음을 놓을 수 있을 정도로 분명했다. 자동차 보험, 여행자 보험, 주택 보험 등에 대한 수요가 분명히 더 많았으나, 더 흥미로운 것은 소량으로 발견되는 검색어 클러스터였다. '사업', '책임', '전문', '배상', '시장', '상인', '밴', '택시'와 같은 단어들의 검색 결과는 소상공인들의 보험 수요에 대응할 수 있는 좋은 기회들을 제공하고 있었다. 또한 이를 통해 전문 다이렉트 보험 중개인인 심플리 비즈니스가 상당히 빠르게 성장하는 것처럼 보이는 이유에 대한 설명도 가능했다. 한편으로는 '캠핑 밴', '캐러밴', '모토 홈'과 같은 단어를

<빅 데이터의 '시각화'>

인터넷 검색으로 표현된 보험에 대한 소비자 수요를 워드 클라우드 기법으로 시각화한 것

검색하고 다른 한편으로는 '젊은', '운전사', '블랙', '박스', '학생'과 같은 단어를 검색했다는 것은 자동차 보험에도 주로 돌아다니는 차량과 운전자들 이외의 영역에 새로운 기회가 있음을 암시하고 있었다. 당연히 '의료', '상태', '반려동물', '고양이', '개' ,'말'과 같은 단어들의 검색은 Bought By Many가 미래에 거둘 성공의 그 초기 징후를 분명히 드러내고 있었다.

스티븐을 만나러 런던 브릿지를 건너고 있을 때 마침 러시아워가 시작되었고, 이 도시의 수많은 노동자들이 기차역을 향해 반대 방향으로 걷고 있었다. 나는 내가 걷는 경로를 계속 유지했고 사람들이 각자의 길을 가기 위해 내 앞에서 얼마나 쉽게 갈라지는지를 보았다. 나는 흐름을 거스르는 것이 가능하다는 것을 깨달았고, 내가 이것을 즐길 수도 있겠다고 생각했다.

나는 프렛[58]에 도착해 커피를 한 잔 주문한 뒤 스티븐에게 내가 도착했다는 내용의 문자를 보내면서 내가 링크드인 프로필 사진을 찍은 이후 수염을 계속 기른지라 나를 알아보지 못할 수도 있을 것 같다는 내용을 덧붙였다. 하지만 나는 그를 바로 알아볼 수 있었다. 회색 양복에 넥타이를 매지 않은 그는 진지하고, 호리호리했고, 활기찼지만 다소 안절부절못해 보이기도 하였다. 루스는 나에게 그는 매우 직설적인 사람이라고 말한 바 있고, 첫 미팅때 그는 확실히 나에게 '그래서, 당신은 왜 여기에 있습니까?'라고 묻고 있었다. 나는 아직까지는 일자리를 구하고 있는 것이 아니며 루스를 존경하고 또한 흥미롭고 새로운 사람들을 만나는 것을 좋아해서 그를 만나러 왔다고 대답했다. 한편 스티븐은 내가 가져온 검색 데이터 분석 내용의 인쇄물을 받아 보고는 깊은 인상을 받은 것이 분명했다.

그는 나에게 Bought By Many가 성공하기 위해서는 브랜드 인지도를 높이기 위해 TV와 ATL광고[59]에 수백만 파운드를 투자해야 한다는 뻔한 통념을 늘어놓는 대신, 누군가에게 많이 팔리는 것을 막연하게 기대하지 않고 과연 많이 팔리는 것이 무엇인지 제대로 생각하고 미팅에 온 사람은 내가 처음이었다고 말했다. 그는 잠재적인 투자자 및 파트너 보험사들에게 사용했던 IR 덱을 보여 주었는데, 그 덱에서는 보험 시장이 곧 파괴적 혁신에 직면할 것이며, Bought By Many가 이를 수행할 적임자라고 주장하고 있었다. 최근 보험 회사들의 이익 마진은 가격 비교 웹 사이트들의 압박을 받고 있었고, 새로운 규정의 등장이 등장한 까닭에 보험사는 새로운 보험 상품 라인업과 신규 지역으로의 진출이 동반되지 않는 이상 필연적으로 더 많은 자본을 보유해야만 했다. 또한 그루폰[60]과 집단 에너지 교환 클럽[61]등으로 인해 공동 구매가 소비자들 사이에서 하나의 구매 형태로 수용되고 있었다. 스티븐은 맥킨지에서 이직해 일했던 클로즈 브러더스[62]를 떠나게 된 이야기를 나에게 들려주었다. 그는 직원 보장 플랜으로 회사가 가입하는 건강 보험을 제공하는 악사 PPP 사에 전화를 걸어 지역가입자 수준에서 회사의 보장 내역과 동일한 보장 내역을 계속 유지하기 위한 견적을 요청했다. 그는 클로즈 브러더스가 자신을 대신하여 연간

1천 파운드가 조금 넘는 금액을 지불하는 것을 알고 있었지만, 악사는 이전과 동일한 수준의 보장을 위해 그 금액의 4배 이상을 요구했다. 그와 그의 가족들의 건강 상태는 하나도 변한 것이 없었다. 이는 금융 회사가 본질적으로 대기업을 더 우대하며 평범한 서민들을 이용하여 보조금을 지급한 것과 같은 사례일 뿐이다. Bought By Many에 대한 그의 비전은 자신과 같은 생각을 가진 개인들의 집단 구매력을 활용하여 이러한 힘의 불균형을 바로잡는 것이었다.

그다음 주에 나는 가이를 만났는데, 스티븐과 달리 그는 매우 느긋한 타입이었고 처음 언뜻 봤을때는 비즈니스 파트너라고 생각하기 어려운 모습이었다. 가이는 Bought By Many의 이야기에 대한 자신의 입장을 밝혔다. 그는 스티븐이 자산 관리 부서를 담당한 은행에서 일하고 있었고 그들의 생각은 서로 일치하지 않았는데, 가이는 과거 자신과 친구들의 그룹이 연간 스키 여행 경비를 쉽게 나눠 지불할 수 있는 소프트웨어를 구축한 후, 소규모 온라인 그룹에서 할 수 있는 다른 일들을 생각하기 시작했다고 밝혔다. 그는 과거 닷컴 버블 시기인터넷 관련 분야가 성장하면서 산업 국가의 주식 시장이 지분 가격의 급속한 상승을 본 1995년부터 닷컴 버블이 붕괴된 2001년까지 걸친 거품 경제 현상에 샌프란시스코와 유럽에서 IT 비즈니스를 구축했지만, 그의 비즈니스는 늘 컨설턴트 출신들로만 구성되어 있다 보니 회사 가치를 창출하기가 어려웠다. 한편 그는 당시 런던에 스타트업 씬이 별로 없었음에도 불구하고, 쇼디치[63]에 구글 캠퍼스가 열리게 되면 초기 투자자를 위한 새로운 세금 인센티브와 함께 창업 현장이 폭발적으로 성장할 것이라 확신했다.

검색 데이터 분석의 한계를 뛰어넘어 금융 서비스를 전반적으로 혁신할 수 있는 기회가 내 눈앞에 있었다. 나는 Bought By Many에 최고 마케팅 책임자로 합류하겠다고 결정했고 스티븐의 제안을 수락한 뒤, 투자자의 초기 투자 자금이 은행에 납입되는 즉시 익스피리언을 퇴사하기로 했다.

앞서 1장에서 나는 Bought By Many의 창업 초기에 우리가 비용을 지출했던 것들에 대해 언급한 바 있다. 그것은 프린터기, 커피 머신, 그리고 우리의 작은 사무실을 위한 임대료였다. 이러한 기본 사항들에 대한 정리가 끝난 뒤 나의 최우선 과제는 보험 시장에 대한 '수요 분류 체계'를 구축하는 것이었다. 할인된 데이터 접근 권한을 얻기 위해 힛와이즈와 가격을 협상했고, 데이터 처리에 도움을 받기 위해 앞서 언급했던 캐이어즘사를 고용했다. 나의 초기 워드 클라우드 기법 분석은 2011년 한 해 12주 동안의 검색 데이터 1만 행을 기반으로 수행되었다. 1만 행은 많은 것처럼 보일 수 있지만, 계절성 때문에 대표성이 없는 데이터일 수도 있었다. 사람들은 연중 각기 다른 시기에 다양한 유형의 보험을 필요로 하는데, 가족 휴가를 위한 여행자 보험 수요가 여름에 가장 많다는 것이 좋은 예라고 할 수 있다. 또한 그 데이터는 사용 가능한 모든 데이터 집합의 아주 작은 한 부분에 불과했고, 나는 Forward Internet Group 및 월드스토어즈와 마찬가지로 노다지를 원했다. 나는 지난 2년간 보험과 관련해 이루어진 모든 검색 데이터를 다운로드하여 편집해서 통합하고 중복된 내용을 제거하기 위해 이를 스티브와 리암에게 보냈다. 해당 기간 동안 영국에서는 보험에 대한 검색이 1억 500만 건 가량 있었고, 이들은 약 85만 개의 고유한 검색 표현들에 분포된 것으로 나타났다.

캐이어즘의 데이터 사이언티스트 팀은 제목에 각각의 검색 표현이 포함된 웹 페이지의 수를 계산하기 위해 자신들의 소프트웨어를 사용했다. 이는 기존의 웹 사이트가 사람들이 구글 검색을 통해 명확하게 표현한 다양한 수요들을 얼마나 제대로 충족하고 있는지를 측정하는 지표가 될 것이었다. 마지막으로 가이는 더 편리한 데이터베이스 정보 검색 요청을 위한 온라인 도구를 구축했고, 리암은 우리가 사무실 벽에 붙여 둔 모든 최고의 기회들을 시각화 자료로 만들었다.

우리는 이렇게 만들어진 대작을 어떻게 사용하였을까? 앞서 1장에서 설명한 학교 럭비 보험 및 당뇨병 환자 대상의 여행자 보험의 예시를 포함하여, 이미 가지고 있던 아이디어들을 테스트했다. 다음으로 스티븐이 사업적인 논의를 시작한 상대방 보험 회사의 아이디어를 테스트했지만 이 결과는 모두 끔찍했다. 보험사는 와인 수집가를 위한 보험, 납치 및 그에 따르는 몸값 지불을 위한 보험, 기획 컨설턴트를 위한 손해 배상 보험과 같은 것을 판매하길 원했는데 데이터에 따르면 이러한 상품의 경우 공급은 매우 풍부했지만 수요는 거의 없었다. 이러한 아이디어에는 보험금 청구 자체가 발생할 가능성이 상당히 낮은 반면, 수익성은 높은 유형의 보험이 포함되어 있었다. 보험사는

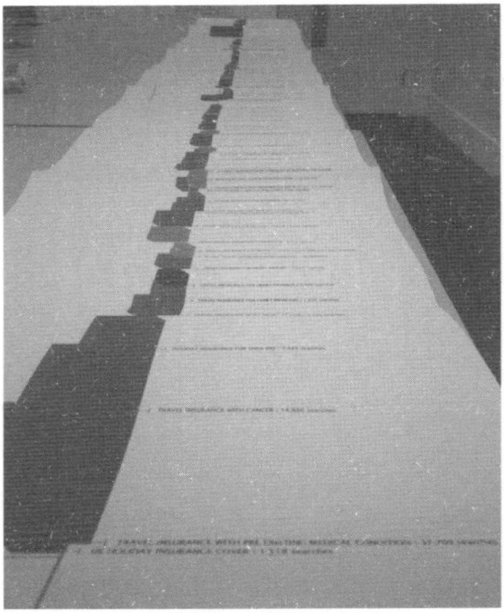

보험 수요 분류를 시각화한 자료

잠재 고객이 실제로 원하는 것에 응답하는 대신, 자신의 요구에 맞는 제품을 개발한 후 사람들이 이를 구매하도록 설득할 수 있기를 희망했다.

우리는 결국 보험사의 아이디어를 거부했고, Bought By Many 웹사이트에서 수요는 있지만 보험 회사가 충족시키지 못할것이 분명한 보험 유형에 속하는 그룹 운영을 시작해 보기로 결정하였다. 나는 한 그룹에 50명에서 100명 가량을 모집할 수 있는지를 확인했고 스티븐은 소비자 수요에 대해 내가 확인한 정량화된 증거를 보험사에 제시했다. 나는 사탕 가게에 간 소년처럼 마구 들떠서 가장 기발한 기회들부터 먼저 선택해 보기 시작했다. 4륜 바이크 보험, 운하 보트 보험에서부터 심지어는 무대에서의 최면술 보험까지도 포함되었다. 당연히 그렇지만 사람들은 빠르게 참여하기 시작했고, 내가 여기에서 배운 것들은 다음과 같다.

- 보험사는 트랙 경주에 사용되었으나 공도 주행용으로 등록되지 않은 4륜 바이크에 대해 보험금을 비싸게 책정한다.
- 내로우보트[64]에 대한 보험의 시장지배적 공급자는 단 하나이며, 선주들은 더 많은 경쟁이 정직함을 유지하게 될 것이라고 생각한다.
- 무대 최면술사들이 공연 시 필수적인 공적 책임 보험에 가입하는 것은 많은 공연장에서 아주 놀라울 정도로 어렵다.

사업적인 관점에서 이러한 기회들의 문제점은 확장성이 매우 좋지 않다는 것이었다. 이 세 가지의 틈새 시장 수요 사항을 충족하려면 세 군데의 보험 회사와 각각 별도의 계약을 체결해야만 했으며 스티븐은 이 거래를 성사시키는 데 시간이 다소 오래 걸릴 수도 있음을 발견했다. 나는 데이터들로부터 관련 기회의 클러스터를 더 찾아내야 한다는 사실을 인지했다. 앞서 언급했던 수영에 대한 비유로 표현하자면, 더 크고 밝은 인광 주머니를 향해 헤엄쳐 가야 한다는 사실을 깨달았다는 뜻이다.

그것이 내가 앞으로 몇 년간 Bought By Many의 기업 전략을 형성할 절호의 기회를 잡아낸 방법이다. 나는 며칠 만에 처음으로 내 노트북 위를 올려다보며 스티븐, 가이, 헬렌 및 새로 입사한 데이빗에게 "내가 금융 서비스의 면모를 영원히 바꿀 무언가를 찾아냈어요. 그건 바로 '퍼그 보험'[65]입니다."라고 말하고는 성큼성큼 방을 빠져나와 자축하기 위해 차 한 잔을 마시러 갔다.

퍼그 보험

나는 왜 퍼그 보험에 대해 그렇게까지 흥분했을까? 첫 번째로 많은 사람이 퍼그만을 위한 반려동물 보험을 찾는 것 같았으나 제목에 퍼그 보험이 포함된 웹 페이지가 단 하나도 없었기 때문이다. 두 번째로 중요한 것은 퍼그 불독의 소유주가 일반 반려동물 보험에 만족하지 못하는 명백한 이유가 있다는 것인데 여기에 대해서는 아래에서 좀 더 자세히 알아볼 가치가 있다.

당시 퍼그 불독은 유행이었다. 케넬 클럽애견협회의 통계에 따르면 퍼그는 영국에서 가장 인기 있는 강아지였다. 그 결과 퍼그 강아지의 가격이 치솟았고 이 때문에 도난 사건 역시 급증한 것으로 보인다. 소유주가 잃어버린 강아지에 대한 알림을 게시하는 데에 사용할 수 있는 무료 서비스인 DogLost.co.uk의 데이터를 신속하게 분석해 보니 퍼그가 지난 12개월 동안 가장 많이 도난당한 개 품종임을 알 수 있었다. 아마 퍼그의 작은 몸집과 친화력이 소위 '도둑질 당하기 쉬운' 그들의 성질에 일조했을 것이다. 그 당시 시장에 있는 반려동물 보험에 가입할 때 퍼그를 잃어버린 경우 받을 수 있는 최대 보험금은 약 1천 파운드 수준이었지만 다른 퍼그 강아지를 구입하는 데는 5천 파운드의 비용이 든다는 점을 생각했을 때, 보험사가 제공하는 도난 보상은 터무니없이 부족했다.

게다가 많은 반려동물 보험 정책에는 특정 품종에 자주 발현되는 것으로 알려진 의학적 문제인 소위 유전적 형질에 대한 포괄적인 제외가 포함되어 있었다. 이러한 상황에서 퍼그 소유자가 점차 증가한다는 것은 퍼그에게서 쉽게 발견되는 뇌염뇌의 염증 또는 고관절 이형성증탈구를 초래할 수 있는 고관절 문제에 대한 수의사의 치료가 보험으로 보장되지 않는다는 것을 의미했다. 페이스북의 댓글 스레드와 온라인 포럼의 토론에 따르면 퍼그 소유주들은 이러한 문제점들에 대해 어렴풋이 생각하고는 있었던 것으로 보인다. 치료하는 데 가장 많은 비용이 드는 문제에 대해 보험에서 보장받지 못한다면 사실 보험에 가입하는 것이 무슨 소용일까? 특히 퍼그의 경우, 반려동물 보험 상품은 시대에 뒤떨어져 있음이 분명했고 Bought By Many는 한 발짝 앞서 나갈 수 있는 아주 좋은 기회를 얻은 것이다. 세 번째로 내가 조사한 거의 모든 다른 개의 품종들이 퍼그와 같은 패턴, 즉 보험 회사가 해결하지 못하고 있던 풍부한 수요가 있음을 나타낸 것이 나를 들뜨게 한 요인 중 하나이다. 프렌치 불독 보험, 나폴리탄 마스티프 보험, 시베리안 허스키 보험, 그리고 물론 독일셰퍼드 보험도 마찬가지였다. 고양이에 관한 보험도 한번 볼까 하는 생각이 들기도 전에 Bought By Many가 사업을 시작할 수 있는 70개 이상의 그룹 목록이 생긴 것이다.

내가 발견한 내용을 우선 설명하자, 팀의 나머지는 빠르게 그 뒤를 따라 뭉쳤다. 헬렌과 내가 콘텐츠를 작성하고 여러 가지 페이스북 광고 캠페인들을 설정하는 동안, 스티븐과 데이빗은 반려동물 보험의 주요 공급자들이 갖고 있는 품종 그룹 목록에 대해 발표했다. 퍼그 보험은 입찰 전쟁이 있었는데 펫플랜은 결국 우리 구성원을 위해 동사의 보험 상품에 도난 및 분실 보장을 늘리는 데에 합의하였다. 모어댄은 특별한 위험이 있거나 다양화하기를 원하는 수십 개의 품종에 대해 20% 할인을 제공하는 것에 동의하였으며 다른 소규모 중개인은 추가로 10개 품종에 대해 25파운드의 캐시백을 제공했다. 할인과 캐시백 제공이 보험 상품의 본질적인 단점을 해결하지는 못했지만, 적어도 Bought By Many의 회원들이 보험의 도움을 받을 수록 더 많은 돈을 남길 수 있었다.

이것이 오늘날의 회사를 구축하는 기반이었다. 3년 후인 2017년, 보험사들이 반려동물 보험 상품을 개선하기를 마냥 기다리기에 지쳤던 우리는 반려동물 보험 상품을 직접 설계하여 타사의 보험 상품을 유통하는 유통업자에서 보험사를 대신하여 구속력 있는 결정을 내릴 수 있는 구매 권한을 가진 온라인 중개인으로 탈바꿈했다. 수요 분류 분석 과정에서 얻어 낸 정량적인 통찰과 페이스북 및 트위터에서 반려동물 소유자들과 수만 번의 상호 작용 결과에서 얻은 질적인 통찰은 우리의 보험 상품이 어떤 모습이어야 하는지 분명히 알려 주고 있었다. 우리는 이에 도난 및 분실에 대한 최대 청구 한도를 6천 파운드로 설정했다. 또한 우리는 새로운 고객보다 기존 고객에게 갱신 시 더 높은 보험료를 지불하는 오래된 업계의 관행과 반려동물 보험에서 유전적 형질을 제외하던 것을 없앴다. 우리는 대부분의 사람에게 반려동물이 가족의 일부로 받아들여진다는 사실을 인식하고, 반려동물과의 여행 및 보완대체요법 그리고 반려동물의 사망에 관련된 비용을 기본 사항에 포함시켰다.

데이터에 따르면, 일부 사람들은 보험금을 청구하지 않았는데도 매년 보험료를 지불하는 것에 대해 불만을 느끼고 있었고 우리는 매년 보험금 청구가 없는 경우 캐시백을 제공하는 보험 상품을 제공했다. 또 다른 데이터에 따르면 사람들은 시간이 지남에 따라 갱신 시 반려동물 보험료가 인상될 수 있다는 점을 우려하고 있었는데, 이를 받아들여 평생 동안 동일한 보험료가 보장되는 새끼 강아지와 고양이를 위한 보험 상품 역시 개발했다. 또 다른 일부의 사람들은 본인부담금보험사가 청구 비용 중 고객에게 요구하는 금액을 상당히 싫어했으므로, 우리는 이를 0으로 설정할 수 있는 옵션도 부여했다. 그 결과 Bought By Many의 연간 매출은 1억 4천 백만 파운드에 달하고 220명의 직원을 고용하고 있으며, 총 32만 5천 마리 이상의 반려동물에게 보험 혜택을 제공하고 있다. Bought By Many보다 고객 만족도 점수가 더 높은 보험사는 없으며, Bought By Many는 영국에서 가장 신뢰받는 반려동물 보험 브랜드이자 유럽에서 가장 빠르게 성장하는 보험 회사가 되었을 뿐만 아니라, 반려동물 사업 및 특이한 반려동물을 위한 세계 1위 보험 제공 업체로 성장했다.

이 같은 성과를 가능하게 한 것은 온라인 생활의 간단한 부산물인 검색 데이터였다. Just Cages 및 월드스토어즈의 경우와 마찬가지로 집계되고 익명화된 대량의 인터넷 검색 데이터의 가용성은 Bought By Many가 성공하기 위한 필수 조건이었다. 우리가 이 장의 시작 부분에서 실험해 보았는데 혹시 여전히 검색 창에 '나는 그냥(또는 나는 방금)'이 입력되어 있다면 돌아가서 엔터 키를 누르고 브라우저의 주소 표시줄을 확인해 보자. 방금 만든 검색어[66] 「'q=나는+그냥'」와 같은 다양한 매개변수가 포함된 긴 문자열이 생성되며, 어디서 검색이 시작되었는지('source=hp', hp는 구글 'Homepage'의 약자이다), 정확히 언제 검색이 발생하였는지('ei=', 이 문자열 뒤에는 마이크로초 단위의 인코딩된 버전 시간이 표시된다)와 같은 데이터들이 표시되고, 이 데이터는 이제 구글 및 인터넷 서비스 제공 업체에 속한 서버의 어딘가에 존재하게 될 것이다. 구글 크롬이 아닌 브라우저를 사용하거나 브라우저 확장 프로그램이 설치된 경우 해당 소프트웨어 개발자의 서버에도 이 데이터가 존재할 수 있다. 검색 결과 중 하나를 클릭할 경우, 구글에서 검색어 '나는+그냥'을 대상 웹 사이트로 보낸다.

이 데이터는 삭제되든 사용되든 둘 중 하나이다. 삭제를 원할 경우 구글 대신 덕덕고[67]와 같은 개인 정보 보호 검색 엔진을 활용하거나, 브레이브와 같은 개인 정보 보호 브라우저를 활용할 수도 있다. 이러한 검색 엔진 또는 브라우저들은 검색 데이터가 생성되자마자 바로 사라진다. 그러나 나는 검색 데이터를 사용하여 무언가를 만들어 내는 것이 더 낫다는 쪽으로 설득하고 싶다. 힛와이즈의 오랜 동료들에게 미안한 말일지도 모르겠지만, 그들은 우리가 1장에서 상상했던 농업 기업의 거름 수집 및 처리 기능과 같은 일을 하고 있다. 그들은 인터넷 서비스 제공 업체와 인터넷 브라우저 소프트웨어의 검색 데이터를 통합하고 이를 Search Intelligence와 같은 유용한 것으로 구체화한다. Just Cages, 월드스토어즈 및 Bought By Many는 영양이 풍부한 농산물을 생산해 내기 위해 Search Intelligence에 의지하는 농부와도 같다.

인류의 삶은 때때로 아주 큰 향상을 거두기도 하는데, 대부분의 경우 우리가 선택할 수 있는 앵무새 새장의 종류가 더 많거나 특이한 유형의 반려동물 보험을 찾아내는 것과 같이 아주 작은 개선으로도 발전이 가능하며, 특히 어떤 사람들에게는 그러한 작은 개선도 큰 차이를 만들어 내기도 한다. Bought By Many의 보험을 통해 자신의 노란색 래브라도 리트리버, 치프를 키우고 있는 런던 남부의 식품 과학자 마이카 카-힐Micah Carr-Hill의 예를 들어 보자. 치프는 훈련된 자폐증 도우미견으로 마이카의 아들이 안전하게 지내고 자립심을 키울 수 있도록 도와주는 역할을 담당하고 있다. 그러나 자폐증 도우미견은 매우 비싸고, 치프만 해도 가격이 6천 파운드에 달한다. 그를 잃는 것은 마이카의 가족에게 아주 심각한 영향을 끼칠 것이고, 혹시나 모를 사태가 닥칠 경우 다른 도우미견을 구하는 데 드는 전체 비용을 모두 충당할 수 있는 반려동물 보험을 찾은 것은 그의 인생에 큰 안도감을 주었다.

이러한 작은 개선은 다른 파급 효과를 가져 올 수도 있다. 2014년 보스턴 컨설팅 그룹의 한 연구원은 중국 최대의 보험사인 핑안보험의 보험 산업 혁신에 대한 보고서를 작성하고 있었는데, 그녀는 『와이어드』[68]라는 잡지에서 Bought By Many에 대한 기사를 읽고 스티븐에게 인터뷰를 요청했고, 몇 달 후 그녀의 동료 중 한 명이 핑안보험의 일반 보험 부문 회장이 그의 팀을 런던으로 데려오고 있으며, Boughy By Many를 만나고 싶어한다고 연락해 왔다. 스티븐은 그 미팅이 재미있을 것 같다고 생각했다. 핑안보험은 150만 명의 직원, 4억 명 이상의 고객, 1천억 달러 이상의 연간 매출을 거두는 기업이었고 곧 완공될 심천의 핑안 본사는 115층을 갖춘 높이 562미터의 빌딩으로 세계에서 네 번째로 높은 마천루가 될 예정이었다. 반면 Bought By Many는 클러켄웰 뒷골목에 있는 6인용 사무실에서 8명의 직원들이 끼어 생활하고 있었다.

우리는 쑨 회장Sun Jianyi 현재 핑안보험의 감사위원회 위원장과 그의 팀을 우리 사무실이 있는 건물의 가장 큰 공용 회의 공간으로 안내했다. 지하에 자리잡은 회의실은 천장이 낮았으며 핫핑크색 카펫이 깔려 있었다. 우리는 더 많은 핑안보험의 임직원이 원격으로 회의에 참석할 수 있도록 화상회의 링크를 설정해 달라는 요청을 받았지만, 회의실에 화상회의 시설이 없었기 때문에 가이가 직접 화이트보드에 점토 접착제로 웹캠을 붙여야 했다. 이때 나는 우리 모두가 약간 히스테릭해져 있다는 것을 느겼다. 우리는 마치 새들처럼 퍼덕거리고 있었고 이날의 회의가 승리 아니면 재앙으로 끝나리라는 것을 알고 있었다. 수차례 악수를 나누고 명함을 교환하고 나서야 스티븐은 자기 소개를 시작했다. 몇 분 후 쑨 회장은 스티븐, 가이 그리고 내가 넥타이를 매지 않고 있다는 것을 알아차리고는 정중하게 넥타이를 벗었고, 쑨 회장이 넥타이를 벗자 핑안보험에서 온 다른 남성 참석자들도 모두 넥타이를 벗었다.

나는 Bought By Many의 상품 개발 및 마케팅에 대한 데이터 기반 접근 방식의 개요에 대해 발표하였는데, 내가 슬라이드를 몇 장 넘기고 나서 잠시 발표를 멈췄을 때, 쑨 회장은 일어나 방 뒤쪽에 있는 접대용 트롤리로 걸어갔다. 그는 뜨거운 물이 들어 있는 병을 집어들었고, 나는 공포에 질려 그가 분명히 내열재라고 생각했음에 틀림없는 유리 텀블러에 그것을 붓는 것을 지켜보았다. 투자자 존이 카페라테를 손에 쥐고 꺼진 바닥으로 추락하던 끔찍한 기억이 내 눈앞에서 번쩍였지만, 다행히 쑨 회장의 유리 텀블러는 그대로 남아 있었다. 하지만 그가 앉자마자 몇몇 다른 동료들도 뜨거운 물을 마시기 위해 일어나기 시작했다. 나는 그 모습을 차마 눈 뜨고 볼 수 없었다.

아무튼, 다행히 그 어떤 것도 부서지지 않고 아무도 화상을 입지 않은 채 우리는 프레젠테이션을 마칠 수 있었다. 핑안보험 측에서 많은 질문을 했고 드디어 쑨 회장이 자신의 생각을 말할 차례였다. 그는 Bought By Many가 보험에 대한 혁신적인 접근 방식을 가지고 있다는 보스턴 컨설팅의 견해에 동의했으며, 핑안보험은 첨단 금융 서비스 기술의 엣지를 찾기 위해 최근 소규모 회사들과 파트너 관계를 맺는 데 전념해 왔다고도 밝혔다. 그렇다면 과연 우리는 중국 소비자를 위한 새로운 여행 보험 상품 포트폴리오를 설계하고 출시하기 위해 이들과 협력할 수 있었을까?

사실, 우리는 어떻게 대응해야 할지 확신이 서지 않았다. 핑안보험의 제안은 매우 만족스러웠지만, 당시 우리의 주요 의제는 영국에 있는 파트너사들을 위해 고객을 계속 확대해 나가는 것이었기 때문이다. 전통적인 스타트업계의 격언에는 투기 기회에 주의가 산만해져서는 안 된다는 말도 있다. 즉 목표에 레이저처럼 집중해야 한다는 뜻이다. 우리는 우리의 투자자들 중 특히 회의주의적인 시각을 가진 사람들에게 조언을 구했다.

그들은 핑안보험이 우리의 지적재산을 복제해 갈 수 있으며, 중국에서 사업을 할 때에는 송장을 보내고 지불을 받는 아주 간단한 업무조차 어려움에 처할 수 있다고 경고했다. 생각하면 할수록 거절할 이유가 더 늘어났다. 우리는 보험 및 디지털 마케팅에 대한 전문 지식을 갖춘, 표준 중국어를 구사할 수 있는 직원부터 찾아야 했던 것이다. 중국에는 페이스북과 구글에 상응하는 바이두와 위챗이 있었고 우리는 이것들을 처음부터 배워야 했다. 하지만 세계에서 가장 인구가 많은 나라에서 보험 산업이 어떻게 발전할 것인지에 대한 전망이 우리를 사로잡은 채 놓아주지 않았고, 우리는 결국 핑안보험의 제안을 수락했다.

다른 많은 산업과 마찬가지로, 중국의 보험 산업은 지난 10년 동안 엄청난 속도로 발전했으나, 그로 인해 불거진 몇 가지 단점도 있었다. 2015년 여름 우리가 핑안보험과 함께 프로젝트를 시작했을 무렵, 중국 보험 시장의 성장은 대부분 유럽의 관점에서 볼 때 상당히 기이해 보이는 상품들로부터 비롯되었다. 2014년 브라질 월드컵 기간 동안 중국의 한 보험사는 술로 스스로를 해치는 축구 팬들을 위한 '축구 관전으로 인한 과음' 보험 상품을 판매했다. 이 외에도 잠 못 이루는 밤, 여드름, 식사 준비 중 손가락을 베이는 등의 사소한 불행에 대해 그때마다 소액의 보상을 제공하는 상품도 있었다.

여행자 보험 카테고리에서 핑안보험의 경쟁사 중 하나는 스모그로 인해 베이징과 상하이 또는 시안 등지의 시계가 흐려질 경우 여행객에게 보상을 제공하는 정책을 시작했다. 중국의 보험 규제 기관은 미래에 고객에게 재정적 손실의 위험이 없는 이러한 보험 정책을 모두 금지하겠지만, 당시 핑안보험은 눈에 띄는 신상품을 원했다. 그들의 아이디어 중 하나는 모험심이 강한 식도락가들을 대상으로 이들이 식중독에 걸렸을 경우 보험금을 지급하는 상품이었다. 과연 우리는 중국 검색 엔진의 데이터를 분석하여 그 수요가 있다는 증거를 찾아낼 수 있었을까?

우리의 첫 번째 단계는 퍼그 보험이 영국에서 절호의 기회임을 밝혀낸, 익명화된 인터넷 검색 데이터베이스의 중국어 버전을 구축하는 것이었다. 힛와이즈는 중국에서 서비스를 제공하지 않았고, 구글은 중국에서 차단되었기 때문에 검색어 자동 완성 제안에서 분류 체계를 추출해 내는 것은 불가능했다. 하지만 운이 좋게도 스티븐은 중국에서 검색 마케팅을 전문으로 하는 영국 기반의 대행사를 알고 있었고, 그들은 검색 엔진이 광고주에게 제공하는 소프트웨어 도구인 중국어 키워드 플래너에 접속하여 타겟팅할 검색어를 알아낼 수 있었다. 그 대행사는 모든 보험 관련 검색어에 대한 볼륨 데이터를 엑셀에 열심히 복사하여 붙여 넣었고, 스티브의 팀은 웹 페이지 제목에 각 용어가 몇 번이나 등장했는지에 대한 데이터를 추가했다. 이는 상당히 느리고 노동 집약적이며 비용이 많이 드는 과정이었는데, 이는 우리가 중국인 고객들이 인터넷 검색을 통해 표현하는 내용의 표면만 긁어모을 수 있다는 뜻이다.

그럼에도 불구하고 우리는 몇 가지 강력한 통찰을 얻어 냈다. 핑안 보험의 '식중독 보험' 아이디어는 처음에 생각했던 것만큼 급진적이지는 않았음이 밝혀졌다. 중국 식도락가들 사이에서 인기가 있지만 다소간의 배탈 위험도 동반되는 팜스테이프로그램에 대한 보험을 찾는 사람들이 있다는 증거를 발견했기 때문이다. 이 데이터는 또한 중국 소비자들이 여행지로 고려하고 있는 곳 역시 알려 주는데, 놀랍게도 북미 국가들보다 아프리카 국가로 여행하는 것에 대한 여행 보험 검색이 더욱 많았고 '영국 여행 보험'보다 '네팔 여행 보험'에 대한 검색이 3배 더 많았다. 여행 취소에 대한 보험에도 충족되지 않은 수요가 발견되었는데, 이는 소비자가 현재 이용 가능한 상품에 만족하지 않는다는 것을 나타내고 있었다. 마지막으로 우리는 중국의 산악 지역 하이킹 여행을 보장하는 여행자 보험에 대한 수요를 발견했는데 이는 기존의 많은 보험이 보장 내역에서 고산병을 제외한 것 때문에 발생한 일이었다.

우리는 이 연구의 결과를 알리기 위해 중국의 선전으로 향했다. 영국에서 우리는 사업 파트너가 결정에 대해 숙고할 때까지 몇 달을 기다리는 것에 익숙했지만, 핑안보험은 즉시 결정을 내렸다. 2주 안에 그들은 우리의 통찰을 바탕으로 7개의 새로운 여행 보험 상품을 출시했다. 이러한 작업의 파급 효과는 빠르게 중국 전역으로 퍼졌고, 핑안보험과의 프로젝트에 대한 보도가 나가자 우리를 찾는 문의 역시 많아졌다. 보험 회사들은 검색 데이터 분석이 스위스, 폴란드, 대한민국 및 호주에서도 보험 상품 개발에 도움이 될 수 있는지 알고 싶어했다. 원룸 사무실 한 켠에 우리는 Bought By Many International을 만들고 멕시코에서 휴대전화 보험, 캐나다에서 생명 보험, 이탈리아에서 자동차 보험과 관련된 프로젝트를 수행했다. 우리가 시도한 보험의 종류와 국가명의 조합은 중요하지 않았고, 우리의 접근 방식 그 자체가 효과가 있었다. 우리는 영국 퍼그 불독 소유자들의 문제를 해결하기 위해 검색 데이터를 사용함으로써 궁극적으로는 전 세계 사람들에게 더욱 나은 보험을 제공하게 된 것이다.

GOOD

DATA

4
데이터 풍요

내가 케임브리지 대학의 동료들 사이에서도 검색 데이터에 집착하는 것으로 유명하다는 사실이 놀랍지는 않을 것이다. 내 동료들은 아마 검색 데이터가 모든 질문에 대한 나의 대답이라고 말할 것이다. 나는 선거의 결과를 예측하고 대의민주주의의 대안들의 인기를 평가하며, 정신 건강을 측정하는 것에 이르는 사회과학 분야의 모든 연구 질문에 대한 답은 검색 데이터에 있다고 생각한다.

나는 최근에 케임브리지에서 진행했던 워크숍에서 간단한 검색 데이터 쿼리를 활용하여 다양하고 신선한 통찰을 제공할 수 있었다. 지속 가능성 전문가인 매튜는 지난 2019년 2월 구글에 기후 관련 검색이 갑자기 증가하면서 기후 변화에 대한 영국 대중의 태도가 전환점을 맞이했음을 확인했고, 2008년 경제 위기가 가계 재정에 미치는 영향을 조사하던 사이트는 미국에서 구글 검색이 모기지 수요의 선행지표임을 발견했다. 따라서 검색 데이터를 기반으로 하는 간단한 모델을 통해 공식 통계를 예측하기 어렵거나 공식 통계를 신뢰할 수 없는 국가 또는 통계 신뢰도가 떨어지는 기간 간의 모기지 수요를 추정할 수 있다.

우리의 동료이자 저명한 경제학자이기도 한 다이앤 코일Diane Coyle[69]은 경제적인 측정의 정확성과 유용성을 향상시키는 것에 장기적으로 관심을 두고 있다. 다이앤이 그녀의 저서인 『GDP 사용설명서GDP: A Brief but Affectionate History』에서 논의한 바와 같이, 가장 대중적으로 유명한 경제 지표에는 정부와 그 정부를 선출하는 우리의 잘못된 의사 결정으로 이어질 수 있는 여러 가지 단점들이 있다. 이러한 단점들 중 하나는, 디지털 혁명을 가능하게 한 무료 상품과 서비스에서 사람들이 받는 혜택을 GDP가 설명하지 못한다는 것이다. 수십억 명의 이용자들에게 무료 이메일, 비디오 및 소셜 네트워킹 소프트웨어는 일상생활의 아주 중요한 부분이다. 우리는 일, 오락, 그리고 친구 및 가족과의 연락 등을 위해 이러한 소프트웨어들에 의존한다. 그러나 단순히 현금이 오가지 않는다는 이유로 GDP에서 그 가치는 완전히 배제되어 있다.

경제학자들에게 주어진 과제는 무료 소프트웨어의 진정한 가치를 계산하는 방법을 찾는 것이며, 여기에서 검색 데이터를 활용할 수 있다. 워크숍에서 다이앤은 무료 통계 소프트웨어의 작은 예시를 테스트했다. 구글에 유료 통계 소프트웨어 제품 '매틀랩'에 대한 검색을 무료 소프트웨어인 'R'에 대한 검색과 비교하면 각 제품을 사용하는 사람들의 가정된 숫자 표본이 제공된다. R 사용자 수에 매틀랩 라이선스의 연간 비용을 곱한다면, R이 세계 경제에 얼마나 기여하고 있는지 추정할 수 있다. 구글 검색 데이터는 또한 시간이 지남에 따라 사용자 기본 설정의 변화도 나타냈는데, 매틀랩에 대한 검색은 점차 감소하는 반면 R에 대한 검색은 증가했다. 마지막으로 다이앤은 지역적 편차도 확인할 수 있었는데, 이란이 매틀랩에 대한 선호도가 가장 높

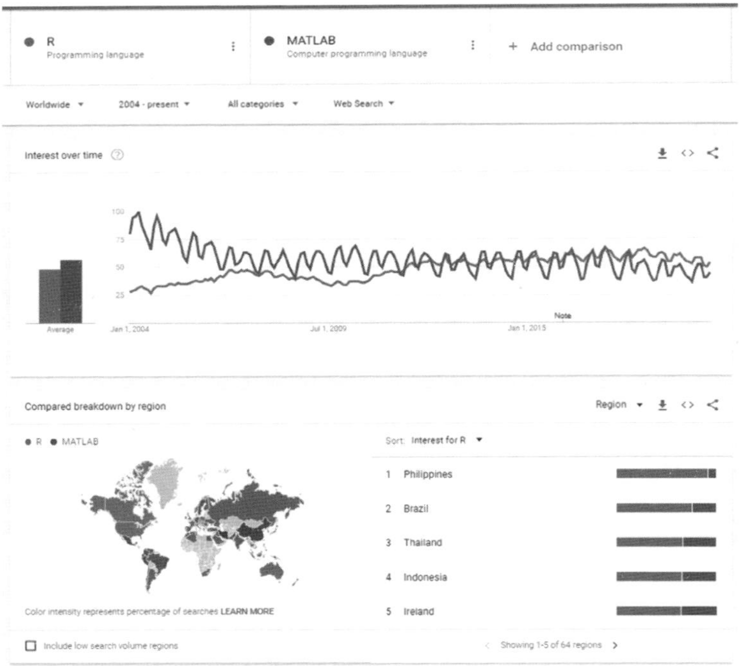

구글 트렌드를 활용하여 시간 경과에 따른 각 통계 소프트웨어 간 인기를 비교한 예시

았던 반면 필리핀은 마치 R 사용자들의 글로벌 수도인 것 같았다.

나는 이러한 연구에서 데이터의 중요성을 강조하는 유일한 전도사가 아니다. 디지털 마케팅 전문가인 소피 콜리Sophie Coley는 AnswerThePublic.com의 검색 데이터를 사용하여 브렉시트에 대한 영국 대중들의 가장 큰 걱정거리에 항암제 부족, 집값 폭락과 심지어 내전 우려도 포함되어 있음을 밝혔다. 3장에서 만난 세스 스티븐스-다비도위츠는 그의 책 『모두가 거짓말을 한다Everybody Lies』에서 미국 생활에 대한 놀라운 발견을 기록했는데, 음란물에 대한 구글 검색 결과 아직까지도 290만 명의 게이 남성이 자신의 성 정체성을 숨긴 채 살아가고 있는 것으로 나타난 것이 그 한 예시이다. 2016년 미국 대선 공화당 경선에서 도널드 트럼프에 대한 지지 여부를 가장 잘 예측한 것은 인종차별적 검색어의 사용, 즉 사람들이 흑인 비하적 단어를 사용하는 것이었다. 부모가 자녀에 대해 갖는 가장 큰 걱정은 지적인 잠재력이지만, 이는 남자아이일 경우에만 해당된다. '내 딸이 재능이 있나요?'를 검색하는 사람은 '내 아들이 재능이 있나요?'를 검색하는 사람의 절반 미만에 그치지만, '내 딸이 과체중인가요?'를 검색하는 사람은 '내 아들이 과체중인가요?'라고 검색하는 사람의 2배에 달했다.

이 책을 쓰던 당시, 검색 데이터를 활용한 논문 약 265편이 『피어 리뷰 저널』[70]에 게재되었다. 이탈리아의 전염병학자인 니콜라 브라가찌Nicola Bragazzi는 검색 데이터를 활용하여 학계에서 가장 많은 학술 저작물을 만들어 내는 사람인데 20개 이상의 저널 논문을 공동 저술했으며 검색 데이터를 사용하여 광범위한 공중 보건 문제를 조명하였고, 이는 정보역학으로 일컬어진다.

이 논문들은 대부분 전염병에 대한 대중의 반응에 그 초점을 맞추고 있다. 브라가찌와 그의 동료들은 이탈리아에서 2014년 서아프리카 에볼라 대유행, 2016년 브라질 지카바이러스 유행 및 서나일강 열병 등과 관련된 11년간의 구글 검색을 조사하였다. 그들은 집계된 검색 데이터를 모니터링하면 대부분의 사람이 인터넷에 접속 가능한 국가에서 질병의 확산을 추적하는 데 도움이 될 수 있음을 입증했다. 만약 소수 사람들만이 인터넷에 접속할 수 있는 국가일지라도, 검색 데이터는 대중의 정보 요청에 의료 기관이 중요한 단서를 제공하게끔 도울 수 있다. 또한 질병에 대한 전문 지식과 일반 대중이 믿고 행하는 것 사이에는 종종 간극이 발생하는데, 검색 데이터를 분석하면 이러한 격차를 강조하여 의료 기관이 보다 효과적인 커뮤니케이션 전략을 개발할 수 있다.

지카바이러스 대유행 때의 경우, 검색 데이터에 따르면 대중들은 아기들이 비정상적으로 작은 머리를 가지고 태어나는 증상인 소두증에 불균형적으로 집중하고 있음을 알 수 있다. 실제로 임신 첫 3개월 내에 지카바이러스에 감염될 경우, 태아가 소두증에 감염될 확률은 1%에서 13%에 불과하며 실제로는 발열, 피부 발진 및 결막염 등이 훨씬 더 흔한 증상이다. 게다가 모기장과 방충제의 사용 및 고인 물을 피하는 것과 같이 바이러스에 걸릴 위험을 줄이기 위해 취할 수 있는 조치에 관한 정보를 검색하는 사람들은 거의 없었다. 이러한 통찰은 잠재적으로 많은 생명을 구할 수 있다.

전염병과 관련된 연구에서 구글 검색 데이터가 발휘하는 힘을 확립한 브라가찌는 이를 다른 공중 보건 문제에까지 확장했다. 예를 들어 청년층의 자해 경향을 이해하고자 하는 연구자들은 일반적으로 몇 달 또는 몇 년 전의 통계를 사용하지만, 브라가찌는 익명으로 집계된 검색 데이터가 이 분야에서도 실시간으로 사용될 수 있는 아주 강력한 대안임을 보여 주기도 했다. 또한 산업 보건 분야에서 브라가찌가 이끄는 팀은 석공소, 채석장 및 건설 현장과 같이 분진 흡입이 불가피한 업종에 종사하는 사람들에게 주로 영향을 미치는 규폐증에 대한 전 세계 사람들의 인터넷 검색 패턴을 분석하기도 했다. 이는 임상 의사들에게 환자에 대한 주의 사항을 알리는 한편 산업 현장에서 보건 및 안전 관련 법규의 예방 효과를 평가하는 것에 검색 데이터가 유용함을 강조하는 효과가 있었다.

마지막으로 브라가찌는 검색 데이터가 옹호 활동공중 보건 기관이 건강 정책을 개선하거나 보호하기 위한 활동이 공중 보건에 끼치는 영향을 객관적 시각에서 정량화할 수 있음을 보여 주었다. 2015년, 배우이자 인도주의 활동가인 안젤리나 졸리는 자신의 유전자가 유방암 발병 위험을 높일 수 있다는 이유로 이중 유방 절제술을 받았다고 밝혔는데, 이후 미국에서는 유전성 유방암에 대한 공개 토론이 증가하고 종종 '안젤리나 졸리 효과'라고 불리는 유전자 검사를 제공하는 클리닉에 대한 진료 의뢰가 증가한 바 있다. 브라가찌와 그의 팀은 유럽에서도 동일한 효과가 나타나는지 측정하고자 했는데, 구글 데이터 분석에 따르면 졸리의 고백 이후 유방암에 대한 검색은 18% 증가해 장기적인 하락 추세를 반전시켰다. 또한 그 동안 유방조영술 검색은 71% 증가했다. 사실 졸리의 언급이 가지는 중요성에 대한 의견이 부족하지는 않았지만, 브라가찌의 팀은 검색 데이터를 사용하여 확실한 증거를 제공한 것이다.

학술 연구에서 검색 데이터의 적용은 여기서 그치지 않는다. 디지털 마케터 에바 쿠타니에미Eeva Koutaniemi는 사회학 연구원 엘리나 에이니오Elina Einio와 협력하여 핀란드에서 가정 폭력이 계절성을 가지는지에 대해 조사하고자 했다. 이들은 긴급 전화, 대피소 및 친밀한 파트너 사이에서 일어나는 폭력과 관련된 구글 검색과 경찰의 데이터를 연관시킴으로써 공식적인 통계가 수집되지 않는 국가의 검색 데이터를 통해 가정 폭력이 언제 가장 많이 일어나는지를 예측할 수 있었다. 다른 학자들은 검색 데이터가 자연 재해에 대한 대응이나 경제적 기회 탐색을 위한 대규모의 인구 이동을 예측할 수 있음을 보여 주기도 했다. 더 이상 이야기하지 않아도 당신은 데이터가 밝힐 수 있는 중요한 진실에는 거의 한계가 없음을 알 수 있을 것이다. 심해 다이빙 용어를 또 사용하자면, 바다는 광대하고 그야말로 인광으로 가득 차 있는 것이다.

만약 대부분의 대학이 재정에 쪼들리고 있다는 사실을 여러분이 알고 있다면 그 학교의 연구원들이 이 모든 데이터를 어떻게 감당할지에 대해 궁금할 수 있다. 방법은 매우 간단한데 검색 데이터의 유료 소스를 사용하지 않고 대신 무료 도구인 구글 트렌드에 의존하는 것이다. 이 도구는 일반 구글 사용자가 검색 데이터를 탐색할 수 있도록 설계되었으며, 사용하기에 매우 간단한 온라인 인터페이스를 제공한다. 검색어나 관심 주제를 입력할 경우 구글 트렌드는 2004년으로 거슬러 올라가 그 이후 시간의 경과에 따른 상대적인 검색량 값을 보여줄 것이다.

앞서 언급한 통계 소프트웨어 제품 검색에 대한 다이앤의 실험과 관련된 이미지를 다시 보게 되면 구글 트렌드의 다른 주요 기능들을 파악할 수 있다. 첫 번째로 구글 트렌드에서는 서로 다른 기간 동안 최대 5개의 검색어 또는 주제에 대한 검색량을 비교할 수 있으며, 두 번째로 검색의 국가별 편차와 국가 내 지역별 편차 역시 확인할 수 있다. 세 번째로는 이미지 검색 및 유튜브 검색과 같은 다양한 검색 유형 간의 전환도 가능하고, 네 번째로는 데이터를 스프레드시트로 다운로드하여 자체적인 분석을 시행할 수 있으며 마지막으로는 상위 25개의 관련 변형 검색어 그룹들을 확인할 수 있다는 점이다. 예를 들어 앞에도 등장했던 지속 가능성 전문가 매튜가 기후 변화 검색 데이터를 조사했을 때 본 가장 인기 있는 관련 변형 검색어들은 '그레타 툰베리Greta Thunberg'[71], '기후 변화에 대한 트럼프의 생각', '멸종이라는 반란' 등이었다.

구글 트렌드는 환상적인 도구임에 틀림없지만, 마지막 기능에서 우리는 이들이 변형된 관련 검색어 그룹을 25개만 보여 준다는 제한 사항에 주목할 필요가 있다. 스티브와 내가 Bought By Many를 위해 구축한 보험 시장의 수요 분류에 검색어 변형이 얼마나 많았는지 기억나는가? 무려 85만 개였다. 스마트한 스타트업들이 검색 데이터의 깊이를 파악하여 상업적 기회를 찾는 동안 구글 트렌드에 의존하는 학계의 연구는 얕은 곳에 국한될 수밖에 없다는 것을 의미한다. 힛와이즈와 같은 도구를 사용하여 더 깊이 파고들 수 있다면 우리는 세상을 바꾸는 발견이 무엇인지 더 잘 알 수 있다.

점프샷의 이상한 죽음

지난 2020년 1월 30일 빅 데이터에 대한 검색 및 분석 업계는 큰 타격을 받았는데, 바이러스 백신 소프트웨어 제공 업체인 어베스트[72]가 『PC맥』[73]및 『바이스 매거진』[74]이라는 두 잡지에서 개인 정보 침해와 관련된 의혹을 제기한 후 IT 및 소매업 부문에 행동 데이터와 분석을 제공하는 자회사 점프샷을 폐업한다는 방침을 발표했기 때문이다. 이 뉴스는 사실 디지털 마케팅 전문가들 이외의 사람들에게는 그다지 의미가 없었지만, 우리가 앞서 논의한 문제들에 큰 영향을 끼쳤다.

점프샷은 힛와이즈와 Moz 및 SEMrush종합 마케팅 분석 도구와 같은 수많은 분석 도구가 검색 분석 기능을 제공할 수 있도록 하는 데이터를 공급해 왔다. 이전 장에서 검색 데이터를 수집할 수 있는 회사의 종류에 대해 설명한 바 있는데, 바이러스 백신 소프트웨어 제공 업체 역시 그중 하나라는 사실을 기억할 것이다. 최근 몇 년 동안 힛와이즈는 어베스트 백신 소프트웨어에서 수집한 데이터에 점점 더 의존하게 되었고, 점프샷의 역할은 이 데이터를 익명화한 후 힛와이즈에 전달하는 것이었다. 문제는 이 데이터 공급이 없을 경우 힛와이즈의 제품군(Search Intelligence를 포함한)이 작동을 멈춘다는 것이었다.

점프샷의 몰락은 데이터 회사가 비즈니스 모델로서의 디지털 데이터 분석을 과연 지속적으로 영위해 나갈 수 있느냐는 가능성 자체를 의심하기 시작한 신호이기 때문에 상당히 중요한 의미를 지닌다. 점프샷은 법률을 위반하거나 GDPR과 같은 기준을 위반하지 않았다. 개인을 식별해 낼 수 있는 정보를 고객과 공유하지도 않았다. 데이터는 정확히 집계되면서 익명화되었다. 또한 어떤 개인 정보 보호 전문가도 점프샷이 개인에게 실질적인 피해를 줄 수 있다고 기록하지 않았다. 모회사인 어베스트는 백신 소프트웨어 이용자에게 데이터가 공유되는 방법과 그 이유를 설명하고 쉽게 데이터 조회를 차단할 수 있도록 조치했다. 그러나 그럼에도 불구하고 감시 자본주의 이론의 영향 때문에 데이터 분석에 대한 인식이 나빠져 점프샷은 시장에서 축출될 지경이 되고 말았다. 그 결과, 그들을 대체할 업체가 있다고 하더라도 점프샷이 떠난 자리를 채우는 선택을 할 가능성은 매우 낮다고 볼 수 있다.

이에 따른 사회적 비용 역시 막대했다. 내 오랜 동료들을 포함하여, 점프샷과 힛와이즈에서 근무하던 수백 명의 사람들이 일자리를 잃었다. 소규모 전자 상거래 소매 업체가 아마존과 같은 공룡들과 경쟁하는 데에 도움이 될 수 있었던 다른 분석 도구들 역시 모두 중단되었다. 미국 의회는 검색 시장에서 구글의 독점 관행을 조사하기 위해 점프샷 데이터를 사용해 왔지만, 이제 그렇게 할 수 없었다. 그리고 다들 기억하겠지만, 힛와이즈가 없었다면 트런들 침대의 판매 성공과 퍼그 불독 보험 역시 이 세상에 없었을 것이다. Bought By Many와 월드스토어즈(현재 두넬름 그룹의 일부로 편입되었다)는 기존에 존재하던 사업이므로 일반적으로 크게 영향을 받지는 않지만, 기업가가 동일한 틀에서 사회적으로 유용하면서도 '새로운' 롱테일 비즈니스[75]를 구축하는 것은 더욱 어려워질 것이다. 이러한 유형의 비용은 경제학자들 사이에서 사중손실[76]로 알려져 있지만, 나는 기술 칼럼니스트 벤 톰슨Ben Thompson과 제임스 올워스James Allworth의 보다 더 감성적인 표현인, '아직 창업하지 않은 모든 회사의 조용한 비명 소리'라는 말을 더 선호한다. 또한 학술 연구 및 정책 결정 과정에서 활용될 수 있는 검색 데이터 분석에 대한 많은 미개척 기회가 차단되었다.

나는 힛와이즈의 데이터로 LGBTQ성소수자를 포함하여 정책에 정보를 제공할 수 있는 방법과 정치적 망명, 선거 제도의 개혁, 개인 정보 보호 권리와 같은 영역에서 홍보 조직의 효과를 증진할 수 있는 방법 등을 알아내기도 했다. 하지만 슬프게도 그 프로젝트들은 모두 미완성으로 끝나고 말았다.

나는 누군가가 자신의 의지에 반해 익명의 검색 데이터를 제공하도록 강요받거나, 회사가 불투명한 방식으로 데이터를 수집하도록 허용해도 괜찮다는 뜻으로 말하는 것이 아니다. 내가 정말 우려하는 것은 사회적 상충 관계가 충분히 고려되지 않은 채 규범이 재형성되고 있다는 점이다. 우리가 보았듯이 거대 IT 회사들은 개인 정보 보호 브라우저 및 검색 엔진, VPN, 광고 차단 앱 및 암호화된 메시징 서비스가 이미 널리 사용되고 있음에도 불구하고, 우리의 데이터가 사용되는 방식에 대해 우리에게 상당한 양의 통제권을 제공하고 있다. 이로 미루어 볼 때 이미 데이터 수집 자체를 방지하는 것은 매우 간단하다고 할 수 있지만 현실적으로는 이것도 부족하다는 관점, 즉 데이터 조회 차단 자체가 기본 설정이 되어야만 한다는 관점에 대한 지지가 증가하고 있다.

이 문제를 설명하기 위해 우리는 장기 기증을 예로 들어 볼 수 있다. 대부분의 사람들은 장기 기증의 훌륭한 가용성에 대해 긍정적으로 생각하겠지만 장기 기증에 대한 개개인의 동의에 접근하는 방식은 지역마다 다소 다르다. 장기 기증 자체를 개인의 허가에 의해 동의받는 스페인은 장기 기증 자체가 기본 옵션이고 이를 해제할 수 있게 하는 독일보다 장기 기증 비율이 더 높다. 지난 2017년에는 독일보다 스페인에서 1인당 장기 기증이 5배 이상 많았다. 나는 옵트인당사자가 개인 데이터 수집을 허용하기 전까지 당사자의 데이터 수집을 금지하는 제도과 옵트아웃당사자가 자신의 데이터 수집을 허용하지 않는다고 명시할 때 정보 수집이 금지되는 제도에 대한 이러한 인과관계를 과장하고 싶지는 않다. 그러나 비슷한 맥락에서 검색 데이터 및 기타 형태의 행동 데이터 재사용에 대한 동의 문제를 고려해 보는 것이 도움이 될 수 있다고 생각하는 것이다. 검색 데이터를 익명으로 수집하고 전 세계 수십억 명의 데이터와 통합함으로써 당신은 인류의 더 큰 이익을 위해 무언가를 기증하는 것이다. 사용 가능한 기증 장기가 많을수록 좋은 것처럼 사용 가능한 데이터가 많을수록 좋은 것이기 때문이다. 스페인, 프랑스, 이탈리아, 영국(2020년 봄부터 시행)처럼 시민들이 기본적으로 장기 기증의 여부를 선택할 수 있게 하듯이 검색 엔진 사용자가 검색 데이터 제공에 동의할 수 있도록 하는 것이 더 공익적이라고 생각한다.

점프샷이 문을 닫은 그 주에만 전 세계적으로 4만 명 이상이 코로나바이러스에 감염되었다는 사실이 분명해졌다. 수백 명이 이미 목숨을 잃었고, 코로나의 확산이 범세계적으로 대유행이 선언되기 직전이었다. 당시 감염된 사람들의 치사율은 약 2%에 달했는데, 구글 트렌드를 확인해 보면 코로나바이러스에 대한 전 세계 사람들의 관심이 급증하기 시작한 시점이 2020년 1월 20일인 것으로 나타났다. 또한 중국, 싱가포르, 호주, 캐나다 및 뉴질랜드와 같이 세계에서 사람들이 가장 우려하는 국가가 어디인지도 나타내 준다. 그러나 '코로나바이러스 현황', '코로나바이러스의 증상', '코로나바이러스 치료법'과 같은 일반적인 형태의 상위 25개 관련 검색어만 보여 주는 구글 트렌드의 얕은 데이터로부터 우리는 많은 것을 얻어 낼 수가 없다는 것이 문제이다.

점프샷이 문을 닫기 며칠 전, 나는 힛와이즈로 눈을 돌려 1월 25일까지 4주 동안 영국에서 검색된 코로나바이러스에 대한 변형 검색어 데이터를 다운로드해 보았다. 3,664개의 고유한 검색어가 있었다. 니콜라 브라가찌와 그의 팀이 지카바이러스 검색을 분석할 때 발견했던 것처럼, 나는 사람들이 요구하는 정보, 전문가가 제공하는 조언, 그리고 사람들이 실제로 믿는 것 사이의 격차를 모두 볼 수 있었다. 3,664개 중 53개 이상의 검색어가 '코로나바이러스 마스크'의 변형이었다. 당시 세계 보건 기구에서는 이미 감염된 사람들도 마스크 착용이 도움이 될 것이라고 권고한 상황이었는데도 말이다.[77]

44번째로 가장 많이 검색된 검색어는 '코로나바이러스 일본'이었는데, '코로나바이러스 〈국가명〉'으로 공식화된 다른 검색어도 많았으며 그중에서도 프랑스, 태국, 말레이시아가 두드러지게 나타났다. 나는 이러한 검색들이 휴가 또는 출장을 계획하고 있거나, 여행 자체의 위험성을 평가하기를 원하는 사람들에 의해 이루어졌다고 생각했다. '중국에서 온 화물과 코로나바이러스' 및 '중국 식당 코로나바이러스' 검색어는 각각 137위와 178위를 기록했으며, 이 검색어들은 당시 언론 보도에서 찾기 어려웠던, 코로나 발병으로 인한 사람들의 안전 문제에 대한 우려가 중국 관련 사업 및 중국인들의 대이동에 끼칠 피해를 암시했다. 한편 다른 29개의 검색 쿼리에는 고양이가 등장했으며, 사람들은 고양이가 코로나에 감염되었을 경우 나타날 수 있는 증상과 고양이와 인간 간 코로나 전염이 가능한지 알고 싶어했다. 하지만 이러한 질문은 내가 읽었던 의료 기관의 조언이나 뉴스 보도에 나오지 않았다.

다른 검색들에서는 잘못된 정보가 상당히 만연하고 있다는 것을 알 수 있었다. 상위 200개 검색어 중에는 '코로나바이러스 박쥐 수프'의 4가지 변형 형태 검색어가 포함되었고, 한 소셜 미디어에 돌아다니던 영상물에는 감염이 처음 시작된 우한 시장의 한 식당 모습을 보여주고 있다는 거짓 주장이 있었지만 사실 그 비디오는 2016년 미크로네시아에서 촬영된 것이었다. '코로나 은폐', '중국이 말하지 않는 코로나의 진실', '인공 코로나바이러스' 같은 검색어가 모두 200위 안에 들 정도로 음모론 역시 만연한 듯 했으며, 전반적으로 불안과 편집증, 심지어는 공황까지 겹친 모습이었다.

나는 힛와이즈에서 검색 인텔리전스 데이터를 다운로드한 지 불과 몇 시간 만에 수백만 명의 인터넷 이용자 표본을 기반으로 영국인들이 코로나바이러스에 대해 어떻게 생각하고 있는지 명확하게 이해할 수 있었다. 아울러 공중 보건에 종사하는 공무원들이 강화해야 하는 대국민 메시지, 해결해야만 하는 새로운 우려 사항, 대응해야 하는 잘못된 정보들도 파악할 수 있었다. 질병의 확산을 통제할 임무가 있는 사람들이 이러한 통찰력을 손에 쥐고 있다면 그 힘이 얼마나 강력할지 상상해 보라. 그들은 심층 검색 데이터에 접근하여 이러한 종류의 분석을 매일 실행할 수 있을 것이고, 그 결과 커뮤니케이션의 효율성과 다음 번 우선 순위를 정해야 할 사항들을 위한 실시간 정보를 얻어 낼 수 있을 것이다. 검색 데이터는 미래의 모든 공중 보건 비상 사태에 대응하는 데 반드시 필요한 요소가 되었을지도 모르지만, 안타깝게도 점프샷이 없이는 그런 미래는 일어나지 않을 것이다.

이번 장에서 지금까지 해 온 주장들을 요약하자면, 결국 검색 데이터가 익명화되어 수집되고, 다른 사람들의 데이터와 통합되어 공개적인 도메인에 저장되는 것은 사회에 도움이 된다는 간단한 이야기이다. 이는 과학적 진보와 더 나은 공중 보건뿐만 아니라 새로운 소비재의 탄생과 경제 발전도 가능하게 하는 새로운 하나의 디지털 시민 의식이라고 할 수 있다. 다시 강조하지만 검색 데이터를 저장하는 것만으로는 아무런 경제적 이득이 없다. 힛와이즈나 점프샷과 같은 회사가 그것으로 수익을 올렸던 것은 사실이지만, 그것은 그 회사들이 데이터들을 대량으로 처리하고 유용한 무언가로 정제했기 때문이다. 그러나 나는 더 넓은 개념인 데이터 개방성 역시 주장하고자 한다. 우리 사회는 개인의 데이터뿐만 아니라, 기업과 정부의 데이터를 통해서도 혜택을 얻을 수 있기 때문이다. 그리고 우리 주변에서는 이미 기업가, 혁신가 및 연구원들이 사용할 수 있도록 그들의 조직에 저장되어 있던 데이터를 사용 가능하게 만들기 위한 움직임들이 진행되고 있다.

오픈 뱅킹

이러한 움직임 중 하나가 바로 오픈 뱅킹이다. 금융 산업의 경쟁을 장려하기 위해 고안된 최근의 규정에 따라 유럽, 멕시코, 싱가포르,

홍콩 및 말레이시아의 은행들은 이제 고객이 제삼자와 온라인 뱅킹 데이터를 공유할 수 있도록 조치를 취해야 한다. 사실 별것 아닌 것처럼 들릴 수 있겠지만, 여러 흥미로운 가능성들을 만들어 낼 수 있다.

대부분의 사람들은 금융 계좌를 다양하게 분산시켜 보유한다. 당신의 경우 HSBC의 당좌 계좌, 아메리칸 익스프레스의 신용 카드, 지역 건축 협회의 주택 담보 대출, 온라인 은행의 저축 계좌 등을 보유하고 있을지도 모른다. 그러나 이렇게 파편화된 계정 관리는 재정에 대한 전반적인 관찰을 어렵게 한다. 때때로 각 거래 명세서의 수치들을 복사하여 스프레드시트에 붙여 넣을 수는 있겠지만 그 정보는 당신의 사정에 따라 바뀔 것이며, 금전을 절약할 수 있는 기회 또한 찾기가 어렵다. 더 나은 주택 담보 대출 이자율 또는 예금 이자율을 사용할 수도 있겠지만, 이것을 언제 찾아볼 수 있을지 어떻게 알 수 있겠는가?

이 문제는 내가 2001년 금융업계에서 내 경력을 시작하였을 때 이미 널리 알려진 문제였으며, 따라서 그 해결 방법에 대한 열의도 많았다. 그 방법인즉슨 결국 고객에게 더 나은 거래를 자동으로 추천해 주는 한 곳에서 자신의 모든 금융 계좌를 볼 수 있는 것이었다. 이 솔루션은 때로는 계정 통합 조회 또는 개인 재무 관리라고 불렸다. 거의 20년이 넘는 시간 동안 이 비전을 달성하기 위해 많은 기업들이 노력해 왔고, 그중 가장 유명한 결과물이 바로 Mint.com[78]이라 할 수 있다. 그러나 그들 모두가 극복할 수 없었던 장벽이 하나 있었는데, 바로 회사가 여러 계정의 데이터를 수집할 수 있도록 하기 위해서는 고객의 모든 온라인 뱅킹의 로그인 정보를 넘겼어야 한다는 점이다. 이는 고객의 계정이 해커에 의해 손상될 위험을 증가시켰을 뿐만 아니라, 대부분의 온라인 뱅킹 서비스의 약관을 위반하는 일이기도 했으므로 결과적으로 어떤 종류의 재정적 손실을 입든 고객을 보호할 수 없음을 의미하기도 했다. 결국 대부분의 계정 통합 관리 서비스 기업들은 실행 가능한 비즈니스가 되기에 충분한 고객을 모집할 수 없었다. 하지만 오픈 뱅킹의 도입은 이 모든 것을 바꾸어 놓았다. 이제 온라인 뱅킹 데이터를 안전하게 공유할 수 있도록 하는 일련의 기술 표준이 존재하기 때문이다. 에어비앤비가 휴가용 숙소에 대해 그리고 우버가 택시에 대해 수행한 것과 같이 현재는 금융 서비스를 위한 데이터 공유를 수행할 개인 재무 관리 앱을 만들기 위한 경쟁이 한창 진행 중이다. 이러한 앱 중 일부는 일상적인 지출을 보다 유용한 방식으로 시각화하는 데 중점을 두고 있으며, 일부는 잉여 자금을 매월 말 저축 계좌로 자동 이체하고, 다른 앱은 대출 금리에 대한 정보 피드를 활용하여 더 저렴한 금리로 대출받을 수 있는 거래를 알려 준다. 즉 이러한 앱들은 모두 각각 다른 방식으로 개인 재무 관리에 대한 명확한 시각을 제공하는 것이다. 그런데 단순히 개인 재정을 더 명확하게 파악하는 것보다 훨씬 더 도움이 되는 것들이 있다. 바로 익명으로 자신의 재무 생활을 다른 사람들과 비교하여 벤치마킹할 수 있다는 것이다.

유사한 일을 하고 비슷한 지역에 사는 또래 사람들과 비교하여 당신의 신용 카드 부채는 어느 정도인가? 에너지를 소비하는 정도(이를테면 중세풍의 전통시장을 중심에 둔 마을에서 중형 주택[79]에 거주하는 당신의 도시가스 소모량)는 어떠한가? 새 이중창을 구입하는 것과 신용 카드 대금을 지불하는 것 중 당신의 우선 순위는 어디에 있는가?

익스피리언에서 내가 맡은 첫 직무는 Lower My Bills라는 비교 웹사이트 사업의 셋업을 돕는 것이었다. 우리는 익스피리언이 보유하고 있는 개인 신용 점수를 기반으로 사람들을 적절한 대출 및 주택 담보 대출 상품과 연결하려는 정교한 알고리즘을 만드는 데에 많은 노력을 기울였지만, 정작 이용자들이 가장 선호했던 기능은 소비 생활을 비교하는 간단한 도구였다. 이 도구에 신용 카드 대금, 에너지 사용 요금, 전화 요금 등의 추정치를 입력하게 되면 이용자는 자신과 다른 이용자의 소비 생활을 비교할 수 있었다. 사실 기술적으로만 볼 때 소비 생활 비교 도구는 상당히 조잡했다.

사람들이 제공한 데이터가 정확한지 여부를 알 수 있는 방법이 딱히 없었고 넓은 방갈로에 사는 부유한 은퇴자와 비좁은 아파트에 거주하는 청년층 창고 직원이 동일한 비교 정보를 볼 수 있는 등 비교군을 적절하게 맞추는 것에 대한 조치도 부족했다. 그러나 그럼에도 불구하고 사람들은 그 기능을 선호했다. 다른 사람과 비교하여 벤치마킹을 하려는 다소 탐욕스럽게까지 보이는 욕구는 인간 본성의 일부인 것 같다는 생각마저 들 정도였다.

오픈 뱅킹을 위한 가장 흥미로운 기회 중 일부가 이 분야에 있다.

분기별 에너지 사용 요금 청구서를 일일이 찾는 번거로움이나 막연한 기억 속에서 월별 평균 신용 카드 대금 상환액을 계산하는 대신 소비 생활 비교 도구를 통해 설문지를 작성하고 오픈 뱅킹 앱과 익명 데이터를 공유하는 것에 동의하면 그 후 타인의 소비 생활 습관과 자동으로 비교하는 방법을 볼 수 있다.

데이터에 대한 두려움과 일종의 비관적인 시각으로 인해, 우리는 본능적으로 우리의 데이터를 가능한 적게 공유하려 할 수 있으나, 재정적으로 우리가 정확히 어떤 위치에 서 있는지를 아는 것의 장점을 생각해 보자. 이 경우 우리는 연금 적립금을 늘리도록 동기 부여를 받을 수도 있고, 우리가 상환하지 않고 무시해 온 부채를 처리하도록 자극받을 수도 있으며, 우리가 정확히 어떻게 살아가고 있는지에 대한 우려를 멈추게 할 수 있다. 이 모든 것은 결국 데이터 개방성을 수용하는 것에 달려 있다. 또한 오픈 뱅킹 데이터의 가능성은 개인 금융 앱에만 국한되지 않는다.

8년 전 스티븐을 처음 만났던 그 커피숍에서 나는 영국 주요 시중 은행의 데이터 전략 책임자인 조이를 만났다. 그녀는 은행 고객의 카드 거래 데이터를 분석하면 양극성 장애가 있는 사람들의 도박 중독과 조증 증상을 식별해 낼 수 있다고 밝혔다. 두 가지 행동 모두 상당히 독특한 지출 패턴을 띠기 때문이다. 또한 더욱 놀라운 것은, 이러한 시나리오들을 최대 3년 전부터 미리 예측할 수 있다는 것이다. 즉 데이터에는 조기 경보 신호가 숨어 있다는 뜻이다. 자, 아무도 도박 중독에 빠지는 것을 원하지 않으며, 양극성 장애가 있는 일부 사람들이 자신의 상태를 관리하는 것과 관련해 더 많은 지원을 받아야 한다는 합리적인 가정을 해 보자.

이 경우 은행이 데이터 분석을 사용하여 도움을 줄 수 있다면 은행이 이들을 돕는 조치를 취해야만 할 도덕적 책임이 존재하는가? 그러나 만약 조이가 이러한 조치들을 취할 경우 직면하게 될 문제 역시 다양했다. 가장 직접적인 상업적 고려 사항은 은행은 근본적으로 수익을 올리기 위해 고객의 신용 접근성을 관리해야 하며, 초과 대월[80] 및 신용 카드 한도는 물론 향후 주택 담보 대출이나 다른 대출의 상환이 이루어지지 못할 가능성까지 지속적으로 검토해야 한다는 점이다. 이러한 상황에서 데이터 분석을 사용하게 되면 그 대상이 되는 사람들이 신용 접근성을 잃는 것은 불가피했고, 이는 결국 단기적으로 환영받기가 상당히 어려운 일이기도 했다. 또한 조이는 은행이 데이터 분석을 수행할 경우 그 결과로부터 영향을 받는 사람들에게 통찰을 전달할 수 있는 방법 역시 알아내야 했다.

1장에서 언급된 페이스북의 타깃 광고에서 우리가 확인했듯이 확률적 추론을 사용하게 되면 식별된 고객 중 일부는 해당 사항이 없는데도 포함되는 소위 거짓 긍정에 해당될 수 있다. 당장 우리가 모바일 뱅킹 앱에 로그인을 했더니 팝업 화면에 '당신은 양극성 장애가 있고, 곧 조울증 증상이 생길 것으로 추정되니 도움을 받기를 권고합니다.'라는 내용이 뜬다고 생각해 보자. 이것은 그러한 조건에 해당되는 사람들일지라도 끔찍한 사생활 침해가 될 것이며, 이에 해당되지 않는 사람들에게는 상당히 모욕적으로 받아들여질 것이다. 조이는 은행의 웹 사이트에 현금 인출 한도의 사전 설정이나 특정 소매 업체에서의 카드 결제 차단 방법을 간접적으로 추가하는 내용의 업데이트를 조용히 실시할 수는 없을지 고민하기도 했다. 그 방법은 더 나은 선택지이기는 했으나 다소 투명성이 부족했다.

은행이 겪게 될 규제 및 평판 리스크가 상당히 컸다. 조이의 선의와 상관없이 영국 금융보호감독청은 그녀가 취약한 상태인 고객을 착취하려 든다고 생각할 수도 있다. 또한 언론인들의 경우 우리의 가장 은밀한 비밀을 우리를 향해 사용하는 대기업에 대해 분노할 수도 있다. 이러한 이유로 조이는 도박 문제 및 양극성 장애에 대한 통찰이 있다고 하더라도 그녀 자신이 아무것도 할 수 없을 것이라 생각했다. 현재의 규제 아래에서는 데이터 기반 비즈니스를 운영하는 기업이 차라리 손을 놓고 있는 것이 더욱 안전한 상황이었다. 하지만 다행스럽게도 오픈 뱅킹이 도움이 될 수 있었다.

오픈 뱅킹을 통해 서드파티 업체들이 사람들로 하여금 웰빙에 대한 어색한 주의 환기와 함께 자신들의 명세서나 진행 중인 주문을 확인하도록 떠밀기보다는, 은행의 API신용 카드 거래 데이터에 대한 추출 도구를 사용하여 전문적인 앱을 구축할 수 있다. 마인드와 같은 정신 건강 자선 단체는 양극성 장애를 가진 사람들을 위한 전문 앱을 구축할 수 있으며 갬케어는 도박 중독 문제를 겪고 있는 사람들을 위해 비슷한 일을 할 수 있다. 다시금 강조하지만, 이러한 아이디어의 효과는 더 큰 이익을 위해 익명화된 데이터를 수집하려는 의지와 은행들이 오픈 뱅킹 규정에 의해 부과된 최소 요구 조건을 초과하여 데이터를 제공하는 것에 달려 있다.

나는 조이와 일면식도 없었지만 그녀는 내가 잘 아는 유형의 사람이었다. 그녀는 에너지가 넘치고, 낙관적이며, 경계를 허물고자 하는 사람이었다. 이런 부류의 사람들은 종종 대기업의 전략 또는 혁신을 담당하거나 신제품 개발 부서에서 근무하곤 한다. 공공 기관과 비영리 단체에 있는 그녀의 동료들 역시 그녀만큼 요령 있는 사람이었으나 상당히 다른 전망들을 갖고 있었다.

필의 경우를 예로 들어 보자. 그가 공동 설립한 회사인 entitledto는 사람들이 정부, 주택협회, 자선 단체 및 금전 절약 관련 웹 사이트로 자신에게 적절한 혜택 또는 임대료 수준을 파악할 수 있게 해 주는 영국의 주요 소프트웨어 도구 제공 업체이다. 이 서비스는 가구 구성, 장애인, 돌봄, 특수 교육에 대한 수요, 육아 준비, 영어 능력, 고용, 소득, 주택 및 노숙인 문제, 임대 및 주택 담보 대출, 저축, 연금, 부채 및 연체, 인터넷의 사용, 마약과 알코올 중독, 가정 폭력, 정치적 망명 및 그 밖의 많은 것들에 관해 매년 수백만 명의 사람이 사용하며 많은 데이터를 생성해 내는 가치 있는 서비스이다. 이 데이터에 포함될 수 있는 귀중한 통찰들과, 데이터 과학자들이 이를 분석해 낼 때 밝혀지는 상관관계에 대해 상상해 보자.

노숙자와 군 복무 사이의 관계에 대해 우리는 무엇을 밝혀낼 수 있을까? 또는 부채의 수준과 부양 책임 간의 관계는 어떠할까? 장애인과 비장애인에 대한 급여 격차는 어느 정도일까? 또한 데이터는 수익원이 될 수도 있다. 예를 들어 공동 소유권이 있는 자산, 신용협동조합 또는 가스 및 전기 공급자를 위한 연결을 생성하는 것은 새로운 소프트웨어 개발에 자금을 제공할 수 있을 뿐만 아니라 entitledto의 기존 도구 사용자들에게도 유용한 서비스를 제공할 수 있다.

필은 이러한 모든 아이디어를 가지고 있었지만, 안타깝게도 이 아이디어를 실행에 옮기는 것은 상당히 위험하다. GDPR은 규정을 준수하지 않을 경우 최대 2천만 유로의 벌금을 부과할 것이라는 위협적인 규정을 담고 있으며, 사용자의 계정을 침해한 것으로 간주될 경우 입게 될 평판 손상 역시 심각할 것이다. entitledto는 서비스 이용자들의 이름이나 이메일 주소와 같이 개인을 식별할 수 있는 정보를 캡처하지 않음에도 불구하고, 데이터로 유용한 작업을 수행할 경우 큰 위험을 감수해야 했다. 만약 사내 법무팀 또는 준법감시조직이 개인 정보 보호 법률 및 규제 기관과의 관계를 잘 이해하고 있고, 적절한 조언을 전달해 줄 수 있다면 필은 확신을 가지고 데이터의 잠재력을 해방시키는 일을 시작했을 것이다. 그러나 다른 많은 소규모 기업들과 마찬가지로 entitledto는 사내 법무팀이나 준법감시팀을 둘 만한 여유가 없었다. 따라서 이러한 경우 데이터는 개방되어 세상을 더 나은 곳으로 만드는 데 기여하기보다는 사용되지 않는 서버에 보관

되는 데 그치게 된다.

오픈 데이터

나의 희망 사항은 또 다른 데이터 개방 움직임 중 하나인 오픈 데이터 운동의 성장이 이러한 현실을 바꾸는 데 도움이 되는 것이다. 오픈 데이터는 다소 광범위한 의미로 들릴 수 있지만 일반적으로는 정부 및 기타 공공 부문 조직에서 재사용할 수 있는 형식으로 제공하는 데이터를 일컫는 말이다. 이 데이터는 누가 그것을 사용하든지 또는 그것으로 무엇을 하든지 전혀 제한이 없다. 데이터를 공개하기 전에 정부 또는 공공 부문 조직들은 타사에서 그 데이터를 사용함으로써 어떤 이점을 얻을 수 있는지 미리 알 수 있지만 그것이 데이터 공개의 주요 목적은 아니다. 오히려 오픈 데이터는 오픈 소스 컴퓨팅 및 오픈 액세스 연구과 동일한 철학적 기반을 갖고 있다. 즉 정보를 우리의 공동선으로 취급하는 것이 인간의 진보를 가능케 하는 가장 훌륭한 방법이라는 것이다.

데이터는 기본적으로 개방되어 있어야 하며, 사람들이 스스로 기여함으로써 보답을 받는 한 모두가 사용할 수 있어야만 한다. 그러므로 당연히 공개 데이터는 그 영향력을 유지하거나 위험을 최소화하기 위해 데이터를 끌어모으기만 하던 공공 부문 조직들의 오랜 관행을 완전히 뒤집는 일이었기 때문에 그들에게는 어려운 과제였다.

그렇다면 우리 현실에서 오픈 데이터의 이점은 과연 무엇일까? 가장 분명한 것은 오픈 데이터가 정치적 의사 결정, 공공 지출 및 제도적인 성과에 대해 시민들에게 더 큰 투명성을 제공한다는 것이다. 아직까지도 많은 국가들이 독재와 부패의 산물을 다루고 있는 상황에서 오픈 데이터 이니셔티브주도권는 대중의 신뢰를 재건하고 공무원들에게 적절한 책임을 부과할 수 있다. 오픈 디벨롭먼트 캄보디아라는 온라인 포털은 인구 통계, 토지 이용 현황, 기반 시설, 사법부 및 개발 원조에 대한 데이터와 함께 노동 및 산업 등에 대한 경제 지표를 제공한다.

이 포털은 모든 캄보디아 시민이 이용할 수 있으며 언론과 시민단체가 대규모 사탕수수 농장의 등장으로 인해 소농들이 대량 이주를 해야 하는 등의 문제를 강조하여 지적하는 데에 활용되었다. 다른 장소에서는 오픈 데이터 프로젝트를 통해 시민들의 교육 및 공중 보건에 대해 더 많은 정보에 입각해 선택할 수 있게 하여 정치인들에게 개선을 요구하는 데 필요한 논리적 근거를 제공했다. 예를 들어 멕시코에서 학교 간 성과를 비교하는 웹 사이트인 Mejora tu Escuela는 매일 4만 명 이상의 사람들이 방문하며 우루과이에서는 시민들이 A tu Servicio라는 오픈 데이터 서비스를 통해 공공-민간 혼합 의료 시스템에서 다양한 의료 서비스 제공자들의 성과를 비교할 수 있다. 이 모든 경우에서 오픈 데이터는 지식 정보가 정부 및 공공 부문 기관 내부에 집중되는 것을 막고 대신 시민들에게 지식을 배포한다. 오래된 속담이 말하듯, 아는 것은 힘이다.

우리가 얼른 알아차릴 수 없는 오픈 데이터의 장점은 새롭게 탄생할 수 있는 종류의 민간 기업에게서 비롯된다. 당신은 시티맵퍼모든 형태의 교통 수단과 관련된 데이터를 통합하여, 낯선 도시에 방문하더라도 대중교통을 쉽게 이용할 수 있도록 안내해 주는 앱를 잘 알고 있을 것이다. 시티맵퍼는 A에서 B로 이동하는 가장 좋은 방법을 알려 줄 뿐만 아니라 버스가 정류장에 도착하기까지 남은 소요 시간, 다음 버스의 도착 예정 시간, 가장 가까운 유료 자전거 또는 스쿠터의 위치 또한 알려 준다. 당신이 알지 못할 수도 있는 사실 중 하나는 시티맵퍼가 오픈 데이터 덕분에 존재할 수 있다는 것이다. 시티맵퍼를 운영하는 회사의 전 대표였던 오미드 아슈타리Omid Ashtari에 따르면 오픈 데이터는 이 서비스의 등뼈와도 같은 존재이다. 시티맵퍼와 같은 여행 계획 앱을 설계하고 구축할 수 있었던 것은 이 사업의 동기 부여가 이미 되어 있는 개발자가 교통 당국이 신뢰할 수 있는 대중 교통 데이터에 공개적으로 접근할 수 있도록 했기 때문이다. 이전에는 저장되어 있는 데이터를 기반으로 교통 당국 스스로만 앱을 개발할 수 있었는데, 정부 당국은 이를 효과적으로 수행할 수 있는 기술과 리소스가 부족한 경우가 많았다.

시티맵퍼는 이미 존재하는 서비스의 유형을 개선하기 위해 오픈 데이터를 사용하는 민간 기업의 한 예시이다. 그러나 오픈 데이터는 이외에도 공공 부문 조직이 미처 생각조차 할 수 없는 완전히 새로운 서비스를 위한 길을 열어 주기도 한다. 온라인 부동산 포털 '프로페라티'는 오픈 데이터를 활용하여 사람들이 지금까지는 상상하지 못했던

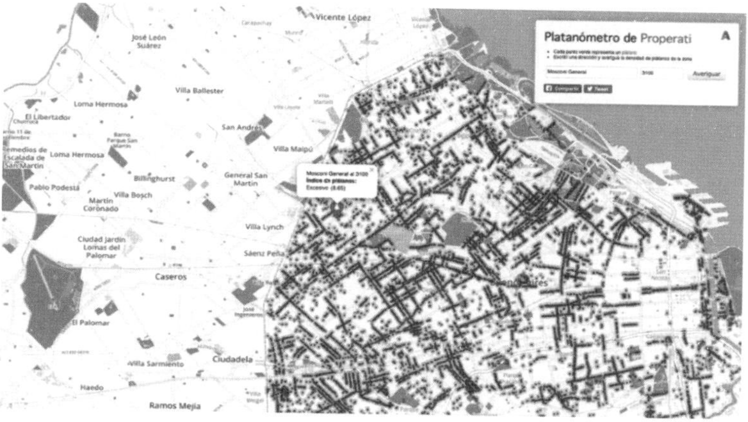

프로페라티가 만든 부에노스아이레스의 건초열 주의 지도

방법으로 이사할 집을 탐색하는 일을 돕는다. 부에노스아이레스에 거주하는 건초열[81] 환자는 꽃가루를 가장 많이 뿌려 대는 나무가 우거진 지역을 피하기 위해 지방 정부의 산림 인구 조사 데이터를 사용하는 프로페라티 앱을 사용할 수 있다. 플레이스 아이 리브 앱은 베를린과 샌프란시스코를 포함한 5개 도시에서 스포츠 시설 검색에 도움을 준다. 이 앱을 사용하게 되면 탭 한 번으로 집에서 가장 가까운 탁구장, 무술 도장 또는 골프 연습장을 찾을 수 있다. 이러한 오픈 데이터 지원 서비스는 우리가 매일 겪는 일상 환경에 대한 경험을 더욱 풍부하게 한다.

오픈 데이터가 실제 현실에서 이익을 창출하는 또 하나의 방법은 학문적 연구와 그로부터 나오는 공공 정책 혁신을 통하는 것이다. 하버드 대학의 경제학자 라지 체티Raj Chetty가 이끄는 오퍼튜니티 인사이트 그룹은 그 놀라운 예시 중 하나라고 할 수 있겠다. 이들은 미국 시민 수백만 명에 대한 익명의 인구 조사와 세금 기록을 사용하여 미국에서 사회적 이동성으로 대표되는 아메리칸 드림이 점차 사라지고 있음을 증명해 냈다. 1980년에 태어난 아이들이 35세에 부모보다 더 많은 소득을 올릴 확률은 50%로, 1940년에 태어난 아이들이 92%의 소득 증대 기회를 누렸던 것에 비해 극적으로 하락한 비율을 나타냈다. 이 문제는 아이비리그 대학들도 인정하는 것인데 이들 대학에는 가장 부유한 상위 1% 가정의 아이들이 하위 60% 가정의 학생들보다 더 많기 때문이다. 또한 인종적, 지리적 불평등 역시 극심한 것으로 드러났는데 부유한 흑인 가정에서 태어난 소년이 부유한 백인 가정에서 태어난 소년보다 미래에 가난해질 가능성이 2배 이상 높다.

노스캐롤라이나주 샬럿의 하위 20% 가정에서 태어난 아이들은 성인이 되고 나서 상위 20% 가정으로 진입할 확률이 고작 5%에 머무르는 반면, 솔트레이크시티에서 태어난 가난한 아이들은 그 두 배의 확률로 상위 20%에 진입할 수 있다. 심지어는 어렸을 때 살았던 길거리의 이름조차 당신의 장래에 큰 변화를 줄 수 있다. 캘리포니아주 오클랜드에서는 프루트베일치안이 좋지 않은 지역으로 범죄율이 높다역 주변에서 자란 남성이 감옥에 갈 확률이 무려 70%에 달한다. 그러나 고작 몇 마일 떨어진 샌리앤드로미국 캘리포니아주에 속한 도시시에 거주할 경우 그 가능성은 5% 미만에 머무른다. 미국에서의 삶의 기회는 주로 출생의 우연성에 의해 결정되어 미국의 능력주의 이상과는 극명한 대비를 이루고 있다.

오퍼튜니티 인사이트는 단지 미국의 불평등 문제를 강조하는 데에만 관심이 있는 것은 아니며 당연히 해결책을 도출하기 위해 최선을 다하고 있다. 어린 시절에 더 나은 동네로 이사하는 것이 미래 소득에 지대한 영향을 미친다는 것이 분명하다는 사실은 경제적 기회가 더 많은 지역으로 이사하는 것을 조건으로 저소득층 가구를 위한 주택 바우처를 제공하면 불평등이 줄어들 수 있다는 점을 시사하기도 한다. 이와 같은 정책을 위해 오퍼튜니티 인사이트는 시애틀의 지방 당국과 시범 사업을 위해 접촉하고 있다.

이들의 또 다른 발견은 현재 발명가가 되거나 특허를 출원하기 위해서는 초등학교 3학년 수학 시험에서 우수한 성적을 거두는 것으로 측정될 수 있는 타고난 능력과 부모의 풍족한 경제적 여건이라는 두 가지 필수 조건이 있다는 점이었다. 체티 교수는 가난하지만 능력이 뛰어난 어린이의 무시된 잠재력을 실현하는 것을 목표로 하는 교육 정책이 미국의 혁신 속도를 4배 가까이 높일 수 있다고 추정했다. 가장 중요한 것은 결국 오퍼튜니티 인사이트가 다른 연구자들과 정책 입안자들에게 권한을 부여하기 위해 노력한다는 것이다. 오픈 데이터의 원칙에 따라 이러한 프로젝트들의 결과물과 데이터 세트는 웹 사이트에서 다운로드하여 재사용할 수 있으며 하버드 대학 학생들을 위해 고안된 체티 교수의 경제학 입문 강의는 유튜브에서 무료로 시청할 수 있다.

오퍼튜니티 인사이트의 연구에는 이 외에도 다른 흥미로운 이야기들이 많이 있으며 이러한 것들을 더 보기 위해 나는 당신이 대화형 온라인 시각화 도구인 오퍼튜니티 아틀라스를 사용하기를 권한다. 그러나 내가 가장 강조하고 싶은 부분은 오퍼튜니티 인사이트의 활동들은 결국 익명화된 세금 기록 데이터의 가용성에 달려 있다는 것이다. 만약 이러한 데이터가 개인 및 가족을 재식별할 수 있다는 우려 때문에 체티 교수와 그의 동료 연구원들이 데이터에 접근할 수 없었다면 이들이 보여 준 경제적 불평등에 대한 통찰은 존재할 수 없었을 것이다. 만약 이 상황이 평행 우주로 존재했다면 그 세계에서 아마존과 넷플릭스는 빅 데이터 분석을 활용하여 완벽한 홈 엔터테인먼트 추천 서비스는 제공하고 있겠지만, 사회적 이동성을 개선하기 위한 정책의 수립은 아날로그 시대 수준에 머물러 있을 것이다.

우리는 우리가 살아가고자 하는 세상을 선택할 수 있으며, 현재 우리가 나아가고자 하는 세상이 개인 사생활을 최고의 선으로 취급하는 세상으로 흐르게끔 선택할 수 있다. 그런 세상에서 우리는 점프샷의 소멸을 축하하고 인터넷 검색 데이터가 생성되는 즉시 삭제되는 것에 만족할 것이다. 우리는 조이와 같은 은행 직원이 금융 영역에 대해서만 생각하기를 원하고 필과 같은 공공 부문 또는 비영리단체의 직원이 혁신을 위해 개인 데이터를 사용한 결과 다가올 징벌을 두려워하길 원한다. 또한 우리는 우리의 납세 데이터에 대한 학계의 접근을 근본적으로 차단할 것이다. 어찌되었든, 결국 그것들은 우리에게 가장 민감한 '개인 정보'가 아니겠는가?

코로나바이러스에 대한 데이터 검색

2020년 3월부터 코로나바이러스 대유행이 본격화되면서 나는 이에 대해 우리가 어떻게 대응할 수 있을지를 고민했다. 한 재담꾼이 트위터에 'IT 업계에서 일하면서 코로나바이러스 대유행과 관련해 무언가 도움이 되고 싶다면 20초 동안 손을 씻고, 기침을 할 때 휴지를 사용할 것이며, 되도록이면 손으로 얼굴을 만지지 말라'라고 게시하기도 했는데, 나는 그 농담이 재미있다고는 생각했지만 면역학자와 전염병학자들만 바이러스와 싸우도록 내버려 두자는 제안에는 동의하지 않았다.

내 친구 에드는 코로나바이러스의 위키백과라 할 수 있는 코로나바이러스 기술 핸드북이라는 정보, 각종 IT 도구 및 리소스의 공개 크라우드소싱[82] 라이브러리를 만들었다. 그리고 나는 다른 연구자들이 사용할 수 있도록 힛와이즈에서 다운로드한 데이터를 게시하는 것이 내가 할 수 있는 최소한의 일이라고 생각했다. 그 후, 나는 AnswerthePublic의 소피 콜리에게 연락하여 코로나바이러스 및 그에 대한 변형 검색어 데이터도 포함하는 것을 고려할 수 있을지 문의해야겠다는 생각이 들었다. 내 연락을 받자마자 소피는 구글 문서의 링크를 포함한 답장을 내게 보냈는데, 이 문서에는 그녀가 몇 달간 수집한 다양한 국가들의 일일 데이터가 있었다. AnswerthePublic은 검색

창에 처음 입력하는 내용을 기반으로 구글의 예상 검색어를 반영해 구글 검색 자동 완성 제안을 추출해 낼 수 있다. 데이터는 힛와이즈의 Search Intelligence만큼 깊이 있지는 않지만 사람들이 생각하는 구체적인 내용들을 강조하는 데에는 구글 트렌드보다 훨씬 나았다.

더 긍정적이었던 것은 소피가 자기 나름의 코로나바이러스에 대한 분석을 별도로 하고 있었다는 점이다. 그녀는 '해야 하나…'로 시작하는 검색어들을 추적하여 '이탈리아로 여행해도 됩니까?', '나는 폐업을 해야 합니까?', '홈파티 계획을 취소해야 합니까?', '삭발을 해야 합니까?' 등 몇 주 동안 영국 국민들의 우려가 어떤 식으로 진화하고 있는지를 볼 수 있었다. 나는 그녀의 아이디어를 바탕으로 AnswerthePublic의 데이터에서 '코로나바이러스는…할 수 있습니까?'가 포함되는 주요 질문을 살펴보고 다음과 같은 질문들을 확인할 수 있었다.

1. 코로나바이러스는 음식 위에서 생존할 수 있습니까?
2. 코로나바이러스는 종이 위에서 생존할 수 있습니까?
3. 코로나바이러스는 골판지 위에서 생존할 수 있습니까?

이러한 질문들은 곧바로 나의 행동에 영향을 끼쳤다. 나는 신선한 과일과 야채를 물과 세제를 사용해서 씻어 냈고, 배달된 물품을 열기 전에 가능한 한 72시간 정도를 계단 아래의 오염 제거 구역에 두었다.

나도 그것이 실제 위험에 비례한 행동이 아닐 수도 있다는 것은 알고 있었다. 그러나 명백한 공중 보건 당국의 지침이 없는 상황에서는 이런 행동이 상당히 합리적인 예방 조치라고 생각했다. 나의 아버지의 경우 한 술 더 떠 일요일 아침 신문을 읽기 전에 낮은 온도의 오븐에 신문을 가열하곤 했다.

나는 두 달 전인 1월에 힛와이즈의 데이터에 나타났던 포장 및 식료품을 통한 전염과 관련된 질문이 계속 이어지고 있음에 놀랐다. 데이터에 따르면 분명 이것은 지난 몇 달간 대중의 주요 관심사였음에도 불구하고 정부와 건강보험공단은 이에 대한 정보가 전혀 없다시피 했기 때문이다. 대신 구글에 나타나는 가장 상위의 결과들은 가디언 지와 같은 뉴스 소스와 라디오 방송국인 하트 FM의 웹 사이트에서 가져온 것들이었다. 물론 이에는 분명한 이유가 있다. 사실 언론계는 경쟁이 매우 치열하기 때문에 언론사의 디지털 마케팅 담당자는 검색 데이터 분석을 통한 통찰력을 사용하여 트래픽을 확보하고 분 단위로 웹 사이트 콘텐츠를 업로드하는 것에 익숙하다. 또한 이는 공공 부문의 웹 사이트가 일반적으로 수행해야 하는 일도 아니므로 이런 것들을 놓친 것에 대해 비난을 받을 수는 없다. 그러나 분명한 것은 그 결과 영국에서 가장 권위 있는 소식통이 국민의 가장 큰 관심사를 반영한 공중 보건 정보 관련 질문에 대해 침묵했다는 것이다.

문제는 때때로 이러한 정보 공백이 뜬소문과 음모론으로 채워진다는 것이다. 마이크로소프트는 학계 연구자들이 자체적인 분석을 더

용이하게 실행할 수 있는 형식으로 Bing검색 서비스에 코로나바이러스 검색에 대한 데이터를 공개하기 시작했다. 나는 그들의 데이터 세트를 다운로드하고 공중 보건 정보에 대한 검색 데이터 내역을 찾았으며 소피와 함께 AnswerthePublic의 데이터에서 얻은 통찰력을 기반으로 작업할 수 있었다. 그러나 내가 전혀 예상치 못했던 5G에 대한 검색 데이터에 금방 정신이 멍해졌다. 당시 영국에서는 휴대 전화 기지국에 대한 방화 사건이 많이 일어났는데, 5G 이동통신망 때문에 발생하는 방사선이 코로나바이러스 감염의 원인이라는 근거 없는 생각에서 비롯된 것으로 보인다.

Bing의 데이터에 따르면 영국은 가나, 나이지리아, 남아프리카공화국, 짐바브웨와 함께 5G 코로나바이러스 음모론을 검색한 상위 5개국에 포함되었다. 또한 이번 작업에서는 사람들의 상상력을 사로잡는 더 구체적인 이야기도 밝혀졌는데 일부는 5G 음모론을 지지하는 유명 인사들에 관한 이야기였고 다른 하나는 빌 게이츠가 코로나바이러스 백신을 사용하여 인간에게 추적용 칩을 이식할 계획이 있다고 주장한 전직 보다폰영국의 이동 통신 사업자 중 하나 직원의 바이럴 영상에 관한 이야기였다. 물론 뉴스에서 코로나바이러스에 관한 무분별한 정보의 홍수가 갖는 위험성에 대해 많이 다루었지만, 다른 것보다 Bing의 데이터 세트를 이용하여 이의를 제기할 만한 잘못된 정보를 강조할 수 있다는 점이야말로 가장 분명한 위험이라고 할 수 있다.

새로운 힛와이즈 데이터가 없는 상황에서도 이러한 통찰은 검색 데이터 소스에 관한 학계 연구자들의 인식을 높이는데 나의 캠페인을 재개할 가치가 있음을 보여 주었다. Bing 데이터의 다운로드, AnswerthPublic에서 따온 소피의 데이터, 그리고 힛와이즈의 이전 데이터 세트를 통해 코로나바이러스 기술 핸드북은 급격히 커지는 '정보역학' 챕터를 갖게 되었고, 나는 이제 이 단어를 널리 알리기 시작해야겠다고 결심했다.

나는 이전에 공중 보건 관련 질문에 답하기 위해 구글 트렌드 데이터를 사용한 연구를 발표한 학자들에게 이메일을 보내 나의 코로나바이러스 기술 핸드북의 데이터 세트에 대해 이야기했다. 그중 가장 먼저 답을 보낸 사람은 런던 유니버시티 대학의 컴퓨터 과학자인 빌 램포스Bill Lampos였다. 그는 구글 검색을 기반으로 코로나바이러스 감염증 발병을 예측하는 모델을 만들고 있었던 것으로 알려졌는데 발병이 가장 급격하게 진행된 이탈리아를 시작으로 빌과 그의 팀은 질병의 확산을 가장 잘 예측할 수 있는 증상 관련 검색어들을 알아냈다. 초기 단계였지만 7개 국가의 공식 통계 환자 수 증가보다 17일 정도 앞서 이 모델이 성공적으로 환자 수를 예측해 내고 있었다. 테스트 역량이 상당히 제한돼 있었다는 점을 고려할 때 빌의 모델은 굉장한 잠재력을 가지고 있음이 분명했다.

우리는 검색 데이터에서 가장 눈에 띄는 것들에 대한 메모를 교환하기 시작했다. 그 결과 우리 둘 다 자신이 코로나바이러스에 감염되었다고 믿는 사람들이 전달한 후각과 미각의 변화를 입증할 수 있는 후각 상실이라는 단어에 대한 검색이 급증했음을 발견했다. 이때가 3월 중순이었고 당시 정부의 지침은 여전히 지속적인 기침과 고열을 감염의 주요 지표로 삼고 있었다. 그러나 빌의 모델은 후각 상실에 관한 검색 데이터가 실제 사례를 훨씬 더 잘 예측할 수 있음을 보여 주고 있었다. 그로부터 일주일 후, 런던 가이즈 앤 세인트 토머스 병원의 의사인 클레어 홉킨스Claire Hopkins와 애비게일 워커Abigail Walker는 갑자기 후각 상실 증상을 호소하며 이비인후과에 내원하는 환자의 수가 엄청나게 증가했다고 보고했다. 기침이나 발열과 달리 후각 상실은 매우 이례적이었고 그들은 임상적 관점에서 볼 때 후각 상실이 여태껏 미처 인지하지 못한 코로나바이러스의 증상일 것이라고 확신했다. 검색 데이터와 의료 전문가가 같은 지점에 도달한 것이다.

그 무렵 나는 중국 인터넷 사용자의 코로나바이러스 관련 검색을 실시간으로 시각화한 인터랙티브 도구인 '코로나서치'라는 것을 접하게 되었다. 이 도구는 변형된 관련 검색어를 표시할 뿐만 아니라, 중국 지도에 검색 현황을 표시하는가 하면 검색 대상에 대한 인구통계학적 정보를 제공하기도 했다. 더군다나 이 도구는 구글 데이터 스튜디오를 사용하여 구축되었기 때문에 누구나 여기에서 데이터를 다운로드 받을 수 있었다. 이곳의 데이터는 구글 트렌드에서 사용할 수 있는 것보다 훨씬 더 풍부하고 세분화되어 있었다.

나는 그 출처를 알고 싶어 소피에게 연락을 했고 그녀는 나에게 코로나서치의 창시자인 패트릭 베를린퀘트Patrick Berlinquette의 이전 프로젝트에 대한 몇 개의 링크를 전송했다. 그들은 창의적이고 사회적으로 유용한 방식으로 구글 광고를 사용하고 있었다. 패트릭은 '헤로인을 찾을 수 있는 곳', '우리 학교에 총격을 가하고 싶다'와 같은 검색어에 대한 구글의 키워드 경매[83]에 입찰함으로써 유해한 일을 하기 직전에 있는 사람들을 올바른 길로 안내하고, 공중 보건 당국이 이들을 돕기 위해 개입할 수 있도록 도움이 되는 데이터들을 생성하는 것을 목표로 했다. 이제 그는 코로나바이러스에도 동일한 접근 방식을 적용하여 일반적인 방법으로는 광고주만 액세스할 수 있는 구글 데이터를 다른 이들도 사용할 수 있게 만들었다. 아울러 나는 패트릭이 학계의 연구자가 아니라는 사실에 매우 큰 흥미를 느꼈다.

가정 폭력 발생의 계절성을 예측하기 위해 검색 데이터를 활용했던 소피나 에바 쿠타니에미와 마찬가지로 그는 디지털 마케터였다. 그는 뉴욕에서 기업 고객을 위한 광고 대행사를 운영하고 있었는데, 구글 광고에 대한 그의 전문성과 공익을 위해 자신의 기술을 적용하고자 하는 열망이 결합된 결과 완전히 독창적인 그만의 데이터 검색 방법론을 생각해 냈다. 나는 패트릭에게 연락하여 코로나서치를 나의 코로나바이러스 기술 핸드북에 추가했다고 이야기했고, 그 역시 후각 장애와 관련된 검색어들을 추적하고 있다는 사실을 알게 되었다. 이는 세스 스티븐스-다비도위츠가 코로나바이러스가 번지고 있는 지역을 식별하기 위해 구글의 증상 검색 데이터가 가진 잠재력을 활용할 수 있다고 뉴욕타임즈에 기고한 것에 따른 일이었다. 패트릭은 미국

250개 도시에서 후각 상실에 대한 검색 데이터 추적을 히트맵[84]으로 표시한 새로운 도구를 나에게 보여 주었다. 이 도구는 나중에 봉쇄가 완화된 선벨트[85]의 주들에서 코로나바이러스가 재유행하게 됨을 정확하게 예측할 것이다. 그러나 나는 이러한 것들보다 의료 기반 시설 및 검사 역량이 약한 국가에서 패트릭의 방법론이 가지게 될 잠재력에 더욱 흥분했다.

탄자니아의 코로나바이러스 대응 보고서에 따르면 탄자니아 정부는 코로나 대유행의 심각성을 상당히 부정하고 있는 것으로 보인다. 존 마구풀리John Magufuli 대통령은 대규모 집회를 적극적으로 장려했을 뿐만 아니라 염소와 포포나무 열매가 코로나 검사 양성 반응을 보였다며 코로나 검사의 비효율성을 공개적으로 조롱하곤 했다. 그러나 그가 그러는 동안 소셜 미디어에는 환자로 넘쳐흐르는 병원과 군복 또는 개인 보호장비를 착용한 남성들이 관을 매장하는 모습이 담긴 영상이 돌아다녔으며 3명의 탄자니아 국회의원이 갑자기 사망하기도 했다. 구글 트렌드에 따르면 에콰도르를 제외하고 탄자니아는 가장 치명적인 대유행이 발생하고 있는 다른 그 어느 곳보다 후각 상실에 대한 1인당 검색량이 더 많았다.

나는 패트릭에게 탄자니아 버전의 검색 데이터 분석 도구를 구축해 보자고 제안했다. 탄자니아의 구글 사용량은 미국보다 못하고 그 나라에서는 스와힐리어가 영어보다 훨씬 더 널리 사용되었지만 그 결과는 매우 강력했다. 2020년 5월 9일 탄자니아 정부는 공식 확진자 수

509명을 발표하는 것을 마지막으로 코로나바이러스 통계 집계를 중단했으며 존 마구풀리 대통령은 얼마 후 바이러스가 패배했다며 승리를 선언했다. 그러나 패트릭의 데이터에 따르면 그 주에 매일 약 130명에 달하는 사람들이 영어로 후각 상실 증상을 검색하고 있었으며, 스와힐리어를 구사하는 탄자니아의 정치 컨설턴트 에바리스트 차할리Evarist Chahali의 도움으로 패트릭은 후각 상실에 대한 검색량이 일일 총 1,500건 이상임을 추정할 수 있었다. 우리는 또한 코로나바이러스의 유행이 탄자니아 제1의 도시인 다르에스살람에만 국한되지 않았음을 알 수 있었다. 후각 상실 증상에 대한 가장 높은 1인당 검색량은 잔지바르와 북부 지방의 도시들인 아루샤 및 3명의 국회의원이 의문사한 탄자니아의 수도 도도마[86]에서 나타났다. 패트릭의 탄자니아 버전 검색 데이터 분석 도구는 가까운 미래에 공중 보건 기관과 각종 구호 단체에서 사용할 수 있는 데이터를 생성할 뿐만 아니라, 공식 통계 소스와는 달리 정부가 정치적 이유로 인해 데이터를 위변조할 수 없다는 또 다른 장점을 돋보이게 한다.

이러한 발견을 더 많은 사람들이 이용할 수 있도록 나는 베넷 공공정책 연구소를 위한 블로그를 개설하여 글을 쓰기 시작했고, 검색 데이터에 대한 두 가지 중요한 질문들이 계속 제기되었다. 첫 번째로, 사람들은 코로나바이러스 증상 검색이 단순히 호기심이나 건강 염려증에서 비롯된 결과가 아니라는 것을 어떻게 확신할 수 있는지 궁금해했다. 실제로 후각 상실과 관련된 구글 검색 활동은 후각 상실을 코

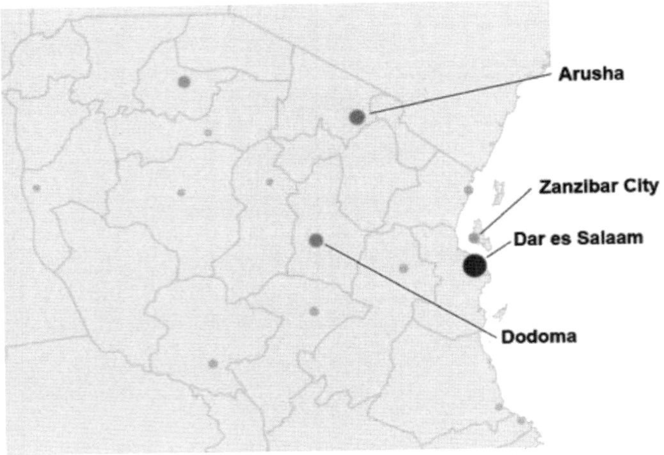

2020년 5월 13일부터 7일간 탄자니아에서의 후각 상실 증상에 대한 검색 지도

로나바이러스 감염 증상으로 인식해야 한다는 언론 보도가 대대적으로 이루어지고 난 후에 급증했기 때문이다. 나의 대답은 이 문제를 처리하는 다양한 방법이 있다는 것이었다. 빌의 경우 미디어 보고서의 편향 효과를 고려한 방식으로 예측치를 조정한 자기 회귀 모델이라는 통계 기법을 활용했다. 한편 패트릭의 경우 구글 광고 캠페인에서 데이터 생성에 사용한 의미 범위가 넓은 검색어와 코로나바이러스와 직접적으로 관련된 키워드가 포함된 검색어의 경우는 제외했다. 그 결과 '냄새를 맡을 수 없다', '후각을 잃었다', '냄새를 맡을 수 없을 때'에 대한 검색은 그의 도구 범위 내에 있었지만, '후각 상실'과 '후각 상실 코로나바이러스' 등에 대한 검색은 하지 않았다(도구 범위에 포함된 검

색어 중 '후각을 잃었다'는 원문으로 'lost my sense of smell'이고, 도구 범위에 포함되지 않는 검색어 중 '후각 상실'은 원문으로 'anosmia'라는 의학 용어이다. 즉 호기심 또는 건강 염려증에서 비롯된 궁금증은 전문 용어를 찾아 검색할 우려가 높기 때문에, 의학 용어를 배제한 것으로 보인다 - 옮긴이). 두 번째로, 구글 독감 트렌드의 실패를 기억하는 사람들은 왜 이번에는 상황이 달라졌는지에 대해 궁금해했다. 구글 독감 트렌드는 2008년 출시된 최초의 정보역학 도구였으며 여전히 가장 널리 알려져 있기도 하다. 구글의 데이터 과학자들이 구축한 이 시스템은 검색 데이터를 활용하여 CDC Centers for Disease Control and Prevention 미국 질병통제예방센터의 보고보다 2주나 앞서 미국의 독감 유행을 예측했다. 이 도구는 상당히 훌륭하게 작동했지만 2013년 CDC가 실제로 파악하고 있는 독감 환자보다 훨씬 더 많은 독감의 사례를 예측하기 시작했고, 이에 구글은 이 도구의 작동을 중단했다.

왜 이러한 일이 발생하였을까? 『사이언스』 지에 발표된 한 학술 리뷰는 이에 대해 몇 가지 원인을 제시했다. 그중 한 가지는 시간이 지날수록 사람들의 검색 행동이 점차 변화했다는 것인데, 이 변화 중 많은 부분은 구글이 더 유용한 결과를 제공하기 위해 검색 알고리즘을 지속적으로 조정했기 때문에 일어났다. 예를 들어, 2011년 구글은 구글 사용자가 시도해 보고자 할 만한 관련 검색어를 제안하는 '다른 사람들이 검색한 내용(영문 검색 시에는 'people also ask'라고 인터넷 브라우저 창 중간 쯤에 뜨지만, 한국어 검색 시에는 지원하지 않는다 - 옮긴이)' 기능의 첫 번째 버전을 출시한 바 있다. 즉 구글 검색 환경 자체가 유동적이기 때문에 구글 독감 트렌드의 모델 역시 장기간 안정적일 수는 없었던 것이다. 또 다른 이유는 통계학자들이 과적합이라고 부르는 개념이다. 쉽게 설명하자면 데이터 세트의 모든 변동을 설명하기 위해 모델을 너무 복잡하게 만드는 것이라고 할 수 있다. 초기 버전의 구글 독감 트렌드에서 데이터 과학자들은 고등학교의 농구 경기에 관한 검색을 사용했는데, 이전에는 이러한 검색이 CDC가 발표하는 독감 환자 수와 밀접한 상관관계가 있었다. 이 상관관계는 사실 간단한 배경이 있는데 독감과 마찬가지로 미국 고등학교 농구 경기는 연중 특정한 시기에만 개최되기 때문이다. 사이언스 지의 기사에 따르면 구글 독감 트렌드는 일부는 독감 감지기였지만, 다른 일부는 그저 겨울 감지기였던 것이다. 즉 독감의 사례는 농구 경기 검색과 상관관계가 있을 수 있으나, 인과관계는 없었다.

이러한 비판은 마치 검색 데이터 사용 도구에 대한 일종의 저주스러운 기소처럼 느껴질 수도 있다. 실제로 트위터는 학술 연구에서 검색 데이터를 사용하는 것에 대해 이야기를 꺼내면 항상 구글 독감 트렌드를 언급하는 회의적이거나 무시하는 듯한 답글로 이어지기도 한다. 그렇다면 검색 데이터를 사용하여 코로나바이러스의 확산을 추적하려는 빌과 패트릭의 시도는 과연 실패로 끝나게 될까? 전혀 그렇지 않다. 내 생각에는 구글 독감 트렌드의 실패에서 도출할 수 있는 가장 유용한 결론은 검색 데이터 분석 자체의 신뢰성이 떨어진다는 것이 아니라 사이언스 지 기사의 저자들이 "구글 독감 트렌드와 지연된 CDC 데이터를 결합하여 … 중략 … 구글 독감 트렌드 또는 CDC의 역량을 크게 향상시킬 수 있다."고 언급했듯 기존의 분석 방법을 대체하기보다는 보완해야 한다는 것이다. 결국 구글 독감 트렌드에 대한 가장 저명한 비평가들마저 검색 데이터의 추가로 CDC의 모델이 향상될 수 있다고 믿는 것이다. 물론 후각 상실 및 기타 증상에 대한 검색 데이터는 장기적으로 코로나바이러스 확산 예측 모델을 만들기 위한 최선의 토대는 아닐 수도 있다. 그러나 다른 데이터 소스와의 삼

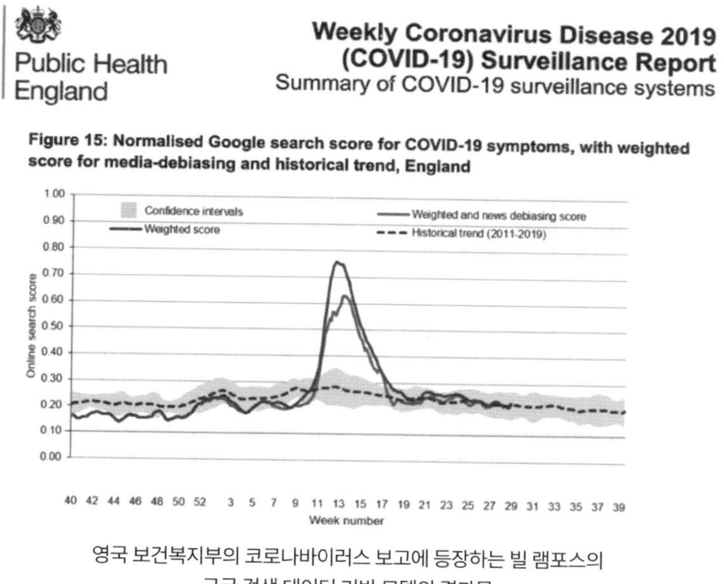

영국 보건복지부의 코로나바이러스 보고에 등장하는 빌 램포스의
구글 검색 데이터 기반 모델의 결과물

각측량[87] 필요성이 절실한 지금 검색 데이터를 사용하지 않을 이유는 없으며 검색 데이터의 지분 역시 예외적으로 높다.

이 책을 집필하는 동안 빌의 모델은 영국 보건복지부에 의해 채택되었으며 보건복지부의 주간 보고 때마다 인용되고 있다. 그는 또한 마이크로소프트의 연구원들과 협력하여, Bing 데이터를 사용해 영국 지방 정부가 관할하는 수준에서 유행을 예측하는 모델을 구축했다. 전염병 발병을 모니터링하는 데에 사용되는 기존의 방법들은 그 엄청난 비용 때문에 지방 정부 차원에서는 사용하기가 어렵기 때문이다.

검색 데이터는 또한 코로나바이러스 대유행 기간 동안 이루어진 봉쇄가 널리 우려되는 것에 비해 우리 삶의 질에 그리 나쁜 영향을 주지 않았음을 보여 주기도 한다. 영국의 첫 번째 대봉쇄가 5월 말까지 유지되자 국민들의 정신 건강에 위기가 닥쳤다는 우려가 봉쇄를 완화해야 하는 사유로 자주 거론되었다. 게다가 초봄의 무더위가 지나고 나자 갈수록 기상이 악화되어 목요일 밤마다 열리는 '우리의 보호자들에게 박수를'[88] 행사 참여자들도 줄어들었다. 그러나 나는 구글 트렌드 데이터에서 영국에서 우울증과 관련된 검색이 2019년 같은 기간보다 봉쇄 기간에 20%나 낮게 나타난 놀라운 사실을 발견했다. 나는 이 결과를 베넷 연구소의 동료이자 정치학자인 로베르토 포아Roberto Foa와 통계적으로 삶의 질을 측정하는 경제학자 마크 파비안Mark Fabian에게 보냈다.

검색 데이터 그 자체에만 의존하는 것의 함정을 잘 알고 있는 로베르토는 구글 트렌드에 표시되는 내용을 확인하기 위해 검증된 데이터 소스를 찾았다. 그 결과 유고브[89]가 2019년 6월부터 매주 약 2천 명의 표본에게 현재의 기분 상태에 대해 질문하고 있는 것으로 나타났다. 설문 조사는 영국으로 국한되었지만 구글 트렌드 데이터의 패턴이 동일하게 나타난다면 우리는 다른 국가에서도 국민의 정신 건강에 미치는 영향에 대해서 자신 있게 결론을 내릴 수 있을 것이다.

우리는 유고브가 질문한 각 기분 상태에 대한 데이터를 구글 트렌드의 해당 주제와 비교하여 얼마나 강한 상관관계를 가지는지 확인하기 시작했는데, 그 결과 구글 트렌드는 행복, 만족, 에너지, 영감, 낙관주의와 같은 긍정적인 기분을 측정하는 것에 잘 사용되지 않을뿐더러, 이러한 검색어와 관련하여 구글의 머신러닝 알고리즘이 그 기분

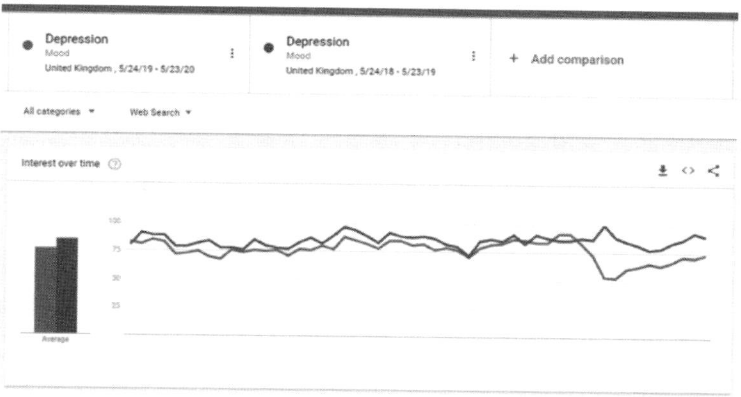

<우울증과 관련된 구글 검색>
2019년 5월 24일 ~ 2020년 5월 23일 (밝은 회색) 과
2018년 5월 24일 ~ 2019년 5월 21일 (어두운 회색) 간의 비교

Figure 4: Comparison of Survey and Google Trend Series, June 2019 to June 2020.

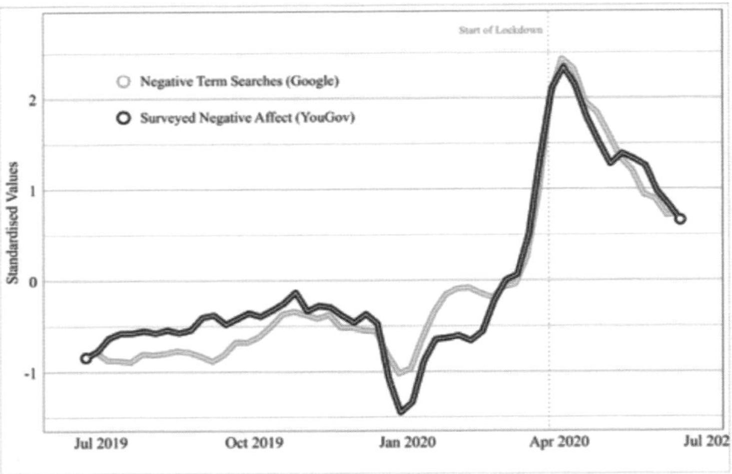

부정적인 기분에 대한 구글 트렌드 검색 데이터와 유고브 설문 조사 데이터 추이의 비교

을 왜 느끼는지 설명하는 검색어를 검토하는 것에도 별로 사용되지 않는다는 것을 발견했다. 구글은 '행복한 식사'와 '생일 축하해'를 검색하면 이용자가 행복감을 느끼고 있다는 식으로 제안을 하는 등 긍정적인 감정에 대해서는 오탐지가 상당히 많았다. 반면, 부정적인 기분에 대해서는 구글 트렌드가 상당히 잘 작동하는 모습을 보였다. 스트레스, 지루함, 좌절, 슬픔, 두려움 및 무관심에 대한 검색은 모두 유고브의 데이터와 높은 상관관계가 있었다. 그리고 부정적인 기분을 지수화하여 집계했을 때, 유고브의 설문 조사 데이터와 구글 트렌드의 검색 데이터는 거의 정확하게 일치했다.

우리의 모든 데이터는 우리가 예상치 못했던 하나의 지점을 동일하게 짚어 냈는데 그것은 전반적으로 봉쇄가 사람들의 삶의 질에 나쁜 영향을 끼치지 않았다는 것이다. 마크는 그 이전의 연구들에서 코로나바이러스 대유행 그 자체가 정신 건강에 미치는 영향을 봉쇄가 정신 건강에 미치는 영향과 연관시켜 왔다는 사실을 깨달았다. 이와 대조적으로 지난 1년치의 데이터를 분석한 결과 실제 사건들의 순서가 밝혀졌다. 코로나바이러스 유행이 전 세계적으로 발생하고, 사망자의 수가 증가하기 시작하면서 2020년 2월과 3월에 사람들의 정신 건강이 급속도로 악화되었다. 그러나 봉쇄가 개시되자마자 사람들의 정신 건강이 개선되기 시작했고, 봉쇄 완화가 시작되기도 전에 대유행 이전의 수준으로 거의 회복되는 모습을 볼 수 있었다. 영국 내의 부정적인 분위기를 살펴본 결과 유고브와 구글 트렌드 데이터 둘 다 3월 23일 국가 봉쇄령이 발표된 이후 3일 만에 최고치를 기록했다가 그 이후 급격히 하락했다. 또한 구글 트렌드 데이터는 캐나다와 인도에서부터 호주에 이르기까지 국가별로 동일한 패턴을 나타냈다.

전통적인 연구 방법을 보완하기 위해 검색 데이터를 사용함으로써, 우리는 앞으로 닥칠 수 있는 코로나바이러스 재유행에 대응하여 봉쇄를 피할 수 있는 좋은 이유를 보여 줄 수도 있지만, 정신 건강에 대한 우려는 그 이유 중 하나가 될 수 없음을 확인할 수 있었다. 그리고 시티맵퍼 및 오퍼튜니티 인사이트와 마찬가지로, 데이터 개방성이 없었다면 코로나바이러스와 관련된 우리의 연구는 불가능했을 것이다.

Figure 5: Negative Affect Search Index and Lockdowns: Cross-Country Comparisons.

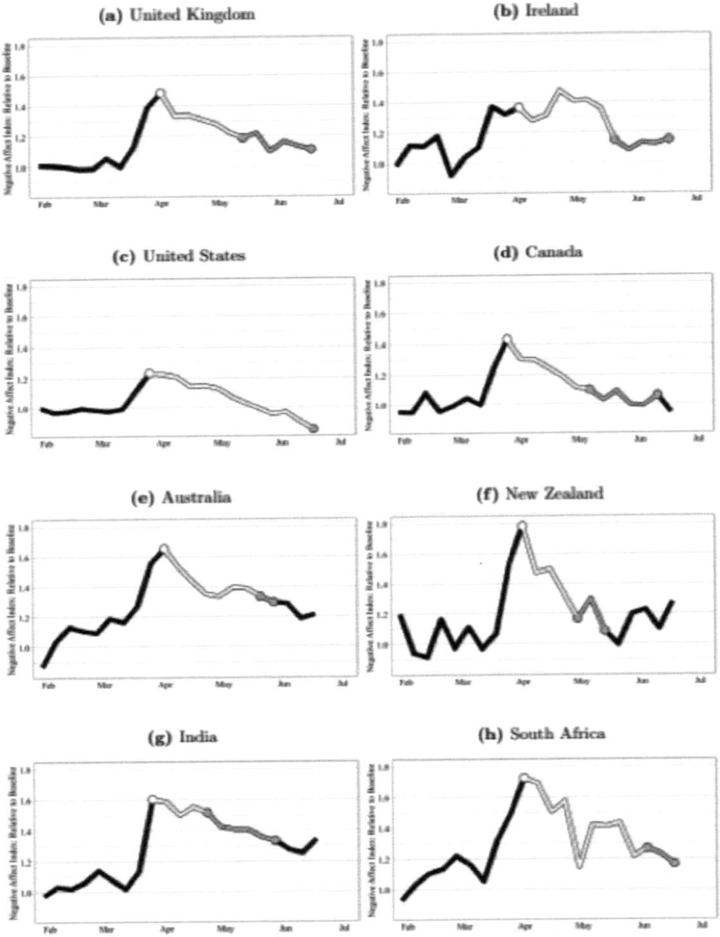

Notes: Cross-country comparisons on the negative affect Google Trends index. All countries set relative to their pre-pandemic baseline period (15 January to 15 February). Full lockdown indicated by white lines; partial lockdown indicated by grey lines. Dates of lockdown, partial easing, and return to work listed in Appendix Table A.2.

봉쇄 전(검은색)과 봉쇄 중(흰색, 회색)의 부정적인 기분에 대한 구글 트렌드 검색 데이터 추이

5
'우리'가 전부는 아니다

1994년도에 나는 학교 크리켓 팀과 함께 짐바브웨에서 한 달을 보냈다. 하라레Harare 축제에서 열린 우리의 마지막 경기 상대는 '플럼트리'라는 학교였다. 그 팀의 스타 선수는 헨리 올롱가Henry Olonga였는데, 그는 다음 해에 테스트 크리켓[90] 부문에서 짐바브웨를 대표하는 최초의 흑인 선수가 되었다. 그는 프로의 기준으로 볼 때 그다지 뛰어난 타자는 아니었지만, 여전히 우리를 상대로 센추리 득점[91]을 하는 것에 성공했고 우리의 불운한 공격들을 그라운드의 경계선에서 모조리 무위로 만들어 냈다. 그의 볼링[92]은 차원이 달랐다. 나는 플럼트리 팀이 수비 위치로 이동할 때 그 팀의 위켓키퍼[93]가 대체 왜 스텀프[94]와 경계선 사이의 중간 지점에 위치해 있는지 궁금해했던 기억이 있다. 그가 야수들 사이로 합류했을 때, 나는 그들이 올롱가가 던지는 공을 잡을 수 있을 것이라 예상한 지점이 상당히 멀다는 것을 깨달았다(한국에서는 크리켓 경기가 생소해서 이해가 어려울 수 있는데, 위에 서술된 경기 상황은 크리켓에서 야구의 포수 역할을 하는 위켓키퍼가 통상적인 위치인 스텀프 바로 뒷자리에 서지 않고 그것보다 더 멀찍이 떨어진 수비수들 근처에 자리를 잡은 것을 의미한다. 즉 공을 던지는 투수의 역할인 볼러를 맡은 헨리 올롱가는 -저자의 견해에 따르면- 프로 레벨은 아니지만 상당히 출중한 실력을 갖춘 것으로 보이고, 그의 공 자체가 상당히 멀리까지 날아가기 때문에 위켓키퍼가 공간을 두고 자리를 잡은 것이다 - 옮긴이).

내가 본 올롱가의 첫 번째 투구는 공이 단지 몇 초 후 쾅 하는 소리와 함께 위켓키퍼의 장갑으로 빨려 들어가기 직전에 경기장에서 흩날리는 먼지 몇 점이 전부였다. 그의 공은 정말 심각할 정도로 빨랐다. 내가 타석에 섰을 때 배웠지만, 사실 걱정해야 할 것은 그가 던지는 공의 속력만이 아니었다. 공은 던질 때만 날아가는 것이 아니라, 공중에서도 계속 날아가기 때문이다. 내가 첫 번째 공을 맞이했을 때, 스텀프 바깥쪽에서 전방 수비를 하려 했지만 공은 나에게서 멀리 떨어진 곳으로 날아갔고, 위켓키퍼는 이를 다리 쪽에서 잡아내기 위해 다이빙 캐치를 해야 했다. 올롱가가 던진 다른 두 번의 투구에서 공은 배트를 지나친 뒤에도 계속 날아갔는데, 그중 하나는 올롱가에게는 매우 좌절스럽게도 위켓키퍼의 왼손을 때린 후 극적으로 4점의 크리켓 바이 득점[95] 기회를 만들었다. 마지막 투구의 비거리는 더 짧았다. 나는 후방 수비 위치에 자리를 잡고 그저 내가 최선을 다할 수 있기를 바랐다. 마침내 공이 방망이를 스쳤고, 내가 그 다음으로 기억하는 모습은 공이 서드맨 바운더리[96]를 넘어 그 바깥 비포장 도로로 날아가고 있을 때 팀 동료들이 박수갈채를 보내는 모습이었다. 그 후, 올롱가는 본인이 할 만큼 했다고 판단했는지 공격 포지션에서 벗어났다.

이 경기는 내 크리켓 경력의 정점이었지만 올롱가에게는 그저 시작이었을 뿐이다. 그 이후 8년간 그는 짐바브웨에서 30회의 테스트 경기와 50회의 국제 경기를 치르며 인도, 파키스탄, 영국을 상대로 5위켓 홀[97]을 차지했다. 또한 그는 1996년, 1999년 및 2003년에 짐바브웨의 크리켓 월드컵 국가 대표팀으로 선발되기도 했다.

짐바브웨, 케냐, 남아프리카 공화국에서 열린 크리켓 월드컵 대회의 마지막 경기에서, 올롱가의 국제적인 크리켓 선수로서의 삶은 갑작스럽게 종언을 고했다. 나미비아와의 경기에서 올롱가와 훗날 잉글랜드 국가 대표팀 감독이 될 앤디 플라워Andy Flower는 검은색 완장을 차고 경기장에 올라, 아래와 같은 성명서를 통해 자신들에 대해 이야기했다.

오늘 이 월드컵 경기에서 짐바브웨 국가대표로 출전하게 되어 대단히 영광스럽습니다. 우리는 우리나라를 대표한다는 이 특전에 대단한 자부심을 느낍니다. 그러나 우리는 이 월드컵 대회 한복판에 있는 짐바브웨라는 나라에서 벌어지고 있는 일에 대해 깊은 고민을 하고 있으며, 크리켓 정신에 따라 품위 있는 모습으로 감정을 숨긴 채 경기장에 나갈 수는 없다고 생각하고 있습니다. 우리는 우리의 양심에 따라 수백만 명의 동포가 실직 상태에 처하고, 굶주리며 또한 억압받고 있는 사실을 무시하고 경기장으로 나갈 수 없습니다. 우리는 수십만 명의 짐바브웨 사람들이 기아,

빈곤, 그리고 에이즈로 인해 앞으로 몇 달 안에 목숨을 잃을 수도 있다는 사실을 알고 있습니다. 우리는 많은 사람들이 단순히 이 나라에서 일어나고 있는 일에 대해 자신의 의견을 표현했다는 이유만으로 부당하게 투옥되고 고문을 당하고 있음을 알고 있습니다. 우리는 소수 집단을 향한 급진적인 인종 차별적 증오 발언이 존재함을 알고 있습니다. 우리는 또한 수천 명의 짐바브웨인들이 표현의 자유에 대한 권리를 일상적으로 거부당하고 있음을 알고 있습니다. 우리는 사람들이 신념 때문에 살해되고, 강간당하고, 폭행을 당하는가 하면 집마저도 파괴되는 이러한 사태에 책임이 있는 많은 사람들이 기소조차 되지 않았음을 알고 있습니다. 우리는 또한 애국심 있는 수많은 짐바브웨인들이 현재 일어나고 있는 일들 때문에 우리가 월드컵에서 뛰는 것을 반대한다는 것도 알고 있습니다. 우리는 짐바브웨에서 일어나고 있는 일들을 무시할 수 없습니다. 한낱 프로 크리켓 선수일 뿐이지만, 우리에게도 양심과 감정이 있습니다. 우리가 침묵을 지킨다면 그것은 우리 스스로가 조국에서 일어나는 일에 관심이 없거나 암묵적 동의를 한다는 표시로 받아들여질 것이라고 생각합니다. 우리는 옳은 것을 옹호하는 것은 대단히 중요한 일이라고 믿습니다. 우리는 우리가 이토록 사랑하는 스포츠를 폄하하지 않을 적절한 방법을 생각해 내기 위해 고군분투했습니다. 우리의 결정 자체가 매우 개인적인 데다가, 더 많은 후배들에게 부당한 영향력을 행사하기 위해 선배라는 지위를 이용하고 싶지 않았기 때문에, 다른 모든 팀원들과 무관하게 단독으로 행동하기로 결정하였습니다. 우리는 ICC(국제 크리켓 평의회)를 매우 존중하며 이번 월드컵을 짐바브웨에 유치하기 위해 기울인 모든 노력에 감사하고 있음을 특히 강조하고 싶습니다. 이에 우리는 월드컵 기간 동안 내내 검은색 완장을 각자 착용하기로 결정하였습니다. 그렇게 함으로써 우리는 사랑하는 조국에서 일어난 민주주의의 죽음을 애도할 것입니다. 또한 그렇게 함으로써, 우리는 짐바브웨에서 인권 침해를 중단할 책임이 있는 사람들에게 조용히 호소할 것입니다. 이에 우리는 우리의 이 작은 행동이 우리 조국의 온전함과 그 존엄성을 회복하는 데 도움이 될 수 있기를 기도합니다.

짐바브웨 대통령 로버트 무가베Robert Mugabe의 철권 통치를 위와 같이 직접적이고 공개적으로 비판한 것은 심각한 결과를 초래한, 그러나 매우 대담한 행동이었다. 플라워의 경우 34세였고, 국가대표 경력의 황혼기였으며 이미 영국의 에섹스 카운티 크리켓 클럽과 계약을 맺어 둔 상태였지만, 올롱가는 겨우 26세였으며 짐바브웨를 떠날 계획이 없었기 때문이다. 국가대표 크리켓 구단에서 즉시 배척받기 시작한 그는 팀 버스에 탑승하는 것조차 금지되었으며, 살해의 위협도 받기 시작했다. 짐바브웨의 정보부 장관인 조나단 모요Jonathan Moyo는 공개적으로 그를 '검은 피부와 하얀 가면을 쓴 톰 아저씨'라고 비난했으며, 비밀경찰은 올롱가를 체포할 목적으로 짐바브웨 크리켓 월드컵의 마지막 경기에 사복 경찰을 대거 파견했다는 사실을 그에게 알렸다. 그들은 올롱가가 반역죄로 기소될 것이라고 암시했으며 이는 사형을 당하거나 '다른 방식으로' 처리됨을 의미했다. 결국 올롱가는 스포츠 가방 하나와 크리켓 장비만을 가지고 남아프리카에 숨어 살다가 동정심 많은 어떤 낯선 이가 선물로 건넨 비행기 표로 겨우 영국으로 도피했다. 그는 목숨을 걸고 탈출했지만 다시는 국제적인 크리켓 선수로 활동할 수 없게 된 것이다.

이 이야기가 데이터 및 디지털 기술과 어떤 관련이 있을까? 내가 강조하고 싶은 바는, 결국 어디에서 거주하고 성장하느냐에 따라 이해관계가 많이 달라질 수 있다는 것이다. 사실, 여러 면에서 나와 헨리 올롱가는 비슷한 어린 시절을 보냈다. 우리는 둘 다 어렸을 때 이혼한 전문직 부모가 있었고, 스포츠, 연극, 예술 및 음악 분야의 성취를 가치 있게 여기고 보상하는 훌륭한 기독교 계열 기숙 학교에 재학했다. 그리고 우리는 1994년 하라레의 그 크리켓 경기장에서 함께 경기장을 누빌 정도로 충분히 유사한 삶을 살고 있었다. 그러나 우리가 완전히 다른 점은 우리 자신과 우리가 속한 국가의 관계였다.

올롱가와 플라워가 크리켓 월드컵에서 성명문을 통해 정부에 항의할 당시 나는 버킹엄셔의 한 작은 마을에 살고 있었고, 은행의 디지털 마케팅 부서에서 일하고 있었다. 당시의 나는 수백 명의 다른 동료들과 함께 해고당할 위험에 처해 있었는데, 회사 내의 다른 부서로 이동을 하고 싶은지, 퇴직금을 받고 이직을 하고 싶은지 확실하게 정하지 못한 상황이었다. 한편으로 나는 불확실성이 싫었지만, 다른 한편으로 경제는 호황기였고 내가 가진 기술은 수요가 많았으며 퇴직 수당으로 얼마간의 돈을 저축할 수 있기도 했다. 당시 나는 직원 노조 가입을 고려하고 있었으며, 내가 얻는 도움이 노조 조합비만큼의 가치가 있는지 여부도 저울질하고 있었다. 가장 좋은 시절은 아니었지만, 나는 조심스럽게 미래를 낙관하고 있었다.

몇몇 가능성은 사실 내 마음속에 아예 자리를 잡지도 못했다. 예컨대 초인플레이션이 하룻밤 사이에 나의 퇴직 수당을 휴지 조각으로 만들거나, 고용 시장이 갑자기 붕괴되어 꼼짝없이 실업자 신세에 처하게 될 수도 있다는 생각은 전혀 하지 않았다. 노조 가입으로 블랙리스트에 오르거나, 무장 경찰에 의해 강제로 집에서 쫓겨나는 시나리오 역시 전혀 고려 대상이 아니었다. 마찬가지로, 지난 총선에서 소선거구 단순다수제의 단점을 지적하기 위해 투표를 제대로 하지 않았다고 하더라도, 투표소에서 위협을 받거나 해코지를 당할 수 있다고 생각한 적은 한 번도 없었다. 왜냐하면 내가 사는 곳은 국가가 개인의 자율성, 언론과 결사의 자유, 법치, 공정한 선거 등 기본적인 자유들을 보장했기 때문이다.

이 책을 읽는 대부분의 사람들이 나와 비슷하게 운이 좋은 위치에 있으리라 생각되지만, 짐바브웨에서 자란 헨리 올롱가는 이러한 자유를 전혀 기대할 수 없었다. 당시 대통령 무가베의 정당인 ZANU-PF짐바브웨 아프리카 민족 연맹-애국 전선는 국가 권력을 국민의 자유를 확대하기 위해 쓰는 것이 아니라 국민을 통제하기 위해 상당히 다른 방식으로 휘두르고 있었다. 농지 개혁을 구실로 농민들은 정부 지원 민병대에 의해 자신들의 땅에서 쫓겨났으며, 법원에서 이러한 강제 토지 수용을 불법이라고 판결하자 판사들의 권한이 박탈되고 그들은 교체되었다. 노동운동가 출신의 모건 창기라이Morgan Tsvangirai[98]가 이끄는 민주변화운동당의 무가베에 대한 정치적 반대 운동은 진압되었고 지지자들은 박해를 받고 구금되기 일쑤였다. 초인플레이션, 대량 실업, 잦은 정전, 기아, 식수 공급 문제, 국제적인 비난에도 불구하고 무가베의 지위는 굳건했다. 여당인 ZANU-PF는 군대, 치안·방첩 기관 및 언론을 모두 통제했으며, 이 같은 장악은 폭력을 기꺼이 사용하고자 하는 의지와 결합하여 정치적 반대 의견을 분쇄하는 데에 매우 효과적이었다. 그러나 디지털 기술이 상황을 바꾸기 시작했다.

휴대 전화의 보급과 소셜 미디어의 출현으로 짐바브웨 사람들은 시위를 조직하고 지원 세력을 동원할 수 있는 도구와 정부의 영향력이 닿지 않는 곳에서 정치적인 불만과 요구를 표현할 수 있는 공간을 갖추게 되었다. 2003년에 헨리 올롱가와 앤디 플라워는 그들의 메시지를 전파하기 위해 크리켓 월드컵에서 일어나는 광경을 외국 언론사와 연결시켜야 했지만, 2016년 에반 음마와리레Evan Mawarire 목사는 자신의 휴대 전화로 촬영한 4분짜리 영상을 페이스북에 공유하여 #ThisFlag라는 대중 운동을 이끌 수 있었다. 그 영상 안에서 음마와리레는 짐바브웨 국기의 색깔이 나타내는 가치에 비추어 볼 때 이 나라의 통치자들이 국민들을 어떻게 배신해 왔는지를 카메라에 대고 매우 직접적으로 이야기했다. 이는 소셜 미디어에서 입소문을 타고 상당히 빠르게 퍼졌으며, 종종 정부의 잘못에 대해 비판하는 캠페인을 벌이곤 했던 음마와리레는 빠른 속도로 온라인 팔로워 수를 늘려 나갔다. 그와 그의 지지자들은 부패한 공무원들의 해임을 청원하는 한편, 총파업을 조직하여 국가 전체를 마비시키기도 했다. 정부가 만든 반대해시태그는 주목을 끌지 못했고 결국 짐바브웨 정부는 인터넷 차단에 의존해야 했다. 반면 음마와리레는 수차례 체포를 당했으며 그의 가족은 생명의 위협에 노출되었지만, 그가 시작한 운동은 그에게 의존하지 않았다. 그의 사례에서 영감을 받은 짐바브웨의 학생 활동가들은 트위터, 페이스북 및 왓츠앱을 사용하여 #ThisGown이라는 구호 아래 정부의 일자리 창출 약속 이행 실패를 비판하기 위한 의회 행진을 조직했다.

디지털 기술은 또한 더욱 제멋대로인 형태의 저항을 가능하게 한다. 짐바브웨의 당시 여당 ZANU-PF의 내부 관계자라고 주장하는 한 익명의 블로거 바바 주콰Baba Jukwa는 자신의 페이스북 페이지를 짐바브웨인들이 공개적으로 정부를 비판하고 선동에 반대하며 지배 엘리트를 조롱하고 대중 연설에 대한 억압적인 법률을 무시할 수 있는 공간으로 변모시켰다. 이 같은 저항은 정치적 반대자를 암살하고 부정선거를 저지르는 ZANU-PF 측의 음모를 드러냈을 뿐만 아니라, 정치권에 대항하여 트위치포크 몹[99]이라는 형태의 군중 동원을 이끌어 낼 수 있었다. 2013년 짐바브웨 총선 당시 바바 주콰는 그 어떤 짐바브웨 정치인보다 더 많은 페이스북 팔로워를 보유하고 있었으며, 대통령인 무가베보다 세 배나 더 많았다. 정부는 바바 주콰와 관련이 있다고 의심되는 한 개인을 체포하고 기소했지만 소용이 없었다. 디지털 기술은 지난 10년간 ZANU-PF가 억압에 의존했던 전략이 더 이상 통하지 않는다는 것을 의미한다.

이러한 이야기가 펼쳐지는 곳은 짐바브웨뿐만이 아니다. '아랍의 봄'이라는 민주화 운동 기간 동안 페이스북 그룹, 트위터 해시태그, 유튜브의 시민 저널리즘은 튀니지, 이집트, 리비아, 예멘의 권위주의적 통치자들을 타도하는 데에도 아주 중요한 역할을 했다. 물론 이러한 일들만이 디지털 기술이 가능하게 한 힘의 균형 이동에 관한 유일한 측면인 것은 아니다. 중국과 에티오피아에서는 정부가 시민들의 인터넷 활동을 모니터링하여 조직적인 반대 의견을 선제적으로 차단하고 정부의 권력을 공고히 한다.

나이지리아의 #BringBackOurGirls와 같은 선의의 온라인 움직임은 오히려 역효과를 낼 수도 있다. 이 캠페인은 보코하람[100]이 납치한 여학생들을 석방하도록 촉구하는 움직임이었지만 오히려 테러 단체의 인지도를 높이고 정부와의 협상력을 강화하는 결과를 낳았다. 그럼에도 불구하고 짐바브웨 정치의 변화는 디지털 기술이 '우리'와만 관련된 것이 아님을 일깨워 주는 유용한 정보이다. 만약 짐바브웨를 염두에 두고 이야기한다면, 우리는 모바일 기기와 앱의 인터페이스 디자인이 어떻게 우리를 '덜 자유롭게 만드는지'에 대해 논의할 때 사용할 언어를 조금 조정해 볼 수 있을 것이다. 헨리 올롱가의 완장 시위가 끼친 영향에 대해 올링가 자신이 '우리는 그들의 세계관에 도전했다. 그들 자신의 삶과, 그들이 홍청망청 낭비하는 자유를 성찰할 수 있는 방식으로'라고 후일 적었듯이, 짐바브웨에서 일어난 일들은 우리가 현재 제안되고 있는 기술 정책 솔루션과 감시 자본주의 이론이 디지털 광고 기반 비즈니스 모델에 관해 이야기하는 바에 대해 더욱 엄격하게 생각하게 하는 계기가 되어야 한다.

예를 들어, 어떤 사람들은 IT 회사가 트롤링 또는 사이버불링과 같은 온라인 괴롭힘에 대해 보다 단호하게 행동해야 하고, 모든 사용자가 그들의 신원을 인증해야 한다고 주장한다. 그러나 이러한 방침을 옹호하는 사람들은 가명을 사용하는 일이 살고 죽는 문제가 될 수도 있는 짐바브웨 같은 곳에서 반대 의견이 갖는 의미에 대해 깊게 생각하지 않은 것이다. 자신의 신원을 숨길 수 없다면, 소셜 미디어에서 짐바브웨 정부에 반대하는 발언을 한다는 것은 헨리 올롱가와 앤디 플라워가 직면한 위험만큼 심각한 상황을 초래할 것이다.

반독점을 위해 거대 IT 기업들이 해체되어야 한다는 요구도 있다. 이에 관해서는 8장에서 더욱 자세히 논의하겠지만, 감시 자본주의를 지지하는 이들이 소셜 미디어 기업들이 시장지배적인 위치를 차지함으로써 정치적 조직를 구성할 때 발생할 수 있는 장점에 대해 충분히 고려하지 않았다는 점을 언급하고자 한다. 페이스북 그룹은 다양한 이벤트를 주선하고 폐쇄된 커뮤니티와 소통하는 데에 사용할 수 있는 유일한 도구가 아니며, 왓츠앱도 사실 인터넷 연결을 사용하여 휴대전화끼리 암호화된 메시지로 연결해 주는 도구에 불과하다. 그러나 짐바브웨와 같은 국가에서 정치적 조직을 구성하는 것에 이러한 소셜 미디어가 가장 적합한 해결책인 이유는 이들이 지금까지 사용자 수가 가장 많은 수단이기 때문이다. 제이넵 투펙치가 그의 저서 『트위터와

최루 가스 : 네트워크 시위의 힘과 취약성Twitter and Tear Gas: Power and Fragility of Networked Protest』에서 지적했듯이 페이스북은 전 세계의 많은 사회 운동에 대단히 중요한 역할을 했으며, 그 넓은 범위와 시야 때문에 사실 현실적인 대안이 없다.

구글과 페이스북, 트위터의 디지털 광고 기반 비즈니스 모델을 금지해야 한다는 주장은 현재까지도 계속 이어지고 있지만, 이를 주장하는 평론가와 정치인들은 대부분의 페이스북 사용자가 부유한 서구의 자유민주주의 국가에 살고 있지는 않다는 사실을 고려하지 않는다. 예를 들어, 페이스북의 사용자 수 기준 상위 10개 국가 중 오직 2개 국가만이 서구권에 있다. 이 순위 안에서 가장 큰 시장은 미국(사용자 2억 1천만 명)이 아니라 인도(사용자 3억 명)이다. 한편 브라질(사용자 1억 3천만 명)의 페이스북 이용자 수는 영국(사용자 4천만 명)의 3배 이상이다. 그리고 필리핀(사용자 7,500만 명)은 프랑스(사용자 3,300만 명)와 독일(사용자 3,100만 명)을 합친 것보다 훨씬 많은 페이스북 이용자 수를 보유하고 있다. 결국 평범한 페이스북 이용자라는 것이 있다면 그들의 일상은 영국인보다 짐바브웨인에 더 가까운 것이다.

전 세계적인 맥락에서 볼 때 페이스북의 광고 기반 비즈니스 모델의 효과는 사실 매우 진보적이라고 할 수 있다. 가장 부유한 이용자로부터 가장 가난한 이용자에게로 경제적 가치를 이전하고 있기 때문이다. 모든 페이스북 사용자는 동일한 서비스를 제공받지만 그들의 관심도와 클릭의 가치에는 큰 차이가 있다. 그 결과 2018년에 255억 달

	연간 매출 (10억)	월간 평균 사용자 (100만)	이용자 평균 수익	이용자 가치 이전	가치 총 이전 (10억)	
미국 및 캐나다	$27.0	242	$111.88	$87.11	$21.0	**$25.5**
유럽	$13.8	377	$36.59	$11.82	$4.5	
아시아-태평양	$9.6	908	$10.56	$14.20	$12.9	**$25.5**
그 밖의 세계	$5.4	729	$7.45	$17.31	$12.6	
전 세계	$55.8	2,255	$24.76	$0	$0	$0

2018년 서로 다른 지역에 거주하는 페이스북 이용자 간의 가치 이동 현황

러 상당의 경제적 가치가 유럽, 미국 및 캐나다의 페이스북 이용자로부터 전 세계의 다른 이용자들에게로 효과적으로 이전되었다. 이는 회사의 재무 상태에 관한 아래 분석 결과에서 더욱 잘 알 수 있다.

정치 철학의 언어를 빌리자면 이것은 분배 정의의 한 형태라고 할 수 있다. 이는 저명한 자유주의 철학자 존 롤스John Rawls[101]가 설정한 두 가지 원칙, 즉 불평등은 최하위 수혜자에게 가장 이익이 될 때에만 허용되어야 하고, 불리한 정치적 조건에서 거주하는 사람들은 더 유리한 정치적 조건에서 사는 사람들의 도움을 얻어야 한다는 두 가지 원칙을 충족하기 때문이다. 만약 현재의 디지털 광고가 불법이고, 페이스북이 서비스 사용자에게 정액 요금을 부과한다면 어떠한 일이 일어날지 상상해 보자. 페이스북의 2018년 광고 수익과 일치하기 위해 각

사용자에게 필요한 금액은 약 25달러이다. 연간 구독 가격이 이 정도 수준으로 책정되면 남반구에 거주하는 수억 명의 사람들에 대해서는 플랫폼 밖에서 가격이 책정되어야 할 것이며 아마 미국인보다 인도인에게 평균에 비해 약 34배 가량 비싼 가격이 될 것이다. 실제로 페이스북은 넷플릭스가 터키에서는 연 38달러, 덴마크에서는 연 148달러로 구독료를 책정한 것처럼 국가별로 구독 가격을 차별화할 수 있겠

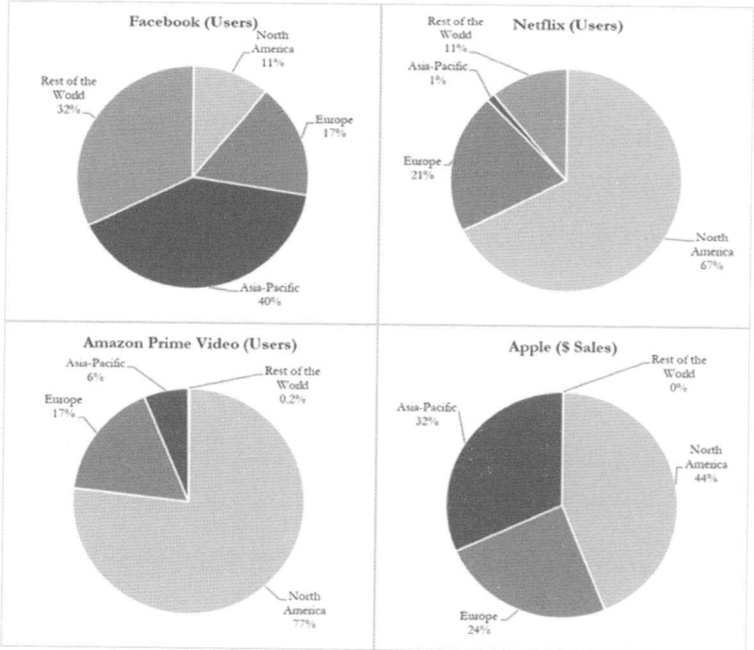

페이스북, 넷플릭스, 아마존 프라임, 그리고 애플의 지역별 비중 비교

지만, 지역별 넷플릭스 사용자 분석은 서구 이외의 지역에서 페이스북의 사용이 급격히 축소될 것을 시사한다. 즉, 페이스북이 광고에서 구독 모델로 전환하게 된다면 넷플릭스, 아마존 프라임, 애플과 같은 부유층 전용 플랫폼이 될 것이고 이는 짐바브웨와 같은 나라에는 매우 나쁜 소식이 될 것이다.

또 다른 하나의 제안은 페이스북이 이른바 '프리미엄 모델'을 채택해야 한다는 것이다. 이러한 시나리오에서 페이스북은 현재의 서비스를 계속 무료로 공급하지만 페이스북 및 인스타그램의 유료 버전을 사용할 수도 있다. 이용자는 자신의 재정적인 자원의 정도에 따라 광고 및 관련 데이터 수집, 타겟팅을 차단할 수도 있다. 유료 버전의 구독료 수익이 무료 서비스에 보조금을 지급하는 형태의 운영이 가능하다면, 현재 페이스북이 가진 자원의 재분배 혜택은 유지될 수 있을 것이다. 그러나 이러한 형태의 합의는 의료 또는 교육 분야에서 보편적 공공 서비스를 대체하는 민영화라는 대안이 그렇듯이 기존의 경제적 불평등을 강화한다는 측면에서 분명히 평등을 해칠 수 있다.

애플의 공급 체인

앞서 언급한 그런 방법들(데이터 기반 광고를 강력하게 제한하고자 하는)이 제안하는 내용에는 또 다른 심각한 문제가 있다. 비서구권 이용자들에게 의도하지 않은 결과를 초래할 수 있으며 개인 정보 보호보다 더 중요할 수 있는 국제적인 정의의 문제를 무시할 수 있기 때문이다.

케임브리지 대학의 정치학 교수인 데이빗 런시먼David Runciman의 말을 인용하자면, 데이터 기반 광고를 도덕적인 관점에서만 바라보는 것은 정책 결정자들을 두터운 안개로 둘러싼 것과 같다. 즉 실제로 데이터 기반 광고에 의해 무슨 일이 일어나고 있는지 파악하는 것을 더욱 어렵게 만들고, 정작 정말로 숨기고 싶은 의제를 지닌 사람들이 그것을 잘 은폐할 수 있도록 한다는 뜻이다.

애플의 CEO인 팀 쿡Tim Cook의 예를 들어 보자. 그는 범죄 수사에 사용하기 위해 휴대 전화 데이터의 암호화를 해제하라는 FBI와 법원의 요청에도 불구하고 고객의 개인 정보 보호 권리를 열렬히 옹호하는 사람이다. 그와 동시에 그는 투자자를 대상으로 한 프레젠테이션과 언론인들과의 인터뷰에서 페이스북과 구글의 비즈니스 모델 및 경영 의사 결정에 대해 거침없이 비판하기도 했다. 물론, 자기 회사를 치켜세우고 경쟁자들을 폄하하는 것이 그의 본분일 수도 있다. 그러나 프라이버시 보호에 관해 애플의 우월성을 주장하는 쿡의 말로 인해 관심이 분산되는 이슈들은 무엇인가? 어떤 것들이 과연 안개에 가려지는 것일까?

그 해답은 쿡이 최고운영책임자로 재임할 당시 구축한 애플의 공급망에서 찾을 수 있다. 애플은 캘리포니아 주 쿠퍼티노에 본사가 있는 미국 국적의 회사이지만 애플이 생산하는 휴대 전화의 조립은 주로 대만 회사인 폭스콘에 아웃소싱된다. 대부분의 아이폰 기기는 유럽과 북미 시장으로 배송되기 전 중국 선전시 롱화구에 있는 폭스콘의 거대한 공장에서 조립된다. 이 공장은 약 20만 명을 고용하고 있으나 서구권의 기준에 따르면 노동 조건은 아주 가혹한 편이다. 근무 교대는 일반적으로 12시간 단위로 이루어지며 조립 라인의 작업에는 정확성과 속도 모두가 필요하다. 마더보드를 기기에 고정하는 역할을 하는 작업자는 하루에 600~700개의 아이폰 기기 할당량을 받는다. 액정 화면을 연마하는 일을 담당하는 노동자의 경우 하루에 1,700개까지 할당량이 늘어날 수 있다. 이들의 성과 관리는 표준 이하의 생산을 거둔 사람에 대해 현장에서 즉시 벌금을 부과하거나 공개적으로 모욕을 주는 식으로 이루어진다.

이런 식의 고된 노동과 가혹한 문화는 2010년에만 사내에서 14명이 스스로 목숨을 끊는 방식으로 대가를 치러야 했다. 투신 자살을 막기 위해 룽화구에 있는 폭스콘의 기숙사 건물에는 그물이 부착되었으며, 2017년 언론인 브라이언 머천트Brian Merchant가 몰래 공장에 잠입하여 보안 경계선을 통과했을 때 그는 여전히 해당 건물에 그물이 걸려 있는 광경을 목격할 수 있었다.

아이폰에 들어가는 전자 부품들은 상하이 외곽에 있는 페가트론사의 공장(이곳에서는 5만여 명이 일한다)과 같은 다른 제조 시설에서 룽화구로 온다. 2013년 한 비영리단체가 이런 공장들에서는 채용 차별부터 경영진의 학대, 부적절한 수준의 급여 및 열악한 안전 기준에 이르기까지 다양한 영역에서 86건의 노동권 침해 사례가 있었음을 밝혔다. 이듬해 BBC의 탐사 보도 다큐멘터리 시리즈인 '파노라마'의 촬영을 위해 해당 공장의 노동자로 신분을 위장해 잠입한 기자는 공장 측에 휴일을 반복적으로 요청했음에도 불구하고 맥북의 부품을 생산해 내기 위해 무려 18일 동안 연속으로 일해야만 했다. 또 다른 잠입 취재 기자는 교대 시간이 16시간에 달하고 8인실 기숙사에서 11명의 다른 직원들과 함께 숙식해야만 했다. 하청 업체의 노동 조건을 개선하겠다는 애플의 약속에도 불구하고, 2016년까지 페가트론에 근무하는 대다수 노동자들은 여전히 월 100시간 이상의 초과 근무를 하고 있었다.

광물들과 금속은 전자 부품 제조에 필수적이며 이들은 남반구에 있는 광산에서 상하이에 있는 페가트론의 공장으로 운송된다. BBC는 인도네시아의 방카에 있는 무허가 주석 광산에서 12세 어린이들이 산사태로 매몰당할 위험에도 불구하고 20미터 높이의 모래와 진흙 벽 앞에서 광석을 채굴하는 현장을 발견했다. 광산 직원은 BBC의 기자들에게 애플의 거래처 목록에 있는 한 제련소에 주석을 판매했다고 밝혔다. 인도네시아에서 채굴되는 주석의 약 70%는 방카에 있는 것과 유사한 소규모 광산에서 채굴되며 애플이 부품 제작에 아동 노동 제품을 사용하지 않는다고 믿는 것은 사실상 불가능하다. 물론 아이폰과 맥북의 다른 부품들도 광물 및 금속을 필요로 한다.

충전식 리튬 이온 배터리에는 코발트가 필요하며, 코발트는 중국과 스칸디나비아에 주로 분포해 있는 정제소로 운송되기 전에 추출 공정을 거쳐야 한다. 그중 약 60%가 콩고민주공화국의 카탕가 주에서 이루어지는데, 이곳에는 6세 정도의 어린이 3만 5천 명이 소위 '가

내수공업'식 광산의 끔찍한 노동 환경에서 일하고 있다. 이들은 고작 하루에 2달러 미만의 임금만을 받으면서 유독성 먼지로 인한 중독 및 터널 붕괴로 인한 심각한 부상 또는 사망의 위험에 늘 시달리고 있다. 한편 커패시터[102]라는 부품에는 콜탄 광석에서 추출한 탄탈륨 시트가 필요하다. 세계 콜탄 매장량의 약 80%가 콩고민주공화국 동부에 분포돼 있으며, 분쟁 지역의 광물을 불법화하려는 서방 정부들의 노력에도 불구하고 많은 콜탄 채굴과 운송이 강제 노동, 조직적인 강간 및 대량 학살을 자행하는 것으로 악명이 높은 민병대들과 콩고 각지의 군벌들에 의해 통제되고 있다.

앞서 이야기한 것들 중 그 어떤 것도 애플이 협력 업체 노동자들의 행복이나 아동 노동과 폭력적 갈등에 대해 전혀 신경 쓰지 않는다고 말하고 있지는 않다. 애플은 지난 2018년 45개국 1천 개 이상의 협력 업체가 자사의 협력 업체 행동 강령을 준수하는지 감사를 진행하였으며, 공급 업체 노동자의 복지와 미래 성장성을 개선하기 위해 후원한 여러 가지 교육 이니셔티브도 있었다. 구글과 페이스북이 같은 불의에 연루되지 않았다는 것도 아니다. 그들 역시 넥서스 폰 또는 포탈(페이스북에서 만드는 영상 통화 기기)과 같은 하드웨어를 제조하기 때문이다. 요점은 공론장의 담론들이 데이터 및 개인 정보 보호 문제에만 집중하고 하드웨어 공급망의 문제는 안개 속으로 사라지게 방치하는 것이 팀 쿡에게는 상당히 이득이라는 것이다. 만약 우리가 우리 스스로에게도 솔직하다면 이것이 우리 자신에게도 편한 상황임을 인정할 것이다. 우리의 데이터가 어떻게 사용되고 있는지에 대해 의로운 분노를 발하기는 쉽지만, 우리가 일상에서 디지털 기기를 사용하면서 수많은 사람들이 착취당하는 일에 우리 자신을 연루시키는 과정을 인식하기는 쉽지 않기 때문이다.

쇼사나 주보프의 저서 『감시 자본주의 시대: 권력의 새로운 개척지에서 인간의 미래를 위한 싸움The Age of Surveillance Capitalism』에서는 IT 회사가 '불량 자본주의'를 발명했다는 주장을 핵심적으로 내세운다. 그러나 디지털 장치가 어떻게 만들어지는지에 대한 물질적 현실에 주의를 기울이는 순간 추출, 강압, 폭력 및 불평등이 지난 수백 년간 전통적인 자본주의 아래에서 지속적으로 이어져 온 특징이었음을 알게 될 것이다. 이 사실은 식민지 대농장에서의 노예 노동 및 도제식 계약 노동에서부터 20세기의 세계화를 빛바래게 한 위험하기 그지없는 화학 플랜트와 의류 공장을 거쳐 우리 시대의 카탕가 코발트 광산과 롱화의 조립 설비에 이르는 역사적 착취의 연속성을 강조한다.

우리는 법률과 규정 그리고 표준을 통해 자본주의가 초래할 수밖에 없는 병폐를 완화하지만, 무엇보다도 큰 역할을 하는 것은 시민 사회 차원의 면밀한 검토라고 할 수 있다. 그리고 이러한 검토가 효과적으로 작동하기 위해서는 우리는 그 대상을 분명하게 볼 수 있어야만 한다.

모든 것들에 대한 조정

우리 눈을 가리고 있는 안개가 은폐하는 또 다른 문제점은 무엇일까? 소셜 미디어의 유해성에 대한 우려에도 불구하고, 유튜브, 트위터 및 페이스북과 같은 플랫폼에 대한 서구권 이용자들의 경험은 일반적으로 노골적인 폭력, 선동, 포르노, 사기, 스팸 및 혐오 표현으로부터 자유롭다. 거대 IT 회사들이 은근히 암시하는 것과 달리 이러한 것들은 모두 그들의 머신러닝 알고리즘에 기인한 것이 아니다. 그것은 전 세계에서 10만 명에 가까운 노동자들이 온라인 콘텐츠들을 조정하기 위해 일하고 있기 때문이다. 아이폰의 제조 공정 뒤편에 있는 광부, 제련소 및 조립 라인의 노동자와 마찬가지로 이들은 IT 회사 그 자체에 고용되어 있지 않다. 대신 그들은 태스크어스와 같은 전문 공급업체나 액센츄어와 같은 IT 아웃소싱 업체에서 일하곤 한다.

이러한 이유로 인건비가 저렴하며 영어 사용자의 비율이 높은 필리핀의 수도 마닐라는 전 세계 콘텐츠 기업의 콘텐츠 관련 조정 업무의 중심지가 되었다. 마닐라에서 졸업하자마자 콘텐츠 기업의 신입사원으로 취업하는 사람들은 플랫폼의 커뮤니티 표준을 위반했고 이에 삭제가 필요한 것들이 무엇인지 결정해야 하며 이 때문에 웹에 최악의 단어, 동영상 및 이미지 등을 검토하는 일에 시급 1~3달러를 받고 투입된다. 콩화에서와 마찬가지로, 이들에게 요구되는 생산성의 기대치는 매우 높지만 업무상 실수를 허용하는 정도는 낮다.

트위터의 콘텐츠 조정 담당자는 하루에 최대 1천 개의 항목을 검토하며 월 3건 정도의 오류를 저지르는데 페이스북의 관련 업무 담당자는 이 세 건 정도의 오류로도 해고될 수 있다. 그러나 이 작업은 노동자에게 정신적인 피해를 입힐 우려가 있다. 일례로 테러리스트가 사람들을 공격하는 장면에 대한 공개 여부를 검토하는 사람들은 그런 장면에 많이 노출되다 보니 오히려 공공 장소에 대한 안전불감증이 있다는 보고 결과가 있으며, 성적인 학대와 관련된 이미지를 검토하는 사람들은 타인과의 관계에 있어 피해를 입었다는 결과도 있다. 또 다른 사람들은 타인의 자해 행위와 관련된 콘텐츠를 검토하면서 그 장면을 스스로 재현하고자 하는 유혹을 받기도 한다. 그러나 이들을 위한 상담 지원은 거의 전무하다.

이렇듯 필리핀의 청년들은 소셜 미디어의 피드를 건전하게 유지하는 데 드는 감정적인 비용을 부담하지만, 미국의 언론 자유에 관한 규범을 보편적으로 생각하는 IT 회사들의 가정 때문에 로드리고 두테르테 대통령의 통치 하에서 고통을 받기도 한다. 두테르테의 핵심 정책은 필로폰 마약 거래를 없애는 것이었는데, 물론 많은 이성적인 사람들이 그 목표에 동조하는 것은 이상하지 않았지만 유럽연합과 UN, 심지어 로마 교황청까지 두테르테의 방침을 비난한 이유는 그가 목표를 이루기 위해 활용한 방식 때문이었다. 메타암페타민흥분제중의 하나로 식욕을 떨어뜨리고, 잠을 안 오게 하여, 계속적인 활동을 하게 해 줌으로써 한때 살을 빼고자 하거나, 계속적인 수면 금지를 위해 많이 이용의 공급자와 사용자에 대한 무차별적인 폭력을 가능하게 한 그의 선동으로 인해 경찰과 계약된 용병, 민병대에 의해 최대 2만 9천 명의 필리핀인들이 불법적으로 살해되었다. 2016년 대선에서 소셜 미디어는 두테르테 진영이 가진 선거 승리의 열쇠였으며 여전히 그의 소통 전략의 핵심이기도 하다. 그의 진영은 자원 봉사자, 유명 인플루언서 및 가짜 계정으로 구성된 네트워크를 사용하여 페이스북, 트위터, 인스타그램 및 유튜브 등지에서 정치 선전물을 배포하고, 정치적 반대자와 언론인들을 비난하며, 정부에 대한 비판자들을 조롱한다.

한편 소셜 미디어는 미얀마의 소수 민족을 박해하는 일에도 사용되었다. 2016년부터 페이스북과 페이스북 메신저는 로힝야족 무슬림들에 대한 증오심 표현을 퍼트리는 데에 빈번히 사용되었고 이는 잔인한 인종 청소에 대한 대중적 지지를 구축하는 데 일조했다. 미얀마군에 의해 수만 명의 로힝야족이 살해당하거나 강간당했고, 마을은 불탔으며, 수십만 명이 이웃나라인 방글라데시로 피난을 가야만 했다.

지금까지 언급한 인류의 시급한 문제들은 데이터 기반 타겟팅 광고나 광고 기반 비즈니스 모델과는 관련이 없다. 그러나 사방이 안개로 둘러싸인 상황에서 데이터와 광고는 정책 의사 결정자들이 잡아둘 수 있는 유일한 것들이다. 사실 끔찍한 광고 카피는 마닐라의 콘텐츠 조정 노동자에게 정신적 피해를 입히는 것은 아니며 두테르테 정부와 미얀마 군부는 정교한 광고 타겟팅 기술을 활용하여 대중적 지지를 얻는 것도 아니다. 대신 페이스북 그룹, 페이지, 채널과 해시태그 및 암호화된 메시지와 같은 디지털 플랫폼 본연의 핵심 기능에 의존한다. 물론 이러한 기능들은 짐바브웨와 같은 곳에서 권위주의에 저항하는 데 매우 중요할 뿐만 아니라 완전히 무료로 사용할 수 있는 디지털 도구이기도 하다. 즉, IT 기업들이 정치적으로 불안정한 국가에서 철수하도록 강제하는 것 역시 답이 될 수 없음을 의미한다.

사실 그들 스스로는 인식하지 못할 수 있지만, IT 기업들은 미얀마와 필리핀에서 발생하는 것과 같은 광범위한 학대 행위를 조사할 수 있는 방법을 제공하기도 한다. 이것은 언론인 네트워크와 인권 운동가, 그리고 자원봉사자들이 뭉쳐 인권을 침해하는 문건으로 간주될 수 있는 영상 및 이미지의 진위를 확인하는 오픈 소스 정보 커뮤니티의 과업이기도 하다. 이들은 구글 지도의 포토 스피어 및 페이스북의 검색 기능과 같이 공개적으로 사용할 수 있는 도구를 활용하여 특정 영상이 무엇을 위한 것인지를 먼저 확인한다. 그다음 그들은 그것들이 기록된 장소와 그 영상에 등장하는 사람들의 신원을 파악하여 가해자로 규명된 사람들을 정의의 심판에 이르게 하는 데 필요한 증거를 구축한다.

이러한 작업에 관한 예시로 지난 2018년 7월 서아프리카 시골 어딘가에서 여성과 어린아이들이 총살당하는 영상이 소셜 미디어에 퍼지기 시작한 사건을 들 수 있다. 온라인 댓글에서 일부 사람들은 이 영상이 연출된 것이라고 주장했고, 또 일각의 사람들은 이는 카메룬 군대의 군인들이 저지른 일이라고 주장했는데 후자의 주장은 단단히 화가 난 카메룬 정부에 의해 가짜 뉴스로 일축되었다. 또 다른 일부는 이 살인범들이 영상 시청자들에게 혼란을 주기 위해 카메룬군의 군복을 입은 말리의 보코하람 민병대라고 추측하기도 했다.

국제앰네스티국가인권단체 디지털 검증단의 분석가들은 오픈 소스 정보 기술을 활용하여 그 영상의 진실을 밝힐 수 있었다. 그 영상의 배경에 계단식 경작지, 저지대에서 식생하는 식물 및 멀리 떨어진 산맥이 관측되었고 이들은 구글 어스의 위성 사진으로 영상에 등장하는 사물들을 삼각 측량하여 해당 영상이 촬영된 위치가 카메룬군의 전초기지와 가까운 카메룬 북부 지방임을 추정해 낼 수 있었다. 또한 이들은 살인범들이 소지한 무기가 카메룬군에서 사용되는 특이한 유형의 세르비아제 소총이라는 것 역시 식별해 냈으며 페이스북 검색 결과에서 영상 속 군복과 똑같은 군복을 입은 카메룬 군인들의 사진과 총잡이들의 프로필 페이지 중 하나까지 발견해 냈다. 이러한 증거들이 제시된 후 카메룬 정부는 입장을 선회하여 군인 7명을 체포했다.

오픈 소스 정보는 인권 단체가 현장에서 증거를 수집하기 어려운 경우에 특히 유용하다. 내전으로 인해 피폐해진 시리아가 대표적인 예이기도 하다. 그러나 앞서 논의했던 검색 데이터 분석에 관한 것과 마찬가지로 오픈 소스 정보는 거대 IT 기업에 대한 반발로 인해 부수적인 피해를 입을 수 있다. 현재 소셜 미디어 회사들은 플랫폼에서 유해한 콘텐츠를 제거하고 사용자의 개인 정보에 대한 위협을 완화하는 데 보다 적극적이어야 한다는 압력을 받고 있기 때문이다. 일례로 유튜브의 경우 테러를 미화하는 콘텐츠를 삭제하라는 압력으로 인해 비영리단체의 인권 관련 조사를 돕기 위해 보관해 왔던 시리아 내전에 관한 수천 개의 휴대 전화 동영상을 삭제했다.

이용자의 프로필 데이터를 보호하기 위해 더 많은 조치를 취해야만 한다는 압력으로 인해 페이스북은 더 이상 페이스북의 모든 공개 컨텐츠를 검색할 수 있는 기능인 그래프 서치를 사용하지 않게 되었다. 이 도구는 국제앰네스티의 디지털 검증단이 시리아 이들리브에서 자행된 병원에 대한 폭격 및 미얀마의 고위 관료들이 로힝야족에 대한 잔학 행위를 직접 지시했다는 사실을 검증하는 데 사용해 온 것이었다. 이러한 결정들은 '우리'의 이용자 경험과 '우리'가 광고 대상이 되는 것에 대한 우려를 목숨을 빼앗기는 사람들과 억압받는 사람들을 향한 정의보다 더 우선시한다.

이러한 현상들은 우리를 다시 필리핀의 문제를 되돌아보게 만든다. 오픈 소스 정보가 가해자에 대한 책임을 물을 수 있는 가장 최선의 희망이 될 수 있는 나라에서 학대의 증거가 지금도 열심히 소셜 미디어에서 삭제되고 있다는 것은 참으로 역설적인 일이기 때문이다. 인공지능의 발전은 마닐라의 콘텐츠 조정 노동자들에게 약간의 휴식을 가져다줄 수도 있겠지만 우리가 의도하지 않은 결과물을 가져올 수도 있다. 국제앰네스티의 샘 더벌리Sam Dubberley의 발언을 인용하자면, 우리가 가정할 수 있는 최악의 시나리오에서 알고리즘은 인권의 수호자들이 게시할 수도 있는 이러한 비디오를 최대한 신속하게 삭제할 수 있으며, 이를 조사하고자 하는 사람들에게 치명적인 악영향을 끼칠 수 있다. 우리가 애당초 관련 영상이 있다는 것을 알지 못한다면, 호전적인 독재자에 반대하기 위해 그 영상을 복원하거나 그에게 소송을 제기하기 위한 증거로도 수집할 수 없기 때문이다.

지금쯤이면 여러분은 데이터와 기술과 관련해 현재 제기되고 있는 많은 정책 제안들이 상당히 근시안적이라는 사실을 깨달았을 것이다. 8장에서 대안적인 정책을 고려하겠지만, 지금 가장 중요한 것은 우리가 서구권 이용자의 입장에서 가장 시급한 우려를 넘어 논의를 더욱 확대해야 하는 이유가 무엇인지를 분명히 하는 것이다.

위의 내용에서 언급한 일이 발생한 후 헨리 올롱가는 어떻게 살았는지 궁금할 것이다. 그는 영국으로 망명한 이후 해설자이자 대중 연설가로 경력을 쌓았고, 부상으로 인해 은퇴할 때까지 유명 구단인 래싱 XI[103]에서 크리켓을 계속했다. 그는 호주 애들레이드에 있는 크리켓 아카데미에서 훈련하는 동안 만난 호주의 체육 교사 타라 리드Tara Read와 결혼했으며 지금은 그곳에서 가족들과 함께 거주하고 있다. 한편 훌륭한 테너 가수이기도 했던 그는 2019년 '보이스 오스트레일리아' 본선에 진출하기도 했는데, 만약 윌.아이.엠이 심사위원 중 한 명이었다면 이 책에서도 거론될 좋은 이야깃거리가 되었을 것이다. 그러나 실제로는 보이 조지Boy George가 그 역할을 담당했다.

GOOD

PART 3
권력

DATA

GOOD
DATA

6
판옵티콘을 넘어서서

이제 현대의 가장 영향력 있는 철학자 중 한 명인 제레미 벤담Jeremy Bentham[104]을 만날 때가 왔다. 그는 이 책의 앞부분에서부터 우리를 기다리고 있었는데, 이는 사실 앞에서도 언급되었거니와 마지막 장에서 중요하게 쓰일 은유인 데이빗 런시먼David Runciman의 '도덕적 안개'라는 표현이 벤담의 글에 그 기원을 두고 있기 때문이다. 아무튼, 이제 우리는 그를 무대의 한가운데로 초대할 수 있다.

제레미 벤담은 1748년부터 1832년까지 정치, 사회, 기술의 격변기를 겪었다. 보니 프린스 찰리Bonnie Prince Charlie가 망명한 직후와 산업 혁명이 시작되기 직전 그 어간의 시절에 태어난 그는 애덤 스미스보다는 20살 정도 어리고 나폴레옹보다는 20살 정도 연상이다. 그의 생애 한복판에 프랑스 혁명이 있었고, 삶의 말엽은 영국 역사에서 섭정시기[105]에 해당하는 시절이었다. 벤담은 스스로가 그 용어를 사용한 적은 없지만, '공리주의'의 창시자로 가장 널리 알려져 있다. 공리주의란 최대 다수의 사람들에게 가장 큰 행복을 가져다주는 것에 기초하여 의사 결정을 해야 한다는 윤리 이론이다. 이것이 21세기 IT 기업에 대한 논의와 무슨 관련이 있는지 의문이 든다면, 지난 2017년 독일 정부가 자율주행차에 대한 규칙을 설정할 때 '자율주행 자동차는 충돌이 불가피할 시 승객의 생명을 희생하더라도 사상자를 최소화해야 한다'와 같은 실용적인 원칙에 기반하여 작동해야 한다고 주장했다는 사실을 떠올리면 된다.

공리주의 철학에 대한 벤담의 헌신은 그가 시대를 상당히 앞서갔음을 보여 주는 것으로 표현되었다. 그는 여성이 남성과 동등하다는 신념이 있었으며, 여성에게 참정권이 부여된 1918년보다 100년도 더 이전부터 여성에게 투표권이 주어져야 한다고 주장했다. 또한 그는 1785년 동성애의 비범죄화에 찬성하는 주장을 첫 번째로 문서화하기도 했다. 앞서 이야기한 것들은 아무에게도 해를 끼치지 않고 즐거움을 줄 수 있는 일들이기 때문에, 벤담은 이들을 금지하는 것은 잘못된 일이라고 보았던 것이다. 한편 공리주의 사고의 일부 요소들은 그를 상당한 괴짜로 보이게끔 했다.

그는 인체에 대한 감성적인 관점을 타파하기 위해 자신이 세상을 떠나면 그 시신을 공개적으로 해부한 뒤 보존하여 장식용으로 사용해야 한다고 유언장에 명시했다. 그 결과 우리는 유니버시티 칼리지 런던에 위치한 유리 케이스에서 당당히 전시된 그의 시신 '일부'를 볼 수 있다. 일부라고 이야기한 이유는 그의 머리카락을 보존하는 것에 사용된 미라 제조 기술이 다소 잘못되어 그의 머리카락은 가발을 사용하는 것으로 대신했기 때문이다.

영아 살해에 대한 벤담의 생각은 다른 것들보다도 훨씬 더 도전적이었다. 공리주의 철학에서는 살인이 금지되어야만 하는 두 가지 이유가 있다. 첫 번째는 살인 행위 자체가 사람들에게 살아 있다는 즐거움을 앗아 가기 때문이고, 두 번째로 살인이 허용된다면 모든 사람들이 언젠가는 죽임을 당할 것이라는 끊임없는 공포 속에서 살 것이기 때문이다. 그러나 벤담에게는 이 두 가지 이유 중 어떤 것도 갓 태어난 아기에게는 적용되지 않는 것처럼 보였다. 벤담은 아기들은 자아가 없으므로 자신의 존재를 알지 못하기 때문에 생명을 빼앗겨도 곤란하지 않다고 생각했고, 그들은 아직 두려움을 경험하는 법을 배우지 않았기 때문에 살해당하는 것에 대해 두려워하는 것 자체가 불가능하다고 생각했다. 반면에 절망적인 상황에서 갓난아기를 질식시켜 사망에 이르게 한 부모는 재판을 받고 사형을 선고받은 뒤 죽음의 공포에 시달리게 될 것이었다. 벤담은 사회적인 비난이 형벌로서의 역할을 충분히 다 한다면, 영아 살해가 다른 살인죄와 같은 방식으로 취급받는 것이 무의미한 고통을 초래한다고 생각했다.

벤담의 어떤 기이함은 '판옵티콘'그리스어로 '모두'를 뜻하는 'pan'과 '본다'를 뜻하는 'opticon'을 합성한 것으로 벤담이 소수의 감시자가 자신을 드러내지 않고 모든 수용자를 감시할 수 있는 형태의 감옥을 제안하면서 이 말을 창안했다 개념에서 전면적으로 드러나며, 판옵티콘에서 볼 수 있는 그의 혁신적인 디자인은 빅 테크 시대의 권력에 대한 우리의 생각을 근본에서부터 형성한다. 1970년대부터 학계는 이를 국가가 운영하는 전자적 감시자의 은유로 점점 더 많이 사용하고 있었지만, 최근에는 소셜 미디어에서 활용되는 은유적 표현으로 인기를 얻었다. 실제로 지금 판옵티콘을 검색할 경우 학술 논문과 함께 페이스북과 구글에서 담론을 제기하는 가디언 및 테크크런치의 긴 기사들을 찾을 수 있다. 이러한 현상이 어떻게 일어났는지에 대한 흥미로운 이야기가 이 장 전반에 걸쳐 펼쳐지겠지만, 먼저 벤담이 주창한 상상의 감옥을 가상으로 둘러보고 그것이 어떻게 작동하는지에 대해 이해해 보도록 하자.

판옵티콘의 가장 큰 특징은 바로 원형이라는 것이다. 판옵티콘은

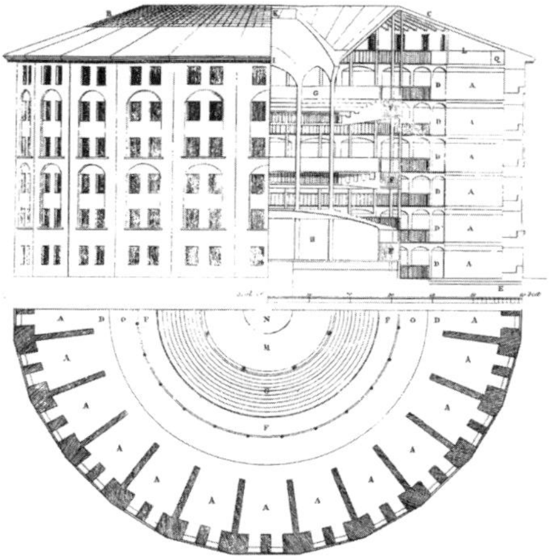

판옵티콘

6개 층으로 되어 있는데, 각 층에는 감방들이 한 줄을 이루어 동굴 같은 중앙 홀을 둘러싸고 있다. 홀의 중앙에는 블라인드로 덮인 대형 창문이 있는 원형 탑이 존재한다. 이 탑이 바로 감시자들이 지내는 장소이다. 이 탑에 들어서면 창문을 통해 감옥의 모든 감방을 감시할 수 있다는 사실을 여러분도 분명히 알았을 것이다. 더 높은 층을 볼 수 있는 창문들은 나선형 계단을 통해 접근할 수 있으며, 감시자들은 눈에 띄지 않게 다락문을 통해 드나들 수 있도록 되어 있다.

다음으로 볼 곳은 텅 빈 감방이다. 감방 사이를 분리하는 칸막이는 감방 문의 격자 너머로 몇 피트 동안 지속되어 우리의 시야를 제한한다. 우리 시야로 볼 수 있는 유일한 감방은 저 멀리 중앙 홀의 반대쪽 건너편에 있다. 하지만 머리 위로 어렴풋이 보이는 감시 공간을 무시하기란 불가능하다. 타워의 감시 공간은 블라인드가 쳐져 있으며 타워 내부 자체가 어두운 관계로 그 안을 들여다볼 수가 없다. 우리는 감시자가 지금 우리를 지켜보고 있는지, 감옥의 반대편에 있는 감방을 관찰하고 있는지, 아니면 다락문을 빠져나와 차를 한 잔 하러 갔는지에 대해 알 방도가 없다. 이 지점에서 벤담의 설계가 천재성을 발휘하는 것이다. 판옵티콘의 죄수들은 그들이 그 어떤 순간이든 감시자의 감시를 받을 수 있다는 것을 알기 때문에 그들이 할 수 있는 합리적인 일은 오직 언제나 얌전하게 행동하는 것뿐이다. 즉, 판옵티콘은 그들 스스로가 규율에 따라 움직이게끔 한다.

판옵티콘은 단순히 개념 단계에서 머무른 것이 아니라 하나의 사업 계획 형태로서 존재했다. 벤담의 의도는 영국 정부가 판옵티콘 건설 비용을 지불하게끔 설득하고 지금은 우리가 아웃소싱 계약이라고 부르는 것에 따라 벤담을 판옵티콘의 운영자로 임명하게끔 하는 것이었다. 감시 공간은 일정 시간만 점유해도 충분한 감시 효과가 있으므로 더 적은 수의 감시관을 고용할 수 있으며, 규율대로 스스로 움직이는 재소자들 덕분에 그들을 통제하기 위한 경비원도 더 적게 고용할 수 있다. 게다가 가장 말썽쟁이인 재소자들마저 행패를 부리는 것이 헛된 일이라는 것을 신속하게 깨닫게 될 것이므로 족쇄와 사슬에 들어가는 비용도 절약할 수 있었기 때문에, 벤담은 판옵티콘을 교정 시설 운영 비용을 줄일 수 있는 수단으로 보았다. 그는 감시탑에 관광객들이 올 수 있도록 입장권을 팔아 추가 수입을 올릴 수 있는 방안까지 궁리하기도 했다. 그는 본질적으로 영국의 보안 회사인 G4S 또는 미국의 CoreCivic의 18세기 버전과도 같은 교도소 사업가였다.

벤담에게는 안된 일이지만, 영국 정부는 그의 제안에 보인 초기의 열성과는 달리 그와의 거래를 성사시키지는 않았다. 그 이후로 많은 교도소가 판옵티콘의 개념에 따라 지어졌지만 벤담은 그의 아이디어로 거의 수익을 창출하지 못했다. 그가 후대에 구글과 페이스북에 대한 토론에서 판옵티콘이 자주 등장하리라는 사실을 알았다면 위안을 받았을까? 그렇지 않다면 그의 지식은 그의 물질적 상황을 전혀 개선하지 못했기 때문에 그에게 아무런 가치가 없었을까? 우리는 벤담의 쾌락계산법을 통해 위의 질문들을 고민해 볼 수 있다. 쾌락계산법이란 어떤 특정한 존재로 인한 행복의 양과 불행의 양을 상계하여 그것이 종합적으로 좋은 일인지를 결정하는 방법이다. 우리는 1장에서 모든 사람에게 영향을 끼치는 GDPR과 같은 규제를 구현하는 데에 절충안을 고려하는 부분에서 이 아이디어를 다룬 바 있다. 이는 특히 이번 장에서 더욱 중요한 역할을 한다.

페이스북은 판옵티콘인가?

페이스북을 비판하는 사람들은 무슨 이야기를 하고 싶어서 페이스북이 판옵티콘이라고 주장하는 것일까? 가장 직관적으로 이야기하자면 결국 페이스북에서 우리가 하는 모든 것들이 공개된다는 의미일 것이다. 우리가 상태 업데이트를 게시하거나 친구가 공유한 기사에 '좋아요'를 누르는 것이 분명히 보인다는 것이 요점이라고 할 수 있을 것이다. 다소 덜 명백하기는 하지만 우리가 새 동료의 프로필 페이지를 탐색하거나 이전 파트너의 사진을 보는 것과 같이 혼자서만 간직하고 싶어하는 활동도 어떤 의미에서는 누군가가 볼 수 있다.

다른 페이스북 이용자에게는 보이지 않지만, 이 같은 활동들은 페이스북의 데이터베이스에 로그인되어 있으며 페이스북의 알고리즘이 볼 수 있고, 이런저런 작업 과정에서 페이스북의 엔지니어가 인코딩된 형식으로 볼 가능성도 있다. 다른 웹 사이트와 통합할 경우 웹상의 다른 곳에서 우리의 온라인 활동 중의 일부를 동일한 기술적 의미로 페이스북에서 '볼' 수 있다. 예를 들어 페이스북의 알고리즘은 이용자가 매트리스를 검색했지만 주문한 적은 없다는 것을 '볼' 수 있다. 물론 페이스북 네트워크의 모든 것이 공개된다는 것은 사실이 아니다. 페이스북 메신저와 왓츠앱의 암호화된 메시지는 보낸 사람과 받는 사람만 볼 수 있기 때문이다. 하지만 보는 알고리즘 자체에 대해 이야기하는 것이 의미가 있다고 생각한다면, 소문자 "p"를 사용하여 페이스북이 '판옵티콘스럽다'고 이야기할 수는 있을 것이다. 그러나 판옵티콘은 엄밀히 말해 전망대를 갖춘 하나의 감옥이다. 『뉴스위크』 지에서 규정했듯이 페이스북을 온라인 판옵티콘이라고 한다면 그것은 이용자들은 모두 죄수이고 어떤 권위가 그들을 통제하고 있다는 것을 의미한다.

판옵티콘의 통제는 감방 벽이 제공하는 물리적 제약이 기본적으로 포함되지만 가장 결정적인 특징은 죄수가 지속적으로 감시당하고 있다는 사실을 인식함으로써 저절로 생성되는 자기 통제이다. 소설 『1984』에서 조지 오웰George Orwell이 생생하게 구현한 모든 것을 볼 수 있는 빅 브라더의 모습이 전형적인 예시라고 할 수 있다. 2차 세계대전 후 소련에서 스탈린이 보여 주었던 전체주의 통치에서 모티브를 딴 오웰의 판옵티콘은 물리적인 건축물의 성격이라기보다는 다분히 전자적 감시의 성격을 띤다. 아래 인용한 『1984』의 한 대목과 같이 가정, 직장 및 공공 장소에 설치된 CCTV 카메라 네트워크는 공영 보안 기능에 모든 인구를 완전히 감시할 수 있는 능력을 제공할 수 있다.

물론 당신이 어떤 순간에 감시당하고 있는지는 전혀 알 방법이 없었다. 사상경찰이 얼마나 자주, 또는 어떤 시스템에 개별적인 전선을 연결했는지는 그저 추측일 뿐이다. 심지어는 그들이 항상 모든 사람들을 지켜보고 있다고 생각할 수도 있다. 어쨌든, 그들은 원할 때마다 전선에 연결할 수 있으며, 당신은 당신이 내는 모든 소리를 누군가는 엿듣고 완전한 어둠 속을 제외한 모든 움직임이 조사의 대상이 된다는 가정 하에 만들어진 습관이 이제는 본능이 된 채로 살아왔다.

감시로부터 비롯된 자기 통제는 국가에 대한 반발과 저항을 불가능하게 한다. 일기를 쓰는 것조차 숨길 수 없으며, 정치 조직에는 신경 쓸 필요가 없다. 『1984』의 주인공인 윈스턴 스미스는 집을 벗어나 사무실로 출근하고, 골동품 가게를 방문하거나 시골로 당일치기 여행을 떠날 수는 있지만 빅 브라더가 언제나 지켜보고 있다는 것을 인지하고 있기 때문에 그는 사실상 죄수와 다를 바가 없다. 벤담의 판옵티콘에 있는 감시관들의 거처가 개별적인 감시관들에게 의존하지 않는 것처럼 빅 브라더는 단일한 지도자나 공무원이 아니라 기술적인 통제 시스템 그 자체이다.

위와 같은 논의는 철학의 역사에서 매우 중요한 또 다른 인물인 미셸 푸코Michel Foucault에게로 우리를 이끈다. 제레미 벤담이 영국의 괴짜처럼 보인다면, 푸코는 지적으로 쿨한 프랑스인의 전형이다. 사회학, 역사학, 심리학, 철학, 정치 이론 등에서 그가 끼친 학문적 영향력이 매우 거대하다는 사실은 전혀 과장된 것이 아니다. 푸코는 권력이라는 것에 상당히 매료된 편이었고, 그의 글 중 많은 부분들은 권력이 무엇이며 권력은 어떻게 작동하는지에 대한 설명으로 이루어져 있다.

벤담의 판옵티콘은 징벌의 메커니즘이 어떻게 많은 사람들에게 효율적인 방식으로 권력을 행사했는지 보여 주었고, 이는 푸코의 마음에 거대한 반향을 일으켰다. 그는 판옵티콘의 설계 원칙이 감옥뿐만 아니라 학교, 공장, 취업 알선소, 정신병원 및 기타 다른 병원들에도 적용된다고 생각했다. 만약 그들이 지켜보고 있다는 사실을 안다면, 학생들은 서로의 숙제를 베끼지 않을 것이고, 공장 조립 라인의 노동자들은 노동조합을 결성하려 하지 않을 것이며, 전염병 증상이 있는 환자는 사회적 거리두기 규칙을 어기지 않을 것이다. 푸코는 현대의 여러 기관이 작동하는 방식을 면밀히 조사하면 사찰 및 자기 통제의 역학과 동일한 것을 발견할 수 있다고 주장했다. 그리고 사찰이라는 것을 문자 그대로 사람을 관찰하는 것이 아니라 사람을 측정하고 벤치마킹 및 분류하기 위해 데이터를 수집하는 행위로 생각한다면 이 모델을 국가 인구 규모 전체로 확장할 수 있다. 그래서 푸코는 우리가 '감시 사회'에 살고 있다고 기술했다.

많은 비평가가 주장하는 것처럼 페이스북이 판옵티콘이라면 페이스북의 권력은 벤담, 오웰, 푸코가 징벌이라고 인정할 만한 방식으로 작동해야 한다. 즉 우리의 자유를 침해하는 방식으로 이용자를 통제해야 하며 우리를 죄수, 학생, 억압받는 노동자 또는 환자와 같은 위치에 두어야 한다. 또한 이러한 통제는 마크 저커버그와 같은 특정 개인이 행사할 필요가 없으며 시스템에 의해 충분히 발휘될 수 있다. 이것이 바로 검사관의 탑 또는 빅 브라더 역할을 하는 일련의 알고리즘이다. 만약 관련 인력들이 있다면, 시스템을 손상시키지 않고도 이들은 바뀔 수 있다. 감시관들은 거처를 들락날락할 수 있고, 사상경찰의 대열에 합류하거나 또는 멘로 파크에 있는 페이스북 본사의 개발자 또는 교사, 의사, 감독관이 될 수도 있다. 페이스북은 국가가 아니기 때문에 이러한 통제의 목적은 정치 질서를 유지하는 것이 아니라 다국적 기업으로서 이익을 극대화하는 것이다. 따라서 결과적으로 페이스북이 우리에게 원하는 행동은 그들의 수익을 높이는 행동, 즉 페이스북과 그가 소유한 앱에서 시간을 보내고, 광고를 클릭하고, 타겟팅과 최적화에 사용할 수 있도록 데이터 통제 권한을 포기하는 일이다.

이제 페이스북을 디지털 판옵티콘으로 표현하는 것이 그다지 설득력이 없다는 것은 당신에게 그리 놀라운 일은 아닐 것이다. 우선 판옵티콘의 권력은 지식의 거대한 비대칭에 기반한다. 즉 감시관은 죄수들이 하는 모든 일을 볼 수 있지만 죄수들은 그들을 전혀 볼 수 없는 것과 같다. 그러나 페이스북은 전혀 그렇지 않다. 누구나 마크 저커버그의 페이스북 페이지로 이동하여 그가 뮤지컬 해밀튼의 팬인지 확인하거나, 셰릴 샌드버그Sheryl Sandberg[106]의 페이지를 보고 그녀가 커피, 자몽, 프로즌 요거트를 좋아한다는 것을 알 수 있다. 누구나 페이스북의 VR 사업 책임자인 앤드류 '보즈' 보스워스Andrew 'Boz' Bosworth를 팔로우하여 새로운 오큘러스 헤드셋 개발에 대한 내부 진행 상황을 확인하거나 해당 부문의 CEO인 애덤 모세리Adam Mosseri의 인스타그램 스토리를 시청할 수 있다. 물론 페이스북의 경영진은 그들이 원할 경우 내부 시스템을 활용하여 우리가 볼 수 있는 것보다 더 많은 것을 볼 수 있지만 그 사실을 숨길 수는 없다. 즉 그들이 판옵티콘의 감시관이라면 그들의 거처에는 죄수들이 그들을 관찰할 수 있는 창문이 있는 것이다. 두 번째로 따져 볼 점은, 판옵티콘에서 권력은 오로지 한 방향으로만 흐른다는 것이다. 판옵티콘의 감시관들은 권력에 복종해야만 하는 죄수들을 대상으로 그들의 힘을 휘두른다. 페이스북을 판옵티콘으로 간주하고자 하는 논리는 종종 이 책의 앞부분에서 이야기한 것처럼 타겟팅 광고를 이 일방적인 힘의 역학과 연관시킨다. 이 논리에서 감시관의 거처는 페이스북이 구축 및 유지하지만 실제로는 광고주 클라이언트가 점유하고 사용하는 광고 관리자 소프트웨어라고 할 수 있다. 감시관, 즉 광고주는 창 밖으로 보이는 죄수들의 특성과 행동을 관찰하면서 그들이 표적으로 삼고 싶은 그룹을 결정하고 그들을 겨냥한 광고를 감방 벽에 부착할 수 있다.

페이스북이 디지털 판옵티콘임을 주장하는 이러한 이야기의 문제점은 페이스북의 광고주와 페이스북 이용자 간의 본질적인 차이가 있다고 가정하는 것이다. 그러나 실제로 뚜렷한 차이점은 존재하지 않는다. 우선 광고를 하려면 그들 자신부터 페이스북 유저가 되어야 하고, 페이스북의 광고 도구는 25억 명의 모든 이용자가 접속할 수 있다. 또한 페이스북에서 광고 캠페인을 실행하는 데에는 특별한 기술이 필요하지도 않다. 도구 자체가 누구나 사용하기 쉽게 만들어져 있기 때문이다. 그 예시로, 페이스북 광고로 마크 저커버그를 타겟팅하는 일에 어떤 것들이 관련되어 있는지 알아보도록 하자. 기술적으로 100명 미만의 개인 또는 그룹을 타겟팅하는 것은 불가능하지만 공개적으로 사용 가능한 정보를 사용하여 저커버그에 도달할 것으로 예상

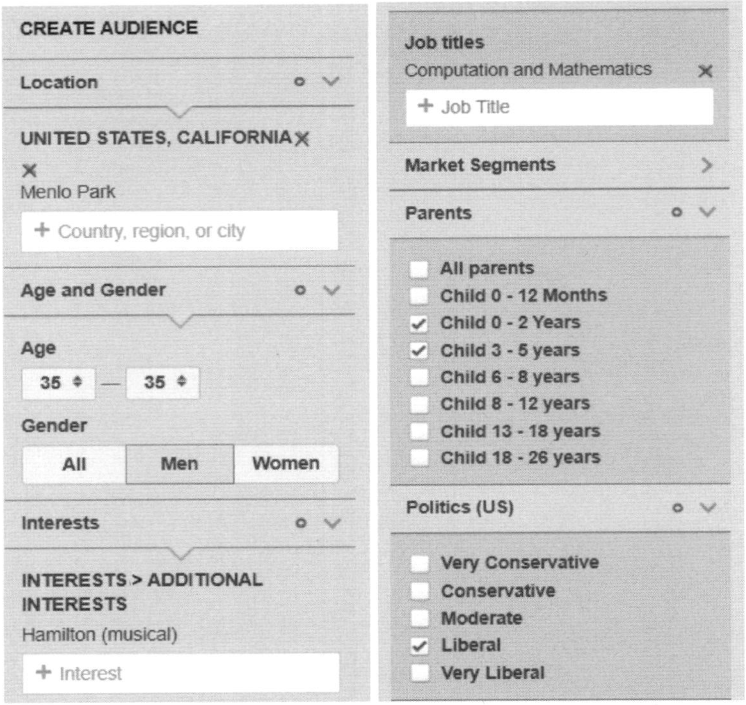

페이스북 광고 관리자로 마크 저커버그와 같은 사람들에게 표적 광고를 하는 방법

되는 광고를 구축하는 것은 불가능하지 않다. 광고 관리자가 볼 수 있는 아래 스크린샷에서 볼 수 있듯이 멘로 파크에 거주하며, 자유주의적인 정치 견해를 갖고 있고, 5세 미만의 자녀가 있으며 컴퓨터 수학 관련 업종에 종사하고 뮤지컬 해밀튼을 좋아하는 35세 남성을 대상으로 광고하는 것은 어렵지 않다. 이러한 광고를 하기 위해 지금 당장 필요한 것은 신용 카드와 최소 1달러의 예산뿐이다.

제레미 벤담은 죄수들도 감시관이 될 수 있고 모든 죄수가 감시관의 거처에 접근할 수 있는 곳을 판옵티콘으로 생각하지는 않을 것이다. 그는 오히려 그러한 생각은 판옵티콘의 요점을 놓치는 견해라고 볼 것이다. 마찬가지로, 프롤[107]이 마음대로 지배 엘리트들의 감시선에 연결할 수 있었다면 『1984』에서 묘사된 디스토피아적 미래는 크게 손상되었을 것이다. 한편 푸코가 판옵티콘이 '완벽한 권력의 행사'를 가능하게 한다고 본 이유는 권력 행사자의 숫자를 줄이는 형태이기 때문이다. 그러나 이와 대조적으로 페이스북은 권력을 행사하는 사람들의 숫자를 늘렸다. 현재 페이스북의 광고주는 무려 700만 명이 넘는다. 생각해 보자. 판옵티콘에서 700만 명이 넘는 감시관들이 감시탑과 감방을 오갈 때 권력이 과연 한 방향으로만 흐를 수 있겠는가? 페이스북 광고의 접근성과 그 광범위한 사용은 권력이 여러 방향으로 흐르고 있다는 유일한 증거가 아니다. 판옵티콘은 조직적인 저항이 불가능하도록 설계되어 있지만, 우리는 바로 앞 장에서 페이스북의 여러 기능들이 강자에 대항하는 약자의 수단으로 사용될 수 있음을 보았다. 우리가 앞에서도 보았듯이 짐바브웨 정부에 반대하는 에반 음마와리레의 #ThisFlag 저항 운동이 하나의 예시가 될 수 있다. 이러한 기능은 페이스북 자체에 대한 비판을 위한 용도로도 가능하다. 2007년 페이스북은 페이스북에 참여하는 회사들의 웹 사이트에서 페이스북 이용자가 구매를 할 경우, 이 구매에 대한 스토리를 자동으로 피드에 게시하는 비컨 프로그램을 출시했다. 이것은 기술적으로는 크게 주목받을 만한 것이 아니었으나, 페이스북에서 이에 대해 조직적으로 반대하는 움직임이 일어났다는 것이 중요하다. 비컨에 반대하는 MoveOn이라는 단체는 페이스북 그룹을 활용하여 개인 정보 보호를 이유로 페이스북에게 비컨 기능의 철폐를 요구했다. 며칠 만에 이 그룹은 수만 명의 회원을 모을 수 있었고, 페이스북에 대한 집단소송이 이어졌다. 이에 마크 저커버그는 페이스북이 실수를 저질렀음을 인정했고, 비컨은 2009년 폐쇄되었다.

페이스북이 판옵티콘이라고 생각하지 않는 마지막 이유는 소셜 미디어에서 우리가 행동하는 방식을 '자기 감시'라고 규정하는 것이 실제 우리의 소셜 미디어 이용 경험과 상충하기 때문이다. 우리가 페이스북이나 인스타그램에서 보내는 시간을 생각해 보자. 당신은 당신보다 훨씬 더 강력한 누군가가 당신을 관찰하고 있다는 사실을 끊임없이 인식하고 있는가? 당신이 피드를 스크롤하거나 늘 화가 많은 당신의 삼촌이 공유한 뉴스 기사에 반응하는 것은 페이스북이 당신에게 기대한 행위이기 때문인가? 당신은 처벌을 피하기 위해 페이스북이 원하는 것과 일치하도록 행동을 수정하는가? 나 역시 그렇게 하지 않는다. 판옵티콘 안에서 디지털 생활을 한다고 생각하는 학자들은 우리가 잘못된 의식 상태에 있다고 이야기하는 것이다. 즉, 우리가 더 이상 우리 행동에 대한 실질적인 동기를 인식하지 못할 정도로 우리가 통제 시스템을 내면화했다는 뜻인데, 곧 다시 다루겠지만 이 주장이 과연 설득력이 있는지 여부는 얼마나 자신의 마음을 잘 아는지, 또한 얼마나 스스로 선택할 수 있는 역량이 있다고 생각하는지에 달려 있다.

우리가 실제 행동에서 자기 감시를 발휘하는 모습이 궁금하다면, 코로나바이러스 대유행 기간 동안 봉쇄 상태에서 살았던 경험을 떠올리면 쉽다. 당시 영국 정부는 음식, 의약품을 구입하거나 운동을 하기 위해서만 집을 떠날 수 있다고 규정했다. 이 대규모 가택연금 사태의 주범은 경찰이 아니라 일반 대중이었다. 어떤 사람들은 이웃이 하루에 한 번 이상 조깅을 했다는 이유로 당국에 신고를 했고, 어떤 사람들은 아이스크림 밴과 같이 반드시 필요하지 않은 것처럼 보이는 사업을 계속한다고 비판하였으며, 또 다른 사람들은 공원에서 너무 서로 가까이 앉아 있는 사람들을 촬영하곤 했다. 이런 일들은 가깝게는 냉전 기간 동안 동독의 슈타지Stasi의 밀고 네트워크와 관련이 있었지만, 사회학자 필립 고르스키Philip Gorski가 밝혀냈듯 이는 16세기 네덜란드의 칼뱅주의장 칼뱅이 주창한 기독교의 사상 및 성경을 따르는 신학 사상으로서 종교 개혁을 통해 체계화되어 개신교의 주요 신학으로 자리 잡은 사상적 흐름을 가리킨다 공동체까지 거슬러 올라가는 오래된 형태의 P2P 감시의 부활을 의미하는 것이었다. 그 효과는 사람들이 자신의 행동을 스스로 규제하고, 관찰자가 그 행동을 어떻게 판단할지를 고려하여 상대방에게 못마땅하게 여겨지거나 처벌을 받을 위험을 회피할 수 있게 하는 것이다.

구글은 판옵티콘인가?

그렇다면 구글을 판옵티콘에 빗대어 설명할 수 있는가? 구글 검색, 지메일, 유튜브 및 기타 구글의 제품들은 이미 우리의 일상생활에 깊이 뿌리박혀 있을 뿐만 아니라 구글의 기술이 구글의 파트너 네트워크를 통해 2백만 개 이상의 웹 사이트 광고 공간을 거래하고, 또한 구글 애널리틱스를 통해 3천만 개의 다른 웹 사이트에 대한 트래픽을 측정하기 위해 사용된다. 구글을 판옵티콘에 비유하려면 우리가 앞서 보았듯이 가시성 외에도 지식의 비대칭이 존재해야만 하고, 구글 이용자들의 행동 패턴을 자기 감시적이라고 설명할 수 있어야 한다.

페이스북과 마찬가지로 구글의 경영진이 우리의 구글 기록에 접속할 경우 우리에게 들키지 않고 우리에 대한 정보를 볼 수 있다. 그러나 그들의 정체 자체는 숨겨져 있지 않다. 사실 공인에 대한 정보를 노출하는 것은 구글 검색의 기능이기도 하거니와 당신 또는 나에 대한 것보다 구글의 CEO에 대해 더 많은 사실을 드러낸다는 것은 권력의 불균형을 다소간 시정하는 것이기도 하다. 구글 검색 상자에 '순다르 피차이Sundar Pichai'를 검색할 때 구글이 제안하는 내용이 무엇인지를

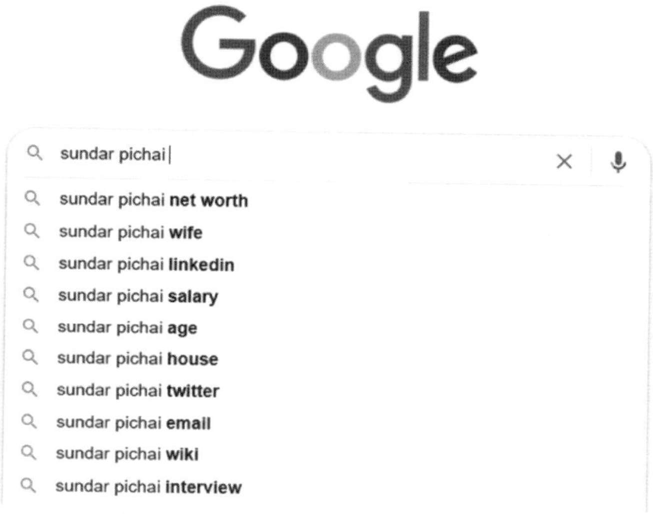

구글 검색은 CEO 순다르 피차이를 어떤 방식으로 드러내는가

보라.

동시에 구글 플랫폼에서의 권력은 분명히 여러 방향으로 흐른다. 구글 광고는 페이스북에서보다 광고를 설정하고 실행하는 것이 더 어렵고 비용도 더 많이 들지만, 그럼에도 불구하고 여전히 400만 명의 구글 광고주가 있다. 또한 자신의 유튜브 채널을 보유한 3,100만 명 중 약 1만 6천 명이 각각 100만 명 이상의 구독자를 보유하고 있으며, 이는 뉴욕 타임즈의 두 배이다. 마지막으로 자기 감시는 구글의 서비스가 널리 사용되는 이유를 설명하기에는 지나치게 복잡하다. 차라리 믿을 수 없을 정도로 효과적이고 대부분 무료이기 때문에 구글을 사

용한다는 것이 더 직접적인 이유처럼 보일 정도이다.

요약하자면 페이스북, 구글 및 기타 기술 플랫폼의 권력 관계는 판옵티콘의 권력 관계와 다르다. 그러나 판옵티콘이 빅 테크 시대의 권력에 대해 생각했을 때 잘못된 모델이라고 한다면, 과연 올바른 모델은 무엇일까?

케임브리지 권력

푸코는 『감시와 처벌Surveiller et punir』에서 판옵티콘에 대해 저술한 후 그의 생애 마지막 10년 동안 다른 유형의 권력을 탐구했다. 학계에서는 이런 종류의 권력을 일반적으로 '구조적' 또는 '구성적' 권력이라고 부르지만 사실 내 생각에 이런 단어들은 그리 직관적이지 않다. 그러므로 나는 이것을 케임브리지 권력이라고 부르고 케임브리지의 이야기를 사용하여 생생하게 전달해 보려고 한다.

이 이야기는 2018년 11월의 밝았지만 추웠던 어느 날 케임브리지의 역사학과 건물에서 시작된다. 나는 강의실 밖 지하 복도에 서서 강의가 시작되기를 기다리고 있었다. 내가 앉는 곳마다 마치 목덜미로 쫓아오는 듯한 바람 때문에 독서에 집중할 수 없었던 나는 도서관에서 아무런 보람도 없는 시간을 보냈는데, RIBA 스털링 상의 기원이 된 제임스 스털링James Stirling이 설계한 역사학부 건물은 현대 건축의 고전 중에서 1등급에 속함에도 불구하고 왜 항상 이렇게 불편한지 나는 이해할 수가 없었다. 나는 내 휴대 전화로 1968년의 『Architectural

Review』[108]에 실린 이 문제에 대한 에세이를 찾았다. 이 에세이에서는 건물의 난방 및 환기 제어가 작동하기에 복잡하다고 설명하면서 저자는 '건물 입주자 대부분이 인문계열 종사자이므로 기계에 대한 소양과 역량이 전국 평균을 밑돌 가능성이 있고, 이 때문에 잘못된 관리로 인한 혼란을 겪을 수 있다'고 예측했다. 즉, 내가 만약 추웠다면 그것은 내 탓이라는 뜻이었다.

케임브리지에 도착하기 전 나는 해당 학기의 강의 목록들을 살펴보고 수강하고 싶은 강의들을 메모해 두었다. 그 강의들은 나의 전공인 정치학 과목들과 관련이 있거나, 세상에 대한 나의 이해를 더욱 풍부하게 해 줄 것이라고 생각했기 때문이다. 나는 역사학, 사회학, 철학, 영문학의 아이디어들에 탐닉하는 것을 상상했고 현대 그리스어 강의를 등록하는 것도 고려했었다. 그러나 5주 후 어느 정도 학교 생활에 적응하자 나는 그 프로젝트를 포기할 수밖에 없었다. 내가 듣고자 했던 강의는 저널 기사, 학술 서적의 한 챕터 또는 심지어 책 전체를 합해 일주일에 평균 500페이지가 넘는 독서량을 요구했다. 그 외에도 월요일 오전 9시에는 2시간짜리 세미나 3개와 사회과학 연구 방법론에 대한 수업이 필수였다. 마지막으로, 나의 지도 교수는 곧 학사 관리 시스템에 연구 진행 보고서를 업로드할 것이었기 때문에 나는 내 연구 논문을 빨리 진행해야 했다.

케임브리지로 이사하기 전에 상상했던 또 다른 하나의 습관은 매일 아침 강가에서 장거리 달리기를 하는 것이었다. 하지만 실제의 나는 하루 일과가 시작되기 전 별로 즐기지도 못하고 헐레벌떡 미드서머 커먼 공원과 지저스 그린 공원을 일주일에 두세 바퀴씩 짧게 뛰는 것에 그쳤다. 나는 경력상의 그 어느 때보다도 치열하게 일 외에는 아무것도 할 시간이 없다는 것을 느꼈다.

아무튼 그날의 강의는 다음 장에서도 만날 우리의 친구 제레미 벤담과 존 스튜어트 밀John Stuart Mill에 대한 시리즈 중 첫 번째였다. 이 강의는 대학교 2학년 학부생들을 대상으로 한 것이었는데, 그 말인즉슨 나는 내 나이의 절반 정도밖에 안 되는 학생들과 함께 복도에서 기다리고 있었다는 뜻이다. 그들 중 일부는 학교 조정 클럽의 후드티와 운동복 하의를 입고 있었고, 또 다른 사람들은 탈색된 머리에 청바지 차림이었다. 몇몇은 다소 까부는 듯 보였으며 다른 몇몇은 차분해 보였다. 시간이 지나자 강의실 문이 열리고, 사람들이 강의실로 들어가느라 약간의 소동이 벌어졌다. 강의실로 떼를 지어 들어가는 사람들 속에서 나는 나의 학창 시절을 생생하게 떠올렸다.

긴 줄을 이룬 나무 책상들과 겹겹이 쌓아 올릴 수 있는 폴리프로필렌 의자가 화이트보드를 마주하고 있었고, 나는 나의 오래된 필통 속 냄새, HB 연필 부스러기와 감색 파커 잉크가 묻은 종이의 냄새를 느낄 수 있었다. 강의실에서 나는 가장 뒤쪽 구석에 자리를 잡았는데, 그 이유는 표면적으로는 내 노트북의 충전 케이블을 꽂을 수 있는 콘센트에 제일 가깝다는 것이었지만 실제로는 내가 다른 학생들과 떨어져 있어야만 하는 외부인처럼 느꼈기 때문이다. 앞줄에 앉아 있던 젊은 남자가 복사한 유인물을 조심스럽게 건네주었다. 대화를 시작하는 것은 사실상 불가능해 보였다. 기본적인 사교 기술이 나를 저버린 것이다.

드디어 강의는 시작되었고, 나는 벤담의 삶에 대한 이야기에 금방 빠져들었다. 강사가 다음 주 강의 주제를 설명하기 시작했을 때가 되어서야 나는 한 시간이나 지났음을 깨달았고, 5분 후에 비교정치와 종교에 관한 세미나가 예정되어 있다는 것을 깨닫고는 깜짝 놀랐다. 나는 서둘러 짐을 싸서 건물을 나와 캠퍼스를 가로질렀다.

세미나는 강의와는 달리 소그룹으로 진행되며 보다 적극적인 참여가 필요한 활동이다. 표면적으로 볼 때에는 참가자들이 일반적으로 회의를 주재하는 시니어와 함께 테이블 주위에 둘러앉는다는 유사성 때문에 사무실에서 일할 때 자주 갖게 되는 업무 진행 관련 회의처럼 보이기도 한다. 그러나 이 둘은 여러 가지 면에서 다르다. 첫 번째로는 잡담이 거의 없는데. 그런 까닭에 분위기를 부드럽게 풀고자 아이스브레이킹 역할을 하려는 사람도 없고 어려운 대화를 나누어야 하는 상황에서 약간의 안도감을 주기 위해 농담을 던지는 사람도 없는 경향이 강하다. 두 번째로 토론의 진행과 촉진은 전적으로 세미나 리더의 권한이다. 즉 하고 싶은 이야기가 있다면 우선 손을 들고 리더가 발언을 허가할 때까지 기다려야 한다는 뜻이다. 세 번째로 세미나의 기본 모드 자체가 비평이라는 점을 들 수 있다. 읽은 것에 대한 논평의 장점을 칭찬하기보다는 단점을 조사하는 경향성을 지니고 있고,

그들이 말한 것에 대해 다른 사람들이 격려나 칭찬을 해 주는 것은 실제로 일어나지 않으며 그들의 주장이 가진 결함을 지적하는 것이 더 낫다. 이러한 관습의 결과로 인해 세미나는 대개 부정적인 에너지를 지닌 심각한 분위기를 띠곤 한다.

나에게 세미나에 참여하는 일은 지난 18년간 직장 생활에서 쌓아 온, 집단에서 어떻게 상호 작용하는가에 대한 본능을 버리는 것을 의미했다. 때때로 나는 그 주에 리뷰할 읽을거리에 대한 열정으로 가득 차서 세미나에 가기도 했지만, 형식 자체가 내가 즐기던 종류의 활기차고 협력적인 토론을 허용하지 않는다는 것을 깨닫고 나자 흥분이 가라앉았다. 또 어떤 때에는 내가 논문과 책의 챕터들을 자세히 읽기에 너무 게으르거나 그 내용을 이해하기에 너무 어리석다는 식으로 스스로 쓸모가 없고 준비가 부족하다고 느끼곤 했다. 한 세미나 자리에서 나는 세속화의 다른 의미에 대한 질문을 던졌고 국가와 종교적 정체성의 얽힘에 대해 지적했는데, 사실 나는 이런 참여가 가치가 있는지에 대해서도 알지 못했다. 잠깐의 침묵이 흐른 후 세미나 리더는 "이 의견에는 어떠한 문제가 있습니까?"라고 했는데, 나는 이를 어떻게 생각해야 했을까? 창피해하거나 부끄러워해야 했을까? 나는 잘못된 말을 할까 봐 겁이 났고, 손을 들어 발언할 생각만 해도 떨렸다. 나는 누군가가 "나도 동의해 샘. 그건 정말 좋은 포인트야"라든지, 혹은 "샘이 전에 했던 이야기를 다시 떠올려 볼 때…"와 같이 평범한 직장 생활에서 흔히 볼 수 있는 진부한 안도감을 갈망하고 있었다.

세미나가 끝난 시간은 오후 3시였고 나는 아침부터 아무것도 먹지 않았기 때문에, 생각을 똑바로 하기에는 너무 배가 고픈 상태였다. 나는 집으로 돌아가는 길에 있는 막스 앤 스펜서Marks and Spencer[109]로 들어가 후무스[110] 한 통과 얇게 썬 흰 빵을 샀다. 나는 이 보잘것없는 쇼핑의 결과물을 갖고 나의 지하실 부엌으로 내려갔고 허공을 멍하니 응시한 채로 배를 채웠다. 방의 모든 라디에이터를 최대한 높이 올렸지만 내 방의 침실은 좀처럼 따뜻해지지가 않았다. 차를 마시고 다음 세미나 때문에 3시간 정도 또 다른 글을 읽어야 했던 관계로 책상 앞에 앉았다. 이미 바깥은 어두워지고 있었다.

그 후 나는 내 오랜 동료였던 헬렌의 처남인 알렉스를 만나기 위해 한 펍을 방문했다. 미국 아이다호 주에 있는 보이시 주립대학의 철학 교수인 그는 방학 동안 한 책에 대해 연구하기 위해 1년 동안 케임브리지에 머무르고 있었다. 인생의 같은 단계에서 안식년을 보내고 진짜 에일 맥주를 좋아한다는 공통점으로 우리는 금방 친구가 될 수 있었다. 원래 나는 그에게 벤담과 푸코에 대해 물어볼 계획이었지만 내가 정말로 하고 싶었던 말은 지금 이 비참함을 누군가에게 호소하는 것임을 곧 깨달았다. 나는 공부량뿐만 아니라, 세미나의 형식 및 피드백의 부재에 대해서도 힘들어하고 있었다. 케임브리지에서 보낼 1년에 대한 처음의 기대와 놓쳤던 강의, 할 수 없었던 조깅, 가입도 못한 스포츠 팀, 바쁘게 지나친 여러 회랑들, 참석하지 못했던 캔들라이트 콘서트와 만찬, 와인 시음회와 같은 칙칙하고 가혹한 현실 사이의 간극 역시 나를 힘들게 했다. 이에 대해 나는 "나는 단지 케임브리지 경험이 없어서 이럴 뿐이다."라고 스스로 위로했다.

"잠깐만요." 알렉스는 맥주를 한 모금 마셨다. "당신은 지금 일주일의 대부분을 혼자서 추운 방에서 보냈다고 했고, 당신의 모든 노력이 별 가치가 없다고 걱정했죠. 그것이 바로 케임브리지를 경험한 것입니다."

케임브리지에서의 첫 학기 동안 일어난 내 성격의 급격한 변화를 가장 잘 설명하는 방법은 무엇일까? 이 책의 서두에서 언급한 내 오랜 동료가 의심했던 것처럼, 그것은 내가 중년의 위기를 겪고 있다는 더 많은 증거였을까? 그렇지 않다면 단순히 자신감을 잃은 것일까? 알렉스는 다른 설명을 했는데, 그것은 내가 케임브리지 권력의 심리적, 정서적, 육체적 효과를 경험하고 있다는 것이었다.

케임브리지 권력은 어디에나 존재했다. 그것은 내 피부에 스며들어 있었고 항상 나에게 작용하는 것이었다. 그러나 그 권력은 세미나의 리더나 대학의 부총장 또는 신중하게 설계된 통제 시스템에 의해 의도적으로 발휘된 것은 아니었다. 이 권력은 그저 공기처럼 존재하는 것이었고 학교의 건축물, 날씨, 관료제, 사회적인 규범, 기억, 교육적인 실천, 상업과 같은 것들의 상호 작용에서 신비롭게 발생하는 것이었다. 이것은 내가 수행할 수 있는 행동, 내가 사용할 수 있는 단어, 내가 할 수 있는 선택과 심지어는 내가 상상력을 발휘할 수 있는 가능성까지 구조화하고 제한했다. 이러한 보이지 않는 요구에 따라 나는 다른 부류의 사람으로 재구성된 것이었다.

IT 기업들의 책임으로 인식되는 많은 사회적인 병폐는 앞서 이야기한 케임브리지 권력의 영향으로 더 잘 이해할 수 있으리라 본다. 즉 학술 언어로 따지자면 구조적 권력과 구성적 권력의 영향이라는 뜻이다. 스마트폰의 급격한 확산은 순식간에 수십억 명의 일상 습관을 바꾸어 놓았다. 미국인 10명 중 7명은 침대 머리맡 협탁이나 침대 속 또는 자신의 손에 휴대 전화를 든 채로 잠을 자며, 영국인 10명 중 4명은 밤에 자기 전 마지막으로 하는 일이자 아침에 일어나서 가장 먼저 하는 일이 휴대 전화를 확인하는 일이다. 사람들은 스마트폰이 있기 전에 대중교통을 이용하는 시간 동안 무엇을 했는지 기억해 내기 어려울 것이다. 동시에, 소셜 미디어의 출현은 사람들이 이전보다 더 많이 자신을 노출하고, 자신의 삶에 대한 이상적인 형태를 수행하도록 촉진했다. 셀카의 유비쿼터스 현상은 이러한 변화의 한 산물이기도 하다. 매년 90명 이상의 사람들이 셀카를 찍다가 절벽에서 추락하거나 차량에 치여 사망하는데 이는 이제 낙뢰, 상어의 공격, 열차 충돌 사고를 합친 것보다 더 많은 사망자를 내는 사망 원인이 되었다. 삶에서와 마찬가지로, 죽음에서도 우리는 과거와는 다른 부류의 사람들이 된 것이다.

그러나 이러한 현상들 중 그 어떤 것도 IT 기업가들이 의도한 바가 아니다. 스티브 잡스는 사람들이 아이폰과 떨어져 지내는 것을 견딜 수 없을 정도로 그들이 아이폰에 집착하게끔 하는 계획을 주도하지 않았다. 케빈 시스트롬Kevin Systrom과 마이크 크리거Mike Krieger는 사람들이 아침 식사를 기록하는 방법에 대한 정교한 이론을 갖고 인스타그램을 창립한 것이 아니며 그들이 셀카를 발명한 것도 아니다. 오히려 그들은 인간의 삶이 미스터리하게 변화하는 방식 몇 가지를 알아차리고 그에 대응했을 뿐이며 이러한 대응(iOS의 알림 또는 Clarendon 필터)[111]은 자체적인 보정 효과를 갖고 있었다. IT 기업들은 구조적 및 구성적 권력의 혜택을 받고 그 권력에 기여하기도 하지만, 권력의 원천은 아니다. 결과적으로 트롤링, 사이버 공간에서의 괴롭힘 및 온라인상에서의 자해를 일으킨 앱을 식별해 내는 것은 케임브리지에서의 첫 학기에 내가 겪은 불행에 책임이 있는 사람을 찾아내는 것보다 더 불가능하다. 우리가 액정 화면을 쳐다보느라 낭비한 시간을 빅 테크의 탓으로 돌리는 것은 일상생활에서 흔히 볼 수 있는 비싼 습관이 된 플랫 화이트 커피를 두고 빅 커피[112]의 탓으로 돌리는 것보다 더 부적절한 일이다.

이런 종류의 권력에 대해 우리는 무엇을 해야 할까? 이 권력은 개인, 제품 또는 기업으로부터 비롯된 것이 아닐 수 있지만, 어쨌든 우리에게 여전히 큰 영향을 끼친다. 푸코의 경우 그 해답을 자기 관리의 실천에서 찾았다. 우리가 하루에 수천 번씩 휴대 전화를 만지고, 가족과의 저녁 식사 시간 도중 왓츠앱을 확인하거나, 공인을 향한 분노 어린 트윗을 하게 만드는 그런 권력을 피할 수는 없지만, 이에 저항하는 훈련을 한다면 어느 정도 그 힘으로부터 자유로워질 수 있다. 장인의 커피처럼 디지털 기술로 성숙한 학생이 되는 이 훈련의 시작은 권력이 작동하는 이상한 방식을 인식하고, 그럼에도 불구하고 우리가 의식적으로 다른 선택을 하는 것으로 시작된다.

시장 권력

빅 테크 시대의 권력 관계를 이해하는 데 도움이 될 수 있는 또 다른 힘의 유형은 더욱 직관적인데, 바로 시장 권력이다. 구조적이고 구성적인 권력과는 달리 시장 권력은 IT 기업이 자신의 이익을 증진시키기 위해 의도적으로 보유하고 휘두르는 권력이기 때문이다.

정부에 대한 로비와 같이 기업이 시장 권력을 표현하는 것은 명백하며 이 지점에서는 IT 기업들이나 다른 대기업 사이에 본질적인 차이가 없다. 애플, 아마존, 구글 및 페이스북은 워싱턴 DC에서 금융업, 자동차 산업 및 군산복합체의 주요 기업들과 거의 같은 금액을 로비 활동에 지출한다(2018년에만 약 5,500만 달러를 지출하였다). 결국 좋든 나쁘든 로비는 대기업이 하는 일이다.

경쟁자를 인수·합병하고자 하는 끝없는 욕구는 시장 권력의 또 다른 명백하고도 친숙한 표현이다. 그러나 빅 테크 산업과 다른 산업 간의 비교는 IT 산업의 경우 기업 간의 통합으로 인해 소비자가 더 높은 가격을 지불하게 되는 경향성이 약하다는 점 때문에 다소 복잡하다. 1970년대 이후로 소비자 후생(간단히 말해 소비자들의 단기적인 금전적 이익을 위한 것으로 이해됨)은 규제 기관이 인수·합병의 승인 여부를 결정할 때 고려하는 가장 주된 요소였다. 자동차 산업의 단일 기업은 상위

6개 글로벌 자동차 브랜드 중 4개 이상을 소유하는 것이 허용되지 않는데, 그 이유는 독점으로 인해 소비자가 비용을 더 지출하게 됨으로써 그 기업의 이윤을 늘릴 수 있기 때문이다. 그러나 이와는 대조적으로 페이스북이 인스타그램과 왓츠앱을 수십억 달러에 인수함으로써 페이스북은 상위 6개 소셜 미디어 앱 중 4개를 소유했지만 이는 이들의 서비스가 무료라는 점 때문에 소비자에게 더 많은 비용을 요구하지 않는다는 점에서 수용이 가능했다.

그럼에도 불구하고, 기술 회사가 시장 점유율을 높이기 위해 시장 권력을 사용하는 것은 학계, 논객들 그리고 정책 의사 결정권자들 사이에서 상당한 우려를 사고 있다. 서구권의 시민들은 본능적으로 권력의 집중을 의심하는 경향이 있다. 이러한 의심은 사람들이 디지털 판옵티콘의 아이디어와 감시 자본주의 이론이 말하는 것처럼 강력한 IT 기업이 겉으로는 우리를 속이는 것처럼 보이지 않지만 분명히 우리를 더 정교하고 은밀한 방법으로 착취하고 있을 것이라는 주장에 많은 신뢰를 보내게 만든다고 생각된다. 그러나 IT 기업이 가진 시장 권력의 영향으로 고통받는 사람들의 그룹은 분명히 존재한다. 바로 사업을 경영하는 사람들이다. 필터그레이드라는 회사를 운영하는 마이크 말로니Mike Moloney와 맷 말로니Matt Moloney형제는 디지털 사진 편집 도구를 사고 팔 수 있는 시장을 제공한다. 필터그레이드의 웹 사이트에는 사진 작가들이 디지털 편집 도구를 사용하고 새로운 기술을 익히는 데에 도움이 되는 유용한 원본 콘텐츠가 많이 포함되어 있다. 마이크와 맷 형제는 검색 데이터를 사용하여 사용자가 무엇을 찾고 있는지 이해하고, 이러한 요구에 맞는 콘텐츠를 만든다. 결과적으로 구글은 그들의 검색 결과 목록에서 눈에 쉽게 띄는 위치를 필터그레이드에게 제공함으로써 보상한다. 그러나 구글은 다른 일도 하는데 그들은 필터그레이드의 웹 사이트에서 단어와 이미지를 추출하고 이를 사용하여 소위 추천 스니펫[113]을 만들어 자신들의 검색 결과를 더욱 풍부하게 만든다. 몇몇 경우에는 이러한 추천 스니펫이 비즈니스에게는 큰 축복처럼 다가올 수 있다. 예를 들어 '반려견 보험 비용은 얼마인가요?'라는 질문을 구글에 검색할 경우, 이것이 Bought By Many에 어떻게 도움이 되는지 알 수 있을 것이다. 그러나 구글에게 수익의 창출 기회가 있는 곳은, 다른 이들에게는 저주가 될 수도 있다.

2020년 4월, 마이크는 구글이 필터그레이드 웹 사이트의 콘텐츠로 35mm 필름 스톡[114]에 대한 추천 스니펫을 채우고 있다는 사실을 발견했다. 그러나 검색 결과 페이지의 사용자 인터페이스 디자인으로 인해 그 이용자가 필터그레이드의 웹 사이트를 클릭할 가능성은 거의 없었다. 대신 이들은 이미지 및 비디오 캐러셀[115]로 구성된 광고의 링크로 인해 구글 쇼핑 및 유튜브 광고로 유도되었다. 이러한 방식의 특정 사용자 인터페이스 디자인은 그 이후 더 이상 사용되지 않았지만 구글은 유사한 방식으로 시장 권력을 행사한 역사가 있다. 구글은 한때 금융 상품 가격 비교 플랫폼을 인수[116]하여 이를 대출, 신용카드, 주택담보대출 등의 검색 결과에 통합시키고, 타사 웹 사이트로 이

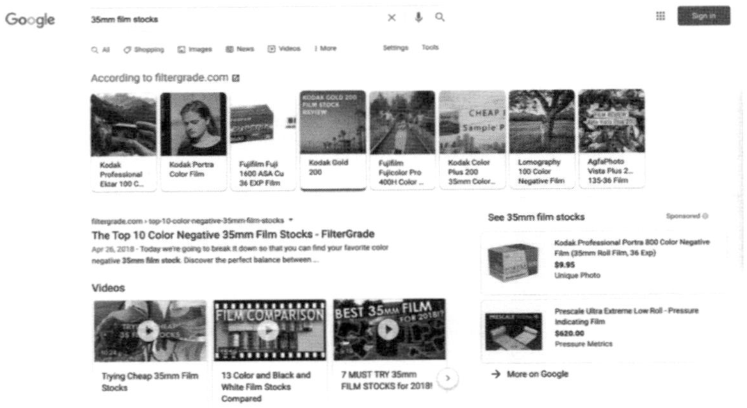

필터그레이드의 콘텐츠로 채워진 구글의 검색 결과 추천 스니펫

동했을 수도 있는 클릭 수를 구글로 유도하여 수수료 수입을 얻은 적이 있다. 구글은 ITA 소프트웨어라는 회사를 7억 달러에 인수하고, 이를 Google Flights구글 항공편: 서드파티 공급자를 통해 항공편 구매를 용이하게 해 주는 온라인 항공편 예약 검색 서비스라는 도구에 통합해 항공권 가격 비교 시장에서도 동일한 작업을 수행했다. 구글에서 '샌프란시스코행 항공권'을 검색하게 되면 Google Flights의 통합 검색 결과가 카약 및 스카이스캐너와 같은 타사 웹 사이트에 대한 링크만큼 화면을 차지할 것이다.

이러한 시장 권력의 행사는 수직계열화, 즉 하나의 회사가 산업 내 가치 사슬의 다른 부분까지 모두 통제함으로써 가능하다. 이는 지금으로부터 130년 전으로 거슬러 올라가 광산, 선박, 철도, 제철소를 소유한 스코틀랜드계 미국인 강철왕 앤드류 카네기Andrew Carnegie의 시대 때부터 사용되던 전략이다. 이러한 전략의 사용 결과 카네기는 자신이 통제하는 운송 인프라에 의존할 수밖에 없는 다른 경쟁자들보다 더 많은 시장 권력을 가질 수 있게 되었다. 그가 만약 철강 사업에서 경쟁자들을 몰아내고 싶었다면, 그가 해야 하는 일은 경쟁자들의 이윤이 사라질 때까지 운임을 인상하는 것뿐이었다. 우리 시대에 있어서 수직계열화는 구글에만 국한된 것이 아닌 모든 거대 IT 기업의 특징이다.

이 책을 쓰는 시점에서 아마존은 마켓플레이스 플랫폼에서 제3자 판매자에게 피해를 주게끔 시장 권력을 행사한 혐의로 EU 반독점위원회의 조사를 받고 있다. 아마존은 마켓플레이스를 운영하는 동시에 판매자의 역할도 수행하므로, 자사의 광고주인 고객들과 함께 자사의 제품을 나열한다. 이는 아마존이 마켓플레이스를 운영하는 차원에만 머무르지 않고 마켓플레이스에서 수집한 매출 데이터를 활용해 가맹점 차원에서 어떤 상품을 판매하면 좋을지를 결정한 것으로 보인다. 마찬가지로 애플도 앱스토어를 운영하고 있는데, 이는 애플 자체 개발자가 구축한 앱을 더 우대할 수 있는 기능을 애플이 가지고 있다는 것을 의미한다.

시장 권력에 대한 이야기가 판옵티콘이 가진 징벌 권력에 대한 이야기보다 흥미가 떨어지는 것은 사실이다. 즉 5장에서 논의한 공급망 및 콘텐츠 조정 문제와 같이 우리가 안개 속에서 길을 잃을 위험성이 있다는 뜻이다. 게다가 시장 권력이라는 용어를 오용하지 않기 위해서는 IT 기업들이 그들의 고객이기도 한 중소기업과 관련하여 어떻게 행동하는지에 대한 기술적인 세부 사항을 면밀히 조사해야 한다.

우리의 데이터에 대한 지나친 관심은 이러한 정밀 조사에 방해가 될 수 있을뿐더러 우리의 주의를 분산시킬 수 있다. 4장에서 언급한 구글 검색의 경쟁을 위배하는 관행에 대한 미국 의회의 조사 내용이 기억나는가? 구글의 수직계열화가 필터그레이드와 같은 기업에 미치는 영향을 정량화하기 위해서는 결국 구글의 검색 결과에서 각 링크를 클릭하는 사용자 수를 보여 주는 데이터가 필요하다. 그러나 사람들의 인터넷 속 행동에 대한 익명화된 기록을 편집하는 점프샷이 개인 정보 보호 문제로 서비스를 중지하면서 우리는 그러한 데이터를 더 이상 사용할 수가 없다. 속담이 말하듯이, 우리는 누워서 침을 뱉은 꼴이 된 것이다.

도달 권력

디지털 권력 관계를 이해하는 데 도움이 될 수 있는 마지막 유형의 권력은 새롭고 독특하다. 게다가 이론으로 정립되어 있지도 않고, 사실 제대로 명명조차 되지 않았다. 지금부터 이 권력을 '도달 권력'이라 부르도록 하자.

시장 권력은 소수의 기업에 집중되어 있고 본질적으로 다루기가 쉬우며, 목적을 달성하기 위해 의도적으로 행사할 수 있다. 이것보다 더욱 미스터리한 구조적·구성적 권력은 사회 전체에 퍼져 있지만 다루기가 어렵다. 즉 활용이 가능하기는 하지만, 시장 권력이 할 수 있는 것과 같은 방식으로 도구화되어 사용될 수는 없다는 뜻이다. 반면에 도달 권력은 다루기도 쉽고 사회 전반에 걸쳐 확산되는 권력의 유형이다.

이 권력은 당신과 나를 포함하여 안정적인 인터넷 연결을 가진 수십억 명의 다른 사람들에게 다가갈 수 있도록 하기 때문에, 나는 이것을 도달 권력이라고 이름 붙였다. 이 권력은 전 세계적 규모로 모든 것을 문서화하고, 네트워크화하고, 방송하고, 소집하고, 축하하고, 지지하고, 구슬리고, 영향력을 행사하고, 설득하고, 선동하고, 모욕하고, 때로는 괴롭힐 수 있는 힘이다. 도달 권력은 휴대 전화의 비디오카메라에서부터 페이스북의 유사 고객 타깃 알고리즘에 이르기까지 믿을 수 없을 정도로 정교한 하드웨어 및 소프트웨어를 통해 전달된다. 이 권력은 매우 널리 분포되어 있기 때문에, 민주주의 그 자체보다 훨씬 더 민주적이라고도 볼 수 있다. 투표권과 달리 도달 권력에는 최소 연령 제한도 없을뿐더러 권위주의 정권에 의해 통치되는 전 세계 59개국에서도 이용할 수 있다. 이 권력은 때로는 심오하거나 때로는 사소한 방식으로, 정치적 또는 상업적 목적을 위해, 선 또는 악을 위해 이용될 수 있다.

이 책에서 소개할 도달 권력에 대한 많은 예가 이러한 이중성을 증명한다. 나는 당뇨병 환자와 퍼그 불독의 소유자를 Bought By Many

의 그룹으로 유도하기 위해 타깃 광고의 도달 범위를 설정했지만, 도미닉 커밍스는 이를 사람들이 브렉시트에 투표하도록 설득하는 데에 사용했다. 월드스토어즈의 경우에는 구글 검색의 도달 범위를 사용하여 트런들 침대 시장을 공략했다. 패트릭 베를린궤트의 경우 코로나 바이러스의 확산을 추적하는 일에 사용했다. 에반 음마와리레는 로버트 무가베 정권의 실패에 대한 항의 메시지를 퍼트리기 위해 소셜 미디어의 영향력을 사용했지만, 로드리고 두테르테의 지지자들은 그것을 합법적이면서도 초법적인 살인 행위에 사용했다. 무브온 온동은 페이스북 페이지의 도달 권력을 사용하여 마크 저커버그로 하여금 비컨 프로그램을 중단하도록 청원했고, 버마 군부의 장교들은 로힝야족을 겨냥한 인종 청소를 선동하기 위해 도달 권력을 사용했다.

도달 권력의 이러한 이중성은 디지털 시대가 갖는 많은 모순들, 예컨대 동일한 기술이 자유와 억압을 동시에 만들어 내는 이유와, 연민과 증오를 동시에 부추기는 것과 같은 일들을 설명한다. 판옵티콘의 개념으로 되돌아가서 우리는 어떠한 방향으로든 권력을 휘두를 수 있는 특권적인 위치인 감시관의 탑을 말 그대로 누구라도 점유할 수 있는 세상에 살고 있는 것이다. 이는 거의 무정부 상태라고 해도 좋을 정도로 민주적이며 모두에게 자유가 부여된 것이다. 우리는 2장에서 페이스북의 타겟팅 기술을 사용할 수 있는 사람에 대한 통제가 이루어지지 않는 것이 기술 그 자체보다 더 큰 정치적인 문제를 야기한다는 것을 확인하였다. 유튜브 채널에서 트위터 해시태그 및 왓츠앱의 그룹에 이르기까지 도달 권력의 다른 도구들 역시 마찬가지이다. 중요한 문제는 사회적인 효익을 잃어버리지 않으면서 어떻게 도달 권력의 남용을 억제할 수 있느냐 하는 것이다.

GOOD

DATA

7
IT 기업 CEO들의 교만함

그리스 신화에서 크레타의 미노스 왕은 장인 다이달로스를 찾아가 왕비에게서 태어난 인간과 황소의 잡종 미노타우로스를 가둘 수 있는 지하 미궁을 지어 줄 것을 의뢰한다. 하지만 미궁의 건설이 완료되고 나자 왕은 미궁의 존재를 비밀로 유지하기 위해 다이달로스와 그의 아들 이카로스를 탑에 가두었다. 탈출을 계획한 다이달로스는 실과 밀랍으로 깃털을 묶어 날개를 만들고 이카로스에게 나는 법을 가르쳤다. 마침내 그들이 이륙할 준비를 마쳤을 때 다이달로스는 그의 아들에게 물보라가 깃털을 적시는 경우를 대비하여 바다 위를 너무 낮게 날지 말고, 태양열에 밀랍이 녹을 수 있으므로 너무 높이 날지 말라고 주의를 시켰다. 물론 이카로스는 이를 무시했고, 첫 비행 경험이 너무나 황홀했던 나머지 자신이 죽을 것이라는 것도 잊은 채 하늘 높이 날아가 결국 날개를 붙들고 있던 밀랍이 녹아 추락하고 만다.

이카로스의 이야기는 교만함에 대한 경고로 널리 회자된다. 즉 지나치게 과도한 자신감은 도달점을 향해 뻗어 나가게 만들고, 결국에는 땅바닥으로 추락해 비참한 결말을 맞이하게 된다는 것이다. 일반적으로 이 단어는 IT 기업의 창업자 또는 CEO에 대해 기록할 때 사용되는데, 엘리자베스 홈즈Elizabeth Holmes[117]와 애덤 노이만Adam Neumann[118]이 가장 최근의 대표적인 두 가지 사례라고 할 수 있다.

홈즈가 창립한 회사인 테라노스는 손가락을 한 번만 찌르면 되는 혁신적인 혈액 검사 키트의 개발을 공언했다. 이들의 말에 따르면, 단지 몇 방울의 혈액만으로 테라노스 연구소에서는 성병에서 당뇨병, 암에 이르기까지 수백 가지의 질병을 식별해 낼 수 있었다. 루퍼트 머독Rupert Murdoch[119], 카를로스 슬림Carlos Slim[120]및 월튼 가족Walton Family[121]을 포함한 투자자들로부터 약 7억 달러에 이르는 투자를 받은 테라노스는 비밀리에 혈액 검사를 개발하는 데에 10년 가량을 소요했다. 그동안 이들은 연구에 대한 논문을 피어 리뷰 저널에 게재하지도 않았고, 시연은 팰로앨토의 테라노스 본사에 방문할 때 비밀 유지 동의서에 서명하고 화장실까지 함께 동행할 준비가 된 사람들에게만 이루어졌다. 미국 대통령 집무실을 모델로 한 홈즈의 위층 회의실에는 가구와 방탄 창문 등이 동일하게 배치되었다. 뿐만 아니라 그녀의 전용기와 그녀를 '이글 원'이라는 암호명으로 부르는 경호원들도 있었다.

2015년에는 애리조나 주 피닉스에 있는 월그린 약국 체인점에 40개소의 테라노스 테스트 센터가 문을 열었다. 그때까지만 해도 이 기업은 일반적인 비용보다 훨씬 더 저렴하게 종합적인 혈액 검사를 제공하겠다는 자신들의 비전을 곧바로 실행할 것처럼 보였다. 하지만 문제는 테스트가 제대로 작동하지 않았다는 것이다. 탐사 전문 기자들은 테라노스가 결국 새로운 스크리닝 기술을 개발하는 것에 성공하지 못했다고 밝혀냈다. 대신 그들은 아주 작은 혈액 샘플을 희석한 뒤 지멘스사에서 제조한 표준 장비를 사용하여 혈액을 분석했다. 결과적으로 테스트의 결과는 전혀 신뢰할 수 없는 수준이었고 이로 인해 테라노스의 서비스를 이용한 월그린의 고객들은 필요한 약물 복용을 중단하거나 필요하지 않은 의료 절차를 받게끔 잘못된 조언을 듣게 되었다. 한때 기업 가치가 100억 달러에 이르던 테라노스는 결국 파산했고, 홈즈는 여러 사기 혐의로 기소되었다.

애덤 노이만은 사기를 저지르지는 않았지만, 고급 사무실 임대 회사인 위워크의 공동 창립자이자 CEO로서 홈즈보다 훨씬 더 많은 주주 가치를 파괴했다. 2019년 초 일본의 소프트뱅크는 위워크에 470억 달러의 기업가치를 가정하고 20억 달러를 투자했으며, 그해 후반에는 600억에서 1천억 달러의 가치로 IPO기업공개를 할 수 있을 것으로 예상했다. 여기서 기업가치 470억 달러는 테스코 및 바클레이즈 은행의 시가총액의 거의 두 배에 달하는 금액이다. 그러나 불과 1년 후 위워크는 기업공개에 실패하고 소프트뱅크가 100%를 소유하게 되었으며, 현재의 기업가치는 이전보다 440억 달러가 감소한 29억 달러에 불과하다.

노이만은 개인적인 카리스마와 각종 기행으로 유명했다. 그는 소프트뱅크가 2016년 위워크에 최초의 44억 달러를 투자하도록 설득하는 데 28분밖에 걸리지 않았다. 그는 정리 해고 계획을 발표하고 직원들에게 데킬라를 샷으로 마시게 하는가 하면 임대한 걸프스트림 제트기에서 대마초를 피우고 여정에서 돌아올 때 또 피우기 위해 여분의 대마초를 시리얼 상자에 넣어 기내에 남겨 두기도 했다. 그는 개인적으로 'We'라는 용어를 상표로 등록한 뒤 회사에 590만 달러에 다시 매각하기도 했다. 위워크의 IPO 관련 서류에는 회사의 사명이 '세계의 의식을 고양시키는 것'으로 기록되어 있었는데, 이는 사무실 임대 비즈니스로서는 달성하기 어려운 목표이다. 비록 그 사명 때문에 세입자들에게 무료 플랫 화이트 커피를 제공하기는 했지만.

홈즈와는 달리 노이만은 회사의 제품이나 기능에 대해 이야기할 때 다른 사람을 속이지는 않았다. 그러나 그는 투자자들에게 위워크가 독점적인 기술을 가진 다른 IT 기업들과 비슷한 부류에 속해 있음을 의미하는 마법 같은 무언가가 있다는 것을 납득시켰다. IT 기업의 평가는 한계 비용이 0에 가깝다는 것을 전제로 한다. 백만 개의 새로운 트위터 계정이나 백만 개의 새로운 마이크로소프트 오피스 소프트웨어를 만드는 것은 기본적으로 무료이기 때문이다. 그렇기 때문에 IT 기업들의 성장과 관련해 유일한 실질적 한계는 결과적으로 수요이다. 하지만 위워크는 완전히 다르다. 더 많은 수요를 충족한다는 것은 더 많은 건물을 임대하고 더 많은 가구를 배치하는 것이기 때문이다. 위워크는 2017년까지 253개소의 건물에 약 500만 킬로그램의 알루미

늄을 사용하여 사무실 칸막이를 만들었고, 2017년 한 해에만 100만 ㎡ 면적의 흰 오크 나무 마루가 깔린 사무실을 매입했다. 아무래도 그 모든 무게를 짊어지고 하늘로 날아오르는 것은 그들에게도 어려운 일이 아니었을까 한다.

중력을 무시하려는 IT 기업 CEO의 욕망은 은유적일 뿐만 아니라 문자 그대로일 수도 있다. 일론 머스크Elon Musk가 창업한 스페이스 X의 목표는 인류가 여러 행성에서 거주하는 종족이 아닐 경우 닥쳐올 믿을 수 없을 만큼 우울한 미래에 대한 머스크의 생각에 영향을 받아 화성에 도달하고 화성을 테라포밍지구가 아닌 다른 행성 및 위성, 기타 천체의 환경을 지구의 대기 및 온도, 생태계와 비슷하게 바꾸어 인간이 살 수 있도록 만드는 작업하여 식민지화하는 것이다. 죽음을 초월하려고 하는 욕망 역시 마찬가지이다. 영원한 삶에 대한 머스크의 비전에는 사람들이 클라우드에 자신의 마음을 업로드할 수 있는 두뇌-컴퓨터 인터페이스 기술이 포함되어 있다. 아마존의 제프 베조스Jeff Bezos, 구글의 공동 창업자인 래리 페이지Larry Page와 세르게이 브린Sergey Brin, 페이팔의 피터 틸Peter Thiel 등 다른 IT 기업 CEO들은 극저온 시설, 줄기 세포 치료, 실험적인 대체 수혈 기술 및 노화 방지 약물 등에 투자했다. 그들의 근본적인 가정은 인류가 가진 생물학적 한계와 이 행성 자체의 한계는 모두 체계적으로 해결할 수 있는 일종의 공학적 문제라는 것이다.

그렇다면 과연 교만함을 조장하는 기술 부문은 무엇일까? 젊은 나이에 눈에 띄게 성공하는 것과 관련이 있을지도 모른다. 스티브 잡스는 마흔이라는 나이에 억만장자가 되었고, 35세의 제프 베조스, 31세의 빌 게이츠, 30세의 래리 페이지가 그러했으며 마크 저커버그와 에반 슈피겔Evan Spiegel[122]은 모두 26번째 생일을 앞두고 억만장자라는 이 정표에 도달했다. 인생의 초반에 그렇게 많은 것들을 성취해 냈다면 말 그대로 무엇이든 할 수 있다고 생각하는 것이 그리 놀라운 일은 아닐 것이다.

그들의 교만함은 역사에 대한 건망증이나 무지와도 관련이 있을 것이다. 세계 최대 IT 기업의 근간은 냉전 기간 동안 이루어진 미국 정부의 대규모 투자이다. DARPADefense Advanced Research Project Agency, 미국 국방고등연구계획국가 수행했던 작업들은 애플, 아마존, 마이크로소프트, 구글, 페이스북, 스냅 등 거의 모든 거대 IT 기업의 밑거름이 되었던 인터넷의 기반을 구축했다. 그러나 IT 기업 CEO들이 자신들의 탄생과 관련해 정부에게 그 공을 돌리는 것은 매우 드문 일이다. 반면에 그들은 자사의 회계사들이 보조금을 극대화하고 법인세를 최소화하기 위해 노력하는 동안에도 자유지상주의적 견해를 열심히 피력하고 있을 것이다. 이 장의 맨 앞에서 언급한 그리스 신화 이야기에 빗대어 DARPA를 다이달로스라고 생각해 볼 수도 있다. 그리고 이카로스는 일단 이륙하고 나면 비행의 기적을 자신의 천재성으로 돌리고, 훌륭한 장인이었던 그의 아버지에 대한 모든 것을 잊어버리게 된다.

머스크가 좀비 아포칼립스가 닥쳐올 경우를 대비해 미국인들이 스스로를 방어할 수 있도록 2만여 개의 화염방사기를 판매한 것에서부터, 바다에 띄운 콘크리트 바지선에 새로운 개인 소유의 도시국가를 건설하려는 계획인 시스테딩에 대한 피터 틸의 지원에 이르기까지 교만한 기술 비전의 예는 수두룩하다. 물론 그들을 조롱하거나 그들의 계획이 무너져 지상으로 추락했을 때 샤덴프로이데남의 불행이나 고통을 보면서 느끼는 환희나 기쁨를 경험하는 것은 확실히 즐겁다. 그러나 그들의 교만함에는 화려함보다는 오히려 심각함이 더 두드러지는 면도 존재한다.

IT 기업 CEO들의 교만함은 국가 및 국제적인 조직들의 역할이 민간 재단으로 점점 더 많이 흡수되는 세상을 만들어 준다. 이 시스템은 때때로 '자선 자본주의'라고 불리기도 한다. 예컨대 빌 게이츠의 경우 경제학자 토마 피케티Thomas Piketty[123]가 제시한 불평등에 대한 설명에 공감하는 편인데, 피케티는 그의 영향력 있는 저서 『21세기 자본』에서 자본 수익률이 언제나 경제성장률을 초과하는 상황이 부의 집중을 초래하여 사회적 피해를 야기한다는 것을 보여 주었다. 그러나 빌 게이츠는 이러한 논리에 공감하면서도 불평등을 해결하기 위해 피케티가 제안한 글로벌 부유세 제안에는 반대하고 있다. 린지 맥고이Linsey Mcgoey[124]가 쓴 것처럼, 우리는 빌 게이츠 본인이 자신과 게이츠 재단의 공동 이사인 멜린다 게이츠Melinda Gates 및 워렌 버핏Warren Buffet이 빈곤의 완화와 기아의 해결, 건강 상태 개선, 교육 수준을 높이는 것 등에 대한 투자를 하는 데 정부와 국제 기관보다 자신들이 더 낫다고 믿는다고 결론을 내릴 수 있을 뿐이다. 또한 그는 민간 재단에 의해 달성된 결과들이 그들의 투명성 및 책임성 결여 그리고 공공 서비스 분야 정부 지출에 대한 대중들의 지지를 손상시키는 것을 정당화할 수 있다고 믿고 있음이 틀림없다.

게이츠 재단의 활동을 비판하고자 이 이야기를 하는 것이 아니다. 게이츠 재단의 기부금은 분명히 위워크의 모든 주식을 매입하는 것보다 470억 달러를 더 사회적으로 이롭게 사용하는 방법이다. 오히려 나는 개인적인 선의가 정치 체제를 대체할 수 있다고 판단한 그의 교만함을 강조하고 싶은 것이다. 만약 전 세계의 정부들이 부유세 도입을 시행한다면, 당연히 그 역시 우리처럼 납세를 해야 한다.

IT 기업 CEO의 오만함은 기업 지배 구조의 규범이 무너지는 세상으로 이어진다. 그중 한 가지 예시는 주식 보유량에 비례하지 않는 크기의 의결권을 일부 주주에게 부여하는 이중 클래스 종류주식이 만연한 것이다. 물론 회사의 초기 단계에서 다양한 종류의 주식을 보유한다는 것은 장기적인 비전을 가진 창업자가 단기적이고 재무적인 동기를 지닌 투자자로부터 동의할 수 없는 방향을 선택하도록 강요당하는 것을 방지할 수 있다. Bought By Many 시절에도 이 구조는 당연히 고려의 대상이었다. 우리는 보험업계의 오랜 결함을 해결하려고 노력하고 있었으며, 투자자들이 상품을 더 높은 가격에 판매하도록 하거나 상품 개발에 대한 투자를 줄이게끔 하는 것을 원하지 않았다. 다행히 Bought By Many의 경우 우리는 추가적인 보호책이 필요하지 않을 만큼 충분히 오랫동안 회사 지분의 과반을 유지할 수 있었지만, 창업자에게 더 많은 자본이 필요한 경우라면 더 큰 의결권을 부여하는 다른 종류주식을 만드는 것이 도움이 되었을 것이다. 그러나 이중 클래스 종류주식은 기업들이 유통시장에 뛰어들 준비를 하는 후기 단계에서 창업자의 지배력을 확고히 하기 위해 사용되는 경우가 잦다.

위워크에서 이중 클래스 종류주식은 애덤 노이만에게 보통주 대비 20배의 의결권을 부여했고, 회사의 IPO 서류에는 그의 배우자이자 비즈니스 파트너인 레베카 팰트로 노이만Rebekah Paltrow Neumann에게 자신의 사망 시 후임자를 선택할 수 있는 독점적 권리를 부여했다. 놀랍게도 애덤과 레베카는 자신의 자손 세대까지도 회사의 지배지분을 보유하게 하고자 했다. 노이만은 2019년 위워크 직원들에게 다음과 같이 말했다. "어느 날, 어쩌면 100년 후, 아니면 300년 후에 제 증손녀가 저 방에 와서 이렇게 말하는 것이 중요합니다. '이봐, 당신은 나를 잘 모르겠지만, 그곳을 통제하는 사람은 나야. 그리고 당신이 지금 취하는 방식은 우리가 이곳을 만들어 온 방식이 아니야.'" 노이만의 주장은 오직 그의 생물학적 후손만이 회사의 의식을 고취시키는 사명감으로 회사를 유지할 수 있다는 것이었다.

위워크의 이러한 지분 구조는 사실 그렇게 크게 이상하지도 않다. 핀터레스트의 창업자 역시 보통주 대비 20배의 의결권을 부여받았었고, 스냅은 2017년 IPO 당시 의결권이 없는 주식을 발행하기도 했으며, 래리 페이지와 세르게이 브린은 여전히 의결권 있는 구글 지분의 과반을 장악하고 있다. 하지만 가장 중요한 예시는 바로 페이스북이다. 마크 저커버그는 회장이자 CEO일 뿐만 아니라, 의결권 역시 과반

수 보유하고 있다. 그는 재량에 따라 페이스북의 다른 주주들이 만장일치로 반대하는 인수·합병 또는 사업의 처분을 완료할 수 있으며, 그들이 지지하는 안건을 차단할 수 있다. 또한 그는 마음대로 페이스북의 이사를 임명하거나 해임할 수는 있지만 자신을 해임할 수는 없기 때문에, 그의 회사 경영은 완전히 통제되지 않으며 그는 오직 그 자신에 대해서만 책임을 진다. 실제로 페이스북이 미 증권거래위원회에 직접 제출한 자료에서도 이러한 합의를 '집중적 통제' 중 하나로 언급하고 있다. 만약 저커버그가 세상을 떠나게 되면 그가 지명한 사람에게 경영권이 그대로 넘어가게 된다.

저커버그는 집중적 통제를 어떻게 정당화하는가? 그는 페이스북이 그가 지배하는 회사라고 불리고 있기 때문에 단기적인 주주들의 변덕에 저항할 수 있고, 피인수에 대한 거부 및 수익성에 부정적인 영향을 끼치는 보안에 대한 투자, 인스타그램의 인수와 같이 항상 즉시 성과를 거두지는 못할 수도 있는 결정을 내림으로써 '우리 공동체에 봉사'할 수 있다고 주장한다. 그는 '사람들에게 커뮤니티를 구축하고 세상을 서로 더 가깝게 만들 수 있는 힘을 부여한다'라는 페이스북의 사명이 이러한 특별 수단을 정당화한다고 주장하는 대신 집중적 통제가 기업 지배 구조의 우수한 형태라고 주장한다. 그는 현재의 지배 구조가 회사의 서비스 이용자들을 희생시키면서 주주의 단기적인 금전적 이익을 증진하는 것 이상은 하지 못한다고 믿는 듯하다. 빌 게이츠와 마찬가지로 저커버그는 집중된 통제에 찬성하는 자선 자본주의적 주장을 펼친다. 그 말인즉슨 페이스북의 이중 클래스 지분 구조가 그의 개인 재산 대부분을 교육, 공중 보건, 사회 정의를 촉진하는 비영리 단체 및 자선 사업에 투자할 수 있게 한다는 것이다. 집중적 통제에 대한 저커버그의 애착이 가지는 역설은 그가 전형적인 자유주의자라는 것이다. 여기서 자유주의자의 의미는 '진보'라는 단어의 동의어로 느슨하게 사용되는 것이 아니라, 17세기와 18세기에 처음 출현했으며 여전히 서구에서 지배적인 특정 정치 이데올로기를 나타내기 위해 사용되고 있는 것이다. 역사적으로 자유주의는 존 스튜어트 밀, 알렉시스 드 토크빌Alexis de Tocqueville[125], 제레미 벤담과 같은 사상가들과 관련이 있고, 더 최근의 인물들로는 존 롤스와 마사 누스바움Martha Nussbaum[126]과 같은 철학자들과 관련 있다 할 수 있다.

자유주의가 무엇인지에 대해서는 정치 이론가들 사이에 많은 논쟁이 있지만, 그들이 모두 동의하는 것 중 하나는 자유주의자들이 절대 권력을 용납하지 못하는 것은 바로 인간의 자유를 위협하기 때문이라는 것이다. 권력이 집중되는 것을 볼 때마다 자유주의자들은 늘 의심을 품고 견제와 균형을 원칙으로 하는 법과 시스템을 통해 본능적으로 권력을 제한하고자 한다. 저커버그가 만약 완벽한 자유주의자가 아니라면 그는 페이스북에 대한 그의 집중된 통제 자체가 비자유주의적 모욕이라는 사실을 의도적으로 외면하고 있는 것이고, 이것이 바로 그가 가진 교만함이라는 것이다. 그러나 페이스북과 관련해 가장 위험한 것은 교만함과 자유주의 정치 철학이 결합될 때이다. 이것이 어떻게 권위주의적인 억압과 인종 청소 등을 가능케 했는지를 이해하려면, 내가 '저커버그식 자유주의'라고 부르는 것에 대해 이해해야 한다.

저커버그식 자유주의

저커버그의 정치적 성향을 종합해서 살펴보자면, 평론가들이 대개 저커버그가 2017년에 발표한 5,700단어로 된 '글로벌 공동체 구축'이라는 게시물을 언급했다는 점에 주목할 필요가 있다. 저커버그는 이 글에서 자유주의적 대의 아래 페이스북이 수행하기를 바라는 역할을 분명히 했다. 그것은 번영과 자유를 전파하고 평화와 상호 이해를 증진하며, 사람들을 빈곤에서 구출하고 과학의 발전을 가속화하는 것이었다. 그러나 그를 비판하는 이들은 전혀 감명을 받지 못했는데, 존 노턴은 이 글 자체를 '놀랍도록 순진한' 것이라며 일축했고, 쇼사나 주보프는 이것을 페이스북이 자기 자신의 감시 자본주의를 가리기 위한 연막과 같은 것으로 간주했다. 그러나 실제 저커버그의 생각은 그 게시물 하나로 표현하기 어려울 만큼 많은 것들을 담고 있다. 실제로 밀워키에 있는 마르퀘트 대학의 한 팀은 '저커버그 파일'이라는 포괄적 디지털 아카이브에 그가 2004년부터 말하거나 쓴 것에 대한 자료를 1천 개 이상 수집했다. 내가 저커버그의 자유주의 이념과 페이스북의 명시된 사명에 관한 그의 약속들과 관련해 도출한 결론은 그 디지털 아카이브에서 채굴해 낸 자료들에서 비롯된 것이었다.

이제 나는 몇 페이지에 걸쳐 그가 '사람들에게 힘을 주고 세상을 더 가깝게 만들고 싶다'라고 말할 때 그를 믿어야만 하는 이유를 간략하게 설명할 것이다. 그렇다면 저커버그식 자유주의란 정확하게 무엇인가? 그 질문에 답하는 가장 쉬운 방법은 저커버그식 자유주의에 속하지 않은 것에 관해 이야기하는 것이다. 국경을 초월한 경제적 교류의 자유가 효용이 있는 것은 당연한 이야기이지만, 저커버그식 자유주의는 신자유주의, 즉 프리드리히 하이에크Friedrich Hayek[127]가 발전시키고 그 후 마거릿 대처Margaret Thatcher와 로널드 레이건Ronald Reagan이 정책 차원에서 수용한 규제 완화와 자유 시장의 이데올로기와는 다르다. 또한 저커버그식 자유주의는 정부의 유용함을 부정하고 버닝맨 축제[128] 및 시스테딩과 같은 유토피아적 실험을 옹호하는 존 페리 발로우John Perry Barlow[129]처럼 실리콘밸리 반문화의 상징 같은 인물과 관련된 자유지상주의와도 다르다. 대신, 저커버그식 자유주의는 이 이데올로기의 정통 사상가들에 의해 자유주의로 인식될 수 있는 좀 더 고전적인 버전이다. 이것은 아래 제시된 네 가지의 상호 연결된 아이디어를 기반으로 한다.

1. 인류는 풍부한 가치를 지닌 존재이다.
2. 그들은 또한 합리적이다
3. 따라서 표현의 자유를 장려하는…
4. …더 큰 상호 이해와 발전으로 이어진다.

우리는 저커버그 본인의 발언을 활용하여 이러한 아이디어를 더욱 정교화할 수 있다. 기술은 사람들의 삶을 개선하기 위한 거대한 지렛대이므로, 페이스북은 온라인뿐만 아니라 오프라인에서도 의미 있는 연결 및 의미 있는 상호 작용을 가능하게 하기 위해 모두가 보편적으로 접근할 수 있는 사회 기반 시설을 제공해야만 하는 '도덕적 책임'이 있다. 또한 매우 다른 사회적, 문화적 규범의 세계에서 페이스북은 '모든 사람의 목소리를 담을 수 있는' 그리고 모든 아이디어를 위한 플랫폼이어야 한다. 표현의 자유가 가지는 중요성은 매우 근본적인 것이어서, 심지어는 홀로코스트가 일어났다는 것을 부정하는 사람들의 발언권조차 지켜져야 하는 것이다. 대화를 할 때 대부분의 사람들은 꽤나 개방적인 마음가짐을 갖고 있을 것이므로, 이것은 궁극적으로 우리 사이에 공통적인 이해를 쌓을 것이고, 이슬람 혐오와 같은 문제들은 우리를 하나로 묶는 것에 초점을 맞춰 극복될 수 있을 것이다. 아울러 모든 사람들이 자신의 경험을 공유할 수 있는 힘을 갖게 되면 전 세계는 '모든 사람을 위해 작동하는 글로벌 공동체'가 되는 방향으로 나아갈 것이다.

저커버그의 이러한 관점은 자유주의 사상의 역사와 밀접한 관련이 있다. 비록 저커버그의 페이스북 게시물은 스티븐 핑커Steven Pinker[130]의 『우리 본성의 선한 천사The Better Angels of Our Nature』와 유발 노아 하라리Yuval Noah Harari의 『사피엔스Sapiens』 같은 현대의 헤겔 철학 추종자들의 책에서 비롯되었지만, 과거의 역사를 인간 진보의 이야기로 보는 관점은 독일의 자유주의 철학자 헤겔Hegel, 1770~1831로 거슬러 올라갈 수 있다. 국가 간의 국제 관계보다 서로 다른 국적자들 간의 개별적인 연결이 세계 평화에 더 기여할 수 있다는 생각은 또 다른 자유주의 정치 이론가인 벤저민 콘스탄트Benjamin Constant, 1767~1830[131]와 급진적 자유주의 정치인인 리처드 콥덴Richard Cobden, 1804~1865[132]의 글에서 찾아볼 수 있다. 저커버그가 언급한 지구촌 공동체가 암시하는 상호 의존성은 L.T. 홉하우스L.T. Hobhouse, 1864-1929,[133] J.A. 홉슨 J.A. Hobson, 1858~1940[134], 그리고 허버트 크롤리Herbert Croly, 1869~1930[135]와 같은 후기 자유주의자들이 '유기주의'라고 명명한 것과 일치한다. 생물학의 진보에 영향을 받은 유기주의는 정치 공동체를 살아 있는 유기체로 보았는데, 이는 정치적 신체의 한 부분이 다치거나 질병이 발생하면 이것은 필연적으로 전체를 해치게 될 것이라는 개념이다. 이 개념은 20세기 초 국가 연금과 실업 수당의 도입 및 공중 보건 개혁에 지적인 정당성을 제공하였다.

게다가 저커버그식 자유주의는 우리가 클럽, 각종 협회, 타운홀 미팅 등에서 볼 수 있는 오프라인 공동체의 가치를 강조한다. 그렇게 함으로써 저커버그의 자유주의는 두 개의 고전적인 자유주의 저작, 즉 시민 문화를 찬양한 알렉시스 드 토크빌의 『미국의 민주주의Democracy in America, 1835』와 그것의 쇠퇴를 한탄한 로버트 퍼트넘Robert Putnam[136]의 『나 홀로 볼링Bowling Alone, 2000』에 의존하고 있다고 볼 수 있다. 저커버그식 자유주의는 또한 다원주의이기도 한데 이는 다양한 가치, 신념, 및 생활 방식을 가진 사람들이 평화롭게 공존할 수 있음을 의미한다.

다원주의는 저커버그에게 직접적인 영향을 끼친 이사야 벌린Isaiah Berlin, 1909~1997[137], 마사 누스바움, 존 롤스의 자유주의 철학에 뿌리를 두고 있다.

『정의론A Theory of Justice』에서 롤스Rawls는 '원초적 입장'이라는 사고 실험을 제안한 바 있는데, 독자들에게 출생 전에 자신의 성별, 인종, 국적, 능력 또는 선호도에 대한 인식이 없이 자신을 상상하도록 요청한 다음, 그들이 어떤 종류의 정치 체계에서 태어나기를 원하는지 고려하도록 한 것이다(스포일러: 당신은 자유민주주의가 모든 정치 체계 중에서 가장 공정한 제도라는 것을 깨달아야 한다). 저커버그는 의사 결정 시 롤스의 사고 실험을 활용하여 도움을 받는다고 설명했고, 그의 오랜 동료인 앤드류 '보즈' 보즈워스는 페이스북이 왜 2020년 미국 대선에서 후보들의 광고나 게시물 등에 대해 팩트체크를 하지 않는지 직원들에게 설명하기 위해 그 사고 실험을 인용했다.

저커버그식 자유주의의 또 다른 핵심 개념은 '충분히 공통된 이해'이다. 이는 롤스의 '중첩적 합의'를 의역한 것으로, 매우 다른 가치를 지닌 그룹이 공통의 원칙에 합의하는 것이 정치 제도의 기초가 될 수 있다는 생각이다. 본질적으로, 저커버그식 자유주의는 페이스북 사용자들 사이에 충분히 공통된 이해가 구축된다면 페이스북은 글로벌 정치 공동체의 기반을 형성할 수 있고, 분열된 민족 기반의 국가들의 시대가 지나갈 수 있다고 주장한다.

마지막으로, 표현의 자유에 관한 저커버그식 자유주의의 사례는 자유주의의 역사에서 가장 중요한 책 중 하나인 『자유론On Liberty』에서 존 스튜어트 밀이 주장한 버전이다. 밀은 사람들이 자유롭고 평등한 토론에 의해 개선되고, 활발하게 토론에 참여함으로써 반대 의견 간의 충돌을 통해 진실에 점점 더 가까워질 수 있다고 주장한다. 결과적으로 국민들이 검열이나 처벌을 두려워하지 않고 모든 주제에 대한 의견과 감상을 표현하고 출판할 수 있는 절대적 자유를 갖는 것이 중요하다는 것이다. 밀에게는 특히 수적으로 우세한 의견과 감정의 폭정을 피할 수 있도록 소수자의 관점을 보호하는 것 역시 특히 중요했다. 저커버그의 리더십 하에 페이스북은 디지털 시대를 위해 이러한 자유주의 원칙을 반영하고자 했다.

이 책을 읽는 많은 독자에게 이러한 아이디어는 매우 합리적으로 들릴 것이다. 서구의 문화 규범에는 오래전부터 자유주의가 깊이 스며들어 그저 분명해 보일 수 있다. 그러나 이 지점에서 문제가 발생한다. 자유론에 제시된 주장은 1859년도의 일이다. 19세기 중반은 자유주의의 청년기이자 낙관적인 전성기였다. 그 당시에는 학교 교육의 아직 의무적이지 않았고, 남성 5명 중 1명만 투표권을 갖고 있었으며 여성에게는 참정권이 아예 없었고, 도시 빈곤이 만연했을 때였다. 따라서 이때에는 자유주의자들에게 교육, 정치 및 시민사회 자유의 확대, 물질적 번영 발전의 편견, 불관용, 분리주의와 같은 사회적 병폐를 종식시킬 것이라고 믿을 만한 충분한 이유가 있었다. 하지만 그럴 일은 없었다. 1902년 셀레스탱 부글레Celestin Bougle[138]가 쓴 『자유주의의 위기Crisis of Liberalism』라는 에세이에서는 자유주의자들이 자유롭게 선택된 인종 및 종교의 편견을 국가 권력으로 억누르기 이전에 과연 어디까지 용인해야 하는지에 대한 질문을 던졌다. 홉슨이 1909년에 저술한 동명의 책은 자유주의자들이 보수 및 반동 세력과의 싸움, 오늘날의 용어로는 문화 전쟁에서 패배하고 있다고 주장했다. 그 이후 벌어진 솜 전투[139], 히로시마 원폭 투하 등 수많은 현대적인 잔학 행위에도 불구하고, 고전적인 자유주의의 한계는 이미 그 시점에서 명확했다.

디지털 시대에는 이러한 한계점들이 강조되고 있다. 밀이 사용한 피해의 개념은 상당히 좁아서 물리적 상해와 재산의 몰수 등이 포함돼 있었을 뿐이지만 사이버 왕따, 트롤링, 불법 포르노 촬영 및 라이브 스트리밍 폭력으로 사람들이 피해를 입을 수 있는 세상에서는 그의 이론만으로 충분하지가 않다. 밀은 의견 충돌이 관심 없는 방관자들로 하여금 사물을 더욱 명확하게 볼 수 있도록 돕기 때문에 진실을 드러낸다고 생각했지만, 이 시대의 소셜 미디어 피드 알고리즘은 우리가 관심 없는 방관자가 될 가능성이 높은 논쟁들을 알아서 걸러낸다. 이는 이 논쟁 자체가 결국 지속적인 참여자들만 관심을 갖는다는 것을 의미한다. 밀은 그의 개인적인 관점에서 전통적 관례를 거부하고 양성 평등을 위해 열정적으로 목소리를 높였지만, 자유에 대한 그의 견해가 재평가되지 않고 오늘날까지 적용될 수 있는 영원한 진실이라고 가정하는 것은 실수가 될 것이다.

나는 페이스북이라는 기업이 보이는 많은 행동들을 설명하기 위해서는 자본주의의 명령이라는 식의 표현으로는 충분하지 않고, 결국 저커버그식 자유주의가 필요하다고 믿는다. 페이스북이 왓츠앱을 190억 달러에 인수한 것을 예로 들어 보자. 쇼사나 주보프는 페이스북이 애플리케이션들을 통해 쏟아지는 인간 행동의 거대한 흐름을 통제하고자 하는 열망에 사로잡혀 있기 때문이라고 주장하는데, 나는 그 설명은 설득력이 없다고 생각한다. 왓츠앱의 종단 간 암호화[140]는 이 데이터의 대부분에 페이스북이 접근할 수 없음을 의미한다. 또한 왓츠앱에는 미디어에 사용될 공간이 없으므로 광고 수익이 발생하지 않는다.

저커버그는 왓츠앱의 인수 사유를 '전 세계를 연결'하고 '글로벌 공동체를 위한 인프라를 구축한다'라는 페이스북의 목표와 연결지어 설명하였으며, 이는 저커버그 파일에 나오는 그의 주장과 일치한다. 우리는 저커버그가 이 발언을 할 당시 그 자리에 있던 청중들이 UBS, JP 모건, 노무라증권 등 투자 은행의 분석가들로 구성되었다는 점에 주목해야 한다. 만약 저커버그식 자유주의가 일종의 연막이나 미끼라면 은행가들로 가득 찬 노골적인 자본주의 환경에서는 아무런 소용이 없을 것이다. 대신 저커버그식 자유주의의 존재는 그것 자체가 곧 페이스북의 지도 이념임을 보여 준다.

페이스북의 글로벌 운영 담당 부사장인 닉 클렉 경Sir Nick Clegg과 EMEA 지역의 공공 정책 담당 부사장인 할람의 앨런 경Lord Allan of Hallam이 모두 전 영국 자유민주당 당원이었다는 것이 그저 우연이기만 할까?

저커버그식 자유주의는 또한 페이스북이 디지털 기술의 일반적인 사용자들이 사용하는 독특하고 새로운 형태의 힘인 도달 권력의 분배에서 왜 그렇게 무차별적인지를 이해하는 열쇠이기도 하다. 페이스북이 의도치 않게 초래한 많은 최악의 결과들은 결국 '평균적으로 사람은 선하고, 따라서 기술로 그들의 능력을 확장하는 것은 긍정적인 영향을 끼친다'는 저커버그식 자유주의 신념에서 비롯된 것이다. 사람이 인간의 선함과 진보에 관한 아이디어에 이념적으로 몰두하게 되면, 그래프 API가 어떻게 사악한 의도로 앱 개발자의 능력을 확장하는지, 유사 고객 타겟팅 기술이 어떻게 소수 정당을 이커머스 스타트업만큼 빠르게 성장시킬 수 있는지, 암호화된 그룹 왓츠앱 메시징을 사용하여 어떻게 폭력을 선동하고 조장하는지 상상하지 못하는 것 같다.

저커버그식 자유주의는 이렇게 의도하지 않은 결과의 증거로 제시되지만, 그 자체는 놀라울 정도로 단단하다. 저커버그는 2016년 미국 대선 당시 가짜 뉴스 채널로서의 페이스북이 한 역할에 대한 글에서 '내 경험으로 볼 때 사람은 선하고, 오늘날 그렇게 느끼지 않더라도 사람을 신뢰하는 것이 장기적으로 더 나은 결과로 이어진다'는 결론을 내리며 인간의 미덕과 진보에 대한 믿음을 재확인했다. 페이스북은 미얀마에서 상당히 미미한 수익을 올리고 그 반대로 평판 하락에 대한 비용을 치르고 있지만 여전히 미얀마에서 계속 운영되고 있다. 그는 심지어 자신이 만든 비즈니스가 로힝야 족에 대한 인종 청소를 촉진시켰다는 사실을 인정하면서도, 밀레니얼 세대들이 '국적도 민족도 아닌 세계 시민으로서의 자신을 가장 많이 동일시한다'라는 것에 감명받으며 인간 진보에 대한 그의 자유주의적 낙관론으로 되돌아갔다. 그의 결론은 페이스북의 무분별한 도달 권력 분배로 초래된 결과를 고민해야 한다는 것보다는 깨어 있는 젊은 청년층 세계 시민들이 부상하게 되면 인류가 국가적, 인종적 갈등을 초월할 수 있다는 것이다. 저커버그식 자유주의자에게 인간의 잔인함은 화성의 식민지화나 죽음과 마찬가지로 해결되기를 기다리고 있는 공학적인 문제일 뿐이다. 결과적으로 우리는 페이스북의 여러 제품들이 우리에게 계속해서 고통을 가하는 데 사용될 것이라는 사실을 각오해야 한다.

알렉스 카프의 현실주의

IT 기업 CEO들의 교만함은 다른 종류의 정치와 혼합될 때 아주 강력한 칵테일이 된다. 마크 저커버그는 국경을 초월하기를 원하지만, 다른 IT 기업 CEO들은 민족 국가의 정체성을 확고히 하길 원할 수 있다. 그들에게 세상은 인류가 함께 발전하는 곳이 아니라 강대국 간에 끊임없이 경쟁이 일어나는 장이라고 할 수 있다. 국제관계학에서 이러한 견해는 '현실정치'[141] 또는 '현실주의'로 알려져 있다. 자유주의자들은 협력이 최상의 결과를 낳는다고 믿는 반면, 현실주의자들은 승자와 패자로만 끝날 수 있는 제로섬 게임을 수행하며 어느 한쪽 편을 택해야만 한다고 믿는다.

현실주의 CEO들이 볼 때 미국 IT 기업의 적절한 역할은 미국의 전략적 이익을 증진시키는 것이다. 때로는 미국의 외교 정책 의제가 민주주의와 자유 무역을 촉진하는 어떤 것들을 포함할 때 자유주의적 가치와 일치할 수 있지만, 다른 한편에서 미국의 의제는 자유주의적 가치와 긴장 관계에 있을 수도 있다. 소위 '테러와의 전쟁'으로 불렸던 기간 동안, NSA의 내부고발자 에드워드 스노든Edward Snowden이 후일 밝혔듯이 많은 IT 회사들은 미국 정부가 자국 시민들의 사적인 통신을 무차별적으로 감시하도록 돕는 것으로 정부와의 평화를 유지한 것으로 보인다. 한편 중국과의 경제적, 지정학적 경쟁이 심화되던 같은 시기 에릭 슈미트Eric Schmidt 전 구글 회장 겸 CEO가 미 국방부 국방혁신위원회의 의장으로서 새로운 직책을 담당하게 되었는데, 그는 그곳에서 미국과 미국의 동맹국이 중국의 화웨이가 5G 인프라를 구축할 수 있도록 허용하는 것은 전략적 실수가 될 것이라고 지적했다. 이는 중국 정부의 스파이 행위를 우려하기 때문이 아니라 중국 기업들이 중요한 신흥 기술에서 서방 경쟁자들보다 우위를 차지할 수 있게 되는 상황을 우려했기 때문이다.

구글은 슈미트의 퇴임 이후 조금 더 자유주의적인 방향으로 전환한 것으로 보인다. 2018년 구글은 인공 지능을 사용하여 항공 촬영 이미지를 분석하는 미 국방부의 이니셔티브 프로젝트 메이븐에서 탈퇴하였으며, 구글의 직원들은 CEO인 순다르 피차이에게 보낸 공개 서한에서 프로젝트 메이븐이 드론 공격의 정확성을 향상시키는 데에 사용될 것을 우려하여 '구글은 전쟁 관련 사업에 종사해서는 안 된다'라고 주장했다. 한편 미국 정부로서는 운이 좋게도, 팔란티어 테크놀로지[142]의 CEO인 알렉스 카프Alex karp[143]는 다른 견해를 취했고, 기꺼이 그 자리를 차지했다.

9.11 테러를 계기로 CIA의 벤처 캐피털 펀드로부터 초기 투자 자금을 받아 설립된 팔란티어는 종종 빅 데이터 회사로 언급되지만 이는 약간 오해의 소지가 있다. 구글이나 페이스북과는 달리 팔란티어는 데이터를 자체적으로 수집하지 않는다. 그 대신 조직이 자체적인 데이터에서 통찰력을 얻을 수 있도록 소프트웨어 도구와 데이터 분석 컨설팅 서비스를 제공한다. 초기의 팔란티어는 국가 안보 및 국방 관련 일에 초점을 맞췄지만, 이후 이민 및 법 집행과 같은 다른 정부 부처, 금융 서비스, 제조업, 제약 산업까지 비즈니스를 확장했다. 이들의 도구와 기법은 이라크에서 도로변에 숨겨진 폭탄의 위치를 예측하거나 국제 사이버 스파이 네트워크를 적발하는 데 사용되는 한편, 투자 은행에서 내부자 거래를 탐지하고 부당한 이익의 청구를 예측할 수도 있는 것으로 나타났다.

팔란티어를 비판하는 사람들은 이것을 기술과 데이터가 '무기화'되어 미국의 적과 싸우기 위해 개발된 제품이 미국 영토 내에서 미국 시민에게 불리하게 작용되게끔 바뀌고 있는 또 다른 사례라고 생각한다. 프로젝트 메이븐 외에도 특히 논란의 여지가 있는 사례로는 범죄가 발생할 것을 예상하여 법 집행 요원을 배치하기 위해 빅 데이터 분석을 사용하는 이른바 '예측 치안 유지'에 팔란티어가 관여했다는 것이다. 영화 '마이너리티 리포트'를 떠올리게 하는 이 예측 치안 유지는 인종 차별 및 계급 차별의 자기 강화 사이클로 이어질 위험이 있다. 팔란티어의 또 다른 사업인 ICEU.S. Immigration and Customs Enforcement, 미국 이민세관집행국는 불법 이민자를 식별하고 이들을 추방하는 데 필요한 증거를 수집할 수 있도록 하는 소프트웨어 구축이다. 이 플랫폼에서는 미연방수사국 및 마약단속국, 민간 보안 계약자를 포함한 다양한 출처의 데이터가 통합되어 ICE 요원이 작업을 더욱 효과적으로 수행할 수 있다.

이는 극우 단체가 지지자를 포섭하기 위해 페이스북의 유사 고객 타겟팅 도구를 활용하거나 인종적 증오를 부추기기 위해 암호화된 왓츠앱 메시지를 사용하는 것과는 매우 다르다. 더 나은 유도 폭탄, 더 많은 체포 건수, 더 빠른 불법 이민자 추방이 의도하지 않은 결과는 아니기 때문이다. 이는 팔란티어가 자사의 기술로 달성할 수 있으리라 기대하는 결과들이다. 그렇다면 CEO인 알렉스 카프는 이를 어떻게 정당화하는가? 그가 인터뷰 및 공개 발표 장소에서 이야기한 것들을 면밀히 살펴보면, 우리는 그에게서 현실주의를 발견할 수 있다. 그는 팔란티어의 사업을 '잘못된 일에 직면한 사람들을 찾아 생명을 구하고 보호하는 기술'이라고 설명한다. 이러한 '잘못된 일'은 테러 방지 구역 또는 사이버 공간에서 일어날 수도 있고, 금융업에서의 부정 행위 및 모기지 사기의 형태로 일어날 수도 있지만, 그를 가장 자랑스럽게 만드는 것은 정부의 업무를 수행하는 데서 비롯되는 영향력일 수도 있다. 많은 IT 기업 CEO가 실리콘밸리를 자신의 회사를 테러로부터 보호해 주는 미국이라는 더 큰 전체의 일부라기보다 서구적 가치가 승리하기 위해 그들이 참여해야 하는 싸움에서 벗어나 있는 일종의 '섬'으로 인식하는 것은 카프를 상당히 분노하게 하는 듯하다. 테러리즘만이 이러한 가치에 대한 위협인 것은 아니다. 슈미트와 마찬가지로 카프는 중국의 기술이 미국의 패권을 훼손한다고 보고 있으며, 미국의 IT 기업들이 도덕적인 불안은 제쳐 두고 경쟁에서 '최선을 다하기를' 원하고 있다. 카프에게 애덤 노이만의 세계적인 의식 고양이나, 마크 저커버그의 지구촌 공동체 구축은 위험한 말장난에 불과하다. 그에게 세상은 전쟁터이며 승자와 패자만 있을 뿐이고, 당신은 그와 함께하거나 반대하는 것 둘 중 하나만 가능하다.

팔란티어를 비판하는 대부분의 사람들과는 달리 나는 그 회사의 제품 그 자체가 비도덕적이라고 생각하지 않는다. '비즈니스 인텔리전스'라고 지루하게 이름 붙여진 다른 소프트웨어들의 범주 내에서 팔란티어의 경쟁자들은 본질적으로 서로 차이가 없다. 카프가 '나쁜 사람들'을 식별하기 위해 다양한 데이터 소스를 통합하는 프로세스를 설명하는 것을 들었을 때, 나는 거의 20년 전 은행에서 일했을 때 유행했던 단일 고객 관점[144] 프로젝트와 기능적이 똑같아 보인다고 생각했다. 통신사 및 유틸리티 회사들과 함께 은행은 IT 시스템을 계정 유형에 따라 구축했다. 즉, 특정 유형의 계좌를 가진 고객이 누구인지는 쉽게 볼 수 있었으나, 특정 고객이 보유한 계좌의 유형들을 보는 것은 불가능했다. 그 당시 고객 서비스 대리점에 신용 카드 및 주택 담보 대출에 대해 문의해 본 적이 있다면 쉽게 알 수 있을 것이다. 태블로나 SAP와 같은 BI 소프트웨어 회사들은 마이크로소프트의 파워 BI의 제품과 마찬가지로 이러한 문제들에 대응해 가며 발전했고, 오늘날 이 회사들은 팔란티어와 같은 종류의 계약을 맺기 위해 노력하고 있다.

이러한 맥락에서 팔란티어가 프로젝트 메이븐, 예측 치안 유지와 이민에 관한 법 집행에 관여하는 것에 대한 반대는 기술 자체가 아니라 그 기술이 구현하는데 사용하는 정책에 대한 반대라고 생각한다. 그리고 물론 이러한 정책에 대한 책임은 유권자가 투표로 쫓아내거나 직접 청원을 전달할 수 있는 정치인들에게 있는 것이지, 팔란티어에게 책임을 묻는 것은 엉뚱한 대상을 찾는 것이다.

팔란티어의 소프트웨어가 부도덕하다는 주장에 회의적인 이유가 또 있다. 페이스북 광고와 달리 나쁜 사람을 찾는 제품인 고담[145]은 통제받는 부분이 매우 많다. 고담에는 한 목적으로 수집된 데이터를 다른 용도로 쓰거나 올바른 권한 없이 볼 수 없도록 하는 기능과, 사용자가 수행한 그 분석에 대해 책임을 지도록 하는 기능이 있다. 카프는 또 다른 팔란티어 제품인 파운드리에도 관심을 집중시키곤 한다. 파운드리는 제조업, 자동차 산업 및 항공 우주 분야 산업에서 기술자가 빅 데이터를 활용하여 엔진 부품이 고장 나기 전에 교체하기에 최적의 시기를 결정할 수 있도록 지원한다. 카프의 주장에 따르면 머신러닝을 적용하는 대부분의 응용 프로그램과 달리 파운드리는 미국 노동자들의 일자리를 대체하지 않고 오히려 노동자들의 역량을 향상시켜 그들의 일자리를 보호한다.

가까운 미래에 이를 때까지, 인간은 로봇 및 알고리즘보다 훨씬 더 우수하게 대부분의 작업을 수행할 것이다. 즉 이는 인간의 작업을 자동화하기보다는 인간과 AI가 협력할 때 생산성이 최대화되는 것을 의미한다. 따라서 팔란티어는 다른 분야를 희생시키면서 실리콘밸리에 부의 집중을 강화하는 대신 미국 산업 중심지의 경제적 전망을 개선시켜 지리적 불평등을 감소한다.

카프는 고담의 통제력과 파운드리가 끼칠 수 있는 긍정적인 사회적 영향을 과장하여 이야기했을 수 있다. 그러나 그렇다 해도 나는 여전히 팔란티어가 미 국방부, 미국 경찰, ICE를 위해 수행한 작업들 때문에, 빅 데이터 분석이 케임브리지 애널리티카가 저지른 지리인구통계 타겟팅보다 더 큰 불법적 행위가 된다고 생각하지 않는다. 결국, 이런 동일한 기술은 사회에 대한 혜택이 분명한 오퍼튜니티 인사이트(4장에서 언급됨)와 같은 프로젝트를 가능하게 하는가 하면, 은행과의 성가신 상호 작용을 경감시켜 주기도 한다. 또한 팔란티어는 우리가 가장 관심을 가져야 할 디지털 권력, 즉 도달 권력을 생산하지 않는다고 생각한다. 페이스북이 도달 권력을 무분별하게 분배하는 동안, 팔란티어는 미국과 그 동맹국 정부는 말할 것도 없이 이미 충분히 강력한 기업 고객들의 역량을 증진시킬 뿐이다. 직관적으로 판단할 때 그것은 좋은 일이 아닌 것 같지만, 의도하지 않은 나쁜 결과를 초래할 가능성은 훨씬 낮다.

지금까지 한 이야기는, 우리가 국익을 위해 일하는 것을 목표로 하는 팔란티어와 같은 기술 회사에 대해서는 전혀 걱정할 필요가 없다는 뜻일까? 불행히도 그렇지는 않다. 이번 장에서 만난 대부분의 IT 회사 CEO들과는 달리, 카프와 슈미트는 이카로스 같은 사람이 아니다. 그들을 이해하기 위해 우리는 이카로스가 상당히 순종적이고 충직한 동생 앨릭Aleric을 곁에 두고 있다고 가정해 보자.

앨릭은 아버지인 다이달로스가 자신에게 준 기회에 봉사를 할 수 있다는 사실에 대해 매우 감사해하고 자랑스러워한다. 다이달로스가 무언가를 해야 한다고 말한다면 그에게 이는 그저 완수해야만 하는 일일 뿐이다. 물론 앨릭이 항상 아버지의 말에 동의하는 것은 아니지만, 아버지에게 효도하는 것이 가장 높은 선(善)인 반면 다이달로스의 의제에 반대하는 사람들은 그에게 그저 잘못되었을 뿐이다. 기껏해야 그들은 의도치 않게 적을 도울 뿐이며, 최악의 경우 그들은 악한 존재가 된다. 이런 식으로 앨릭은 다이달로스의 대리인 역할을 하게 된다.

일반적으로 미국의 패권을 지지하는 미국인들과 미국의 동맹국 시민들은 IT 회사들이 미국 정부로부터 선봉대의 지위를 가져가는 것을 그리 놀랍게 여기지 않을지도 모른다. 그러나 멕시코에서 온 미등록 이민자 또는 시리아 분쟁으로 인해 추방된 난민 가족과 같이 미국이 가진 물리적 힘이 도달하는 끝자락에 위치해 있으며, 민주적인 역량을 가지고 있지 않은 사람들은 어떠한가? 그리고 미국의 대통령이 언론의 자유, 법치와 같은 이미 정착된 자유주의의 규범을 장려하는 것을 중단하고 대신 의도적으로 그것들을 훼손하며, 민주주의 지도자들을 경멸하고 권위주의적인 자들을 칭찬한다면 무슨 일이 일어날까?

영국에서 코로나바이러스 발생 초기 시 NHS는 단일 고객 관점 프로젝트를 지원하기 위해 팔란티어의 파운드리를 선정한 후 개인 정보 보호 운동가들과 일부 국회의원들로부터 비판을 받았다. '폭군을 위한 기술은 없다'와 같은 그룹들의 주장은 두 가지였다. 첫째로 민간 기업이 매우 민감한 건강 기록을 분석할 수 있도록 허용하는 기준이 훨씬 더 높게 설정되어야 한다는 것과, 두 번째로 영국 정부가 소수 민족 및 이민자들을 억압하는 것과 관련된 제품을 생산하는 기업과 협력하는 것은 명백히 잘못되었다는 것이다. 그러나 알렉스 카프의 현실 정치에 대한 인식은 우리에게 다르게 생각해 볼 방향을 제시한다. 예컨대 미국 대통령이 브렉시트 이후의 무역 협상 과정 중 의약품 분야에서 이득을 얻기 위해 NHS 데이터를 은밀히 분석한다는 것은 상상조차 할 수 없는 일이다. 만약 팔란티어가 자국의 이익을 위해 그 분석을 수행하도록 요청받았다면, 카프의 공개 성명문에는 정부가 수락할 경우 응하겠다고 할 법한 제안들이 상당히 많이 포함될 것이다. 아들(이카로스)의 교만함은 아버지(다이달로스)의 지시를 무시하는 것뿐만 아니라, 맹목적으로 순종하는 데에서도 올 수 있기 때문이다.

저커버그식 자유주의가 세상의 악을 과소평가하는 경향이 있다면, 카프의 현실주의는 그것을 과장할 준비가 되어 있다는 점에서 차이가 있다. 이들은 악인을 '미국의 이익을 위협하는 모든 자'로 광범위하게 규정하여 단순히 불만을 품은 직원, 대출 신청서에 허위로 정보를 기재하는 사람, 궁핍한 이웃 주민들을 적국의 전투원, 외국의 스파이, 연쇄살인범과 같은 범주로 분류시킨다. 도널드 트럼프 대통령의 임기 동안 우리는 포퓰리스트들이 판사, 언론인, 공무원, 정치적 반대자 등을 같은 범주에 포함시킴으로써 얼마나 쉽게 이익을 취하는지 보았다. 디지털 기술이 창출하는 힘이 사회적으로 가장 유익하게 활용되기 위해서는 진보주의자이든 현실주의자이든 IT 기업 CEO가 가진 정치적 이념 이상의 것이 필요하다는 점은 분명하다.

GOOD

PART 4
제언

DATA

GOOD

DATA

8 디지털 시대의 정당성

나는 디지털 광고 기반 비즈니스 모델이 구글과 페이스북 같은 기업들을 '근본적으로 불법'으로 만든다는 감시 자본주의 이론의 주장에 도전장을 내밀면서 이 책을 시작했다. 무언가를 불법이라고 부르는 것은 마치 쿠데타나 부정 선거를 통해 권력을 얻은 정부처럼 그 권력이 용납될 수 없으며 용납되어서도 안 된다는 것을 의미한다. 그러나 지금까지 살펴본 바와 같이, 데이터 기반 타겟팅은 우리 눈에 보이는 것만큼 사악한 것이 아니며, 심지어 글로벌 평등을 촉진할 수도 있는 긍정적 기능도 있다. 따라서 만약 구글과 페이스북이 어떤 법적 정당성이 없는 기업이라면, 광고를 그 이유로 제시하는 것은 부적절하다. 하지만 우리에게는 '그것들은 정당한가, 그렇지 않은가?'라는 더 큰 의문점이 남아 있다. 그리고 광고가 비즈니스에서 큰 역할을 차지하지 않는 애플, 마이크로소프트, 아마존 및 기타 다른 IT 회사들에 관해서는 어떻게 생각해야 할까? 우리는 그들의 힘을 용인해야 할까, 그렇지 않다면 그들에게 저항해야 할까?

우리가 이러한 질문에 답할 수 있으려면, 먼저 개념으로서의 정당성에 대해 탐구해야 한다. 정치 이론에서 정당성이라는 용어는 권력의 수용 가능성에 대해 이야기할 때 사용되며, '절차적 정당성' 및 '내용적 정당성'의 두 가지 유형이 있다. 어떤 권력이 대중 사이에 널리 수용될 수 있는 수단을 통해 그 힘을 확보하였을 때, 그것은 절차적 정당성을 갖는다. 가장 확실한 예는 헌법이 정한 원칙에 따라 선거를 통해 권력을 얻는 정부이다. 사실 최근 수십 년 동안 선거는 절차적 정당성을 달성하는 매우 효과적인 방법이어서 심지어 반민주적인 통치자들도 그것을 받아들였고, 짐바브웨, 탄자니아, 페루와 같은 나라들에서 새로운 범주의 경쟁적 권위주의 체제로 이어졌다. 그러나 선거는 정부에 대한 절차적 정당성의 유일한 원천은 아니며 그것은 해외로부터 비롯될 수도 있다. 냉전 기간 동안 미국과 소련의 정치적 지원은 그들의 동맹국 정부들에게 절차적 정당성을 제공했다. 더 최근의 예를 들자면, 만약 베네수엘라 정치인인 후안 과이도Juan Guaido[146]가 니콜라스 마두로 정권을 교체하는 데 성공했더라면 그가 누렸을 절차적 정당성은 투표에서 비롯된 것이 아니라 도널드 트럼프 행정부의 지원에서 비롯되었을 것이다.

이와는 대조적으로, 내용적 정당성은 권력을 어떻게 얻었는지에 기반을 둔 것이 아니라 그 권력이 어떻게 행사되는지에 기반을 둔다. 정부는 그들의 권력이 적절하게 그리고 공공의 이익을 위해 사용되고 있다는 인식을 통해 내용적 정당성을 얻을 수 있다. 통치자는 군사 쿠데타를 통해 폭력적으로 권력을 장악할 수 있지만, 권력을 장악한 후 의료 및 교육 시스템을 개선할 수도 있다. 이 경우 내용적 정당성은 있지만 절차적 정당성은 없을 것이다. 반대로 민주적으로 선출된 정부라고 할지라도, 가장 가까운 동맹국들과의 관계를 악화시키거나 불평등을 심화하는 정책을 시행하고, 경제를 망치는 비참한 통치를 시행할 수도 있다. 그러한 정부는 내용적 정당성을 갖지는 않겠지만 여전히 절차적 정당성은 가질 수 있을 것이다.

이러한 예시들은 정당성에 대한 중요한 포인트에 주목하게끔 하는데, 바로 정당성에 대한 대부분의 생각은 결국 국가의 권력과 관련되어 있다는 것이다. 토마스 홉스Thomas Hobbes가 17세기 후반에 『리바이어던Leviathan』을 쓴 이후로, 권력의 정당성에 대한 논의는 국가가 필요하다면 폭력을 사용할 수도 있는 배타적 권리와 함께 시민들이 국가에 복종하도록 할 수 있는 시민의 수용 가능성에 중점을 두고 전개되어 왔다. 비록 이러한 이론들이 UN 및 EU와 같은 정부간 기구에도 적용되었지만, 기업에게까지 적용하는 것은 다소 무리가 있다. 페이스북이 가진 어떤 국가적인 측면들을 생각해 보자. 페이스북의 시가총액은 전 세계 163개국의 GDP보다 더 크고, 우리는 페이스북 사용자 25억 명을 페이스북의 인구라고 생각해 볼 수 있다. 마크 저커버그는 심지어 페이스북이 '전통적인 회사라기보다는 정부와 같다'고 밝힌 바도 있다. 그러나 페이스북은 국가와 전혀 같지 않은 측면들이 훨씬 더 많다. 그들은 동인도 회사와 같은 강력한 다국적 기업의 역사적 전례와 같이 세금을 인상하거나 군대를 보유하거나 영토를 통제하지 않는다. 물론 페이스북은 독점을 할 수도 있지만, 폭력에 대한 독점은 페이스북이 할 수 있는 독점이 아니다. 또한 페이스북 사용자는 국적을 가진 시민보다 훨씬 더 자유롭게 페이스북을 떠나거나 다른 플랫폼으로 이동할 수 있다.

결국 정당성 논쟁에 대한 한 가지 답은, 결국 기업은 정치적으로 정당할 필요가 없다고 이야기하는 것이다. 그들은 법률의 범위 내에서 주주의 이익에 봉사하기만 하면 된다. 그러나 정치 이론가 데이빗 시플리David Ciepley의 최근 연구에 따르면, 미국의 성립 초기에 기업들은 그들이 공공의 이익에 도움이 된다는 것을 분명하게 약속해야만 정부에 의해 설립 인가를 얻었다는 것을 볼 수 있다. 물론 모든 기업이 공공의 이익을 위해 행동해야만 한다는 시플리의 주장에 동의하지 않더라도 빅 테크 기업의 몇몇 특징들은 정당성이라는 개념이 기업과 아예 무관할 수 없음을 의미한다. 이 글을 쓰는 시점에서 시가총액 기준 세계 7대 기업은 모두 IT 기업(그중 중국의 텐센트(Tencent)와 알리바바(Alibaba)는 얼른 떠오르지 않을 수 있다)으로, 이들은 경쟁자를 인수·합병하거나 하청 협력 업체를 쥐어짜고, 노동자를 착취하거나, 정부에 로비를 하고, 세금 및 규제를 회피할 수 있는 엄청난 시장 권력을 갖고 있다. 그러나 우리가 6장에서 보았듯 IT 기업들은 도달 권력도 생산해 낸다. 이것은 에너지, 금융 서비스 또는 제약 부문의 기업들이 가진 것과는 다른 새로운 형태의 권력이기 때문에, 우리는 정당성이라는 것에 대해 조금 다르게 생각해 볼 필요도 있다.

거대 IT 기업들이 정당성이 없다고 비판하는 사람들은 무엇을 근거로 하고 있을까? 우리가 서론에서 이야기했듯이, 감시 자본주의 이론은 주로 개인의 데이터를 수집하고 편집하여 이를 현금화하는 기술 회사의 절차적 정당성에 문제를 제기한다. 이를테면 구글의 권력은 합리적인 사람이라면 전혀 동의하지 않을 불투명한 수단에 의해 획득되었기 때문에 정당성이 없다는 것이다. 다른 비판자들은 IT 기업이 가진 권력의 결과에 더 중점을 둔다. 예를 들어 유튜브를 통해 사람들이 정치적으로 극단화되어 가는 현상이라든지, 로드리고 두테르테가 벌인 '마약과의 전쟁'에서 페이스북이 한 역할이 이에 해당한다. 이러한 문제 제기는 IT 기업들의 내용적 정당성에 의문을 갖는 것이다. 일부 비판자들은 IT 기업들의 절차적 비정당성이 내용적 비정당성을 강화하거나 심지어는 생산하여, IT 회사들을 이중적으로 불법화한다고 주장하기까지 한다.

나는 감시 자본주의 이론에서 IT 회사들의 절차적 비정당성을 비난하는 것은 논점을 이탈했다고 생각하지만, IT 기업들이 절차적 정당성을 손상하게 하는 것들이 있다는 점에는 동의한다. 예를 들어 이중 클래스 지분 구조는 '경쟁적 권위주의'의 통치자가 시행하는 헌법 개정과 유사한 방식으로 회사 창업자가 통제권을 갖고, 임기를 넘어 권력을 지속적으로 유지할 수 있도록 한다. 물론 IT 기업들은 이러한 자유롭지 않은 지배 구조의 특징을 제거하는 것과 함께 절차적 정당성을 높이기 위해 몇 가지 긍정적인 조치를 취할 수 있다. 이와 관련해 이미 몇 가지 유용한 실험들이 있었는데, 2009년부터 2012년까지 페이스북은 서비스 이용자 30% 이상이 참여할 경우 구속력을 가지게 되는 투표 및 협의 프로세스를 통해 회사의 의사 결정에 서비스 이용자들을 참여시켰다. 이러한 합의는 페이스북이 사용자에게 영향을 끼치는 정책 변경에 대해 민주적인 승인을 구하는 절차였기 때문에 페이스북의 절차적 정당성을 강화하는 역할을 했다. 일부 학자들은 투표가 실질적으로 구속력을 가지려면 최소 3억 명 이상의 사용자가 참여해야 했기 때문에 투표율 요건 자체가 비현실적이고 까다롭다고 지적했다. 그러나 이러한 비판은 무언가를 할 수 있는 능력이 존재하는지와 그 능력이 실제로 사용되는지의 여부 중 무엇이 더 중요한지 혼란스럽게 만들 수 있다. 페이스북의 절차적 정당성과 관련해 가장 중요한 것은, 서비스 이용자가 실제로 투표를 하는지에 대한 것이라기보다는 그들이 경영진들의 결정을 수락하거나 거부할 수 있는 능력이 있다는 것이다.

지난 2020년 페이스북은 독립적인 콘텐츠 감독 위원회를 설립하겠다는 약속을 이행했다. 감독 위원회는 페이스북의 콘텐츠 조정 결정에 따른 사용자의 이의 제기를 검토하고, 회사의 콘텐츠 조정 정책에 대해 권고할 수 있는 권한을 위임받았다. 이 위원회는 마크 저커버그의 집중적 통제의 범위를 넘어서서 존재하고, 또한 그들의 결정은 공개되며 구속력이 있다. 물론 비판자들은 이것 자체가 얼마나 영향력이 있을지, 또는 '표현의 자유 보호'라는 페이스북의 궁극적인 목표가 과연 올바르기는 한 것인지에 대해 회의적인 태도를 보일 수 있다. 그러나 절차적 정당성의 관점에서 볼 때 이는 논점을 이탈하는 이야기들이다. 페이스북의 절차적 정당성은 그 자체를 독립된 기관에서 공언할 수 있을 때에만 향상될 수 있기 때문이다.

내용적 정당성은 어떠한가? 나는 IT 기업들의 내용적 정당성이 그들이 연루된 비참한 정치, 사회적 결과에 의해 훼손되고 있다는 시바 바이디야나단, 제이넵 투펙치, 그리고 존 노튼의 의견에 동의한다. 그러나 동시에 내용적 정당성은 이용자들이 친구 및 가족들과 소통할 수 있고, 사업을 성장하게 하며, 공동체를 구축하는 등 특히 남반구의 가난한 사용자들에게 가장 많은 혜택을 주는 이점들로 인해 강화되기도 한다. 결국 이런 문제들은 광고 기반 비즈니스 모델, 즉 IT 기업들의 절차적 정당성을 가장 많이 훼손한다고 비판받는 것들과 관련이 있기보다는 IT 기업 CEO의 정치적 이데올로기에서 비롯되는 부정적인 결과라고 생각된다.

만약 우리가 페이스북, 케임브리지 애널리티카 스캔들, 선거 기간 중 가짜 뉴스의 무분별한 확산, 그리고 로힝야족에게 가해진 인종 청소 선동을 고려한다면, 그것들은 모두 '균형적으로 사람들은 선하고, 따라서 기술로 그들의 능력을 확장하는 것은 긍정적인 영향을 끼친다'라는 저커버그식 자유주의 신념에서 그 근원을 찾을 수 있다. 실제로 페이스북이 내용적 정당성을 향상시켰을 때, 그것은 인간 본성을 덜 낙관하는 관점에서 비롯된 경우가 일반적이기 때문이다. 일례로 그래프 API의 첫 번째 버전(케임브리지 애널리티카가 페이스북 사용자 데이터에 접근하여 자사의 심리학적 타겟팅 모델을 구축하는 데에 필요했던 도구)은 지난 2015년 폐쇄되었다. 현재 버전의 API를 통해 사용할 수 있는 데이터는 이전보다 더욱 제한되어 있으며, 앱의 개발자들에게는 자신들의 데이터 사용 행위가 규정을 준수하고 있으며 타인에게 해롭지 않다는 더욱 강력한 보증이 필요하다. 페이지 투명성 기능의 경우, 모든 페이스북 팬 페이지의 관리 및 그 유래에 관한 정보를 공개 도메인으로 제공하고, 페이스북 광고 라이브러리는 플랫폼에서 실행되는 모든 광고에 대한 공개적이고 검색 가능한 아카이브를 정치 광고의 지출 내역에 대한 세부 정보와 함께 공개한다. 한편, 왓츠앱에서의 메시지 공유는 가짜 뉴스의 확산을 늦추기 위해 제한되었다.

IT 기업, 정부 및 국제 기구는 다른 종류의 내용적 정당성을 강화하기 위한 조치를 취할 수도 있다. 마크 저커버그는 유해 콘텐츠, 선거의 무결성, 데이터 이동성 및 프라이버시 강화에 관한 내용을 포함하는 인터넷 규제에 대한 대안을 내놓았고, 영국에서는 하원의 디지털, 문화, 미디어 및 스포츠 위원회가 IT 기업에 대해 법적인 구속력을 지니는 윤리 강령 및 선거통신법(기술 회사에 대해 법적으로 집행 가능한 윤리 강령을 제안하고 정치 캠페인에서 데이터와 기술을 사용할 수 있는 방법에 대한 규칙을 개혁함 - 저자주)의 개정을 제안하기도 했다. 그러나 이러한 조치는 아직 우리에게 알려지지 않은 결과가 나타날 위험을 경감시키기보다는 이미 우리가 겪었던 어떤 의도치 않은 결과가 미래에 다시 발생할 수도 있는 후행적 조치이다. 데이브 에거스Dave Eggers의 소설 『더 서클The Circle』[147] 및 찰리 브루커Charlie Brooker의 TV 시리즈 '블랙 미러'[148]와 같은 철학적인 창작물들은 소셜 미디어에서 일어나는 신용평가에서부터 사물인터넷이 가능케 한 정의의 자경단에게 이르기까지 아직 우리가 마주하지 않은 위험들이 어떤 것인지를 보여 준다. 심지어 이러한 창작물들에 등장하는 다른 것들은 우리의 상상을 초월하는 수준이다.

현재 일어나고 있는 급격한 기술의 변화와 불확실성의 증대 속에서 IT 기업들은 내용적 정당성을 유지하기 위해 보다 엄격한 정치적 이데올로기를 채택해야 할 필요가 있다. 그들이 선택할 수 있는 한 가지는 철학자 쥬디스 슈클라Judith Shklar가 '공포의 자유주의'라고 부른 것이다. 본디 저커버그식 자유주의 이데올로기에 의해 만들어진 내용적 정당성은 IT 기업 CEO들의 도덕적 신념과 호의적인 의도를 보증한다. 하지만 모든 사람들에게 도달 권력을 분배하는 방식으로 유토피아를 추구한 결과 끔찍한 정치·사회적 결과 앞에서 그들이 할 수 있었던 최선은 투펙치가 '14년 동안의 사과 여행'이라고 재치 있게 명명했던 방법이다. 즉 거듭 사과를 반복하고, 더 잘하겠다고 약속하며, 미래에는 상황이 달라질 것이라는 맹목적인 낙관론을 표현하는 것뿐이었다. 그러나 그들에게 필요한 것은 사람들이 종종 폭력적이고 비합리적으로 행동한다는 것을 인정하는 태도와, 인간의 이런 부정적인 특성이 보일 수 있는 최악의 징후를 완화하기 위한 신뢰성 있는 전략이다.

공포의 자유주의는 유토피아를 추구하는 것보다 잔혹함 및 기타 다른 해악들을 회피하는 것에 우선순위를 둠으로써, IT 회사들이 기본적으로 취하는 모드인 허가받지 않은 혁신을 포기하고, 신제품 개발에 더 신중하게 접근하도록 요구할 것이다. 페이스북의 악명 높은 초기 계명(빠르게 움직이고 낡은 것을 파괴하라)과 관련된 측면에서 공포의 자유주의 관점은 빠르게 움직이는 것보다는 일이 잘못되지 않게 하는 것이 더 중요하다고 생각한다. 따라서 기존 애플리케이션에 대한 개선, 지리적 확장 및 증강 현실, 가상 현실, 암호 화폐 및 음성 지원 장치와 관련 있는 신제품의 출시는 이것들에 잠재되어 있을 수 있는 의도하지 않은 나쁜 결과가 도출될 가능성에 대해 충분히 고려한 이후에 점진적으로 진행될 것이다. 동시에, 언론 및 광고의 자유에 앞서 권력의 남용 및 위협으로부터 약한 자들의 자유를 확보하려고 함으로써, 슈클라가 주장한 공포의 자유주의는 소수자에 대한 적개심을 표현하는 소셜 미디어 사용자에 대한 더 빠르고 단호한 행동과 모든 광고에 대한 더 까다로운 승인 과정을 제공할 것이다. 저커버그는 '무언가가 의심스러울 때, 우리는 항상 사람들에게 더 많은 것을 공유할 수 있는 권한을 주는 것을 선호한다'고 밝힌 바 있지만, 공포의 자유주의는 그 반대를 요구한다.

디지털 정당성 이론

앞서 이야기한 내용들을 모두 종합하면, 우리는 IT 기업들이 가진 권력의 수용 가능성에 대해 판단하는 데 도움이 되는 도구를 만들 수 있다. IT 기업들을 비판하는 사람들의 논쟁적인 주장과 IT 기업 CEO들의 이념적인 주장을 넘어서려면 결국 '디지털 정당성' 이론이 중요하다. 앞서 언급했던 데이빗 시플리의 기업 정치 이론부터 시작해 보면 다음와 같이 설명할 수 있다.

다른 모든 기업들과 마찬가지로 대중에게 서비스를 제공하는 IT 기업들의 권한은 궁극적으로 정관을 통해 국가로부터 파생된다. 이 권한은 IT 기업들이 공익을 증진할 것을 조건으로 성립한다. 그러나 모든 기업의 권력이 정당성을 요구하지는 않는다. 디지털 정당성에 대한 문제는 IT 기업이 수백만 명의 개인에게 상당한 영향을 미칠 수 있는 경우에 한해서만 발생하기 때문이다.

디지털 정당성은 IT 기업에 대한 현재 대중의 우려를 반영하는 5가지 측면에 따라 평가될 수 있다. 절차적 정당성은 IT 기업의 비즈니스 모델과 지배 구조의 투명성으로 평가해 볼 수 있고, 내용적 정당성은 기업 활동이 사람들에게 분배되는 결과, 서비스가 사용자에게 권한을 부여하는 정도 및 서비스 남용을 방지하기 위해 적용하는 통제의 수단 등으로 평가할 수 있다.

만약 어떤 IT 기업이 정당성 있게 활동하는지 아닌지를 따져 보고 싶을 때, 앞서 설명한 각각의 측면에서 회사가 잘하고 있는지, 잘못하고 있는지를 고려할 수 있다. 투명성을 제대로 지키지 않는 회사는 어떻게 수익을 냈는지를 감출 것이고, 법이 요구하는 범위 내에서만 개인 정보 보호를 존중할 것이다. 반면에 투명하게 경영하는 회사는 비즈니스 모델을 사용자들이 잘 이해할 수 있을 것이고, 개인 정보 보호 제어옵트아웃를 활성화하기로 선택한 사용자가 실제로 그 옵션을 실행할 수 있을 것이다. 때문에 투명성이 잘 유지되는 회사는 어떻게 수익을 올렸는지가 상당히 명백하게 드러날 것이며, 사용자의 개인 정보는 기본적으로 보호될 것이다.

잘못된 지배 구조로 운영되는 회사는 경영진에게 모든 통제력을 집중할 것이고, 서비스에 대한 사용자의 접근은 전적으로 경영진의 재량에 달려 있을 것이다. 반면 올바른 지배 구조로 운영되는 회사의 경우 사외 이사 또는 독립적인 옴부즈맨이 경영진에 책임을 물을 수 있도록 하는 현대적인 지배 구조 모범 규준을 적용할 것이다. 이와 같은 회사에서는 사용자가 회사의 서비스에 접근할 수 있는 법적인 권한 및 사용자에게 영향을 끼치게 될 회사의 의사 결정 과정에 영향력을 행사할 수 있는 수단을 모두 가질 수 있게 된다.

내용적 정당성의 차원에서 생각해 볼 때, 회사가 기업 활동의 분배 결과 측면에서 좋은 성과를 거두지 못하고 있다면, 결국 그 기업의 활동은 자원의 혜택이 적은 곳에서 더 많은 곳으로 이전하여 결정적으로 불평등을 증가시킬 것이다. 반면 분배가 보통의 수준에서 행해지고 있다면, 그 기업의 활동은 자원 분배에 거의 영향을 미치지 않을 것이다. 기업 활동의 분배가 보통을 뛰어넘는 수준으로 잘 이뤄지고 있다면, 그 기업은 자원 혜택을 더 받는 곳에서 혜택이 적은 곳으로 옮겨 불평등을 감소시킬 것이다.

사용자에게 권한을 부여하는 문제와 관련해, 이를 잘 이행하지 않는 기업이라면 명시된 목적을 달성하지 못하거나 사용자에게 해로운 영향을 끼치는 제품을 제공할 것이다. 반면 이를 잘 이행하는 기업이라면 사용자의 능력을 강화할 것이고, 보통 수준으로 이행하는 것에 그치는 기업이라면 거짓말은 하지 않는 수준에서 제품을 제공하지만 그 이상은 제공하지 않을 것이다.

마지막으로 서비스 남용을 방지하는 통제의 차원에서 살펴보자면 이를 잘 통제하지 않는 기업의 경우 자사의 제품이 심각한 피해를 입히는 목적으로 사용될 수 있도록 허용하는 한편, 상당한 수준으로 악용될 수 있다는 가능성을 고려하지 않고 새로운 제품 또는 기능을 출시할 것이다. 보통 수준의 통제력을 지닌 기업은 부적절하게 행동하는 사람들이 엄청난 양의 노력을 기울여야만 극복할 수 있는 강력한 통제를 부과할 것이고, 신제품이 도입되기 전에 이 제품이 야기할 수 있는 위험성을 평가하는 과정이 있을 것이다. 통제를 상당히 잘 수행하는 기업의 경우, 미래의 위협을 미리 예상하여 통제력을 선제적으로 발전시키며, 신제품 개발 역시 더욱 신중하게 진행할 것이다.

지금까지 설명한 각 측면들을 차례대로 고려한 다음 전체 그림을 살펴보고 우리는 IT 기업들의 전반적인 정당성을 평가할 수 있다. 만약 이 가설을 페이스북에 적용한다면 우리는 어떤 결론을 내릴 수 있을 것인가? 페이스북은 사용자의 프로필 및 행동 데이터가 광고에 사용되는 방식에 대한 선택권을 제공하고 있고, 그것들이 광고 사업에 속하게 된다는 것을 감추지 않기 때문에 우리는 페이스북이 투명성 절차를 보통의 수준에서 이행하고 있다고 이야기할 수 있다. 반면 지배구조의 경우 마크 저커버그에게 절대적인 통제권을 주게끔 되어 있기 때문에, 이는 별로 좋지 않다고 할 수 있다. 사람들이 페이스북 앱, 메신저 및 왓츠앱을 사용하는 것 자체가 모두 그의 선의에 달려 있기 때문이다.

기업 활동의 분배 결과 측면에서 보자면 페이스북은 상당히 선전하고 있다고 볼 수 있는데, 그 이유는 페이스북이 광고 기반 비즈니스 모델에서 얻은 수익으로 누구나 이용할 수 있는 무료 서비스를 운영하면서, 지구상에서 가장 혜택을 적게 받고 있는 남반구의 가난한 사람들에게 혜택을 주고 있기 때문이다. 또한 페이스북은 누구나 사용할 수 있게끔 도달 권력을 배분하고 있기 때문에 사용자 권한 부여 역시 좋은 수준으로 이행하고 있다고 할 수 있다. 그러나 페이스북은 서비스 남용에 대한 방지를 제대로 하고 있지는 못하다. 유사 고객 타겟팅과 같은 강력한 도구에 대한 제어가 불충분하다는 것은 결국 그 기능이 정당하지 못한 정치적 목적으로 악용되거나 타인에게 해를 입힐 수 있다는 것을 의미하기 때문이다.

이 이론은 정당성 측면에서 페이스북이 전반적으로 적절한 수준의 기업 활동을 수행하고 있음을 시사한다. 즉 대단히 성공적이라는 것도 아니지만, 그렇다고 해서 완전한 실패도 아니라는 뜻이다. 페이스북에게는 지배 구조를 개혁하고 자사가 제공하는 기능이 악의적으로 사용되지 못하도록 더욱 강력한 통제력을 구현함으로써 그들의 정당성을 의심하지 못하게 할 현실적인 기회가 아직 남아 있다. 또한, 디지털 정당성 이론이 확립됨에 따라, 우리는 거대 IT 기업을 개선하는 구체적인 정책 제안을 고려할 수 있는 더 나은 상황에 위치해 있다.

디지털 광고 기반의 비즈니스 모델을 불법화해야 하는가?

타깃 디지털 광고에 대한 금지 요구는 상당히 많지만, 이를 금지하는 것은 페이스북의 정당성을 강화하기보다는 약화할 것으로 보인다. 페이스북 광고에서 사용자 데이터가 수행하는 역할을 자세히 살펴보면, 데이터의 경제적 가치 자체는 다른 요인에 따라 많이 좌우되는 반면, 수익화되는 수단은 감시 자본주의 이론에서 주장하는 것만큼 불투명하지는 않다는 것을 알 수 있기 때문이다. 또한, 플랫폼 상에서 페이스북의 사용자와 페이스북의 광고주들 사이에 극심한 힘의 불균형이 있다는 주장 역시 받아들일 수 없는 이유가 충분하다. 페이스북은 제레미 벤담의 상상 속 판옵티콘과는 다른 존재이기 때문이다. 판옵티콘의 감시관들은 죄수들이 감방에 갇혀 있는 동안 감시 공간에서 모든 것들을 볼 수 있었던 반면에, 페이스북 광고의 진입 장벽은 너무나 낮아서 페이스북을 이용하는 거의 모든 사람이 그 도구를 사용할 수 있다. 이는 구글 광고 및 마이크로소프트의 검색 포털인 Bing 광고 등 다른 디지털 광고 플랫폼에서도 마찬가지이다. 비록 구글 및 마이크로소프트의 광고 도구는 페이스북의 광고 도구보다 더 이해하기가 어렵고 비용이 많이 들지만 여전히 지리인구통계와 같은 디지털 이전의 타깃 광고 형태보다는 훨씬 더 접근하기가 용이하다. 타겟팅에 관한 오늘날의 플랫폼은 기존의 강자가 더 유리한 방향으로 기울기보다는 사실상의 평준화를 이루고 있음이 분명하다.

더욱 중요한 것은 광고 기반 비즈니스 모델의 자원 재분배 효과가 페이스북과 같은 회사들이 가지는 내용적 정당성의 주요 원천이라는 점이다. 제이넵 투펙치는 페이스북이 정치적 반대 및 저항을 위한 도구를 제공하는 방식을 긍정적으로 바라보지만(물론 일부 중요한 경고와 함께), 그것의 비즈니스 모델에 대해서는 개탄한다. 하지만 이 두 가지는 불가분의 관계라고 할 수 있다. 서구권의 페이스북 사용자들을 대상으로 한 광고는 남반구에 거주하는 16억 명의 사용자들이 페이스북의 다양한 제품 기능들을 자유롭게 이용할 수 있도록 만들 수 있다는 것을 의미하기 때문이다. 만약 우리가 서구권과 나머지 지역의 소득 격차를 고려해, 광고 기반 비즈니스 모델을 유료 구독 모델로 전환한다면 가난한 나라의 사용자들에게 부정적인 결과를 초래할 것이 명백하다는 사실을 알 수 있을 것이다. 이는 더 적은 사람들을 소셜 네트워킹 서비스에 접근하게 만들 것이고, 억압적인 정부에 대한 반대를 이끄는 것을 더욱 어렵게 만들 것이다.

디지털 광고 비즈니스 모델이 평등한 서비스 이용에 끼치는 긍정적인 결과에 대한 이러한 주장은 구글, 트위터 및 스냅과 같이 글로벌 서비스를 제공하며 광고 기반 비즈니스 모델을 가진 다른 대기업에도 적용된다. 또한 CEO인 팀 쿡이 광고 기반 비즈니스 모델에 대해 열렬히 비판하고 있는 애플에 대해서는 정반대의 주장도 나올 수 있다.

쿡은 애플이 자사의 장치 및 소프트웨어에 대해 사용료를 부과한다는 것을 근거로 애플의 절차적 정당성을 주장하는데, 이는 애플의 이익이 개인 정보 보호 문제에 관해 사용자들의 이익과 일치한다는 것을 의미하기도 한다. 그러나 이는 중요한 점을 놓치고 있는 주장이다. 애플의 비즈니스 모델은 결국 전 세계 중산층 이상의 사람들에게만 서비스를 제공한다는 것을 의미하기 때문이다. 게다가 애플이 보유한 공급망 내에서의 부정 행위, 즉 콩고 광산에서 희토류를 추출하고 아이폰이 선전 공장에서 이주 노동자들에 의해 조립되는 것은 식민지 시대의 모습을 닮아 있다. 즉 애플의 제품이 부유한 서구권의 사용자들에게 제공하는 혜택은 남반구에 거주하는 노동자들의 힘겨운 하루하루에서 비롯되는 것이다. 요컨대, 사용자가 제품과 서비스에 대해 일정한 비용을 지불하는 비즈니스 모델에 광고 기반 모델에는 없는 어떤 고유한 정당성이 있는 것은 아니라는 뜻이다. 그리고 추가적으로, 페이스북과 구글의 광고가 자원을 재분배하는 방식에 의해 생성된 내용적 정당성은 애플이 스스로 주장하는 더욱 투명한 비즈니스 모델이 가지는 절차적 정당성을 능가한다고 생각한다.

더 강한 개인 정보 보호가 정답인가?

감시 자본주의 이론을 옹호하는 사람들에게는 개인 정보 보호를 의무적으로 강화하는 것이 데이터 기반 디지털 광고를 금지하는 것의 대안이 될 수 있다. 여기에는 개인의 모든 전자 통신에 대한 종단 간 암호화가 포함될 수 있으므로 이는 국가 및 기업이 수행하는 모니터링의 범주를 넘어서게 된다. 사실, 페이스북은 이미 모든 앱을 완전히 암호화하겠다는 의사를 밝힌 바 있다. 하지만 이처럼 개인 정보 보호로 중심축을 이동하는 것은 절차적 정당성을 생성할 수는 있지만 내용적 정당성을 훼손할 수 있다. 페이스북의 광고는 나쁜 목적으로 악용된 유일한 페이스북 제품이 아니며 이미 암호화된 왓츠앱 및 페이스북 메신저의 공유 및 그룹 기능도 마찬가지이다.

로힝야족에 대한 폭력을 선동하는 메시지가 일대다 공유를 통해 광범위하게 유포된 미얀마의 경우 외에도 2018년 브라질 대통령 선거에서 자이르 보우소나루Jair Bolsonaro 진영이 불법적으로 취득한 전화번호 리스트에 대통령 후보 홍보 자료를 대량 배포하는 일이 있었고, 여기에 왓츠앱 그룹이 동원되었다. 왓츠앱 그룹은 2019년 인도 총선에서 파키스탄을 공습한 결과에 대한 잘못된 정보를 유포하는 일에도 사용되었다. 마크 저커버그 자신이 인정했듯이 암호화는 혐오 발언, 정치적 선동 그리고 다른 유해한 내용들을 탐지하고 제거하는 일을 훨씬 더 어렵게 만들며, 따라서 이처럼 개인 정보 보호를 강화하는 것은 페이스북으로 하여금 도덕적 책임을 포기하게 하는 것으로 여겨질 수 있다. 앞서 저커버그식 자유주의의 대안으로 제시했던 공포의 자유주의 이론은 암호화가 덜 공격적인 광고라는 비교적 미미한 이익을 얻는 대신 우리가 알 수 없는 잔혹 행위의 가능성을 증가시킨다고 주장할 것이다. 그렇기에 개인 정보 보호 강화로 인한 절차적 정당성의 강화는 남용에 대한 통제의 상실로 인해 내용적 정당성의 약화를 가져오는 방식으로 쉽게 상쇄될 수 있다. 페이스북의 직원들은 인터뷰를 통해 페이스북의 최고 제품 책임자인 크리스 콕스Chris Cox가 지난 2019년 회사를 떠나게 된 것은 결국 암호화 강화에 따른 사회적 결과에 대한 우려에서 비롯되었다는 견해를 밝힌 바 있다. 개인적인 견해로는, 모든 애플리케이션이 종단 간에 암호화되어 구독료를 지불해야 하는 버전의 페이스북은 전반적인 정당성이 더 강화되었다기보다는 약화된 형태로 존재할 것이라 생각한다. 구글 검색의 유료 버전 및 지메일과 유튜브의 종단 간 암호화 버전 역시 마찬가지일 것이다.

개인 정보 보호 강화의 마지막 단점은 연구자와 기업가가 사용할 수 있는 공개 도메인에서 집계되고 익명화되는 데이터의 양이 감소한다는 것이다. 그렇기에 IT 기업들이 이 데이터를 지금보다 덜 사용하게 할 경우 내용적 정당성이 약화되는 결과를 초래할 것이다.

소셜 미디어 회사를 플랫폼이 아닌 출판업에 준하여 규제해야 하는가?

만약 페이스북이 자사의 플랫폼에 게시된 콘텐츠에 대해 더 큰 책임을 지게 된다면 페이스북의 내용적 정당성이 강화되는 것으로 간주할 수 있을 것이다. 현재 페이스북은 이미 법률을 준수하고 자체적인 커뮤니티 표준을 지키기 위해 인공지능과 인간 본연의 지능을 모두 활용하여 대규모로 콘텐츠를 조정하고 있다. 물론 그렇지 않다는 주장이 많은 것도 사실이지만, 그러할지라도 이러한 노력은 대부분의 사용자들이 페이스북 서비스를 이용하면서 스팸 및 혐오 표현, 폭력적이거나 성적으로 부적절한 이미지로부터 자유롭게 한다.

사실 상당히 최근에 이르기까지 페이스북은 플랫폼 광고에서 제기된 광고의 진실성에 대한 책임을 소홀히 해 온 바가 있다. 페이지 투명성 제도 및 페이스북 광고 라이브러리와 같은 이니셔티브들은 광고 캠페인에 대한 정보를 무료로 제공함으로써 광고주의 책임을 높이는 의미 있는 단계의 조치이다. 그러나 이러한 기능이 출시됨과 동시에, 스놉스[149]와 같은 전문적인 제3자와의 팩트체크 파트너십이 사라지고 있다는 점은 문제이다. 만약 페이스북이 사기성 있는 광고를 허용했을 때 규제 기관에 대응해야 하는 책임이 있다면, 페이스북은 더 엄격한 규칙을 시행하고 광고주가 될 자격을 부여하거나 그들의 광고를 승인하는 절차를 더 까다롭게 만들어 낼 동기를 갖게 될 것이다.

만약 위와 같이 더욱 까다로운 절차가 확립될 경우, 새로운 규칙과 절차를 준수하는 데에 드는 비용을 더 잘 흡수할 수 있는 대규모 광고주가 소규모 업체들보다 더욱 유리할 수 있다. 그러나 이것은 다이렉트 메일 또는 TV 광고 캠페인을 통해 사실이 아닌 주장을 퍼트리는 것을 어렵게 만드는 것과 동일한 규범 및 표준을 확립하기 위해 지불할 가치가 있는 비용일 것이다. 디지털 정당성 이론의 관점에서 이것은 페이스북의 디지털 정당성을 전반적으로 강화하면서 서비스 남용에 대한 통제를 더욱 강화하기 위해 사용자에게 부여된 권한을 일부 축소하는 방식을 포함할 수 있다.

앞서도 언급한 도덕적 안개 속에서 광고주는 페이스북에 광고할 자유와 언론의 자유를 결합하게 되지만, 이 중 첫 번째(광고의 자유)는 두 번째(언론의 자유) 것을 훼손하지 않는 선에서 제한이 가능하다. 그러나 페이스북에게 사용자가 게시한 콘텐츠에 대해 법적 책임을 지게 하는 경우는 그것이 초래할 결과가 다소 명확하지 않다. 이러한 경우 중국의 인기 소셜 미디어 앱인 위챗과 같이 금지된 키워드가 담긴 메시지나 게시물을 원천 차단하는 일종의 인공지능 기반 검열로 이어질 가능성이 높아 보이기 때문이다. 예를 들어, 로힝야족을 묘사하는 데에 사용되는 키워드가 공유되는 것을 막는다면 남용에 대한 통제 차원에서 페이스북의 디지털 정당성을 강화하는 데에 도움이 될 수는 있다. 하지만 페이스북이 회사 차원에서 우려하고 있는 다른 키워드들에 대해 유사한 제한을 도입한다면 이는 사용자 권한 측면에서 해가 될 수 있다.

동일한 주장은 트위터와 스냅챗에도 적용된다. 이 두 플랫폼 모두 신용 카드만 있다면 모든 사용자가 타깃 광고 캠페인을 설정할 수 있도록 하고 있으며, 더 강력한 통제는 그들의 디지털 정당성을 강화할 것이기 때문이다. 앞서 살펴본 대로 구글 및 Bing 광고의 진입 장벽은 더 높은 편이고 이들의 광고 카피에 대한 검토는 더욱 엄격하다. 그러므로 남용에 대한 통제 차원에서 구글과 마이크로소프트는 페이스북보다 더욱 강한 디지털 정당성을 갖고 있다고 볼 수 있다.

거대 IT 기업들을 쪼개야만 하는가?

그들 자신의 경쟁자, 고객 및 공급망의 협력 업체에 대한 IT 기업들의 권력은 이 책의 주요 논점이 아니지만 이러한 권력을 제한하기 위해 고안된 반독점 규제는 일반적인 서비스 사용자들에게도 영향을 미친다.

페이스북은 소셜 네트워킹 서비스 업계에서 분명히 독점적 지위를 차지하고 있다. 페이스북은 활성 사용자 수 기준 상위 6개 소셜 미디어 애플리케이션 중 4개를 소유하고 있는데, 페이스북 본체, 페이스북 메신저, 인스타그램, 왓츠앱은 모두 10억 명 이상의 사용자를 보유하고 있다. 독점 기업에 대한 피터 틸의 조언[150]과 일치하게 페이스북은 그들이 지배적 위치를 가진 소비자 시장을 매일 새로운 경쟁자가 등장한다는 논리라든지, 소통을 위한 도구와 같은 용어로 매우 광범위하게 정의하여 정확한 파악을 어렵게 만듦과 동시에, 그들이 전 세계 광고 시장의 단 6%만 점유하고 있다는 점을 강조하여 자신들의 독점 논란에 대해 방어한다.

조금 더 솔직한 입장은 페이스북이 실제로 일종의 독점 상태이며, 그것은 자연스러운 상태라는 것을 인정하는 것이다. 우리에게 고맙게도 존 스튜어트 밀이 창조한 또 다른 하나의 개념은 단일 공급자를 통한 시장의 운영이 최대 효율을 나타내는 경우 자연독점이 발생한다는 것이다. 역사적인 자연독점의 예시로는 형태를 갖춘 기반 시설을 구축하는 고정 비용이 매우 높았던 전신 및 에너지 시장이 있다. 그러나 페이스북의 경우는 다소 다르다. 새로운 소셜 네트워킹 서비스를 구축하는 비용은 무시할 수 있을 정도로 작지만, 독점적 소셜 네트워킹 제공자에게는 같은 네트워크에 사람이 많을수록 그 네트워크 전체가 더 유용해진다는 분명한 이점이 있기 때문이다. 만약 페이스북 본체 앱과 통합된 메신저 앱을 각각 1/4 크기의 새로운 네트워크 4개로 분할한다면 그 유용성은 지금보다 훨씬 더 감소할 것이다. 이것은 페이스북의 독점적 지위를 정당화할 수 있는 근거이며, 재런 러니어Jaron Lanier 및 조너선 태플린Jonathan Taplin과 같이 페이스북을 비판하는 데 열을 올리는 사람들도 이에 대해서는 동의하는 듯 보인다. 그러나, 우리는 소비자들이 부당하게 이용당하는 것을 막기 위해 자연독점이 단호한 규제로 단속되어 왔다는 역사적 선례에 주목해야 한다.

결국 페이스북이 왓츠앱과 인스타그램을 매각하게 하는 것이 사용자들에게 정말로 피해를 줄지는 명확하지 않다. 문제는 이러한 앱들이 페이스북 본체와 통합되면서 창출되는 사용자 편익에 관한 것인데, 이 책을 쓰는 시점에서는 이러한 편익 역시 여전히 분명하지 않다.

네트워크 규모가 가져오는 효용을 근거로 자연독점을 정당화하는 주장은 네트워크 효과를 통해 제품이 사용자에게 가치를 제공하는 다른 IT 회사들(예: 트위터, 스냅 및 마이크로소프트가 소유한 링크드인)에게도 적용된다. 그러나 이 같은 주장은 검색, 전자 상거래 또는 비디오 스트리밍 시장에서는 적용될 수 없으므로, 구글, 아마존 및 넷플릭스의 독점적 지위를 정당화하는 방법으로는 사용될 수 없다.

거대 IT 기업에 대한 반독점 조치를 고려하는 가장 좋은 이유는, 동일한 가치 사슬에서 여러 연결고리를 한꺼번에 제어하는 이른바 '수직계열화'를 방지하기 위한 것으로 보인다. 수직적 통합은 앞에서도 살펴보았듯 아마존이 마켓플레이스 플랫폼을 사용하는 소상공인들로부터 그들의 사업을 빼앗거나, 구글이 검색 클릭을 제3자 웹 사이트로부터 다른 곳으로 우회하게끔 유도함으로써 그들의 정당성을 스스로 훼손하는 행위를 야기한다. 물론 그러한 종류의 사기 행각은 앤드루 카네기 시절부터 이미 충분히 흔하게 일어난 일이며, EU 반독점위원회 위원인 마르그레테 베스타게르Margrethe Vestager와 같은 규제 당국자들이 이미 지켜보고 있는 소위 강도 남작들에게도 익숙한 일이다. 그러나 수직계열화에는 조금 불분명한 다른 문제점도 있다. 디지털 광고와 그 전 시대의 타깃 광고 사이의 중요한 차이점은 전자의 경우 모든 일이 한 곳에서 발생한다는 것이다.

2장의 상상 속 역사관에서 우리가 본 1980년대 전자 제품에 대한 다이렉트 메일 광고의 지리인구통계적 세분화는 익스피리언과 같은 데이터 공급자, 마케팅 대행사, 인쇄업자 및 우편 회사에게 데이터 입력을 요구했을 것이다. 이 과정에서 모든 당사자는 신경 써야 하는 사회적 평판 및 준수해야만 하는 전문적인 행동 강령이 있었기 때문에, 광고의 진실성과 표준적인 품위를 유지하도록 동기가 부여되었을 것이다. 또한 광고 카피 및 창작물은 그것이 취향에 심각하게 어긋나거나 논란의 여지가 많은 주장을 포함할 경우는 말할 것도 없고, 그 외의 경우에도 여러 차례 승인을 받아야 할 수도 있다. 그러나 이와 대조적으로, 구글 디스플레이 네트워크[151]나 페이스북 광고 관리자를 통해 타깃 광고 캠페인을 운영하는 것은 완전히 다르다.

데이터 공급자, 대리점, 인쇄업자 및 우편 회사의 역할은 광고주 스스로가 사용할 수 있는 서비스 소프트웨어의 한 부분으로 축소되고, 광고가 출판 및 배포되기 전에 광고 카피 또는 그 창작물 중 하나가 사람에 의해 검토되는 일은 드물다. 따라서 구글이 유튜브를 매각하거나, 페이스북이 인스타그램을 매각하도록 강요하여 IT 기업들을 수직적으로 쪼개 놓는 것은 수직계열화의 문제를 해결하는 데 거의 도움이 되지 않는다. 사실 실행하기에 복잡할 수 있지만 더 나은 방법은 IT 회사의 고객 타겟팅 기능과 광고 퍼블리싱 기능을 서로 다른 조직으로 분리하는 것이다. 이는 한 회사는 TV 프로그램만을 전문적으로 제작하고, 그것을 다른 회사에서 방송하는 방식과 유사하다.

이중 클래스 지분 구조는 재설계되어야 하는가?

마크 저커버그는 페이스북 주식의 20% 미만을 소유하고 있지만, 회사가 정한 이중 클래스 구조의 결과로 인해 그는 의결권 있는 주식의 60% 가량을 통제할 수 있다. 이 같은 상황 때문에 25억 명의 사람들이 페이스북에서 얻는 가치는 전적으로 그의 선의에 달려 있다. 이러한 상황의 합법성과는 별개로, 이 상황의 정당성에 대한 신뢰할 만한 주장을 떠올리기는 매우 어렵다.

이러한 지배 구조가 점점 증가하는 현상을 다루기 위한 다양한 조치들이 이미 제안된 바 있다. 또 다른 사람들은 규제를 위반한 기업들을 주식 시장의 주요 지수에서 배제하거나 그들을 아예 상장 폐지시켜야 한다고 주장한다. 다른 사람들의 경우 기업 공개 후 특정 기간 동안 창업자들이 가진 추가적인 주식 의결권을 제거하는 일몰 조항을 제안하기도 했다. 물론 이러한 내용을 담은 법안들이 통과되지 않는 한, 저커버그는 페이스북에 대한 그의 통제 범위를 스스로 줄이기로 결정해야 한다. 의결권의 양도, 이사회 의장직의 사임, 독립된 옴부즈맨의 임명 또는 페이스북 사용자들로부터 회사 정책 변경에 대한 민주적인 승인을 확보하기 위한 메커니즘을 부활시키는 등의 일은 페이스북의 디지털 정당성을 더욱 강화하는 데 도움이 될 것이다. 또 다른 하나의 대안은 페이스북의 기업 헌장에 있는 페이스북의 목적을 명시하는 진부한 문구, 즉 '기업이 조직될 수 있는 합법적인 행위나 활동에 참여하기 위해' 대신 '사람들에게 공동체를 건설하고 세상을 더 가깝게 만들 수 있는 힘을 부여하기 위해'라는 페이스북의 사명을 넣는 것이다. 이것은 저커버그의 개인적인 선의를 대신하여 임원들에게 신의성실의 의무를 부과할 것이다.

이러한 주장은 구글, 스냅 및 핀터레스트를 포함하여 다양한 의결권을 부여하는 여러 종류의 주식 구조를 통해 창업자의 강력한 통제가 행사되는 다른 많은 IT 기업들과도 관련이 있다. 반면 마이크로소프트, 애플, 아마존의 경우는 전통적인 지분 구조를 가지고 있기 때문에 지배구조 측면에서는 더 강한 정당성을 확보하고 있다. 또한 아마존이 지속적으로 이익을 새로운 사업에 재투자한다는 사실은, 주주들이 회사가 페이스북의 사용자들에게 무엇이 더 최선인지에 대해 신경쓰기보다는 단기적인 재무 성과를 우선시하도록 강요하는 것을 막기 위해 개인의 집중적 통제가 필요하다는 저커버그의 주장에서 설득력을 떨어뜨린다.

거대 IT 기업이 인터넷 인프라를 제어하도록 허용해야 하는가?

IT 기업들이 국민과 국가에 대해 가지고 있는 권력 역시 이 책의 주요 논의점은 아니었지만, 그들이 인터넷 인프라에 대한 통제를 점진적으로 늘리는 것이 의미하는 바는 간단하게라도 언급할 가치가 있다. 페이스북은 남반구에 거주하는 수억 명의 사람들에게 무료 인터넷 접속을 제공하는 프리 베이직스 프로그램을 운영하는 것 외에도 여러 해저 광케이블에 대한 상당한 지분을 소유하고 있으며, 인터넷망이 거의 설치되어 있지 않은 지역에 드론을 활용한 인터넷 접속을 실험하기도 했다. 한편 구글의 자회사인 룬은 지난 2020년 7월 케냐에 더 많은 4G 커버리지를 만들어 내기 위해 고고도 풍선을 대거 날려 보냈다. 페이스북과 구글을 비판하는 사람들은 전보를 보내기 위한 기반 시설의 통제가 19세기에서 20세기에 이르는 동안 제국주의 국가들의 권력을 유지하는 데 도움이 되었다는 점에 주목하여, 페이스북과 구글이 새로운 형태의 식민주의를 자행하고 있다고 비난했다. 실제로 페이스북의 경영진 마크 앤드리슨Marc Andreessen은 인도에서 시행된 프리 베이직 금지 조치와 관련하여 '반식민주의는 수십 년간 인도인들에게 경제적으로 재앙이었다. 왜 우리가 지금 멈추어야 하는가?'라고 언급한 트윗을 통해 페이스북이 실제로 제국주의적 관점에서 자신들의 역할을 이해하고 있음을 나타냈다.[152]

본질적으로 인프라의 구축 권한은 국가 권력에서 파생되는 것이므로, 정부의 의사에 반한 인터넷 연결의 제공은 IT 기업의 절차적 정당성을 감소시킨다. 또한 이 같은 행위는 국가와 시민 사이의 사회적 계약을 훼손함으로써 그들의 내용적 정당성마저 감소시킬 수 있다. 결국 필요한 인프라가 민간 기업들에 의해 일방적으로 제공되고 있다면 정부에 세금을 낼 이유가 없기 때문이다. 만약 국가 주도로 인터넷 연결이 제공되더라도, IT 회사들이 수억 명의 사람들에게 인터넷 접속의 문지기 역할을 한다면 이 역시 IT 기업의 정당성을 훼손하게 된다. 동일하게 인터넷 인프라에 대한 투자를 지속한 마이크로소프트와 아마존에게도 우리는 같은 질문을 던져야 한다.

나는 기존의 정당성 이론이 IT 기업들의 권력을 분석하기에는 적합하지 않다는 사실을 언급하면서 이 장을 시작했다. 왜냐하면, 그들이 가지고 있는 권력의 종류는 국가의 권력과 매우 다르기 때문이다. 결과적으로, 내가 제안한 디지털 정당성 이론은 논평가, 학계 및 정책 의사 결정권자들에게 향할 몇 가지 새로운 요구 사항을 포함한다. IT 기업들의 활동은 상당히 복잡해 보이기 때문에, 사람들은 그들의 권력이 어떻게 작동하는지 설명할 때 감시와 자원 착취의 은유법에 의존하는 경향이 있다. 그러나 우리가 보았듯이 이러한 은유는 도덕적인 부담도 있으며 그들이 드러낸 것처럼 보이는 사실만큼 모호함도 키울 수 있다.

우리가 IT 기업들의 디지털 정당성을 더욱 강화하고자 한다면, 먼저 그들의 제품과 비즈니스 모델이 실제로 어떻게 작동하는지에 대한 세부 사항을 이해해야 한다. 그리고 어떤 방식으로든 그들의 정당성을 강화하려는 정책적 제안이 다른 정당성을 훼손할 수 있다는 사실에 대한 것들을 고려할 필요가 있다. 그래야만 우리가 그들의 권력 중 어떤 것을 용인해야 하고, 어떤 것들을 조건부로 수용해야 하며, 어떤 것들을 억제해야 하는지 결정할 수 있다.

9
거대 IT 기업들을 위한 데이터 윤리

대기업들은 그들의 정당성에 관해 관심을 가져야만 할 스스로의 이유가 존재하는데, 정부가 그들이 너무 강한 권력을 갖고 있다고 판단할 경우, 벌금을 물거나, 규제를 당하거나, 해체되거나, 심지어는 국유화되는 경우도 있기 때문이다. 그러나 만약 정부가 개입할 가능성이 거의 없는 상황에서도 경영진은 도덕적 책무에 주의를 기울여야만 하는가? 신자유주의자들은 그렇게 생각하지 않는다. 그들에게 회사의 유일한 의무는 주주들의 이익을 위해 행동하고 법규를 준수하는 것이지, 기업 윤리에 관한 이야기는 그저 말장난일 뿐이다.

신자유주의자들의 주장은 원칙적으로 볼 때 타당할 수 있지만, 실제로 그들의 주장을 옹호할 수는 없는데 가장 단순한 이유는 사실상 대기업들의 주가가 대중들의 윤리적인 우려에 의해 영향을 받기 때문이다. 언론인, 비영리단체, 운동가들이 노동자들에 대한 열악한 처우 또는 환경 오염과 같은 문제들을 강조하는 것은 매우 흔한 일이지만,

조세 회피와 제도적 차익거래[153]와 같은 문제는 그 자체의 합법성과는 무관하게 점점 더 비윤리적인 행위로 간주되고 있다. 또한 역사적으로 기업이 연루된 재난 상황은 주주 가치를 크게 손상시켰다. 이는 단순히 매출 감소로 인한 금전적 손실 또는 사망자나 부상자에 대한 보상금 지급에 관한 문제가 아니다. 어떤 회사의 경영진이 안전 문제에 책임이 있다고 인식될 때, 수십억 달러에 달하는 그 회사의 시가총액은 장기적으로 부정적인 영향을 받을 것이다.

1982년 시카고에서 변형된 타이레놀을 복용한 후 7명이 시안화물

세포 질식제. 적혈구 속의 헤모글로빈과 결합하여 산소와 결합하는 것을 방해하고 조직의 호흡을 마비시킨다. 심하면 수 초만에 어지러움, 두통, 머리 충혈, 두근거림, 호흡 곤란, 전신 경련 따위가 일어나며 많이 먹었을 때는 비명을 지르며 급사한다

중독으로 사망했다. 이 약의 제조업체인 존슨 앤드 존슨의 주식 가치는 즉시 10% 가량 하락했고 향후 4개월 동안 추가로 8%가 하락했다. 1989년 엑슨 발데즈 유조선의 기름 유출 사고 이후 이 회사의 주가 역시 같은 궤적을 따랐고, 유출 50일 후에는 15%, 6개월 후에는 18%까지 하락했다. 그리고 1984년 최대 1만 6천 명의 사망자를 낸 인도 보팔의 유독 가스 누출 사고에 책임이 있는 화학 회사 유니온 카바이드[154]는 같은 기간 간 시가총액의 29%를 상실했다.

이 사례들은 좋든 싫든 윤리 규범은 모든 대기업들에게 중요하다는 점을 시사한다. 그렇다면 거대 IT 기업의 CEO는 무엇에 특히 주의해야 할까? 간략히 이야기하자면 '데이터 윤리'라는 새로운 분야라고 할 수 있다. 1970년대에서 2000년대에 이르기까지 기술 윤리는 컴퓨

터 또는 인간 디자이너 및 사용자의 수준에서 논의되는 경향이 있었다. 데이터 윤리 용어는 현대 디지털 시대에 많은 윤리적인 문제들을 논의할 때 데이터의 수준에서 논의해야 한다는 사실을 반영하기 위해 만들어졌다. 케임브리지의 동료들과 함께한 최근 프로젝트의 일환으로 나는 데이터 윤리에 관한 953개의 피어 리뷰 저널 논문으로 구성된 데이터베이스를 편집했고, 3장에서 설명한 데이터 사진 기법을 활용하여 앞서 언급한 질문들이 무엇이었는지 밝혀낼 수 있었다.

이 시각화 자료를 오랫동안 충분히 응시하면, 데이터 윤리의 핵심 테마가 나타나는 것을 볼 수 있다. 우리는 이미 개인 정보 보호, 보안 감시 및 소프트웨어 사용자 인터페이스 설계를 포함한 일부를 검토한

학술 문헌 데이터베이스에 있는 데이터 윤리에 관한 모든 논문 제목을
괄호 안에 표시된 숫자만큼의 빈도로 시각화하는 워드 클라우드 결과

바 있다. 하지만 이제부터는 다른 것들을 언급하고자 한다.

알고리즘적 의사 결정에서의 편견, 차별, 부당함

타깃 광고와 마찬가지로, 인간이 아닌 알고리즘을 사용하여 중요한 의사 결정을 내리는 것은 새로운 현상이 아니다. 1980년대 이후 금융 서비스 회사들은 대출, 신용 카드, 자동차 할부금융 및 주택 담보 대출 신청 수락 여부를 결정하기 위해 프로그램화된 자동 채점 방식을 활용해 왔다. 아울러 신용 평가 기관에 보관된 데이터를 바탕으로 한 스코어 카드[155]는 21세기로 넘어가기까지 대출 연장 분야에서 은행의 최고 경영진을 대체하여 최고 의사 결정자가 되었고, 이와 유사한 모델들은 보험 회사의 계약 인수[156] 여부를 자동화하기 위해 다이렉트 보험사들에 의해 채택되기도 했다.

2008년 서브프라임 모기지 사태 이전에는 금융 회사에서 알고리즘을 활용한 의사 결정을 사용하는 것이 윤리적인 문제로 널리 간주되지는 않았다. 그러나 데이터의 확산과 머신러닝의 발전으로 인해 알고리즘에 의존하는 의사 결정을 형사 사법 절차 및 치안 유지와 같은 다른 영역으로 확장할 수 있게 되었고, 이는 앞서 7장에서 보았듯이 팔란티어와 같은 IT 회사에 의해 촉진되기도 했다. 형사 사법제도에는 양형 결정 및 가석방 여부 심사에 범죄자의 재범 가능성을 예측하는 알고리즘이 활용되고, 잠재적 범죄를 예상하여 사법 요원을 어디에 배치해야 할지 결정하는 예측 치안 유지 모델이 활용된다.

그러나 연구자들은 알고리즘 설계자가 무의식적으로 가질 수 있는 편견 및 역사적 데이터에 대한 알고리즘 모델의 의존 정도가 인종, 민족, 성차별을 재현할 수 있음을 밝혀냈다. 캐시 오닐Cathy O'Neil은 이 주제에 관한 훌륭한 저서인 『대량 살상 수학 무기Weapons of Math Destruction』에서, 미국 일부 주의 법원에서 수감자의 재범 가능성을 추정하는 데에 사용하는 알고리즘인 LSI-R의 예시를 제시한다. 알고리즘이 사용하는 데이터 포인트 중 하나는 어렸을 때부터 경찰과 자주 접촉하게 되는 것과 관련이 있다. 접촉은 범죄를 저지르는 것을 의미할 수도 있지만, 유색 인종 청년들에게는 범죄 행위보다 훨씬 더 많이 일어날 수 있는 경찰과의 조우 및 그들에 의해 일어나는 차량 정차 및 수색 등이 모두 포함된다. 뉴욕시에서 14세에서 24세 사이의 흑인과 히스패닉은 인구의 5% 미만을 차지하지만, 그중 40% 이상이 경찰에 의해 불심검문을 받고 수색 당한다. 결과적으로, LSI-R은 유색 인종이 범죄를 저지를 가능성이 더 높다는 인간 경찰관의 인식에 근거하여 가석방 및 형량 선고 권고를 한다.

지금까지는 이런 불의의 위험을 줄이기 위한 IT 기업의 노력이 알고리즘 개발자들을 위한 도구와 자원의 제공 형태로 이루어졌다. 페이스북은 알고리즘이 특정 그룹에게 어떻게 영향을 끼치는지 측정하는 '공정성 흐름'이라는 내부 도구를 지니고 있으며, 구글은 개발자들이 데이터 세트와 알고리즘의 편향성을 식별할 수 있도록 돕는 What-If Tool을 출시했다. IBM은 알고리즘과 머신러닝 모델을 교육하는 데 사용되는 데이터에 그들이 원치 않는 편견들이 포함되었는지를 확인하고 완화하기 위해 'AI 패리티 360'이라는 오픈소스 도구를 개발하여 한 걸음 더 나아갔다. 어쨌든 이 모든 것들은 올바른 방향으로 나아가는 단계이지만, IT 기업들은 그들의 알고리즘을 국회의원들뿐만 아니라 알고리즘에 의해 가장 큰 영향을 받는 개인들에게도 투명하게 설명할 수 있도록 유지해야 할 도덕적 책임이 있다는 것을 받아들여야 한다.

인류에 대한 실존적 위협으로서의 인공지능

2017년 연구자들이 다수의 인공지능 전문가를 대상으로 설문 조사를 실시한 결과, 2060년까지 모든 작업에서 인공지능이 인간을 능가할 확률은 50%인 것으로 조사되었다. 상황의 임박한 정도에 대해서는 전문가들 사이에서 의견이 매우 분분하지만, 그 상황의 심각성은 더 확실하다고 할 수 있다. 인간의 지능은 생물학적 조직의 정보 처리 한계에 의해 제약되지만, 기계는 제한을 받지 않기 때문이다. 옥스포드 대학 미래 인류 연구소의 닉 보스트롬Nick Bostrom[157]과 그의 동료들에 따르면, 인공지능은 인간의 생존에 실존적 위협을 가한다.

이 위협은 제이미 서스킨드Jamie Susskind의 저서 『미래의 정치Future Politics』에서 차용한 간단한 사고 실험으로 설명할 수 있다. 초지능을 가진 기계에 원주율을 계산하는 목표가 주어졌다고 상상해 보자. 이 기계가 목표를 향해 최적화를 시행하게 되면, 그것은 지구 크기의 슈퍼컴퓨터를 만드는 데 세계의 모든 자원을 사용할 것으로 예상할 수 있을 것이다.[158] 그리고 인류는 그 기계에게 유용한 계산 목적을 제공하지 않기 때문에, 우리는 완전히 소멸되거나 기계화될 것으로 생각할 수 있다. 따라서 보스트롬은 인공지능 시스템의 목표가 인간의 가치와 일치하도록 매우 엄격하게 지정되게 하는 것이 중요하다고 강조한다.

많은 IT 기업이 최근 몇 년 동안 인공지능 윤리 위원회를 설립했으며, 인공지능의 실존 위협에 대한 경영진의 개인적인 견해가 그 설립에 동기를 부여하는 경우가 많았다. 일론 머스크는 자신의 트위터에 인공지능이 핵무기보다도 더 위험하다고 생각한다고 올렸고, 딥마인드[159]의 창업자는 구글의 인수 제안에 인공지능 윤리 및 안전 위원회의 설립을 인수 조건으로 삼기도 했다. 그러나 이러한 추세에 회의적인 이유가 있다. IT 기업의 윤리 위원회 설립이 갑자기 확산되면서 윤리적 세탁이라는 비난이 일고 있는데, 이는 환경을 오염시킨 이력이 있는 기업들이 과거에 취했던 친환경 세탁과 유사한 기업 홍보 전략으로서의 윤리에 대한 잘못된 관여라고 할 수 있다.

인공지능 연구자 메러디스 휘태커Meredith Whittaker가 지적하듯 테이저 건이나 감시 드론, 강화 인공지능이 설치된 경찰 바디캠을 제조하는 액슨마저도 윤리 위원회를 두고 있다는 사실은 결국 윤리 위원회의 설치 정도로는 현재 제기되는 윤리 문제에 대해 충분히 대응할 수 없다는 것을 의미한다. 윤리 위원회가 제품에 관한 의사 결정에 거부권을 행사하거나 경영진에게 책임을 물을 권한이 없는 한 그들은 '윤리 극장'에 지나지 않을 것이기 때문이다. IT 기업들이 윤리적 원칙을 발표하고 최고 윤리 책임자를 임명하려는 움직임 역시 마찬가지이다. 그들이 실제로 윤리적 행동을 취하고 있다는 확실한 증거가 없다면 결국 그들을 신뢰하기는 어려울 것이기 때문이다.

이에 관해 세일즈포스[160]는 아주 좋은 예시가 될 수 있다. 이 회사는 '모든 개인의 기본권을 지지하며 … 기술을 창조하며 … 사회에 대한 보다 광범위한 책임을 지고 있다'고 밝히고 있다. 2018년 세일즈포스는 폴라 골드먼Paula Goldman을 최고 윤리 책임자로 임명했으며, 이에 대해 회사는 자사의 제품이 세상에 미치는 영향력을 올바르게 이해하고, 윤리적인 내부 문화와 제품 설계 프로세스를 조성하며, 다양한 이해 관계자와의 대화를 통해 데이터 윤리 분야를 발전시키기 위한 소임을 담고 있다고 언급했다. 그러나 이러한 활동은 세일즈포스와 미국 관세국경보호청과의 계약에 대해 팔란티어와 같은 지속적인 비판에 직면하는 것을 막지는 못했는데, 이 계약은 미국 남부의 국경 지대에서 이민자들이 당한 비인간적인 대우와 관련이 있었다.

마찬가지로 2019년 구글의 인공지능 윤리 위원회는 소수자의 권리에 대해 편파적인 견해를 가진 이사를 선임한 것에 대해 비판받는 가운데 출범 일주일 만에 문을 닫았다. 이는 인공지능 윤리에 대한 구글의 생각에 큰 간극이 있음을 시사한다. 알고리즘의 부당함이 기계의 초지능보다 더 분명하고 현실적인 위협이라는 것을 깨닫지 못한 그들의 실패였다.

머신러닝 및 로봇 공학으로 인한 일자리 대체

2013년 경제학자 칼 베네딕트 프레이Carl Benedikt Frey와 마이클 오스본Michael Osborne의 연구에 따르면, 미국 일자리의 47%가 전산화로 인해 높은 위험에 처해 있다고 한다. 그들의 논문은 '직업의 미래'에 대한 연구의 물결을 촉발시킨 공로로 5천 개가 넘는 학술적 표창을 받기도 했다. 일자리에 대한 장기적인 전망은 훨씬 더 암울해 보이는데, 앞서 언급한 인공지능 전문가들의 조사는 기계가 2140년까지 모든 인간의 일자리를 대체할 가능성이 50%라는 것을 시사한다. 직업은 우리 정체성의 핵심이며, 결국 직업의 이동은 경제적인 문제임과 동시에 실존의 문제이기도 하다. 그렇기에 자동화로 번창하는 IT 회사들은 그들로 인해 생계가 위태로워진 노동자들에 대한 도덕적인 책무를 져야 한다는 의견이 제기되고 있다.

IT 기업의 CEO들은 이러한 견해에 다소간 동조하는 것 같기는 하다. 아마존, 페이스북, 구글, 마이크로소프트, IBM이 합작하여 설립한 비영리 싱크탱크인 '인공지능 파트너십'은 그들의 연구 과정에서 직업 이동 문제를 다루었고, 일론 머스크는 인공지능의 발전 속도에 대한 그의 가설에 따라 이베이의 창업자인 피에르 오미디아Pierre Omidyar와 영향력 있는 실리콘밸리의 스타트업 액셀러레이터인 Y-콤비네이터의 대표 샘 알트먼Sam Altman과 함께 보편적 기본소득을 지지해 왔다. 2017년 다보스에서 열린 세계경제포럼 회의에서 마이크로소프트의 사티아 나델라Satya Nadella CEO는 '우리는 미래의 직업을 위해 사람들을 훈련시킬 수 있도록 최선을 다해야 한다'라고 말했고, 세일즈포스의 마크 베니오프Marc Benioff CEO는 인공지능이 디지털 난민을 만들 것이라는 그의 두려움을 설파했다. 그러나 직업 이동이 IT 기업 CEO들의 관심사일 수도 있고 그들이 회의에서 연설을 하거나 자선 활동을 할 때 이러한 직업 이동 현상에 초점을 둘 수도 있지만, 아직까지 IT 기업들이 자신에 의한 직업 이동 현상을 완화하기 위해 내린 실질적인 조치는 거의 없었다.

세계 전통 윤리의 차이를 조정하려면

거대 IT 기업들이 데이터 윤리에 대해 고민하는 것과 관련된 한 가지 또 다른 문제는, 그들이 서비스를 운영하는 각 국가에는 서로 다른 전통 윤리가 존재한다는 것이다. 세계의 주요 전통 윤리에는 이슬람의 전통, 유교의 전통, 인도의 전통 및 불교적 전통, 그리고 서구 또는 유대교-기독교의 전통이 포함된다.

이렇게 철저하고 완전하게 구성된 목록에서도 기업 윤리의 문제에 대해서는 상당한 다양성이 발생한다. 신뢰 기반 관계가 법적인 계약 관계보다 더 중요하거나 때로는 덜 중요하게 간주될 수 있고, 가족 구성원에 대한 편애는 미덕 또는 악덕으로 간주될 수 있다. 게다가 같은 문화권이라도 전통 윤리에 차이가 있을 때도 있다. 예컨대 미국은 자립의 미덕을 강조하는 반면, 유럽은 빈자를 돌보는 의무를 강조한다. 이슬람 전통에서 법률은 지역적 맥락에 따라 해석되기도 하며, 이는 윤리적 행위의 변화를 초래한다. 그러나 전통 윤리들 사이에는 중요하게 수렴하는 지점들도 있다. 예를 들어 자신의 의무를 다하고, 자신이 대접받고자 하는 대로 타인을 대하는 것은 아주 보편적인 덕목이다. 이와 같은 황금률은 기독교 문화권 사람들에게 친숙하고, 동양에서 공자의 말과 사상을 모은 논어에도 같은 이야기가 등장한다.

동시에 사람들을 해치거나 물건을 훔치고, 거짓말을 하거나 사기를 저지르는 것은 보편적인 악행으로 간주된다. 이렇게 수렴하는 지점들이 있기 때문에 다국적 기업 활동에서도 보편적인 최소 윤리 기준을 결정할 수 있다. 거의 모든 사람은 인간의 존엄성과 기본권을 존중하리라 믿기 때문이다. 결과적으로 최소한의 윤리 기준에는 제품, 서비스 및 노동 현장에서의 안전 보장, 교육에 대한 개인의 권리와 적절한 생활 수준의 유지, 직원과 고객 그리고 공급자들의 목적을 위한 수단보다는 고유한 가치를 지닌 인간으로 대하는 내용들이 포함된다. 이와 유사하게 기업들은 교육 시스템과 같은 필수적인 사회 기관을 지원하고 환경을 보호하기 위해 정부와 협력해야 한다는 것이 일반적으로 받아들여지고 있다.

이러한 윤리 표준은 제약, 석유, 화학과 같은 산업을 염두에 두고 개발되었으며 타이레놀 독극물 사건, 엑슨 발데즈 유조선 기름 유출 사건, 보팔 가스 누출 참사 등과 같은 재난이 일어나고 나서야 만들어졌다. 지금까지 살펴본 대로, 디지털 기술은 새로운 의문점들을 제기할 것이며, 기존 윤리의 기준만으로 충분히 해결할 수 있다고 기대하는 것은 비현실적이다. 다만 데이터 윤리에 대한 중첩된 합의가 이뤄질 것이라는 전망에 대해서는 낙관하고 있으며, 상하이 로드웨이의 이야기는 이러한 아이디어를 실현하는 예시이다.

상하이 로드웨이는 포춘 500대 기업의 약 90%에 데이터 및 분석을 제공하는 미국의 데이터 회사 던 앤 브래드스트리트의 중국 자회사였다. 던 앤 브래드스트리트는 2019년 사모펀드 투자자들에 의해 인수될 때까지 뉴욕 증권 거래소에 상장되어 있었으며, 2017년의 매출액은 17억 달러였다. 이 회사는 2009년 중국 시장 확대 전략의 일환으로 상하이 로드웨이를 인수했는데, 회사의 다른 많은 부서와 마찬가지로 상하이 로드웨이는 기업과 소비자에 대한 데이터를 대부 업체 및 기타 기업 고객들에게 제공하여 2011년에 2,300만 달러의 매출을 기록했다. 그러나 상하이 로드웨이의 데이터 수집 관행은 논란을 일으켰다. 익스피리언과 같은 다른 데이터 회사의 비즈니스 모델과 마찬가지로, 상하이 로드웨이는 은행, 보험, 부동산 중개업자 및 텔레마케팅 회사와의 상업적 관계를 통한 데이터베이스의 축적을 위해 개인에 대한 데이터를 수집했다. 이 회사는 약 1억 5천만 명의 중국 시민에 대해 소득 수준, 직업, 주소를 포함한 개인 정보를 보유하고 있었으며, 이 데이터베이스의 기록은 마케팅 및 판매를 이끄는 수단으로 기업에 개당 0.23달러에 판매되었다.

2012년 9월 상하이 지방 검찰청은 상하이 로드웨이와 그 전직 직원 5명을 중국 시민의 개인 정보를 불법적으로 취득한 혐의로 기소했다. 법원은 그 회사에 16만 달러에 해당하는 벌금을 부과하였고, 전 직원 5명 중 4명에게 징역 2년을 선고했다. 그 결정의 근거는 2009년의 형법 개정으로 인해 금융, 통신, 교통, 교육, 헬스케어 산업에 속하는 기업들이 시민의 개인 정보를 입수하거나 판매하는 행위가 금지된 것이었다. 이 판결에 따라 상하이 로드웨이는 일체의 거래 행위를 중단했고, 던 앤 브래드스트리트는 이를 미국의 규제 당국에 신고했다. 그 후 2018년 4월, 던 앤 브래드스트리트는 상하이 로드웨이를 대행하던 또 다른 중국 자회사가 대가성 금전 지급 및 개인 데이터에 대한 접근을 더 용이하게 하기 위해 공무원에게 뇌물을 제공한 혐의로 해외 부패 방지법에 따라 900만 달러의 벌금을 지불하는 것에 합의하였다.

상하이 로드웨이의 사례에서 중요한 점은 데이터 윤리와 관련된 실질적인 의문에 대한 중첩된 합의를 보여 준다는 것이다. 중국과 미국의 검찰은 상하이 로드웨이가 비윤리적인 행위를 했고 이에 따라 던 앤 브래드스트리트를 제재했다는 점은 같았지만 상하이 로드웨이의 행위가 어떤 측면에서 비윤리적이었는지에 대해서는 각자 입장이 달랐다. 중국에서는 사전 동의 없이 개인 데이터를 수집해 판매하는 사업 모델 자체를 비윤리적으로 보았고, 미국에서는 전자의 행위는 윤리적으로 받아들일 수 있었지만(실제로 26억 달러 규모의 산업에서 디지털을 이끄는 세대가 이에 전념하고 있듯이), 중개인과 정부 관계자에게 장외에서 금전을 제공한 관행을 비윤리적으로 본 것이다. 그리고 이들에게 선물을 제공하는 것은 중국 규범의 맥락에서는 비윤리적인 뇌물이라기보다는 장기적인 사업 관계를 위해 투자하는 훌륭한 방법 중 하나로 인식될 수 있다.

'트롤리 딜레마'를 넘어서서

물론 종교적 전통이 윤리의 유일한 토대는 아니다. 특히 최근 구글, 테슬라, 우버와 같은 거대 IT 기업의 자율주행차 개발은 철학적 윤리학을 더욱 주목받게 하고 있기도 하다.

2016년 한 해에만 전 세계적으로 도로 교통 사고로 140만 명이 사망했다. 자율주행차의 개발자들은 인간의 실수를 줄임으로써 도로 안전에 긍정적인 영향을 미칠 것이라고 주장하지만, 자율주행차의 채택이 치명적인 사고로 이어지는 것은 아직까지 불가피하다. 실제로 이 책을 쓰는 시점에서 테슬라의 자율주행 시스템은 이미 5명의 사망자를 냈고, 우버는 1명의 사망자를 냈다. 이러한 사실들은 충돌 가능성이 있는 경우 자율주행 자동차가 어떻게 반응해야 하는지를 결정하는데 사용되는 소프트웨어의 윤리적 문제를 제기한다. 프로그래머들은 철학자 필리파 풋Philippa Foot[161]에 의해 '트롤리 딜레마'로 잘 알려진 윤리적 딜레마의 자율주행차 버전을 직면하고 있는 것이다.

트롤리 딜레마는 다섯 명의 사람들을 향해 달려가고 있는 통제 불능의 열차와 관련된 사고 실험이다. 이 다섯 명의 사람들은 움직일 수 없는 상태이며 충돌로 곧 죽을 것이다. 만약 당신이 폭주하는 기차와

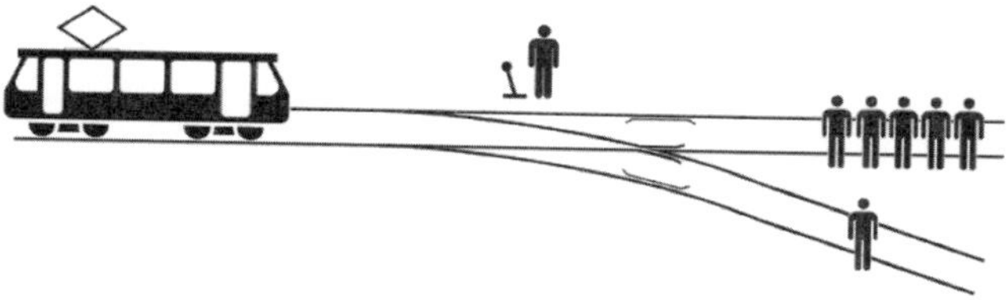

<트롤리의 문제> 기차를 우회해야 하는가?

사람들 사이의 어떤 지점 옆에 서 있다고 생각해 보자. 레버를 당김으로써 당신은 기차를 다른 선로로 우회시킬 수 있지만, 대신 그 선로에 서 있던 한 사람이 죽게 된다. 이럴 때 레버를 반드시 당겨야 하는가?

이 문제는 철학적 윤리학의 두 주요 학파인 공리주의와 의무론적 윤리 사이에 존재하는 견해의 차이를 포착한다. 우리가 6장에서 보았듯이 공리주의는 그것이 윤리적인지 아닌지를 결정하기 위해 그 행동의 결과에 더 가중치를 둔다. 즉 만약 제레미 벤담이 그 지점에 서 있었다면 그는 레버를 당겼을 것이다. 그에게 다섯 명의 생명을 구함으로써 발생하는 행복은 한 명의 죽음으로 파괴된 행복을 상쇄할 수 있을 것이기 때문이다. 이와 대조적으로 임마누엘 칸트Immanuel Kant, 1724~1804와 관련된 의무론적 윤리 이론은 모든 행동이 그 자체로 옳으냐 그르냐에 초점을 맞춘다. 만약 칸트가 그 자리에 서 있었다면 그는 달리는 열차를 우회시키기 위해 레버를 당기지 않았을 것이다. 정당한 이유가 있든 없든 간에 사람을 죽이지 않는 것이 그의 의무라고 간주할 것이기 때문이다.

많은 인간의 생명이 잠재적인 위험에 처할 수 있기 때문에, 학자들은 자율주행 자동차의 소프트웨어에 어떤 윤리 이론이 코딩될지에 대한 결정을 프로그래머에게 맡겨서는 안 된다고 주장해 왔다. 이것은 단순한 이분법적인 선택이 아니다. 공리주의 원칙에 따라 작동하는 소프트웨어는 다른 차량에 있는 사람이나 보행자의 생명과 승객의 생명 중 무엇을 우선시해야 하는지의 여부를 알아야 한다. 그리고 만약 우리가 이러한 이론들을 상하이 로드웨이의 사례에 적용한다면, 데이터 윤리에 대한 엄격한 의무론적 윤리나 공리주의적인 접근법이 어떻게 실현 가능한지 알기가 어렵다. 의무론적 윤리는 행동 자체가 옳고 그른지를 판단해야 하며, 세계 각지의 다른 지역에서 규범의 변형을 위한 여지를 남기지 않는다.

공리주의의 경우 우리에게 서로 다른 각각의 행동이 초래한 결과를 따져 볼 것을 요구하는데, 상하이 로드웨이와 같은 비교적 직관적인 개인 데이터 조달 사례에서도 각 결과값을 모두 계산하기는 어렵다. 상하이 로드웨이에 의해 데이터가 거래된 중국의 시민들 중 원치 않는 전화나 메시지, 또는 더욱 심각한 형태로 피해를 본 비율은 과연 얼마나 될까? 한편 상하이 로드웨이의 고객들은 데이터를 사용함으로써 어떠한 경제적 이익을 얻었으며, 그러한 이익 중 어느 정도가 자신의 고객, 직원 및 주주들에게 분배되었는가? 이러한 해악과 이익은 어떻게 정량화될 수 있을까? 예를 들어 형사 사법 시스템에 사용되는 알고리즘의 개발에 관한 것과 같은 보다 복잡한 질문들은 공리주의가 요구하는 계산에 훨씬 더 저항을 받는다.

우리에게는 운이 좋게도 '덕 윤리학'이라는 또 다른 이론이 있는데 이는 고대 그리스의 아리스토텔레스Aristotle, 기원전 384~기원전 322 철학까지 거슬러 올라간다. 아리스토텔레스에게 윤리는 특정한 행동보다는 어떤 사람과 조직의 성격에 대해 더 관심을 가져야만 하는 것이었다.

덕 윤리에서는, 트롤리 문제에서 레버를 당기는 것이 윤리적인지 아닌지는 선택에 직면한 사람의 상황에 달려 있다. 즉 레버를 당기는 것은 때로는 용기의 미덕이지만, 때로는 과대망상의 악덕을 나타낼 수 있다. 이를 데이터 윤리에 적용할 때, 덕 윤리는 IT 회사들이 스스로에게 '우리는 어떤 기업이 되어야 하는가?'라고 질문해야 한다고 제안한다. 상하이 로드웨이의 경우, 던 앤 브래드스트리트는 '우리는 우리가 금품 증여를 통해 비밀리에 개인 데이터에 접근하는 그런 회사가 되기를 원하는가?'라고 스스로에게 자문했을 것이다. 이런 질문을 던지는 것은 IT 기업의 보편적인 덕목 중 하나인 투명성을 식별하는 데 도움이 된다. 기업이 투명하게 행동하기 위해서는 소비자에게 자신들의 데이터가 상업적으로 어떻게 이용 가능한 마케팅 데이터베이스에 저장될 수 있는지를 분명히 하고, 공급자 및 중개자와의 이면계약을 피해야만 할 것이다.

클라우드플레어가 백인 우월주의 및 신나치주의와 관련된 게시판인 8chan에서 서비스를 철수하기로 한 결정은 덕 윤리의 한 예시이다. 클라우드플레어는 미국 샌프란시스코에 본사를 둔 웹 인프라 기업으로, 사이버 공격으로부터 웹 사이트를 보호한다. 이들은 IBM, 톰슨 로이터 및 젠데스크를 포함한 1,900만 개 이상의 웹 사이트를 지원하고 있다.

2019년까지 8chan은 클라우드플레어의 고객 중 하나였다. 역사적으로 클라우드플레어는 스스로를 중립적인 유틸리티 서비스라 여겼고, 웹 사이트의 콘텐츠를 기반으로 고객을 판단하지 않았다. 이 입장은 의무론적 윤리 또는 공리주의적 입장에서 정당화될 수 있다. 어떤 사람은 민간 회사가 발언을 검열하는 것이 잘못되었다고 주장할 수도 있고, 8chan과 같은 고객을 배제하는 것은 소수자들에게 우호적이지 않은 사이트를 서비스에서 배제하라는 정부의 압력이 있었기 때문이라고 주장할 수도 있기 때문이다. 그러나 2019년 8월 텍사스주 엘패소에서 발생한 총기 난사 사건의 가해자가 8chan에 성명서를 게시한 것이 명백해지자, 클라우드플레어의 CEO 매튜 프린스Matthew Prince는 입장을 바꿔 8chan과의 계약을 해지했다. 클라우드플레어의 웹 사이트에 업로드된 블로그 글에서 그는 다음과 같이 이야기했다.

우리는 이 결정을 가볍게 여기지 않습니다. 클라우드플레어는 네트워크 공급자입니다. 더 나은 인터넷을 구축하는 데 도움을 준다는 목표를 추구하면서 가능한 많은 사용자가 안전하도록 보안 서비스를 광범위하게 제공하여 해당 웹사이트의 콘텐츠와 관계없이 사이버 공격을 덜 매력적으로 만드는 것이 중요하다고 생각했습니다. 많은 고객이 우리 네트워크 안에서 자체 플랫폼을 실행합니다. 우리의 정책이 그들의 정책보다 더 보수적이라면 서비스를 실행하고 자체 정책을 설정하는 능력을 효과적으로 약화시킵니다. 우리는 비난할 만하다고 판단되는 콘텐츠를 마지못해 용인하지만 비극적인 사건에 직접적으로 영향을 미치고 의도적으로 불법임을 입증한 플랫폼에는 선을 긋습니다. 8chan은 그 선을 넘었습니다. 따라서 더 이상 당사 서비스를 사용할 수 없습니다.

클라우드플레어는 법치를 훼손하지 않고 최대한 망 중립성을 유지하는 기업이 되는 것을 원하는 듯하다. 프린스가 자신의 결정에 대해 공개적으로 글을 쓰고, 이에 대해 언론과 인터뷰를 진행하면서 투명성의 미덕을 드러냈다는 점도 주목할 가치가 있다. 만약 덕 윤리가 IT 기업들에게 가장 알맞은 틀이라면, 그들은 이것을 어떻게 적용해야 할까? 이에 대한 고민하기 위해, 통신 인프라와 하드웨어를 제공하는 가상의 사업자를 생각해 보자. 수익 성장을 추구하기 위해 이 회사는 메시징 앱, 위치 서비스, 사물인터넷 분석 및 모바일 광고와 같은 소위 부가 서비스로 다각화하는 것을 고려할 수 있다. 이러한 모든 서비스에는 개인 데이터 수집 및 저장 작업이 포함된다. 종단 간 암호화 메시징에서도 개별 사용자를 식별하는 데 기여할 수 있는 메타데이터가 생성되고, B2B 사물인터넷 앱에서도 센서를 통해 개별 직원의 데이터를 포착할 수 있다. 동시에 이러한 서비스에서 개인 데이터를 보

관한다는 것은 나쁜 사람들에 의해 악용되어 해를 입힐 위험도 존재한다는 뜻이다. 요컨대 부가 서비스를 제공하면 개인이 피해에 노출될 위험을 동반하게 된다는 것이다. 또한 데이터 보호 법률은 일반적으로 디지털 기술의 발전에 비해 뒤처지기 때문에, 법률에만 의존할 수도 없다. 한 가지 잠재적으로 가능한 대응은 모범 사례로 구성된 데이터 보호 표준을 채택하는 것일 수 있다. 여기에는 개인이 데이터 수집에 대해 사전 동의와 향후 철회를 모두 할 수 있도록 보장하는 것, 서비스가 효과적으로 기능하는 데 필요한 데이터만 수집하는 데이터 최소화 원칙 등이 포함될 것이다.

부가 서비스를 제공하여 생산된 데이터가 이차적으로 사용될 경우, 예컨대 위치 데이터를 사용하여 광고 대상을 정하거나 스마트 홈 장치의 사물인터넷 데이터를 일종의 분석된 제품으로 포장하는 등의 상황이 발생한다면 추가적인 문제가 발생할 수 있다. 데이터의 수집 시점에서는 이차 용도를 알 수 없는 경우가 많기 때문에 이차적 사용은 동의의 원칙과 대치하는 관계에 있다. 이와 유사하게 빅 데이터 분석은 매우 큰 데이터 집합에서 상관관계를 발견하는 것을 그 기반으로 삼고 있기 때문에, 데이터 최소화 원칙과 대치된다.

동시에 부가 서비스의 개발은 의도하지 않은 결과를 초래할 수 있다. 위치 서비스는 가정 폭력의 가해자들이 피해자를 추적하는 데 사용되었으며, 라이브 스트리밍 서비스는 자해, 자살, 대량 학살의 장면들을 방송하는 데 사용되었다. 암호화된 메시지 서비스는 아동 성폭력 이미지를 유포하고 테러 행위를 계획하는 데 사용되어 왔다. 하지만 이러한 의도치 않은 결과들이 통신 회사가 이러한 분야에서 신제품을 개발하는 것이 비윤리적임을 암시하는가? 또한 각종 모범 사례들은 부가 서비스의 범위가 엄격하게 제한되어야만 윤리적일 수 있다는 점을 시사하는가? 그렇게 생각하지 않는다. 그러한 생각은 서비스가 많은 사용자와 고객에게 제공하는 이점을 무시하고 데이터 분석을 통해 공공의 가치를 창출할 수 있는 기회를 배제하기 때문이다. 스마트 홈 데이터의 분석을 통해 탄소 배출을 크게 줄임으로써 에너지 절약의 큰 발전을 실현할 수도 있다는 가정이 그 한 가지 예시이다. 대신 '우리은 어떤 회사가 되어야 하는가?'라고 스스로 묻는 것은 그 어떤 대가를 치르더라도 혁신과 성장, 수익성을 추구하는 데 집중하는 것과 위험 부담이 과도하게 커질 때 종종 따라오게 되는 관성 사이에서 균형을 잡는 데 도움이 될 수 있다.

선량한 거대 IT 기업

그렇다면, 거대 IT 기업들은 데이터 윤리에 대해 실제로 어떤 조치를 취해야 할까? 지배 구조는 그들이 시작하기에 딱 좋은 지점이다. 준법 감시 기능의 범위를 윤리와 준법으로 확대하게 되면, 모든 기업이 단순히 법률을 준수하고 규제 위험을 완화하는 것보다 더 광범위한 사회적 책임을 지게 되며, IT 기업만이 지니는 특색 있는 권력은 이러한 책임을 더욱 가중시킬 뿐이라는 점을 인정하게 된다. 데이터 윤리에 책임을 지는 그룹이 설치되면 제품 생산 결정에 대한 거부권을 포함하여 그들은 회사의 지배 구조에서 공식적인 역할을 수행해야 한다. 이러한 권한들이 없다면 윤리 위원회는 윤리 극장을 넘어서기 위해 투쟁해야만 할 것이다. 동시에, 위원회의 범위가 인공지능에 국한되어서는 안 된다. 지금까지 살펴본 바와 같이, 데이터 윤리에 대한 질문은 더욱 깊고 넓으며, 많은 윤리적 질문들이 내포하는 의미는 기계 초지능의 위협보다 더욱 즉각적이다.

IT 기업들은 비윤리적인 관행을 가능하게 만들 수 있는 고객과의 관계를 종료할지 여부를 평가할 때 윤리적 프레임워크를 사용할 수 있다. 세일즈포스와 팔란티어가 미국 관세국경보호청과 맺은 관계가 현존하는 사례라고 할 수 있다. 이러한 결정은 간단하지 않지만, 클라우드플레어가 8chan과의 관계를 종료할 때 했던 것처럼 이를 공개적으로 심의하는 것은 현명한 일이라고 할 수 있다. 한편 데이터 윤리의 실질적인 지점들이 윤리의 전통과 규범의 지역별 차이로 인해 복잡해지는 경우, 상하이 로드웨이의 경우처럼 중첩된 합의가 달성될 수 있으며 이러한 중첩된 합의는 반드시 추구되어야 한다.

이전 장의 주제들로 돌아가 보자면, 기업들은 개인 데이터의 수집, 저장 및 사용 방법에 대한 투명성을 제공하고, 구글의 안전 센터 및 페이스북의 광고 기본 설정 센터와 같이 개인 데이터를 사용자가 제어할 수 있는 도구를 제공해야 할 윤리적 의무가 있다. 한편 비즈니스 목표로서의 참여에 대한 적합성은 사용자의 행복한 삶과 어긋나거나 심지어는 상충될 수 있기 때문에 신중하게 검토되어야 한다. 또한 신제품은 허가받지 않은 혁신의 문화를 조성하기보다는, 모든 개발 과정에서 데이터 관련 위험 및 잠재되어 있는 의도치 않은 미래의 결과 모두를 충분히 고려하여 개발되어야 한다. 그러나 선량한 IT 기업이라고 할지라도 타인에게 해를 끼칠 수 있는 위험을 줄이려고 할 뿐만 아니라 세계 각지에서 이미 거둬 오던 경제적 이익을 극대화하려고 계속 노력할 것이다. 과연 이들은 어떤 다른 긍정적인 조치를 취할 수 있을 것인가?

미래의 일자리를 '공동 창출' 하기

자동화가 직업 파괴의 유일한 원인은 아니다. '긱 이코노미'[162]라는 용어의 등장이 나타내듯이 노동 시장은 더욱 유연해지고 그 변동성이 증가하고 있다. 직업의 미래에 대한 기업 차원에서의 연구 이니셔티브가 부족하지는 않았지만, 대부분의 실질적 개입은 고용의 불안정성이 점차 증가함에 대응하는 스타트업 및 사회적 기업에서 주도하였다. 따라서, 인간의 번영을 추구하는 IT 회사들에게는 미래의 직업, 즉 인간과 기계가 경쟁하는 것이 아니라, 성과를 향상시키고 인간의 삶을 더욱 풍요롭게 하는 방식으로 협력할 수 있는 직업들을 선제적으로 만들 수 있는 기회가 있다.

이러한 형태의 노동에 대한 예시는 이미 존재한다. 머신러닝 알고리즘은 일부 형태의 암을 진단하는 데에 경험 많은 의사만큼이나 효과적일 수 있으며, 인간의 임상 경험이 패턴 인식과 데이터 처리 속도에서 가지는 인공지능의 강점으로 보완되는 의료 전문가의 미래를 예고하고 있다. 그러나 훨씬 더 많은 사람들을 고용하는 비숙련 유형의 노동에도 기회는 존재한다. 딜리버루[163], 알리바바의 어러머[164] 등의 IT 기업들이 모바일 앱과 물류, 비숙련 노동력을 결합해 음식 배달 부문에서 고성장 사업을 창출해 낸 것이 대표적이다. 민속지학적 연구는 직업을 할당하고 경로를 계획하는 데에 사용되는 알고리즘과 인간 배달원 사이에 다소 적대적인 관계가 있음을 밝혀냈다. 이들의 연구에 따르면, 대면 대화와 왓츠앱 그룹에서 배달 기사들은 알고리즘을 역설계하고 수익을 최적화하기 위한 전략을 반복적으로 테스트하기 위해 협력하는 한편, 배달 기사와 상호 작용할 일이 전혀 없는 본사에서 일하는 알고리즘 개발자들은 사용자들의 요구 사항이 배달 기사가 저지르는 실수에서 기반했다는 가정 하에 새로운 기능을 구축한다.

공동 창출 접근 방식은 인간 노동자와 인공지능 간의 관계를 보다 더 조화롭고 더 경제적으로 생산적이게끔 재설계할 수 있는 잠재력을 제공한다. 이 프로세스에는 이해관계자 그룹이 모여 해결책을 공동으로 도출하는 것이 포함된다. 음식 배달업의 경우, 이해관계자는 배달 기사, 알고리즘 개발자 및 앱의 사용자일 것이다. 공동 창출은 보통 새로운 제품 및 서비스의 개발과 관련이 있다. 스페인 바스크 지방의 몬드라곤에서 자동화 및 환경친화적 전환이 필요한 제조업과 건설업 노동자들에게 직업 불확실성을 가져오는 노동의 미래를 설계하는 데 도움이 되는 접근법으로 공동 창출이 제안되기도 했다. IT 기업들은 기술 이전의 위험이 있는 분야의 직원들 및 자사의 제품에 의해 고용 안정성이 위협받는 사람들과 공동 창출 과정을 수행할 수 있다. 고객 서비스, 소셜 미디어 콘텐츠 조정 및 장비 제조업 같은 분야에서 근무하는 수백만 명의 노동자들은 이러한 이니셔티브를 통해 설계된 새로운 종류의 직업으로부터 유익을 얻을 수 있다.

더 많은 데이터를 공개 도메인으로

데이터 기반 비즈니스 모델을 보유한 IT 기업들은 그들이 제공하는 서비스가 수익을 창출하기 위해 사용하는 사용자 데이터보다 가치가 낮다는 주장을 거부하는 경향이 있다. 그 결과, 그들은 대개 사용자 데이터의 이용에 대해 보상하는 아이디어를 연구해 보지 않았다. 실제로 데이터의 사용에 대해 보상을 한다는 것은 데이터가 사유재산으로 취급된다는 철학적인 장벽과 보상의 지급에 대한 실질적 장벽이 존재한다. 그럼에도 불구하고, 과학적 진보와 사회 정의를 실현하기를 원하는 IT 회사들은 다른 형태로 데이터의 가치를 공유하는 방법을 고려할 수 있다. 특히, IT 회사들이 수집한 데이터의 더 많은 부분을 연구자, 정책 입안자와 대중이 재사용할 수 있도록 공개 가능하게 만들자고 제안하고 싶다.

나는 어떤 종류의 데이터를 생각하고 있는가? 언제나 그랬듯이 인터넷 검색 데이터는 유용한 예시를 제공한다. 구글이 이미 구글 트렌드를 통해 제공하는 제한된 검색 데이터는 학술 연구에 분명한 가치를 지닌다. 공중 보건 분야에서는 이러한 데이터가 섬유근육통의 증상 및 가정 폭력의 계절성을 분석하고 국경을 초월한 이민의 흐름과 코로나바이러스의 확산을 예측하는 데 사용되었다. 그러나 구글 트렌드는 사용자가 특정 주제에 대해 검색할 때 정확하게 무엇을 검색하는지 보여 주는 변형 검색어에 대한 데이터를 거의 제공하지 않는데, 이것은 사람들의 여론, 태도, 선호도, 수요, 욕구 및 행동에 대한 미개척된 통찰력을 보유할 수 있는 심층 검색어 변동 데이터이다. 물론 이러한 데이터의 대부분은 광고주에게 무시할 정도의 가치만을 지닌다. 예를 들어 국가 보조금에 대한 수억 건의 검색 결과를 생각해 보자. IT 회사가 이를 보유할 상업적 이유는 거의 없을 것이다.

인터넷 검색 데이터를 따올 수 있는 곳은 구글, 바이두, Bing과 같은 검색 엔진뿐만 아니라 웹 브라우저, 브라우저 확장 도구, 백신 소프트웨어 및 인터넷 서비스 제공 업체들도 해당된다. 그러므로 더 많은 검색 데이터를 집계되고 익명화한 상태로 공개적으로 사용할 수 있도록 만드는 것은 IT 회사가 공공의 이익을 증진할 수 있는 방법 중 하나이다. 익명화되고 집계된 위치 데이터, 사물인터넷 데이터 및 클릭스트림 데이터사용자가 방문하는 웹 사이트의 순위 등에 관한 행동 데이터에 대해서도 동일하게 주장할 수 있다. 그러나 유감스럽게도 이러한 주장은 현재 일어나고 있는 일들의 일반적인 궤적은 아니다. 구글은 최근 구글 상관관계 서비스를 폐지했는데, 예전에는 이것을 통해 연구자들이 어떤 검색어가 자신의 시계열 데이터 묶음과 상관관계가 있는지 확인할 수 있었다. 또한 페이스북, 트위터, 유튜브의 소셜 미디어 데이터와 관련해서도 유사한 경향은 뚜렷하다.

케임브리지 애널리티카 스캔들 이후 개인 정보 통제를 강화하라는 요구로 인해 연구자들의 데이터 접근이 점점 더 제한되고 있는데, 이를 API칼립스[165]라고 부르기도 한다. 우리가 5장에서 보았듯이, 학계를 초월한 잠재적인 전쟁 범죄와 인권 침해에 대한 조사를 위해 소셜 미디어 데이터 접근에 의존하는 오픈 소스 인텔리전스는 유튜브의 비디오 아카이브 삭제, 페이스북의 그래프 검색 기능 중단, 구글 어스의 파노라미오 레이어의 서비스 중단으로 인해 그들의 작업이 제약을 받는 사실을 발견했다.

IT 회사는 그들이 이미 공유하고 있는 데이터의 많은 유익한 사용법에 대해 전혀 모르고 있으며, 그들이 끌어모으고 있는 데이터의 새로운 사용법을 상상할 수 없는 것처럼 보인다. 이러한 유익한 사용 범위에는 과학적 진보, 의료 혁신, 형사 사법 기소 및 공공 정책의 혁신이 포함될 수 있다. 선량한 IT 회사라면 이런 기회들을 배제하는 것이 아니라, 개방하려고 할 것이다.

결론

7월의 어느 화창한 아침이었다. 전날 나는 나의 가구를 다른 학생들에게 나눠 주고, 책과 옷을 챙기고, 아파트를 청소했다. 이삿짐 기사 레이는 한 시 이후에 도착할 예정이었고, 그래서 몇 시간 정도 더 머물러야 할 것 같아서였다. 나는 캠 강으로 느릿느릿 내려가 창문이 활짝 열린 카페에서 아보카도를 곁들인 토스트를 먹으며 플랫 화이트 커피를 마셨다. 자전거를 타는 사람들이 자갈 위를 터벅터벅 걷고 있었고, 관광객들 한 무리가 사각형 평저선에 탑승하기 위해 도움을 받고 있었다. 갑자기 도시 전체가 매우 푸르고, 새들의 지저귐으로 가득 차 있는 것처럼 보였다. 나는 왜 지난 1년 동안 더 많은 시간을 이 소박한 즐거움 속에서 빈둥거리며 즐기지 않았는지 궁금했다. 이내 나는 그 이유를 기억해 냈고 쓴웃음을 지었다. 그것은 케임브리지 권력 때문이었다.

레이가 아파트 밖에 차를 세웠을 때, 나는 그가 새 밴을 운전하고 있다는 사실을 알아차렸다. 그는 최근 장사가 잘되고 있었고, 내가 그를 찾을 때 사용했던 가격 비교 웹 사이트에서 예약된 건수뿐만 아니라 다음 번 이사를 할 때 그를 찾는 고객들의 수요도 크게 증가했다. 우리가 런던으로 가기 위해 M11 고속도로를 따라 운전할 때, 나는 내가 그의 경쟁자들을 제쳐 두고 왜 그를 선택한 이유를 그에게 말해 주어야겠다고 생각했다. 목록에 있는 다른 사진은 모두 소형 밴과 대형 밴, 흰색 밴과 회색 밴, 메르세데스 벤츠의 밴과 포드 트랜짓의 밴이었다. 하지만 레이의 위치에는 레이의 사진이 있었으며, 그는 경험이 많고 믿음직스러우며 또한 친절해 보였다. 나의 설명을 듣고 그는 고개를 끄덕이며 말했다. “사실 그걸 저에게 말한 사람은 당신이 처음은 아닙니다. 저도 거기 등록된 다른 사람들처럼 밴 사진을 갖고는 있었습니다. 하지만 제 생각에 사람들은 그들이 가지고 있는 밴의 종류보다는 운전자가 누구인지를 더 신경 쓸 것 같았죠. 그래서 저는 제 사진을 올렸고, 더 많은 예약을 받게 됐지 뭡니까.” 레이는 사람들이 온라인에서 어떻게 행동하는지 가설을 세우고, 그것을 실험하고, 결과를 평가하기 위해 데이터를 사용한 것이다. 나는 그에게 이렇게 대답해 주었다. “당신의 행동을 내 업무 분야에서는 최적화라고 부릅니다.”

차를 타고 가며 우리는 올해 여름 계획에 대해 잡담을 나누었다. 레이는 몇 주 동안 그의 개들을 서펵에 있는 여동생의 집으로 데려갈 예정이었고, 나는 그리스의 섬들을 방문할 예정이었다. 나는 레이에게 나의 탄소 발자국[166]에 대해 약간 죄책감을 느낀다고 이야기했는데, 레이는 내가 예상치 못한 대답을 했다. "저는 기후 변화가 인간이 만든 것이라고 믿지 않아요." 나는 약간 당황했다. 그는 "제가 볼 때, 지구는 항상 가열되고 냉각되기를 반복합니다. 그리고 그 일은 인간이 나타나기 전에 일어난 일이기 때문에, 지금 우리만의 일은 될 수가 없는 것이죠."라고 설명했다. 내가 이 다음에 무슨 말을 해야 할지 고민할 때 마침 빨간 신호등에 멈춰 섰고, 우리 앞의 도로로 두 마리의 퍼그 불독들이 길을 건넜다. 대화 주제를 바꾸기에 완벽한 기회였다.

나는 기후 변화가 매우 중요한 의제라고 생각하고, 레이가 그것에 대해 잘못 알고 있다고 생각한다. 하지만 그렇다고 해서 그가 나쁜 사람이 되거나 내가 그와 함께하기로 한 이사 예약을 거절해야 한다는 것은 아니다. 오히려 나는 그가 하는 말을 더 경청해야 한다. 레이의 입장에서 생각해 보면, 그에게는 기후 변화에 관해 분명 나와는 다른 이해관계가 존재할 것이기 때문이다. 실제로 그는 나보다 훨씬 더 탄소 배출량이 많은 활동에 생계를 의존하고 있다. 비슷한 이유로, 우리는 자율주행 자동차와 긱 이코노미 플랫폼에서 일자리를 할당하는 데 사용되는 알고리즘에 대해 각각 다른 관점을 가질 수밖에 없다. 그렇기 때문에 정책 의사 결정권자들은 정책 수립 시 기후 변화와 마찬가지로 데이터 및 기술에 대한 광범위한 관점을 포함해야 한다. 물론 더 많은 것을 포용한다는 것은 의견 충돌을 피할 수 없게 만들기 때문에, 우리는 하나의 '옳은' 답이 있다는 생각을 버리고 대신 '중첩된 합의'를 찾아야만 한다. 그러나 현재 데이터 및 기술에 대한 논쟁은 그런 방식으로 전개되고 있지 않다. 오히려 한쪽에는 시민들과 그들의 정치적 대변자들, 그리고 다른 한쪽는 IT 기업들이 서 있고, 그 사이에 발생하는 충돌이 점점 더 증가하고 있다.

제이미 바틀렛Jamie Bartlett의 적대적인 책 제목을 빌리자면, 그것은 결국 '사람 대 기술'의 대결이다. 이러한 맥락에서 볼 때, 수많은 사람이 코로나바이러스는 빌 게이츠가 발명한 생물학 무기라고 주장하는 음모론을 믿거나, 화웨이가 이를 확산시키기 위해 5G 네트워크를 이용하고 있다고 믿는 것은 아마 전혀 놀라운 일이 아닐 것이다. 하지만 IT 기업들이 디지털 세계에서 이익을 거두기 위해 우리를 해칠 준비가 되어 있다면, 왜 그들은 현실 세계에서도 그렇게 하지 않았을까? 심지어는 보통 우리가 균형 잡힌 시각을 갖기 위해 의지할 수 있는 학자들마저도 IT 기업의 경영진에 대해서는 그들이 잘못되거나 잘못된 방향으로 가고 있는 정도가 아니라 그저 악인인 것처럼 이야기하곤 한다. 마크 저커버그는 '소시오패스', 셰릴 샌드버그는 '감시 자본주의의 장티푸스 메리'[167]로 불린다.

그런 혐오적인 언어가 사용되는 것을 들으면, 노팅엄에 있는 익스피리언의 본사를 처음 방문했을 때가 생각난다. 출발하기 전 나는 기차역에서 경로를 계획하기 위해 구글 지도를 확인했는데, 구글 지도상 사무실의 위치에 붙어 있는 태그에 '개자식들의 세례'라고 적혀 있는 것을 보고 깜짝 놀랐다. 그때는 2009년이었고 구글에 의해 검증된 목록은 아직 지도에 추가되지 않았을 때였다. 그렇기에 당시에는 누구나 사업에 대해 지적할 수 있었고, 쓰고자 하는 것들을 무엇이든 쓸 수 있었다. 아마도 그 욕설 태그는 모자이크 지리인구통계 세분화 시스템에 불만을 품은 누군가에 의해 만들어졌거나, 대출 신청이 거절된 것에 화가 난 다른 누군가가 자신의 불행을 익스피리언에게 비난하는 방식으로 전가한 가능성이 크다.

몇 년 후, 캐롤 캐드월래어 및 크리스토퍼 와일리와 함께 가디언지의 행사에서 경험하게 될, 마치 침몰하는 것과 같은 느낌을 예감하면서 나는 내가 널리 미움을 받는 회사에 입사했음을 깨달았다. 그로부터 또다시 몇 년 후, 개인 데이터의 미래에 대한 세계 경제 포럼의 워크숍에서 나는 다른 방식의 혐오를 경험할 수 있었다. 나는 개인과 사회에 이익을 주기 위해 데이터를 활용하는 방식을 진지하게 고민했지만, 행사에 참석한 공공 및 비영리 단체의 협력자들은 내가 익스피리언을 위해 데이터를 모으고 수익을 증대하는 숨겨진 목적을 가지고 왔다고 여기며 나를 신뢰하지 않는 것 같았다.

지금까지 한 이야기가 바로 데이터나 기술에 대한 논쟁의 기조가 바뀔 때가 도래했다고 보는 이유이다. 거대 IT 기업에서 일하는 모든 사람이 이기적이거나 도덕적이지 못하거나 사악하다고 가정하는 것은 도움이 되지 않는다. 이러한 적대적인 태도는 일부 사람들을 일상생활, 공중 보건, 경제, 의학, 사회 평등에 막대한 유익을 가져다줄 수 있는 일에서 멀어지게 할 것이다. 또 다른 사람들은 우리가 이미 상상해 왔던 전형적인 인물이 되어, "자, 엿이나 먹어라. 만약 당신이 나에게 바라는 모든 것이 내 자신의 금전적 이익을 추구하는 것이라면 그렇게 해 주겠다."라고 생각할 것이다. 그럼에도 우리는 그들을 정책에 대한 논의에 포함해야 하고, 그들의 말을 더 경청해야 한다. 또한 데이터 과학자와 개발자가 더 많은 정부 데이터를 개방하고, 검색 데이터 분석과 같은 상업을 목적으로 한 기술이라도 공공 과제를 해결하는 데 더 도움이 될 방법을 강조함으로써 그들의 기술을 유용한 방식으로 적용할 수 있게 해야 한다.

이러한 과정에는 중국 IT 기업의 직원도 포함될 수 있어야 한다. 우리가 신냉전에 돌입해 화웨이의 장비를 사용하지 않고, 틱톡을 금지해야 한다는 현실주의적 이야기를 믿기 앞서, 최소한 디지털 기술 거버넌스에 대한 세계적인 중첩된 합의를 찾는 노력을 기울여야 한다. 공통의 규범과 표준이 기존 이념에 분열을 심화시키는 스플린터넷[168] 보다 더 선호되어야만 한다. 데이터 개인 정보 보호 문제에 대한 세계적인 합의가 가능하지 않을 수도 있지만, 디지털 기술이 어떤 잔혹함을 가하기 위해 남용되는 방법을 제한하는 것은 더 중요한 목표이고, 더 달성 가능한 목표라고 할 수 있다.

잔혹 행위 방지 역시 미국 IT 기업에 대한 개혁의 우선 순위를 차지해야 한다. 우리는 광고를 할 때 유사 고객 타겟팅 도구와 같은 머신러닝 도구를 누가 사용할 수 있는지에 대해 더 엄격하게 통제해야 하고, 데이터가 타겟팅에 사용되는 방법을 제한하기보다는 디지털 광고에서 제기된 주장의 진실성을 검증하기 위해 시행 가능한 규범이 필요하다. 사생활 보호와 표현의 자유를 위한 추가적인 보호보다, 암호화된 메시지 서비스에서 잔혹성을 부추기는 선동 게시물에 대한 강력한 조치와 일대다 공유의 엄격한 제한도 필요하다. 이러한 견제 조치가 일단 시행되고 나면, 정책 입안자들로 하여금 거대 IT 기업들이 그들의 고객, 공급자, 경쟁자들을 이용할 수 있는 능력을 제약하거나, 창업자이자 CEO들이 상장한 지 오랜 시간 후에도 절대적 지배력을 유지할 수 있도록 하는 지배 구조를 개혁하는 것에 관심을 돌리게 할 수 있다.

이 모든 것은 필연적으로 일종의 절충을 수반할 것이다. 8장에서 밑그림을 그려 본 디지털 정당성 이론과 같은 간단한 도구를 사용하여 절충안들에 대해 고민해 볼 수 있을 것이다. 한편 케임브리지 권력에 대처하기 위한 정책은 사실상 존재하지 않는다. 케임브리지 권력은 그 뒤에서 끊임없이 우리에게 작용하는 분산되어 있고 다루기 힘든 형태의 권력이다. 개발자와 웹 디자이너에게 히포크라테스 선서와 같은 것이 도움이 될 수도 있지만, 만약 우리가 기술이 우리 일상 생활에 미치는 불가사의한 영향을 줄이는 것에 대해 정말 진지하게 생각한다면, 나는 앞서 언급한 자기 관리에 전념하는 것이 더 중요하다고 생각한다.

데이터 그 자체로는 어떠한가? 이 책을 통해 나는 데이터가 디지털이라는 개념의 핏줄과도 같으며, 일반적으로 데이터는 자유롭게 흘러야만 한다고 제안한 바 있다. 정부도 더 많은 데이터를 개방해야 하지만, IT 기업들 역시 데이터를 개방해야 한다. 예를 들어 의료 기록이 암 치료법을 찾기 위한 데이터 분석 프로젝트에 사용될 경우, 우리는 개인 사생활이 드러날 위험을 어느 정도 감수해야 할 수도 있다. 그러나 대부분의 경우 공동체의 사회적 유동성을 측정한 것과 검색 데이터를 통해 코로나바이러스와의 전쟁을 지원한 것처럼 집계되고 익명화된 데이터로 충분하다. 우리는 개인 데이터를 사유 재산으로 생각하기보다는 모든 사람들이 기여하고 혜택을 얻을 수 있는 공유 자원으로 생각하기 시작해야 한다. 이런 관점에서 보자면, 결국 우리가 데이터를 소유하는 것이 아니라, 우리가 데이터에 속하는 것이다.

감사의 말

'굿 데이터'는 2018~2019년 케임브리지대 국제관계정치학 석사 학위를 위해 쓴 『디지털 정당성 이론을 향하여』라는 학술 논문에서 비롯되었다. 나는 그 프로그램에서 은사들과 반 친구들로부터 엄청난 것들을 배웠고, 케임브리지에 있는 수많은 세미나, 강연, 워크숍, 그리고 각종 행사에 참여하여 많은 것을 배웠다. 특히, 감수를 맡아 준 던컨 벨Duncan Bell 교수에게 특별히 감사의 뜻을 전하고자 한다.

석사 과정을 마친 후, 나는 논문을 책으로 더 발전시킬 프로젝트를 위한 '보금자리'를 찾고 싶었다. 그때 다이앤 코일 교수와 마이클 케니 교수는 나에게 베넷 연구소와 제휴할 것을 제안했다. 베넷 연구소는 케임브리지 연구원들이 최근과 같은 격변기 그리고 불평등이 점점 심해지는 시기에 공공 정책을 재고하는 것에 대해 연구하는 기관이다. 나는 베넷 연구소의 일에서 계속 영감을 받고 있으며 팀의 일원이라는 것이 매우 자랑스럽다. 신뢰와 기술 이니셔티브의 회의에서 있었던 앨래스테어 베레스포드Alastair Beresford 교수와의 우연한 대화에서 나는 에이전트인 조너선 콘웨이Jonathan Conway를 소개받았는데, 그의 헌신과 창의적인 아이디어가 없었다면 '굿 데이터'의 출간은 불가능했을 것이다.

웰백 출판사의 웨인 데이비스Wayne Davies는 통념과는 다소 반대되는 이 책의 주장들을 수용해 주었고, 올리버 홀든 리아Oliver Holden-Rea의 편집은 많은 독자들이 이 책에 접근할 수 있도록 나를 북돋아 주는 역할을 했다.

내가 만약 데이터 및 디지털 마케팅 분야에서 그렇게 오랜 기간 일하지 않았더라면 이 책에서 다룬 다양한 논의를 전혀 담아 낼 수 없었을 것이다. Bought By Many, 익스피리언, 그리고 내가 일할 당시 나와 계속해서 대화하고 협업했던 전문가 동료들에게 감사의 뜻을 전한다. 그중 몇몇은 이 책에 이름이 언급되어 있는데, 나를 늘 즐겁게 해준 그들에게 역시 감사를 전한다.

나는 다른 나라와 다른 세계에서 '굿 데이터'를 집필하기 시작했다. 그 모든 과정 안에서 제니 윈홀Jennie Winhall의 조언과 격려, 그리고 지지는 늘 변함이 없었다. 나는 언제나처럼 그녀에게 진심으로 감사한다.

- 샘 길버트, 2021년 1월, 코펜하겐에서

지난 2022년 여름 우리나라에서 개인 정보에 대해 큰 소동이 한 건 일어난 적이 있었다. 페이스북이 개인 정보 정책을 변경하면서, 서비스를 사용하기 위해서는 페이스북의 개인 정보 수집 정책에 동의할 것을 요구했고, 해당 정책에 동의하지 않을 시 한국 지역에서만 페이스북 이용을 못 하게 하겠다는 입장을 밝힌 것이다. 당연히 많은 사람이 이에 반발했고, 일부는 페이스북을 떠날 것임을 밝혔으며 또 다른 일부는 계속 사용하기 위해 페이스북의 정책에 동의는 하겠지만 이런 일방적인 방식은 옳지 않다고 지적했다. 결국 이 해프닝은 페이스북 본사가 해당 정책을 철회하고, 개인 정보 수집 정책에 동의하지 않더라도 페이스북을 계속 사용할 수 있게 하면서 수그러들었다. 이 소동은 개인 정보 '유출'이 아닌 '수집'이라는 과정에서 처음으로 크게 발생한 사회적 갈등이라는 데에 그 의의가 있다. 사람들이 개인 정보 수집에 얼마나 적대적인지가 상당 부분 드러났기 때문이다. 또한 이 개인 정보 수집에 대한 적대감은 상당 부분 '광고'와 연계되어 있다고 볼 수 있다.

소셜 미디어가 세상에 널리 퍼지고 나서 뭇사람들 사이에서 느껴지는 가장 큰 변화는, 역시나 광고가 우리를 우연히 만나는 것이 아닌 우리를 찾아오는 존재로 변모했음을 느낀 것이 아닐까 하는 생각이 든다. 예컨대 우리가 인터넷에서 농구화 검색을 몇 번만 해도, 페이스북이나 트위터, 인스타그램에는 유명 브랜드의 농구화나 농구 선수들의 멋진 경기 장면을 편집한 영상을 숏폼 비디오로 줄지어 볼 수 있게 될 것이다.

한 가지 아이러니한 사실은, 사람들은 물건을 구입할 때 광고의 영향을 많이 받는다는 사실을 부정할 수 없지만, 실제로 광고에 대한 우리의 인식은 일상생활에 대한 방해 그 이상도 이하도 아니라는 것이다. 광고는 실제로 제작에 들어가는 노고와 시간에 상당히 박한 평가를 받는 콘텐츠 중 하나이다. 어찌 됐든 우리는 대개 광고를 부정적으로 보기 마련이고, 이 광고가 어디에서 비롯되었는지까지 기어코 찾아내어 적대시하곤 한다. 이것이 표면화된 사례가 앞서 언급한 페이스북 개인 정보 수집 파동이다. 그러나 소셜 미디어와 광고 대행사들을 적대시하기 이전에, 먼저 우리가 개인 정보와 이를 활용한 광고에 대해 근본적인 부분을 먼저 고민해야 한다는 것을 놓치고 있지는 않은가 하는 생각이 든다. 과연 우리의 개인 정보는 '상업적으로' 가치가 있는 것이 맞을까? 정말로 소셜 미디어는 나의 일거수일투족을 모두 감시하고 있을까? 페이스북은 마치 그림자처럼 나를 바짝 쫓아오며 나를 지켜보는 존재일까?

이 책에서는, 이러한 물음들에 대해 다소 도전적이지만 진중한 어투로 '아니다'라는 답을 분명히 내리고 있다. 저자는 오히려 반대의 견해를 제시한다. 더 많은 정보가 개방되어야만 인류 전반의 후생이 더욱 높아진다는 것이 그의 결론이다. 개인 정보 보호가 대세인 현재 시대의 흐름과는 완전히 상반되는 주장이라고 할 수 있다. 얼핏 듣기에 그의 주장은 거대 소셜 미디어 회사들의 논리에 포획된 것처럼 보일 수 있다. 그러나 그렇지 않다. 저자는 누구보다도 명확한 근거와 논리로 데이터의 개방이 어째서 중요하며, 이것을 단순히 통제하거나 소셜 미디어의 영업을 제한하는 것이 왜 해결책이 되지 않는지, 이러한 방법을 지속해 사용할 때 우리에게는 어떤 부작용이 생기는지 하나씩 찬찬히 짚어 가며 이야기한다.

개인 정보는 '개인'이라는 단어 때문에 사실 상당히 민감하게 받아들여질 때가 많다. 물론 개인 정보는 공공의 안전을 위해서 매우 중요하고 안전 및 프라이버시에 관한 개인 정보는 당연히 보호가 필요하다. 그럼에도 불구하고 우리는 개인 정보에 대해 상당히 많은 오해를 하고 있을 수 있고, 이를 해소하자는 것이 이 책의 전반적인 취지이다. 부디 이 책을 통해 많은 분들이 개인 정보의 활용을 조금 다른 시각으로 바라볼 수 있었으면 한다.

참조 문헌

· 서문

- The Guardian event was 'Newsroom: The Cambridge Analytica files'. The image is by Matt Kenyon.
- Techlightenment is now called Alchemy Social. VisualDNA was acquired by Neilsen in 2017.
- The term 'surveillance capitalism' first appears in Zuboff, S., 'Big Other: Surveillance Capitalism and the Prospects of an Information Civilization', Journal of Information Technology, 30(1), 2015, pp. 75-89.
- Digital advertising-based business models are described as 'fundamentally illegitimate' in Zuboff, S., The Age of Surveillance Capitalism: The Fight for a Human Future at the New Frontier of Power, Profile, 2015, Kindle edition, Loc 250. It is referred to as 'illegitimate' a further twelve times (Loc 2689, 3403, 3587, 5850, 6263, 8736, 8811, 9375, 9429, 9463, 12705). For a fuller discussion of the concept of legitimacy, see Chapter Eight.
- In addition to Zuboff, the claim that Facebook's business model is expropriative and extractive features in recent work by Fred Turner, including:
  - Turner, F., 'The Arts at Facebook: An Aesthetic Infrastructure for Surveillance Capitalism', Poetics, 67, 2018, pp. 53-62.
  - Turner, F., 'Machine Politics: The Rise of the Internet and a New Age of Authoritarianism', Harper's Magazine, January 2019, pp. 25-33.
- In the second of these pieces, Turner attributes the Rohingya ethnic cleansing to Facebook (p. 26).
- John Naughton attributed the mainstreaming of conspiracies to social media companies in a presentation entitled 'Computational Conspiracism: How Digital Democracy Brought Conspiracy Theory into the Mainstream' at the CRASSH event Conspiracy and Democracy: History, Political Theory and the Internet, 23 November 2018.
- On claims that Facebook benefits financially from hate speech and bears responsibility for the election of populist leaders, see Vaidhyanathan, S., Anti-social Media: How Facebook Disconnects Us and Undermines Democracy, Oxford University Press, New York, 2018, pp. 2-3, 5-6, 101, 184ff, 192-3.
- On digital serfdom, see Cobbe, J., Big Data, Surveillance and the Digital

Citizen, Queen's University Belfast, 2018, pp. 101ff.

- On the user interface design ethics of Facebook and other apps, see Williams, J., Stand Out of Our Light: Freedom and Resistance in the Attention Economy, Cambridge University Press, Cambridge, 2018.
- The description of Facebook as 'legalized crack' is from García Martínez,´ A., Chaos Monkeys: Mayhem and Mania inside the Silicon Valley Money Machine, Ebury, London, 2016, p. 228.
- For examples of politicians citing surveillance capitalism theory in policy proposals, see:
  - Warren, E., 'Here's How We Can Break Up Big Tech', Medium, 8 March 2019.
  - Perrigo, B., 'How This Politician Put Britain at the Forefront of the War Against Facebook', Time, 19 February 2019.
- On Twitter shaming see, Ronson, J., So You've Been Publicly Shamed, Picador, London, 2015.
- On the market capitalisation of big tech companies, see https://ycharts.com/.

1. 새로운 석유?

- The quotes from Senator Orrin Hatch and Mark Zuckerberg are from the Washington Post, 'Mark Zuckerberg's Senate hearing', Zuckerberg Transcripts, 998, 2018.

  Chris's start-up (sadly now defunct) was called Executips.

  Steve Johnston and Liam McGee's big search data analytics company Kaiasm was formerly known as Taxonomics. See https://www.kaiasm.com/.

  Facebook Audience Insights can be accessed at: https://www.facebook.com/business/insights/tools/audience-insights.

· 당신은 상품이 아니다

- John Naughton's 95 Theses about Technology are available at https://95theses.co.uk/.
- Niall Ferguson's book is Ferguson, N., The Square and the Tower: History's Hidden Networks, Allen Lane, London, 2017, p. 356.
- Zeynep Tufekci's TED Talk is called 'We're Building a Dystopia Just to Make People Click on Ads', https://www.ted.com/talks/zeynep_tufekci_we_re_building_a_dystopia_just_to_make_people_click_on_ads. The

claim appears at 22:10.

- For a longer discussion of the flaws in the 'You are the product' claim, see Oremus, W., 'Are You Really the Product? The History of a Dangerous Idea', Slate, 27 April 2018.
- The Reuters Tracking survey is Social Media Usage (2018), available at http://fingfx.thomsonreuters.com/gfx/rngs/FACEBOOK-PRIVACY-POLL/010062SJ4QF/2018%20Reuters%20Tracking%20-%20Social%20Media%20Usage%205%203%202018.pdf.

· 데이터는 새로운 비료이다

- The quote by will.i.am is from 'We Need to Own Our Data as a Human Right – and Be Compensated for It', The Economist, 21 January 2019.
- 'The World's Most Valuable Resource Is not Oil, but Data' was a leader in the 6 May 2017 edition of The Economist. The cover image is by David Parkins.
- The best source of Facebook user numbers is the company's quarterly earnings presentations, available via its investor relations portal at https://investor.fb.com/home/default.aspx.
- The statistic about average daily app usage by Facebook users is from Meeker. M., 'Internet Trends 2017', available at https://www.kleinerperkins.com/perspectives/internet-trends-report-2017, p. 114.
- For the revenue per Facebook user calculation, see Chapter Five.

2. 마인드 게임

- The T-shirt website is https://teeshoppen.dk/. Facebook's case study of Kristian and Mads's work for Teeshoppen is at: https://www.facebook.com/business/success/teeshoppen?__tn__=-UK-R.

· 심리적 조작?

- For a philosophical discussion of the difference between manipulation, inducement, encouragement and persuasion, see Lukes, S., Power: A Radical View, 2nd Edition, Palgrave Macmillan, New York, 2005, pp. 35–6.
- The Christopher Wylie quote is from Cadwalladr, C., '"I Made Steve Bannon's Psychological Warfare Tool": Meet the Data War Whistleblower', Observer, 18 March 2018.
- For Aleksandr Kogan's side of the Cambridge Analytica story, see Lewis,

M., 'The Alex Kogan Experience', Against the Rules with Michael Lewis, 16 April 2019.

- The classic account of subliminal techniques in advertising is Packard, V., The Hidden Persuaders, D. McKay Co, New York, 1957. For a discussion see Nelson, M. R., '"The Hidden Persuaders": Then and Now', Journal of Advertising, Vol. 37, No. 1, 2008, pp. 113–26.
- The Dominic Cummings quote is from Ferguson (2017), p. 383.
- The example from the Obama 2012 campaign is described in Stephens-Davidowitz, S., Everybody Lies: What the Internet Can Tell Us about Who We Really Are, Bloomsbury Publishing, 2018, Kindle edition, Loc 2566.
- For the details of what is and isn't possible with Facebook Custom Audiences and Lookalike Audiences, see https://www.facebook.com/business/help/744354708981227 and https://www.facebook.com/business/help/164749007013531.
- Companies selling software products which enable marketers to set up and measure optimisation 'experiments' include Optimizely, Unbounce and Visual Website Optimizer.
- Facebook's experiment with users' emotional responses is described in Flick, C., 'Informed Consent and the Facebook Emotional Manipulation Study', Research Ethics, Vol. 12(1), 2016, pp. 14–28.

· 익스피리언 박물관의 유사 고객 타겟팅 도구는 무엇일까?

- On the Aquila drone, see Zuckerberg, M. (2017f), 'Aquila's Second Successful Flight', Zuckerberg Transcripts, 939.
- The image of the 1980s mail order catalogue can be found in the retro/vintage Tumblr Atomic Chronoscaph: https://atomic-chronoscaph.tumblr.com/.
- For a history and detailed explanation of geodemographics, see Harris, R., Sleight, P., Webber, R., Geodemographics, GIS and Neighbourhood Targeting, Wiley, London, 2005. More on Experian Mosaic is available at: https://www.experian.co.uk/assets/business-strategies/brochures/Mosaic%2520UK%25202009%2520brochure%5B1%5D.pdf.
- On 'Motorway Men', see Doward, J., 'Motorway Man Holds Key to General Election Victory', Observer, 7 February 2010.
- The Trump 2016 campaign's tactics are described in 'Inside the Trump Bunker, With Days to Go', Bloomberg, 27 October 2016.

- On the AfD's use of social media in political campaigning, see Privacy International (2017), 'Social Media Campaigning and targeting – the growth of the AfD', available at https://privacyinternational.org/examples/2849/social-media-campaigning-and-targeting-growth-afd and Avaaz (2019), 'Far Right Networks of Deception', available at https://avaazimages.avaaz.org/Avaaz%20Report%20Network%20Deception%2020190522.pdf, p. 18.
- Facebook's rules for authorising ads in different countries are outlined at: https://www.facebook.com/business/help/167836590566506?helpref=page_content
- For examples of commercially motivated disinformation, see Subramanian, S., 'The Macedonian Teens Who Mastered Fake News', Wired, 15 February 2017, and Barr, S., 'Jameela Jamil calls out celebrities who promote laxative "detox' teas", Independent, 26 November 2018.
- For an explanation of the Supreme Court judgment which shapes the attitudes of American companies towards political advertising, see Lau, T. (2019), 'Citizens United Explained', Brennan Center for Justice, https://www.brennancenter.org/our-work/research-reports/citizens-united-explained.
- On the use of Facebook ads by Chinese news sites, see 'Gaining Face: China Is Using Facebook to Build a Huge Audience Around the World', The Economist, 20 April 2019. Images of CGTN and China Daily ads are from the Facebook Ad Library.

· 그래프 API

- The Graph API was originally called 'Open Graph'. For an overview, see https://developers.facebook.com/docs/graph-api/overview/#basics. On uses of the Graph API by Yelp and the Guardian, see Schonfeld, E., 'Zuckerberg: "We Are Building A Web Where The Default Is Social"', TechCrunch, 21 April 2010, and, 'Guardian Announces New App on Facebook to Make News More Social', Guardian, 23 September 2011.
- The quote by Rohit Chopra is from Davies, R. and Rushe, D., 'Facebook to Pay $5bn Fine as Regulator Settles Cambridge Analytica Complaint', Guardian, 24 July 2019.
- The publication Nigel and I discussed was Information Commissioner's Office, 'Investigation into the Use of Data Analytics in Political Campaigns: A Report to Parliament', 6 November 2018.

3. 집단 의식

- The Google usage statistics are from a compilation by SEOTribunal.com: https://seotribunal.com/blog/google-stats-and-facts/.
- The 'most important data set ever collected on the human psyche' quote is from Stephens-Davidowitz, S., (2018), Kindle edition, Loc 224.
- The Screwfix demand taxonomy case study is described at https://www.taxonomics.co.uk/clients/screwfix/taxonomy/.
- The parrot cages story was part of Hitwise folklore, and my version almost certainly reflects the embellishments that come from multiple retellings. More objective accounts include Fiona Graham's 'Searching the Internet's Long Tail and Finding Parrot Cages' for BBC News (https://www.bbc.com/news/business-11495839) and Steph Welstead's profile of Neil Hutchinson (https://web.archive.org/web/20170927052958/http://startups.co.uk/forward-neil-hutchinson).
- Sources for the quotes and statistics on WorldStores are as follows:
  - Cellan-Jones, R., 'WorldStores – Searching for Retail Success', BBC News, 31 March 2011.
  - Wilson, A., 'WorldStores founders build furniture megastore', Daily Telegraph, 16 October 2012.
  - Casey, D., 'Dunelm swoops for £100m turnover retailer', Insider Media, 28 November 2016.

· 퍼그 보험

- The article about Bought By Many pug insurance is Solon, O., 'Bought By Many uses crowd clout to negotiate cheaper pug insurance', Wired, 21 February 2013.
- Data points about Ping An come from the 'Company Profile' section of its English-language corporate website: : https://group.pingan.com/about_us/who_we_are.html.
- ArchDaily has a list of the world's tallest skyscrapers at: https://www.archdaily.com/779178/these-are-the-worlds-25-tallest-buildings.
- The unusual products which were a feature of Chinese insurance until 2017 are described in articles by Will Coldwell for the Guardian (https://www.theguardian.com/travel/2014/mar/19/chinese-smog-insurance-ctrip-travelagency-air-pollution-policies) and Don Weinland for the Financial Times(https://www.ft.com/content/bee51a52-accd-11e6-9cb3-bb8207902122). Yuan Yang subsequently wrote about the regula-

tory clampdown in the Financial Times: https://www.ft.com/content/6c4e4ea6-d263-11e6-9341-7393bb2e1b51.

- Sophie Loras's story for ClickZ, 'China's Ping An Leverages Social Data to Personalize Travel Insurance', summarises Bought By Many's work with Ping An: https://www.clickz.com/chinas-ping-an-leverages-social-data-to-personalize-travel-insurance/24990/.

4. 데이터 풍요

- Diane's book is GDP: A Brief but Affectionate History, Princeton University Press, Princeton, 2014.
- Google Trends can be used to recreate the comparison of R and MATLAB:https://trends.google.co.uk/trends/explore?date=all&geo=GB&q=%2Fm%2F0212jm,%2Fm%2F053_x.
- Sophie Coley's blogs using AnswerThePublic Data can be found at https://searchlistening.com/.
- The examples from Everybody Lies are at Stephens-Davidowitz, S., (2018), Kindle edition, Loc 210, 1361ff, 1614.

The academic papers authored or co-authored by Nicola Bragazzi are:

• Alicino, C., Bragazzi, N. L., Faccio, V. et al., 'Assessing Ebola-Related Web Search Behaviour: Insights and Implications from an Analytical Study of Google Trends-Based Query Volumes', Infectious Diseases of Poverty, 4, 54, 2015.

• Bragazzi, N. L., Alicino, C., Trucchi, C., Paganino, C., Barberis, I., Martini, M., et al., 'Global Reaction to the Recent Outbreaks of Zika Virus: Insights from a Big Data Analysis', PLoS ONE, 12(9), 2017, e0185263.

• Bragazzi, N. L., Bacigaluppi, S., Robba, C., Siri, A., Canepa, G., Brigo, F., 'Infodemiological Data of West-Nile Virus Disease in Italy in the Study Period 2004–2015', Data in Brief, Vol. 9, 2016, pp. 839–45.

• Bragazzi, N. L., Tramalloni, D., Valle, I., 'The Angelina Jolie Effect and the Increase in the Breast Cancer Screening-Related Internet Activities', European Journal of Public Health, Vol. 25, Issue suppl_3, 2015.

• Bragazzi, N. L., 'A Google Trends-based approach for monitoring NSSI', Psychol Res Behav Manag. Vol. 7, 2014, pp. 1–8.

• Bragazzi, N. L., Dini, G., Toletone, A., Brigo, F., Durando, P., 'Leveraging Big Data for Exploring Occupational Diseases-Related Interest at the Level of Scientific Community, Media Coverage and Novel Data Streams: The Example of Silicosis as a Pilot Study', PLoS ONE 11(11), 2016, e0166051.

- Eeva Koutaniemi and Elina Einiö's paper is Koutaniemi, E. M., and Einiö, E., 'Seasonal Variation in Seeking Help for Domestic Violence Based on Google Search Data and Finnish Police Calls in 2017', Scandinavian Journal of Public Health, 2019.
- The pre-print paper which looks at evacuation search during natural disasters is Yabe, T., Tsubouchi, K., Shimizu, T., Sekimoto, Y., Ukkusuri, S., (2019), 'Predicting Evacuation Decisions using Representations of Individuals' Pre-Disaster Web Search Behavior', KDD, August 2019.
- For an example of search data being used to forecast migration patterns, see Böhme, M. H., Gröger, A., Stöhr, T., 'Searching for a Better Life: Predicting International Migration with Online Search Keywords', Journal of Development Economics, Vol. 142, 2020, 102347.

· 점프샷의 이상한 죽음

- Privacy experts might point out that there is no such thing as 'anonymised' data and that what I mean is 'de-identified'. That's fair enough; with time, additional data sets and the right expertise, it is indeed theoretically possible to figure out someone's identity from their behavioural data. However, in practice it's a highly uneconomical thing to do, so nobody does it – except to prove the point that it's possible.
- On the events surrounding Jumpshot's closure, see Koebler J., 'Avast Antivirus Is Shutting Down its Data Collection Arm, Effective Immediately', Vice, 30 January 2020.
- For a discussion of the Jumpshot closure, including the implications for other analytics companies and antitrust action against Google, see Rand Fishkin's blog 'Avast's Shutdown of Jumpshot Will Harm the Web and the World', at https://sparktoro.com/blog/avasts-shutdown-of-jumpshotwill-harm-the-web-and-the-world/.
- Avast publicly discussed the privacy implications of its acquisition of Jumpshot in its user forum (https://forum.avast.com/index.php?topic=171725.0) and blog (https://blog.avast.com/2015/05/29/avast-data-drivesnew-analytics-engine/).
- The Ben Thompson and James Allworth quote is from Episode 148 of their podcast Exponent, 'Facebook Fatigue', 22:39.

▪ On organ donation rates by country, see Arshad, A. et al., 'Comparison of Organ Donation and Transplantation Rates between Opt-Out and Opt-In Systems', Clinical Investigation, Vol. 95, Issue 6, 2019, pp.1453-60.

· 오픈 뱅킹

▪ For more examples of open banking apps, see Warwick-Ching, L., 'Open Banking: The Quiet Digital Revolution One Year On', Financial Times, 10 January 2019.

· 오픈 데이터

▪ Many of the open data examples are drawn from the Open Data Handbook (https://opendatahandbook.org/value-stories/en/business-and-open-data/), and the Open Data Institute's 'Knowledge & Opinion' resource, where the quote from Citymapper appears: https://theodi.org/article/citymapper-executive-to-governments-open-more-data-so-we-can-improve-your-cities.

▪ Citymapper statistics are from Arianne Cohen's profile of Azmat Yusuf, 'The Guy Making Public Transit Smarter', Bloomberg Businessweek, 26 March 2018.

▪ There is more about the role of open data in Cambodia in Pilorge, N., Yeng, V. and Eang, V., 'Think of Cambodia Before You Add Sugar to Your Coffee', Guardian, 12 July 2013.

▪ Properati's plane tree app can be downloaded from https://blog.properati.com.ar/properati-tools/, and the Buenos Aires tree census data it draws on from https://data.buenosaires.gob.ar/dataset/arbolado-publico-lineal.

▪ Opportunity Insights' interactive tools, data sets, reports and video lectures are available via https://opportunityinsights.org/. The process Raj Chetty and Emmanuel Saez went through to get access to tax record data is described by Jeff Mervis in an article for Science magazine: https://www.sciencemag.org/news/2014/05/how-two-economists-got-direct-access-irstax-records. Other Opportunity Insights data points come from:

  • Matthews, D., 'The Radical Plan to Change How Harvard Teaches Economics', Vox, 22 May 2019.

  • Cook, G., 'The Economist Who Would Fix the American Dream', The Atlantic, 17 July 2019.

- Chetty, R. 'Visualizing the American Dream', Talks at Google, 12 December 2018.

· **코로나바이러스에 대한 데이터 검색**

- The Infodemiology chapter of the Coronavirus Tech Handbook is at https://coronavirustechhandbook.com/infodemiology. It contains links to Bill Lampos's working paper, Patrick Berlinquette's interactive tools and Seth Stephens-Davidowitz's New York Times op-ed, as well as the data sets Sophie and I uploaded.
- Patrick's writing about using search data to understand heroin use, high school shootings and Covid-19 can be accessed via his profile page on OneZero: https://onezero.medium.com/@patrickberlinquette
- The death of Tanzanian MPs was reported by Aljazeera (https://www.aljazeera.com/news/2020/05/tanzania-opposition-mps-boycott-parliament-3-mps-die-200502055621809.html), night burials were reported by the BBC (https://www.bbc.com/news/world-africa-52505375) and John Magufuli's comments about the ineffectiveness of testing kits by the Independent (https://www.independent.co.uk/news/world/africa/coronavirus-tanzaniatest-kits-suspicion-goat-pawpaw-positive-a9501291.html).
- The academic paper which critiques Google Flu Trends is Lazer, D., Kennedy, R., King, G. and Vespignani, A., 'The Parable of Google Flu: Traps in Big Data Analysis.' Science 343 (6176), 2014, pp. 1203–5.
- My paper with Roberto and Mark is: Foa, R. S., Gilbert, S. and Fabian, M., 'COVID-19 and Subjective Well-Being: Separating the Effects of Lockdowns from the Pandemic', Bennett Institute for Public Policy, Cambridge, 2020.

5. '우리'가 전부는 아니다

- This chapter greatly benefited from Dr Stephanie Diepeveen's seminar series 'Africa's Digital Communications Revolution: State, Publics, Power and Politics', and Dr Justin Pearce's lectures and seminars on the politics of Africa during the 2018–19 academic year at Cambridge. I am also grateful to David Garcia for drawing attention to the ways in which the Philippines bears the externalities of social media use in the West at the LSE & Oxford Internet Institute 'Connected Life' conference in 2019.
- Statistics about Henry Olonga's cricketing career are from his play-

er page on ESPN Cricinfo: https://www.espncricinfo.com/zimbabwe/content/player/55675.html. The account of the armband protest draws on his memoir (Olonga, H., Blood, Sweat and Treason: My Story, Vision Sports Publishing, Kingston, 2010), an interview he gave in 2015 (https://www.youtube.com/watch?v=7W68J6v8gw0) and a BBC Sport retrospective (https://www.bbc.com/sport/cricket/21359274). The text of Olonga and Flower's statement is in a Guardian archive of the 2003 Cricket World Cup: https://www.theguardian.com/sport/2003/feb/10/cricketworldcup2003. cricketworldcup11

- Evan Mawarire's original #ThisFlag video can be viewed at https://www.youtube.com/watch?v=xPSw-hSBlrY. The 2016 BBC News story 'Zimbabwe Shutdown: What Is Behind the Protests?' describes the protests Mawarire inspired: https://www.bbc.com/news/world-africa-36776401.
- For an analysis of social media-enabled protest in Zimbabwe, see Gukurume, S., '#ThisFlag and #ThisGown Cyber Protests in Zimbabwe: Reclaiming Political Space.' African Journalism Studies 38, no. 2, 2017, pp. 49–70. On Baba Jukwa, see Karekwaivanane, G., 'Tapanduka Zvamuchese': Facebook, 'Unruly Publics' and Zimbabwean Politics.' Journal of Eastern African Studies 13, 1, 2018. On Robert Mugabe's governing style, see Levitsky, S. and Way. L. A., Competitive Authoritarianism: Hybrid Regimes After the Cold War, Cambridge University Press, Cambridge, 2010, pp. 239–47.
- There are many accounts of the role of social media in the Arab Spring. I have mainly relied on Aouragh, M. and Alexander, A., 'The Arab Spring: The Egyptian Experience: Sense and Nonsense of the Internet Revolution.' International Journal of Communication 5, 2011, pp. 1344–58, and Bellin, E., 'Reconsidering the Robustness of Authoritarianism: Lessons of the Arab Spring', Comparative Politics, 44, 2, 2012, pp. 127–49.
- The unintended consequences of #BringBackOurGirls are highlighted in Maxfield, M., 'History Retweeting Itself: Imperial Feminist Appropriations of "Bring Back Our Girls"', Feminist Media Studies 16, no. 5, 2016, pp. 886–900.
- The Henry Olonga quote is from a retrospective interview on the armband protest with Martin Williamson for ESPN CricInfo, 'Standing Up for Their Principles', https://www.espncricinfo.com/story/_/id/22830886/standing-their-principles.

- Zeynep Tufekci's book is Tufekci, Z., Twitter and Tear Gas: The Power and Fragility of Networked Protest, Yale University Press, New Haven, 2017.
- Statistics on Facebook users by country are from the data aggregators Statista ('Leading countries based on number of Facebook users', https://www.statista.com/statistics/268136/top-15-countries-based-on-number-offacebook-users/) and Internet World Stats ('Internet User Statistics', https://www.internetworldstats.com/stats.htm).
- The data source for my analysis of the transfer of value between Facebook users in different regions of the world is 'Facebook Q4 2018 Results', available at https://s21.q4cdn.com/399680738/files/doc_financials/2018/Q4/Q4-2018-Earnings-Presentation.pdf
- The references to John Rawls are from Rawls, J., A Theory of Justice, Belknap Press, Cambridge, 2005, p. 83, and Rawls, J., The Law of Peoples, Harvard University Press, Cambridge, 1999, p. 37.
- My comparative analysis of advertising- and subscription-based business models draws on various sources, including:
  - Facebook Q4 2018 Results
  - World Bank (2016), 'Adjusted net national income per capita in current US$', World Development Indicators, https://data.worldbank.org/indicator/NY.ADJ.NNTY.PC.CD
  - Comparitech summary of Netflix pricing, referenced in Clark, T., 'How Much Netflix Costs in Different Countries Around the World, and Which Ones Get the Best Deal?', Business Insider, 12 September 2018.
  - eMarketer (2016), 'Paid Netflix Subscribers in Select Countries/Regions', https://www.emarketer.com/Chart/Paid-Netflix-Subscribers-Select-CountriesRegions-Dec-2011-Dec-2015-thousands/173523.
  - 'Number of Amazon Prime Video subscribers worldwide from 2016 to 2020, by region', aggregated by Statista at https://www.statista.com/statistics/693936/global-number-of-amazon-prime-videosubscribers-region.
  - Apple Inc. Investor Relations 'Q4 2018 Unaudited Summary Data', https://www.apple.com/newsroom/pdfs/Q4-18-Data-Summary.pdf. On the 'fog' created by political moralising, see Runciman, D., 'Political Theory and Real Politics in the Age of the Internet', The Journal of Political Philosophy: Vol. 25, No. 1, 2017, pp. 3-21.

· 애플의 공급 체인

- The Apple supply chain is analysed in Clarke, T., Boersma, M., 'The Governance of Global Value Chains: Unresolved Human Rights, Environmental and Ethical Dilemmas in the Apple Supply Chain', Journal of Business Ethics, 143, 2017, pp. 111–31.
- Foxconn's plant at Longhua and Pegatron's in Shanghai are described respectively in:
  - Merchant, B., 'Life and Death in Apple's Forbidden City', Guardian, 18 June 2017.
  - Oster, S., 'Inside One of the World's Most Secretive iPhone Factories', Bloomberg, 25 April 2016.
- Two reports in Quartz provide data points on pay, overtime and working conditions at Foxconn facilities, and on Apple's response to child labour:Bhattacharya, A., 'Apple Is Under Fire for "Excessive Overtime" and Illegal Working Conditions in Another Chinese Factory' Quartz, 26 August 2016; and Fernholz, T. (2014), 'What Happens When Apple Finds a Child Making Your iPhone', Quartz, 7 March 2014.
- China Labor Watch's findings were reported in Fullerton, J., 'Suicide at Chinese iPhone Factory Reignites Concern Over Working Conditions', Daily Telegraph, 7 January 2018.
- The BBC Panorama episode referenced is 'Apple's Broken Promises', aired on BBC One on 18 December 2016.
- Apple's 'Supplier Responsibility Center' is here: https://www.apple.com/supplier-responsibility.
- The world's major cobalt refineries are listed at https://www.thebalance.com/the-biggest-cobalt-producers-2339726. Conditions in cobalt mines in the Congo are described by the Harvard researcher Siddharth Kara in the Guardian: https://www.theguardian.com/global-development/2018/oct/12/phone-misery-children-congo-cobalt-mines-drc.
- On coltan mining in the Congo, see Smith, J. H., 'Tantalus in the Digital Age: Coltan Ore, Temporal Dispossession and "Movement" in the Eastern Democratic Republic of the Congo', American Ethnologist 38, no. 1, 2011, pp. 17–35. An interactive map of coltan mines is available from the International Peace Information Service: https://www.ipisresearch.be/mapping/webmapping/drcongo/v5/#-1.2214940237301164/28.6591796876304/6/2/1/.

- For further data points on cobalt and coltan, see O'Brien, C., 'Your Smartphone Is a Mine of Precious Metals and Elements', Irish Times, 19 April 2018.
- Shoshana Zuboff refers to 'rogue capitalism' on five occasions in The Age of Surveillance Capitalism, Kindle edition, Loc 27, 362, 2059, 8442, 9434.

· 모든 것들에 대한 조정

- Accenture sizes the global content moderation labour force in its brochure 'Content Moderation: The Future is Bionic' available at https://www.accenture.com/cz-en/_acnmedia/PDF-47/Accenture-Web-scale-New-Content-Moderation-POV.pdf. TaskUs's global office locations are listed at https://jobs.jobvite.com/taskus-inc/.
- Recruitment and pay for content moderators in Manila is discussed in Season Four, Episode Four of the IRL podcast, 'The Human Costs of Content Moderation'. The Washington Post article 'Content Moderators at YouTube, Facebook and Twitter See the Worst of the Web – and Suffer Silently' (24 July 2019) describes the emotional and psychological costs.
  Data points on Rodrigo Duterte's war on drugs are from:
  • Etter, L., 'What Happens When the Government Uses Facebook as a Weapon?', Bloomberg Businessweek, 7 December 2017.
  • 'Profile: Duterte the controversial "strongman" of the Philippines', BBC News, 22 May 2019.
  • Johnson, H. and Giles, C., 'Philippines Drug War: Do We Know How Many Have Died?', BBC News, 12 November 2019.
  • Alba, D., 'How Duterte Used Facebook To Fuel The Philippine Drug War', Buzzfeed News, 4 September 2018.
  On the Rohingya ethnic cleansing in Myanmar, see:
  • Habib, M., Jubb, C., Ahmad, S., Rahman, M. and Pallard, H., 'Forced Migration of Rohingya: An Untold Experience', Ontario International Development Agency, 2018.
  • Human Rights Watch, 'Myanmar: Crimes Against Rohingya Go Unpunished', https://www.hrw.org/news/2019/08/22/myanmar-crimes-against-rohingya-go-unpunished.
  • Amnesty International (2018), 'Military top brass must face justice for crimes against humanity targeting Rohingya', https://www.amnesty.org/en/latest/news/2018/06/myanmar-mili-

tary-top-brass-must-face-justicefor-crimes-against-humanity-targeting-rohingya/

- The deprecation of Facebook Graph Search and its implications for Open-Source Intelligence are discussed in Silverman, C., 'Facebook Turned Off Search Features Used to Catch War Criminals, Child Predators and Other Bad Actors', Buzzfeed News, 10 June 2019.
- Sam Dubberley's quote is from his op-ed 'How Facebook's sudden change hinders human rights investigations', Amnesty International, https://www.amnesty.org/en/latest/news/2019/06/how-facebooks-sudden-changehinders-human-rights-investigations.
- The BBC Africa Eye episode 'Anatomy of a Killing' can be viewed at https://www.youtube.com/watch?v=XbnLkc6r3yc. Amnesty International's account of the investigation is at https://www.amnesty.org/en/latest/news/2018/09/digitally-dissecting-atrocities-amnesty-internationals-open-sourceinvestigations/.

6. 판옵티콘을 넘어서서

- This chapter greatly benefited from conversations with Dr Amanda Greene at University College London about the nature of digital power.
- The stories of Bentham's life are from the lecture by Dr Christopher Meckstroth in Cambridge on 7 November 2018, which is described later in the chapter.
- On self-driving car regulation in Germany, see Gershgorn, D., 'Germany's Self-driving Car Ethicists: All Lives Matter', Quartz, 24 August 2017. For more on self-driving cars and utilitarianism, see Chapter Nine.
- Jeremy Bentham's description of the Panopticon is available via the Online Library of Liberty: https://oll.libertyfund.org/titles/bentham-the-works-ofjeremy-bentham-vol-4/simple#lf0872-04_head_010.
  Long-reads on social media as a Panopticon include:
  - Chu, A., 'The Social Web and the Digital Panopticon', TechCrunch, 18 October 2015.
  - McMullan, T., 'What Does the Panopticon Mean in the Age of Digital Surveillance?', Guardian, 23 July 2015.

· 페이스북은 판옵티콘인가?

- The Newsweek headline is from Baker, K., 'Facebook's Online Panopticon', Newsweek, 1 October 2012.

- The Orwell quotes are from Orwell, G. Nineteen Eighty-Four, Signet Classics, New York, 1949.

  The Foucault references are from:

  • Foucault, M. and Sheridan, A., Discipline and Punish: The Birth of the Prison, Vintage Books, New York, 1995.

  • 'Two Lectures' in Foucault, M., Power/Knowledge: Selected Interviews and Other Writings, 1972-7, Harvester, Brighton, 1980.

  • Patton, P., 'Taylor and Foucault on Power and Freedom', Political Studies, XXXVII, 1989, pp. 260–76.

  • Fornet-Betancourt, R., Becker, H., Gomez-Müller, A. and Gauthier, J. D., 'The Ethic of Care for the Self as a Practice of Freedom: An Interview with Michel Foucault on 20 January 1984', Philosophy & Social Criticism, 12(2–3), 1987, pp. 112–31.

- On surveillance in early modern Europe, see Gorski, P. S., 'The Protestant Ethic Revisited: Disciplinary Revolution and State Formation in Holland and Prussia', American Journal of Sociology, Vol. 99, No. 2, 1993, pp. 265–316.

  On the Beacon controversy, see:

  • Taplin, J. T., Move Fast and Break Things: How Facebook, Google and Amazon Have Cornered Culture and What It Means for All of Us, Macmillan, London, 2017.

  • Doyle, W. and Fraser, M., 'Facebook, Surveillance and Power' in Wittkower, D. (ed.) Facebook and Philosophy: What's On Your Mind?, Open Court Publishing Company, Chicago, 2010, pp. 222–3.

  • Scharding, T., This Is Business Ethics: An Introduction, Wiley, London, 2018, p. 167.

· 구글은 판옵티콘인가?

- Statistics on the numbers of users of Google Analytics, Google Ads and YouTube channels are from marketingland.com (https://marketingland.com/as-google-analytics-turns-10-we-ask-how-many-websites-use-it-151892) and Tubics (https://www.tubics.com/blog/number-of-youtubechannels). Newspaper circulation numbers are aggregated by Statista at https://www.statista.com/statistics/184682/us-daily-newspapers-by-circulation. Smartphone usage statistics are from Ofcom (2018), 'A Decade of Digital Dependency', https://www.ofcom.org.uk/about-ofcom/latest/media/media-releases/2018/decade-of-digital-dependency and

Bank of America (2018), 'Trends in Community Mobility'.

· 케임브리지 권력

- The review of Cambridge's Seeley Historical Library that dissed the mechanical competence of humanities students is Banham, R., 'Reyner Banham Reviews James Stirling's Cambridge History Faculty', The Architectural Review, 14 November 1968.
- Selfie deaths are analysed in Bansal, A., Garg, C., Pakhare, A. and Gupta, S., 'Selfies: A Boon or Bane?', Journal of Family Medicine and Primary Care, 7(4), 2018, pp. 828–31. The points of comparison with other causes of deaths is informed by the Florida Museum's 'International Shark Attack File': https://www.floridamuseum.ufl.edu/shark-attacks/odds/comparerisk/death.

· 시장 권력

- Statistics on lobbying spend by tech companies are from Kang, C. and Vogel, K. P., 'Tech Giants Amass a Lobbying Army for an Epic Washington Battle', New York Times, 5 June 2019.
- Mike Moloney describes the ways Google featured snippets are detrimental to FilterGrade in this Twitter thread: https://twitter.com/moloneymike/status/1249865960338661377.
- Google's vertical integration-enabling acquisitions are summarised in Search Engine Watch (https://www.searchenginewatch.com/2016/02/23/google-to-close-its-financial-comparison-service/) and Wired (https://www.wired.com/2011/04/google-ita/).
- The European Commission's investigation into anti-competitive conduct by Apple was announced at https://ec.europa.eu/commission/presscorner/detail/en/IP_19_4291, and summarised by TechCrunch (https://techcrunch.com/2019/05/06/eu-will-reportedly-investigate-apple/).

· 도달 권력

- Freedom House's website lists countries that are 'Not Free': https://freedomhouse.org/countries/freedom-world/scores?sort=asc&order=Total%20Score%20and%20Status.

7. IT 기업 CEO의 교만함

- On Elizabeth Holmes, see Friedell, D., 'A Chemistry Is Performed', London Review of Books, Vol. 41, No. 3, 2019, and Carreyou, J., Bad Blood: Secrets and Lies in a Silicon Valley Start-up, Picador, London, 2018.

Theranos funding and valuation statistics are from Marketwatch (https://www.marketwatch.com/story/the-investors-duped-by-the-theranos-fraud-never-asked-for-one-important-thing-2018-03-19) and Investopedia (https://www.investopedia.com/articles/investing/020116/theranos-fallenunicorn.asp).

- Adam Neumann's eccentricities are documented in Brown, E., 'How Adam Neumann's Over-the-Top Style Built WeWork: "This Is Not the Way Everybody Behaves"', Wall Street Journal, 18 September 2019, and Platt, E. and Edgecliffe-Johnson, A., 'WeWork: How the Ultimate Unicorn Lost Its Billions', Financial Times, 19 February 2020.
- WeWork's mission statement is available on the company's corporate website: https://www.wework.com/newsroom/posts/wecompany.
- WeWork's valuation at the time of its rescue by Softbank is per CNBC (https://www.cnbc.com/2020/05/18/softbank-ceo-calls-wework-investmentfoolish-valuation-falls-to-2point9-billion.html). Comparative valuations of Tesco and Barclays are from https://lsemarketcap.com/ as at 29 May 2020. Statistics on room dividers and oak flooring are from the cover story in the July 2018 issue of Wired, 'How WeWork Became the Most Hyped Start-up in the World'.
- Neumann's leaked comments about his plans for his descendants to control WeWork were reported by Connie Loizos in TechCrunch (https://techcrunch.com/2019/10/18/adam-neumann-planned-for-his-children-andgrandchildren-to-control-wework/?guccounter=1).
- SpaceX's mission statement can be viewed at the company's website: https://www.spacex.com/human-spaceflight/mars/. Elon Musk's quote on humanity as a 'multiplanet species' is from an interview with Chris Anderson at the TED conference, 'The Future We're Building – and Boring', the transcript of which is available at https://www.ted.com/talks/elon_musk_the_future_we_re_building_and_boring/transcript. On his interest in brain-computer interfaces, see footage of the Neuralink launch event at https://www.youtube.com/watch?v=r-vbh3t7WVI&feature=youtu.be; and on flamethrowers see https://www.boringcompany.com/not-a-flamethrower.

  Anti-ageing investee companies of Bezos, Thiel, and Page and Brin include:
  - Unity Biotechnology: https://unitybiotechnology.com/the-science/.

• Calico Labs: https://www.calicolabs.com/.
• Alcor Life Extension Foundation: https://alcor.org/FAQs/faq01.html#friends.

Billionaire milestone data is from Elkins, K., 'The Age When 17 Self-Made Billionaires Earned Their First Million', Business Insider, 11 February 2016 and Levy, L., 'How Steve Jobs Became a Billionaire', Fortune, 19 October 2016.

■ A summary of DARPA's role in building the foundations for the internet is available at https://www.darpa.mil/about-us/timeline/modern-internet.

■ On government subsidies to big tech companies, see Rushe, D., 'US Cities and States Give Big Tech $9.3bn in Subsidies in Five Years', Guardian, 2 July 2018.

■ Thomas Piketty's book is Capital in the Twenty-First Century, Harvard University Press, Cambridge, 2014.

■ Linsey McGoey's book is No Such Thing as a Free Gift: The Gates Foundation and the Price of Philanthropy, Verso, London, 2015. For an overview of her critique of philanthrocapitalism, see McGoey, L., 'The Philanthropy Hustle', Jacobin Magazine, 10 November 2015.

■ Data on the Gates Foundation's trustees and endowment is from its website: https://www.gatesfoundation.org/who-we-are/general-information/foundation-factsheet.

· 저크버그식 자유주의

■ On the history, genealogy and definition of liberalism, see Freeden, M., Liberalism: A Very Short Introduction, Oxford University Press, Oxford, 2015; Fawcett, E., Liberalism: The Life of an Idea, Princeton University Press, Princeton, 2014; and Bell, D., 'What Is Liberalism?' Political Theory, 42(6), 2014, pp. 682–715.

The Zuckerberg Files digital archive is at https://www.zuckerbergfiles.org/. The transcripts cited are as follows:

• Zuckerberg, M. (2017a), 'Building Global Community', Zuckerberg Transcripts, 989.
• Dubner, S. and Zuckerberg, M. (2018), 'MZ Interview with Stephen Dubner on Freakonomics', Zuckerberg Transcripts, 859.
• Zuckerberg, M. (2015d), 'A Letter to Our Daughter', Zuckerberg Transcripts, 498.

• Zuckerberg, M. (2018a), 'MZ shares focus of FB goals in 2018', Zuckerberg Transcripts, 792.
• Facebook Investor Relations (2018), 'Facebook Q2 2018 Earnings', Zuckerberg Transcripts, 863.
• Klein, E., Zuckerberg, M. and Vox (2018). 'Mark Zuckerberg on Facebook's Hardest Year, and What Comes Next', Zuckerberg Transcripts, 950.
• Zuckerberg, M. (2016c), 'Facebook & Conservatives', Zuckerberg Transcripts, 865.
• Zuckerberg, M. (2016d), 'Voting in the 2016 Elections', Zuckerberg Transcripts, 621.
• Zuckerberg, M. (2016e), 'Zuckerberg Facebook Post about Social Feeds– 2016-09-06', Zuckerberg Transcripts, 217.
• Facebook, (2018b), 'Hard Questions: Q&A With MZ on Protecting People's Information', Zuckerberg Transcripts, 1002.
• Zuckerberg, M. (2019a), '2019 – Live at F8!', Zuckerberg Transcripts, 1010.
• Zuckerberg, M. (2018b), 'MZ Interview with Kara Swisher', Zuckerberg Transcripts, 949.
• Zuckerberg, M. (2017a), 'Live with Dreamers at My Home', Zuckerberg Transcripts, 992.
• Zuckerberg, M. (2017c), 'Announcing Facebook Communities Summit', Zuckerberg Transcripts, 713.
• Zuckerberg, M. (2017d), 'MZ w/ Muslim Students in Dearborn, MI', Zuckerberg Transcripts.
• Zuckerberg, M. (2016f), '#ProfilesForPeace', Zuckerberg Transcripts, 553.
• Zuckerberg, M. (2016d), 'Responding to Marc Andreessen's Comments About Facebook & India', Zuckerberg Transcripts, 535.
• Zuckerberg, M. (2015b), 'A Year of Books: The Better Angels of our Nature', Zuckerberg Transcripts, 371.
• Zuckerberg, M. (2018c), 'MZ shares article by Steven Pinker "The Enlightenment Is Working"', Zuckerberg Transcripts, 796.
• Zuckerberg, M. (2015c), 'A Year of Books: Sapiens', Zuckerberg Transcripts, 423.
• Zuckerberg, M. and Harari, Y. N. (2019), 'A Conversation with Mark

Zuckerberg and Yuval Noah Harari', Zuckerberg Transcripts, 1011.
• Zuckerberg, M. (2019b), 'MZ discussion with Jonathan Zittrain', Zuckerberg Transcripts, 1007.
• Facebook (2014), 'Discussion on Acquisition of WhatsApp Conference Call', Zuckerberg Transcripts, 242. This is the earliest record of the phrase 'global community' in Zuckerberg's discourse.
• Facebook, 'Facebook Q1 2016 Earnings Call' (2016a), Zuckerberg Transcripts, 227.
• Zuckerberg, M. (2017b), 'MZ Post – Funding Philanthropy', Zuckerberg Transcripts, 756.
• Zuckerberg, M. (2016b), 'Note from Mark Zuckerberg', Zuckerberg Transcripts, 245.
• Zuckerberg, M. (2017b) 'Protecting the Security and Integrity of Our Services', Zuckerberg Transcripts, 645.
• Zuckerberg, M. (2018a), 'MZ shares a note – A Blueprint for Content Governance and Enforcement', Zuckerberg Transcripts, 857.

The Naughton quote is from Naughton, J., 'Mark Zuckerberg Should Try Living in the Real World', Guardian, 7 May 2017.

- Zuboff's comments on 'Building Global Community' are at Zuboff (2019), Kindle edition, Loc 7313–57.
- On Hegel's view of history, see Singer, P., Hegel, Oxford University Press, Oxford, 1983, Kindle Edition, Chapter 2.
- On pluralism, see Berlin, I., Hardy, H. and Margalit, A., The Power of Ideas, Princeton University Press, Princeton, 2016, pp. 14–7; Nussbaum, M.C., Creating Capabilities, 2011, Kindle edition, Loc 224, 839, 1153.
- On 'overlapping consensus', see Rawls (2005), pp. 388ff.
- References to John Stuart Mill's 'On Liberty' are from Mill et al., On Liberty, Utilitarianism and Other Essays, new edition, Oxford University Press, Oxford, 2015, pp. 8, 13, 15, 19, 50–2, 53ff.
- The internal memo in which Andrew Bosworth refers to Rawls's original position was republished in the New York Times, 7 January 2020.
- Zuboff's quote on WhatsApp data flows is from Zuboff (2019), Kindle edition, Loc 1878.

· 알렉스 카프의 현실주의

- For an account of Edward Snowden's revelations see Greenwald, G. and MacAskill, E., 'NSA Prism Program Taps in to User Data of Apple, Google and Others', Guardian, 6 June 2013.

- Eric Schmidt's comments on competition with China on 5G are from The New Tech Cold War, BBC Radio 4, 19 June 2020.
- On Project Maven, see 'What is Project Maven? The Pentagon AI Project Google Employees Want Out Of', Global News, 5 April 2018.
- The features and uses of Palantir's Gotham and Foundry products are outlined on the company's website at https://www.palantir.com/products/. For a product comparison with Palantir's competitors in the Business Intelligence software category, see Gartner's summary of customer reviews: https://www.gartner.com/reviews/market/analytics-business-intelligence-platforms.

  For commentary on Palantir's more controversial contracts, see:

  • US Immigration and Customs Enforcement (ICE): Woodman, S., 'Palantir Provides the Engine for Donald Trump's Deportation Machine', The Intercept, 2 March 2017.

  • Relationship with the Trump administration: Sorkin, A. R., 'Why Tech's Split with Trump Could Set the Country Back', New York Times, 3 September 2018.

  • Predictive policing: Winston, A., 'Palantir Has Secretly Been Using New Orleans to Test Its Predictive Policing Technology', The Verge, 27 February 2018.

  • NHS: No Tech For Tyrants (2020), 'The Corona Contracts: Public-Private Partnerships and the Need for Transparency', https://privacyinternational.org/long-read/3977/corona-contracts-public-privatepartnerships-and-need-transparency.

  The sources for quotes and claims by Alex Karp are:

  • 'Alex Karp, CEO of the Data-Mining Company Palantir, Reflects on His Career and What Led Him to Create software that is Used by the CIA, FBI and Others', https://charlierose.com/videos/12809, 11 August 2009.

  • 'Interview: Alex Karp, Founder and CEO of Palantir', TechCrunch, 2012: https://www.youtube.com/watch?v=VJFk8oGTEs4&t=1s.

  • 'Palantir CEO Alex Karp: Investors Will Be "Positively Surprised" At The Company's Margins', CNBC, 2018: https://www.youtube.com/watch?v=QwoCgLvoUvs.

  • 'Palantir CEO Karp on Silicon Valley, ICE, 2020 Election', Bloomberg

Politics, 2019: https://www.youtube.com/watch?v=1zHUXG-d4gJU&t=97.
• 'Palantir Technologies CEO Alex Karp Joins CNBC's Andrew Ross Sorkin to Discuss the Company's Contract with ICE, How he Thinks About the Apple Privacy Debate, and its Plan to IPO', CNBC, 2020:https://www.youtube.com/watch?v=MeL4BWVk5-k.

8. 디지털 시대의 정당성

■ For an extended definition of legitimacy, see Peter, F., 'Political Legitimacy', The Stanford Encyclopedia of Philosophy, Edward N. Zalta (ed.), 2017.
■ The distinction between input legitimacy and output legitimacy originates in the work of Fritz Scharpf. See Steffek, J., 'The Output Legitimacy of International Organizations and the Global Public Interest', International Theory, 7:2, 2015, pp. 263–93, 266–7.
■ On legitimacy versus justice, see Rawls, J., Political Liberalism, Columbia University Press, New York, 2005, pp. 225–6.
■ To compare countries' GDP to tech companies market capitalisation, see International Monetary Fund, 'World Economic Outlook Database', https://www.imf.org/external/pubs/ft/weo/2019/01/weodata/index.aspx. As at 31 December 2018, Facebook's market cap was $541 billion, comparable to the nominal GDP of Sweden ($551 billion) and Belgium ($533 billion).
■ The Zuckerberg quote about Facebook being 'like a government' is from Klein, E., Zuckerberg, M. and Vox (2018).
■ For a summary of David Ciepley's argument, see Ciepley, D., 'Beyond Public and Private: Toward a Political Theory of the Corporation', The American Political Science Review, Vol. 107, No. 1, 2013, pp. 139–58.
■ On Facebook's experiment with allowing users to vote on policy changes see Facebook (2009), 'Facebook Opens Governance of Service and Policy Process to Users', https://newsroom.fb.com/news/2009/02/facebook-opens-governance-of-service-and-policy-process-to-users/. For the critique, see Farrell, H., Levy, M., O'Reilly, T., 'Mark Zuckerberg Runs a Nationstate, and He's the King', Vox, 10 April 2018.
■ On the 'exercise fallacy', see Lukes (2005), p. 70, 109.
■ For a detailed account of Facebook's Oversight Board, see Klonick, K.,

'The Facebook Oversight Board: Creating an Independent Institution to Adjudicate Online Free Expression', Yale Law Journal, Vol. 129, No. 2418, 2020.

- On Facebook's moves to mitigate the harmful effects of reach power, see:
  - 'What is the Page Transparency section on Pages?', https://www.facebook.com/help/323314944866264?helpref=popular_topics.
  - Facebook Ad Library, https://www.facebook.com/ads/library/.
  - 'WhatsApp Restricts Message-sharing to Fight Fake News', BBC News, 21 January 2019.
  - Parloff, R., 'Facebook's Chris Cox Was More Than Just the World's Most Powerful Chief Product Officer', Yahoo!, 26 April 2019.
  - Zuckerberg, M. (2019c), 'The Internet Needs New Rules. Let's Start in These Four Areas', Zuckerberg Transcripts, 1008.
- On the 'liberalism of fear', see Shklar, J., 'The Liberalism of Fear' in Liberalism and the Moral Life, ed. Nancy L. Rosenblum, Harvard University Press, Cambridge, 1989; and Runciman (2017).
- Tufekci's epithet is from Tufekci, Z., 'Why Zuckerberg's 14-Year Apology Tour Hasn't Fixed Facebook', Wired, 6 April 2018.
- On humanity's unreasonableness, see Williams, B., 'A Fair State: Review of Political Liberalism by Rawls, J.' London Review of Books, Vol. 15, No. 9, 1993, pp. 7–8.
- For a discussion of 'permissionless innovation', see Rosner, G. and Thierer, A.,'The Precautionary Principle vs Permissionless Innovation', Governing the Internet of Things, American University Internet Governance Lab, 14 March 2018.
- The mantra 'Move fast and break things' was amended in 2014 to 'Move fast with stable infrastructure': Zuckerberg, M. (2014), '2014 F8 Developer Conference', Zuckerberg Transcripts, 149.
- The Shklar quote about 'freedom from the abuse of power' is from Shklar (1989) p. 27; Zuckerberg's on 'doubt' is from Zuckerberg (2017a).

· 디지털 정당성 이론

- For an example of Cook claiming Apple is more legitimate than Facebook, see Kafka, P., 'Tim Cook Says Facebook Should Have Regulated Itself, But it's Too Late for That Now', Vox, 28 March 2018.

· 더 강한 개인 정보 보호가 정답인가?

- Facebook's 'pivot to privacy' is outlined in Zuckerberg, M. (2019b), 'A Privacy-Focused Vision for Social Networking', Zuckerberg Transcripts, 1006.
- On the role of encrypted messaging in Brazil and India's elections see Magenta, M., Gragnani, J., Souza, F., 'How WhatsApp is Being Abused in Brazil's Elections', BBC News, 24 October 2018, and Ponniah, K., 'WhatsApp: The "Black Hole" of Fake News in India's Election', BBC News, 5 April 2019.

· 소셜 미디어 회사를 플랫폼이 아닌 출판업에 준하여 규제해야 하는가?

- On Facebook's enforcement of its rules, see Facebook (2019), 'An Update on How We Are Doing At Enforcing Our Community Standards', https://newsroom.fb.com/news/2019/05/enforcing-our-community-standards-3/.
- The end of the Snopes fact-checking partnership is described in Green, V. and Mikkelson, D., 'A Message to Our Community Regarding the Facebook Fact-Checking Partnership', 1 February 2019.
- On automated keyword-based censorship by WeChat, see Huang Yuan, 'National Trolls', London Review of Books, Vol. 39, No. 19, 2017, pp. 15–6.

· 거대 IT 기업들을 쪼개야만 하는가?

- Peter Thiel's advice to would-be monopolists is in Thiel, P. A. and Masters, B., Zero to One: Notes on Start-ups, or How to Build the Future, Virgin, London, 2014, p. 34.
- The Zuckerberg quotes on Facebook's competitive position are from Facebook (2018), 'MZ Testifies before the EU Parliament', Zuckerberg Transcripts, 1000.
- Mill writes about 'natural monopoly' in Mill, J. S., The Principles of Political Economy: With Some of their Applications to Social Philosophy. Project Gutenberg EBook, 1849, 241ff.
- On historic infrastructure costs, see Ferguson (2017), pp. 160–2, pp. 256–7; on regulation of natural monopolies see Taplin (2017), pp. 258–9. Lanier's remarks on natural monopoly are in Lanier, J. and Simon, H., 'Delete Your Account Now: A Conversation with Jaron Lanier', Los Angeles Review of Books, 8 October 2018.
- On the regulation of broadcasting in Germany after World War Two, see

Wu, T., The Attention Merchants: The Epic Struggle to Get Inside Our Heads, Atlantic Books, London, 2017, p. 121.

· 이중 클래스 지분 구조는 재설계되어야 하는가?

- The statistic on the gap between Zuckerberg's equity holding and the proportion of the company he controls is from Securities and Exchange Commission (2016), 'Proxy Statement Pursuant to Section 14(a) of the Securities Exchange Act of 1934: Facebook, Inc.', https://www.sec.gov/Archives/edgar/data/1326801/000132680116000053/facebook2016prelimproxysta.htm#s3D4B8526AA3DA88881A6CC93FD965687: 37–8.
- On proposals for reforming dual-class stock structures, see Kupor, S., 'Limit Dual-Class Share Structures Rather than Shun Them', Financial Times, 20 November 2018; and Govindarajan, V., Rajgopal, S., Srivastava, A., Enache, L., 'Should Dual-Class Shares Be Banned?', Harvard Business Review, 3 December 2018.
- For Facebook's purpose and mission statements, see The State of Delaware (2012), 'Facebook Inc. Restated Certificate of Incorporation', https://s21.q4cdn.com/399680738/files/doc_downloads/governance_documents/FB_CertificateOfIncorporation.pdf: ARTICLE III and Facebook InvestorRelations, 'What is Facebook's Mission Statement?', https://investor.fb.com/resources/default.aspx.

· 거대 IT 기업이 인터넷 인프라를 제어하도록 허용해야 하는가?

- On big tech companies' investments in internet infrastructure, see:
  - Zuckerberg (2017f).
  - Burgess, M., 'Google and Facebook are gobbling up the internet's subsea cables', Wired, 18 November 2018.
  - Cooper, T., 'Google and other tech giants are quietly buying up the most important part of the internet', Venture Beat, 6 April 2019.

  On the connection between control of infrastructure and imperial power, see:
  - Ferguson (2017), p. 160.
  - Lafrance, A., 'Facebook and the new colonialism.' The Atlantic, 11 February 2016.
  - Friederici, N., Ojanperä, S. and Graham, M., 'The Impact of Connectivity in Africa: Grand Visions and the Mirage of Inclusive Digital Development.' The Electronic Journal of Information Systems in Developing Countries 79, no. 2, 2017, pp. 1–20.

- On Google's roll-out of Loon in Kenya, see Adegoke, Y., 'How Google's balloons are bringing internet to new parts of Kenya', Quartz Africa, 14 July 2020.
- Andreessen is quoted in Bowles, N., 'Why is Silicon Valley So "Tone Deaf" to India?', Guardian, 12 February 2016. Zuckerberg said 'I found the comments deeply upsetting, and they do not represent the way Facebook or I think at all' – see Zuckerberg (2016d).

9. 거대 IT 기업들을 위한 데이터 윤리

- This chapter draws on a research report I wrote for the UK-China Global Issues Dialogue Centre at Jesus College, Cambridge, in collaboration with Professor Peter Williamson and Professor Stelios Zyglidopoulos. The original report can be downloaded at https://bit.ly/data_ethics.
- Data on the share price impact of disasters is from Knight, R. F. and Pretty, D. J., 'The Impact of Catastrophes on Shareholder Value', Oxford Executive Research Briefings, Templeton College, Oxford, 1997.
- For a definition and short history of data ethics, see Floridi, L. and Taddeo, M., 'What Is Data Ethics?' Philosophical Transactions: Series A, Mathematical, Physical and Engineering Sciences, 374(2083), 28 December 2016, Vol. 374 (2083).

· 알고리즘적 의사 결정에서의 편견, 차별, 부당함

- Cathy O'Neil's book is Weapons of Math Destruction: How Big Data Increases Inequality and Threatens Democracy, Penguin, London, 2017. For more on the use of algorithmic decisioning in criminal justice, see Fry, H., Hello World: How to Be Human in the Age of the Machine, Transworld, London, 2018.

  On tech companies' tools to mitigate algorithmic injustice, see:
  - Facebook (2018), 'AI at F8 2018: Open frameworks and responsible development', https://engineering.fb.com/ml-applications/ai-at-f8-2018-open-frameworks-and-responsible-development/.
  - Google (2018), 'Introducing the What-If Tool for Cloud AI Platform models', https://cloud.google.com/blog/products/ai-machine-learning/introducing-the-what-if-tool-for-cloud-ai-platform-models.
  - IBM (2018), 'Introducing AI Fairness 360', https://www.ibm.com/blogs/research/2018/09/ai-fairness-360/.
- On the case for algorithmic transparency, see Gillis, T. B. and Simons, J.,

'Explanation 〈 Justification: GDPR and the Perils of Privacy', Pennsylvania Journal of Law and Innovation, 19 April 2019.

- Artificial General Intelligence as an Existential Risk to Humanity Results from the survey of AI experts are available in Grace, K. et al., 'When Will AI Exceed Human Performance? Evidence from AI Experts', https://arxiv.org/abs/1705.08807.
- Nick Bostrom's book is Bostrom, N., Superintelligence: Paths, Dangers, Strategies, Oxford University Press, Oxford, 2014.
- The Pi thought experiment is from Susskind, J., Future Politics: Living Together in a World Transformed by Tech, Oxford University Press, Oxford, 2018.
- Meredith Whittaker's comments are from Crawford, K. and Whittaker, M. (2018) 'How Will AI Change Your Life?', Recode Decode podcast, 8 April 2019.
- On Salesforce, see 'Ethical and Humane Use', https://www.salesforce.com/company/ethical-and-humane-use/; and 'US Customs and Border Protection Agency Selects Salesforce as Digital Modernization Platform', Cision, 6 March 2018.
- On Google's ethics board, see 'Google's AI Ethics Board Might Save Humanity', Huffpost, 28 January 2014, and Piper, K., 'Google Cancels AI Ethics Board in Response to Outcry', Vox, 4 April 2019.
- Elon Musk's tweet about superintelligence is available at: https://twitter.com/elonmusk/status/495759307346952192.

· 머신러닝 및 로봇 공학으로 인한 일자리 대체

- The assessment of the risk of job displacement from AI and robotics is Frey, C. and Osborne, M., 'The Future of Employment: How Susceptible are Jobs to Computerisation?' Technological Forecasting and Social Change 114, 2013, pp. 254–80.
- On the existential questions raised by joblessness, see Cohen, J., Not Working: Why We Have to Stop, Granta, London, 2018.
- On tech CEO's concerns about machine-driven job displacement and calls for UBI, see Clifford, C., 'Y Combinator President and eBay Founder join Elon Musk in Addressing Crisis of Robots Taking Jobs', CNBC, 13 February 2017, and Kharpal, A., 'Tech CEOs Back Call for Basic Income as AI Job Losses Threaten Industry Backlash', CNBC, 21 February 2017.

· 세계 전통 윤리의 차이를 조정하려면

- On ethical traditions in business context, see Hendry, J., 'Ethical Cultures and Traditions', Second Edition, 2013, available at http://johnhendry.co.uk/wp/wp-content/uploads/2013/05/Ethical-cultures-and-traditions.pdf.
- The summary of ethical norms in business draws on Donaldson, T., 'Values in Tension: Ethics Away from Home', Harvard Business Review, Sep–Oct 1996.

  Sources for the case study of Roadway are:

  • Dun & Bradstreet company website, https://www.dnb.com/about-us.html.

  • Chu, K., 'Dun & Bradstreet Fined, Four Sentenced in China', Wall Street Journal, 9 January 2013.

  • 'Dun & Bradstreet Reportedly Fined RMB $1 Million for Illegally Obtaining Personal Information in China; Four Employees Imprisoned', Inside Privacy, 10 January 2013.

  • Volkov, M., 'Dun and Bradstreet Pays $9 Million for FCPA Violations in China', 9 May 2018.

  The lead generation market size is as aggregated by Statista in 'Digital lead generation ad spend in the US, 2019–2023'.

· '트롤리 딜레마'를 넘어서서

- Road traffic deaths are listed in World Health Organization, 'The Top 10 Causes of Death', 2018, https://www.who.int/news-room/fact-sheets/detail/the-top-10-causes-of-death, and self-driving car fatalities in Wikipedia, https://en.wikipedia.org/wiki/List_of_self-driving_car_fatalities.
- The fatal accident involving an Uber self-driving was reported in Levin, S. and Wong, J. C., 'Self-driving Uber kills Arizona Woman in First Fatal Crash Involving Pedestrian', Guardian, 19 March 2018.
- The trolley problem is posed in Foot, P., 'The Problem of Abortion and the Doctrine of the Double Effect' in Virtues and Vices, Basil Blackwell, Oxford, 1978. The image is from Image from Wikimedia Commons: https://commons.wikimedia.org/wiki/File:Trolley_Problem.svg. For a discussion in relation to self-driving cars, see Fry (2018).
- On variations in ethical preferences, see Awad, E., Dsouza, S., Kim, R. et al., 'The Moral Machine Experiment', Nature, 563, 2018, pp. 59–64.

- On the Cloudflare case study, see Roose, K., 'Why Banning 8chan Was So Hard for Cloudflare: "No One Should Have That Power"', New York Times, 6 August 2019.
- Facts about Cloudflare are from the company website, https://www.cloudflare.com/. Prince's quote is from Prince, M. (2019), 'Terminating Service for 8chan', https://blog.cloudflare.com/terminating-service-for-8chan/.
  Examples of 'value added services' being misused include:
  - Stalking: Valentino-DeVries, J., 'Hundreds of Apps Can Empower Stalkers to Track Their Victims', New York Times, 19 May 2018.
  Livestreaming killings:
    - Tanakasempipat, P. and Thepgumpanat, P., 'Thai Man Broadcasts Baby Daughter's Murder Live on Facebook', Reuters, 25 April 2017.
    - Roose, K., 'A Mass Murder of, and for, the Internet', New York Times, 15 March 2019.
  - Child abuse: Newton, C., 'The Big Disturbing Problem that Could Help End Encryption', The Interface, 30 September 2019.

· 선량한 거대 IT 기업

- Google's Privacy Controls are at https://safety.google/privacy/privacy-controls/.

· 미래의 일자리를 '공동 창출' 하기

- On co-creating the jobs of the future, see Leadbeater, C., 'The RSA Future Work Awards – Meeting Anxiety with Innovation', RSA, 6 February 2019.
- For an example of AI and human doctors working in concert to fight cancer, see McKinney, S. M., Sieniek, M., Godbole, V. et al., 'International Evaluation of an AI System for Breast Cancer Screening', Nature, 577, 2020, pp. 89–94.
- The account of food delivery platform dynamics is from Perrig, L., 'Matching Users' and Developers' Beliefs: The Algorithmic Management of Uncertainty', Presentation at Connected Life: Data & Disorder, London School of Economics, 2019.
- On Mondragón, see Agirre Lehendakaria Center for Social and Political Studies, 'Mondragon Will Count on Mariana Mazzucato in its Commitment to Social Innovation', 2019.

· 더 많은 데이터를 공개 도메인으로

- On the philosophical barriers to treating data as private property, see Prainsack, B.,'Logged Out: Ownership, Exclusion and Public Value in the Digital Data and Information Commons', Big Data & Society, 6(1), 2019, 2053951719829773.
- On the hampering of Open-Source Intelligence, see Chapter Five and Dubberley (2019).

결론

- Jamie Bartlett's book is Bartlett, J., The People Vs Tech: How the Internet Is Killing Democracy (And How to Save It), Ebury, London, 2018.
- John Naughton calls Zuckerberg 'a sociopath' in the presentation referenced in Chapter One, and in an article 'Has Zuckerberg, Like Frankenstein, Lost Control of the Monster He Created?', Guardian, 29 July 2018. Shoshana Zuboff characterises Sandberg as 'Typhoid Mary' in Zuboff (2019), Kindle edition, Loc 1682.

이미지 출처

The Economist Group Limited: 4
Copyright Guardian News & Media Ltd 2021: 8
Properati: 73
Retromash.com: 147

미주

서문

1 2012년에 창립된 반려동물에 대한 헬스케어 및 보험 서비스를 제공하는 영국의 기업이다. 현재는 ManyPets로 사명을 변경하였으며, 영국뿐만 아니라 미국과 스웨덴 등에도 서비스를 제공하고 있다.

2 2013년 설립된 영국의 정치 컨설팅 회사. 이 회사는 책에 자주 등장할 '케임브리지 애널리티카 정보 유출 사건'을 일으켰는데, 이 사건은 2016년 미국 대선에서 케임브리지 애널리티카가 정치적 선전을 위해 동의 없이 수천만 명의 개인 정보를 수집하여 일어난 스캔들이다. 당시 개인 정보가 유출된 페이스북의 이용자들은 '글로벌 사이언스 리서치'라는 회사에서 학술적 연구를 위해 진행하는 심리 검사 퀴즈를 위한 정보 수집으로 생각하고 개인 정보 활용 약관에 동의하였으나, 글로벌 사이언스 리서치는 이를 케임브리지 애널리티카에 무단으로 제공했다. 2015년 페이스북은 글로벌 사이언스 리서치와 케임브리지 애널리티카에게 이용 약관 위반을 사유로 데이터 삭제를 요청하고 삭제 통지서를 보냈으나, 이들은 이 데이터를 제대로 삭제하지 않은 것으로 후일 밝혀졌다. 페이스북이 파악한 정보 유출 피해자는 총 8,700만 명에 이르며, 이 중 미국 시민은 7,060만 명으로 추산된다. 한편 트럼프 행정부의 수석 전략가를 역임했던 극우 인사 스티브 배넌(Steve Bannon)이 케임브리지 애널리티카 경영진으로 참여한 적이 있어 화제가 되기도 했으며, 이 회사는 스캔들 이후 2018년 폐업했다.

3 1996년 설립된 아일랜드의 글로벌 정보 서비스 제공사. 주력 서비스는 소비자 신용정보 분야이며, 현재 2,500만 개 이상의 미국 기업과 2억 3,500만 명 이상의 미국 소비자의 데이터를 수집하고 집계하고 있다.

4 영국 잉글랜드 및 웨일스 지방에서 활동하는 녹색당은 1990년 창립된 영국 최대의 환경 보호 정당이다. 스코틀랜드와 북아일랜드에는 각각 별도의 녹색당이 있는데, 이 세 정당은 하나의 당은 아니지만 서로 협력 관계를 맺고 있다. 다만 2022년 현재는 하원 1석, 상원 2석으로 영향력은 미미한 편이다.

5 튀르키예(구 터키) 출신의 사회학자. 현재는 노스캐롤라이나 대학에서 사회학 교수로 재임 중이다. 주요 연구 분야는 기술, 사회, 문화, 정치의 역학관계 간 상호작용이며 빅 데이터 및 알고리즘을 통한 의사 결정이 갖는 도덕적 시사점과 관련하여 세계적인 권위자로 인정받고 있다.

6 미국 버지니아 대학에서 교수로 재직 중인 문화역사 및 미디어 연구자. 주요 전문 분야는 지적재산권 및 소셜 미디어이며, 소셜 네트워크 활동 역시 활발한 것으로 유명하다.

7 아일랜드 출신이며 케임브리지 대학의 연구자. 위 두 사람과 마찬가지로 소셜 미디어에 대한 비평가로 유명하며, 인터넷에 대한 자신의 가설을 정리한 블로그를 운영 중이다.

8 필리핀의 제16대 대통령. 좌익 포퓰리즘 정당인 필리핀 민주당을 이끌었으며 집권 기간 강경하게 범죄와의 전쟁을 펼쳐 국민들에게 호평받았으나, 그 이면에서의 초법적인 사병 운용, 인권 침해 등으로 인해 문제가 되기도 했다.

9 이탈리아의 극우 정당 '동맹당(Lega)'의 전 대표 및 전 이탈리아 내무부 장관. 밀라노 시의원을 거쳐 이탈리아 북부 지방의 분리 독립을 주장하는 북부동맹(Nord Lega, 후일 동맹당이 됨)의 영수가 되어 정치적 영향력을 크게 확대하였으나, 그 이후 계속된 정치적 실언 및 지나친 강경 행보로 인해 현재는 정치적 주도권을 다수 상실한 상황이다.

10 여기에서 '크랙(Crack)'은 1980년대 등장한 코카인을 베이스로 만든 신종 마약이다. 중독성이 매우 강한데다 코카인에 불순물을 첨가하여 만드는 마약이므로 순수 코카인보다 값이 저렴하여 빠르게 미국 사회를 잠식해 나간 마약 중 하나로 미국 정부의 마약과의 전쟁은 크랙이 등장하기 전과 후로 나뉜다고 할 정도이다.

11 세계 각국의 도시에서 흔한 기념품으로 팔리는 'I Love OO'의 파생형이다. 여기서 'Heart'는 '♥'를 의미하고, GSD는 German Shepherd Dog의 약자이다.

part 1. 편집증

12 북유럽 태생의 목축견. 다 자란 성견은 약 11~15kg 정도 체중이 나가는 중형견이다. 현재도 북유럽에서 많은 사람이 키우거나 농업 또는 목축 용도로 활용하

고 있으며 '발훈트' 자체가 스웨덴어로 '농장에서 키우는 개' 또는 '목축견'을 뜻한다.

13 잉글랜드 버크셔 주의 도시로, 런던 서쪽의 베드타운이다. 인구는 약 6만 7천 명가량이며 런던으로 출퇴근하는 도시노동자들이 다수 거주한다. 메이든헤드에서 Bought By Many의 사무실이 있는 패링던까지의 기차 요금은 14.2파운드(한화 약 22,600원)로 런던과 메이든헤드 사이의 거리가 서울과 용인 사이의 거리와 비슷하다는 점을 고려하면 다소 비싼 요금으로 볼 수 있다.

14 1871년 설립된 영국에서 가장 권위 있는 럭비 스포츠 관리 기관.

15 럭비 경기에서의 선수 포지션 중, 가장 앞 열에서 스크럼을 짜는 '제1열(Front Row)'의 선수를 가리키는 말로 럭비 경기에서의 스크럼은 상대편 스크럼과의 힘싸움을 담당해야 하기 때문에 가장 튼튼하고 힘이 센 선수들이 담당한다.

16 영국의 럭비 선수. 한때 잉글랜드 U18 국가대표 및 U21 국가대표에서 뛸 정도의 유망주였으나 2005년 훈련 중 사고로 경추 골절을 당해 전신마비 장애를 겪게 되었다. 그 이후 그는 자선 사업에 매진하였으며, 그 공로로 2021년 4급 대영제국 훈장(OBE)을 수여받았다.

17 2002년 설립된 소셜 미디어 마케팅 및 브랜딩 대행사.

18 해당 문구의 원어 표현은 'If you're not paying, you are the product'이다. 이는 후술되는 존 노튼의 IT 기술에 대한 95개 명제 중에서 발췌된 내용이기는 하나, 원문과 그 내용이 다르다. 해당 문구는 존 노튼이 운영하는 IT 기술에 관한 95개 명제 중 12번째 명제에서 발췌된 것으로 보이며, 원문은 'If the service is free then you are the product' 이다. 글쓴이의 착오로 보인다.

19 영국의 역사학자이며 세부 전공은 금융경제학이다. 이 책에서는 소셜 미디어의 비판자 역할로 등장했지만, 실제로 제국주의에 대해 수정주의적 입장을 지닌 우파 지식인이다. 중국을 상당히 경계하는 모습을 보이고 있으며 미국이 제국의 노릇을 지속해야 한다는 주장을 견지하고 있다.

20 영국 최대의 기업이자 미국 엑슨 모빌에 이은 세계 제2위의 석유 회사.

21 인터넷 웹 페이지에서, 페이지 운영자인 서버 측에서 관리하는 상태 정보를 서버가 아닌 인터넷 웹 브라우저 자체에 저장해 서버 측에서 필요시마다 지속해 활용할 목적으로 정보를 수집하는 기술. 쿠키는 그 안에 포함되는 정보의 종류

에 따라 퍼포먼스형 쿠키, 기능형 쿠키, 타겟팅 쿠키 등으로 나뉘는데, 일반적으로는 로그인, 장바구니, 사용자 선호, 웹 페이지 안에서의 사용자 행동 등에 대한 정보가 기록되어 서버로부터 웹 브라우저 측으로 전송된다.

22 '언제 어디서든 뜨는 팝업'이라는 의미이다. 현대 광고는 주로 모바일 중심으로 옮겨져 배너 형태나 소셜 미디어의 피드를 스크롤하면 지나가다가 영상 형태로 볼 수 있는 광고이지만, 아직도 PC에서 인터넷을 사용할 경우 특정 웹 페이지에서는 다수의 팝업 광고가 송출되는 것을 볼 수 있다. 이러한 방식의 광고는 사용자의 인터넷 경험을 훼손한다는 특징 때문에 많은 논쟁을 불러일으켰으나, 현재는 광고가 모바일 위주로 전환되며 이러한 논쟁도 사그라진 상황이다.

23 미국의 싱어송라이터 겸 래퍼. 힙합과 댄스 팝, 일렉트로닉을 폭넓게 소화하는 그룹 '블랙 아이드 피스'의 리더이기도 하다.

24 유럽의 저가 항공사. 비용을 절감하기 위해 상당히 많은 방법을 쓰는 것으로 유명한데, 그중 하나는 이용료가 높은 대형 허브공항을 이용하지 않고 상대적으로 이용료가 저렴한 보조 공항을 기착지로 활용하는 것이다. 이와 같은 방식은 비서구권 국가의 이용객들에게는 다소 낯선 형태여서 특히 동양인 여행객의 경우 비용이 저렴하다는 이유로 라이언에어를 이용했다가 불편을 겪는 경우가 잦다. 이 책에서 글쓴이가 런던의 주 허브 공항인 히드로가 아닌 보조 공항인 개트윅에 도착한 것도 같은 맥락이다.

25 런던은 히드로 국제공항을 주 허브로, 개트윅 공항을 보조 공항으로 활용한다.

26 수동적 공격성이란 표면적으로 공격성이 드러나지는 않지만, 수동적인 방법(이를테면 무반응 등)으로 상대에게 거부를 드러내는 방법을 일컫는다.

27 영국의 지상파 방송국인 채널4에서 1995년부터 1998년까지 방영한 시트콤 'Father Ted'의 두 주연급 등장인물. 여기서 Father는 '아버지'가 아닌 로마 가톨릭 사제를 일컫는 뜻으로 사용되었다.

28 2008년에 개봉한 영화 007시리즈의 22번째 작품명 '퀀텀 오브 솔러스'를 패러디한 것.

29 영상물 속에 아주 짧은 프레임의 광고를 삽입하여 고객의 잠재의식을 자극하는 광고 기법. 최초이자 가장 유명한 사례는 1957년 미국의 시장 조사 연구원 제임스 비커리(James Vickery)의 실험에서 유래하였는데, 그는 영화관에서 영화 사이

사이에 '콜라를 마셔라', '팝콘을 먹어라'와 같은 1/3,000초 길이의 메시지를 총 5초간 삽입한 결과 사람들이 무의식 중에 영향을 받아 콜라와 팝콘 소비량이 증가했다는 실험 결과를 내놓았다. 다만 이 실험의 결과에 대한 진위는 논란이 있었으며, 현재 서브리미널 광고는 그 효과가 명확하게 학술적으로 입증되지 않았음에도 불구하고 잠재의식의 악용 가능성으로 인해 규제를 받고 있다.

30 영국의 정치 전략가로 영국 보수당 소속의 정치인. 2016년 브렉시트 국민 투표를 탈퇴 찬성으로 이끌어 낸 것으로 유명하며, '탈퇴에 투표하라', '통제권을 되찾자' 등 간명한 슬로건으로 유권자를 자극하는 전략과 소셜 미디어의 효과적인 활용으로 여러 차례의 선거 승리를 이끌었다. 다만, 그 이후 코로나바이러스 대유행 기간 봉쇄 조치를 위반한 것 등으로 논란을 일으켰고, 그로 인해 보리스 존슨 내각에서 사임한 이후 입장을 바꿔 현재는 존슨 총리를 비판하는 측에 서 있다.

31 서구권의 대학에서는 학부 과정의 각 단계를 숫자로 표현하는데, 여기서 101은 일반적으로 입문 단계의 수업을 뜻한다.

32 이미지, 텍스트 등을 활용하여 특정한 분위기를 한 장의 콜라주로 표현하는 것. 마케팅 차원에서는 특정한 주제에 대한 일반적인 생각 또는 느낌을 간결하게 전달하는 용도로 활용된다.

33 수학에서의 최적화 문제 중 하나로, 한쪽 울타리가 이미 설치된 직사각형의 정원에 정해진 길이의 울타리를 추가로 설치하였을 때, 울타리로 보호받을 수 있는 가장 넓은 정원 면적을 구하는 문제이다. 이의 파생형으로 타인의 정원과 접하는 자신의 정원에 울타리를 두를 때, 그 접하는 경계의 울타리 설치 비용을 타인과 정해진 비율만큼 분담한다고 가정하고 가장 비용이 적게 드는 울타리 설치 방법을 묻는 질문도 있다.

34 아무 일도 하지 않았을 경우의 소셜 미디어 게시글 도달 범위보다 더 많은 사람에게 인위적으로 도달하게 하는 행위.

35 런던의 금융 중심지인 시티 오브 런던 바로 북쪽에 위치한 올드 스트리트 라운드어바웃을 중심으로 한 스타트업 클러스터.

36 1889년 설립된 영국의 우편 주문 카탈로그 업체. 우편 주문이 시대의 변화에 따라 사라지게 되면서 2004년 서비스를 중단하였으며, 그 이후 숍 다이렉트에 인수되었다가 현재는 더 베리 그룹 산하 리틀우드의 브랜드로 2015년까지 존속하

였다. 현재는 기업의 실체가 없어진 것으로 보인다.

37 바비인형으로 유명한 미국의 장난감 회사 마텔에서 만든 미디어 프랜차이즈이자 해당 시리즈의 주인공. 직역하자면 '영웅'이라는 뜻이며, 현재까지 다양한 피규어와 실사 영화 시리즈로 제작되고 있는 캐릭터이다.

38 1931년 설립된 미국의 생활용품 기업. 이후 1959년에 미국의 제약 회사 브리스톨-마이어스에 인수되었다가 프록터 앤 갬블에 다시 매각되었다. 현재는 독일의 생활용품 기업 웰라 산하의 브랜드로 존속하고 있으며 웰라의 홈페이지에는 자사의 역사와 클레롤의 역사를 병행하여 모두 기재하고 있다.

39 영국의 국왕 에드워드 7세의 재위 기간(1901~1910) 유행했던 건축 양식.

40 1968년 설립된 영국의 전자제품 회사이자 동사가 제조했던 초기형 컴퓨터를 통칭하는 이름. 주로 8비트 가정용 컴퓨터를 보급하였다.

41 1799년 설립된 영국의 양조업체. 자체적인 펍 프랜차이즈 역시 운영하고 있다. 최근까지 런던 증권거래소에도 상장되어 있었으나, 2019년 사모펀드인 CK Asset에 인수되면서 상장 폐지되었다.

42 1999년 설립된 영국의 멀티플렉스 영화관 운영 기업. 한국의 멀티플렉스 빅 3 체제와 마찬가지로 뷰 시네마 역시 오데온 시네마 및 씨네월드와 함께 영국 스크린의 70%를 점유하고 있는 과점 기업이다.

43 1996년 빌 클린턴이 미국 대통령으로 재임하던 당시, 영부인이던 힐러리 클린턴이 흑인 갱단에 대해 '심각한 약탈자들'이라는 표현을 사용하여 물의를 빚은 바 있다. 이후 이 말은 2016년 미 대선 힐러리 클린턴의 유세장에서, 흑인 인권단체 시위대 일부가 '흑인 청년들은 심각한 약탈자들이 아니다'라는 피켓을 들고 나타나자 지원 유세를 하던 남편 빌 클린턴 전 대통령이 이들과 언쟁을 벌이며 다시 회자하였다.

44 1955년 개국한 영국의 민영 방송사 Independent Television.

45 1981년 6월 1일에 창간한 중국의 일간 영어 신문. 중국 내의 외국인들을 위해 제공되기 시작하였으며 중국 정부의 정책을 이해하기 위한 가이드 북의 성격도 띠고 있다.

46 사용자의 관심을 끌고 링크를 따라 특정 온라인 콘텐츠로 유도하기 위해 고안된 텍스트 또는 이미지 링크. 실제로 속임수의 요소가 있기 때문에 부도덕한 마

케팅 관행으로 간주된다.

47 페이스북의 플랫폼에서 데이터를 가져오거나 내보내는 기본적인 수단. 페이스북이 데이터를 시각화하는 방식인 '소셜 그래프'라는 개념을 따서 명명되었다. 소셜 그래프는 노드(개별 사용자 개체)와 링크(각 개체 간의 연결구조)로 구성된, 소셜 네트워크의 시각적 표현법이며 이는 수학에서의 그래프 이론이 컴퓨터 과학에 적용된 사례이다.

48 마케팅 업계에서 쓰이는 용어로, 소비자의 재화에 대한 욕구를 일종의 버튼으로 비유한 것.

PART 2. 번영

49 하버드 대학교 경제학과에서 박사학위를 취득한 데이터 과학자이자 뉴욕 타임스 칼럼니스트. 빅 데이터를 도구로 활용한 사회 문제 분석으로 명성을 얻었으며, 우리나라에서도 화제가 된 책인 『모두가 거짓말을 한다(Everybody Lies)』의 저자이기도 하다.

50 익스피리언의 자회사이자 웹 트래픽 조사 기관.

51 영국의 소셜 데이터 연구 및 분석 업체로, 주로 소매소비 기업들을 위한 서비스를 제공한다. 주요 고객으로는 영국 국민보건서비스(NHS), 호텔스닷컴, 로레알, BBC, EY(회계법인) 등이 있다.

52 '영국 개방 대학교'라고도 불리는 세계 최초의 원격 대학. 세계 두 번째의 원격 대학인 한국의 방송통신대학교와 같은 개념으로 세워진 대학이며, 오픈런이라는 온라인 기반 강의 자료 웹 사이트 역시 운영하고 있다.

53 2004년 설립된 영국의 사모펀드 회사. 주로 IT, 미디어 및 통신 분야의 기업에 투자한다.

54 2006년 설립된 캐나다의 다국적 전자 상거래 기업. 캐나다 증권거래소에서 로열 뱅크 오브 캐나다와 시가총액 1위를 두고 다투는 거대 기업이며, 북미에서는 아마존의 강력한 대항마로 여겨지고 있다.

55 매트리스 아랫부분을 서랍으로 만들어서 물건 등을 수납할 수 있게 한 형태의 침대.

56 1979년 설립된 영국의 가정용 가구 소매점.

57 빛을 흡수한 뒤 즉시 방출하지 않고, 일정한 시간 동안 지속해 빛을 방출하는 물질. 발광 효율이 매우 높기 때문에 현재 산업에서는 녹색 및 적색 OLED 용으로 상용화되고 있다.

58 영국의 커피 프랜차이즈 브랜드. 2020년 커피 구독 서비스를 출시하여 화제가 되었다.

59 'Above the Line'의 준말, TV, 신문, 라디오, 잡지와 같은 매체에 실리는 일방향 커뮤니케이션 광고를 일컫는 말로, 현재에는 과거로부터 이어지던 전통적인 광고의 방식으로 이해된다. 불특정 다수에게 판촉할 수 있다는 장점이 있지만, 광고의 효율성은 타깃 광고보다 낮다는 단점이 있다.

60 2007년도에 설립된 미국의 소셜 커머스 업체. 한국에는 2011년 진출하였으나 2014년 한국 서비스는 철수하였다. 사업 초기 구글과 야후가 제시한 거액의 인수 제안을 거절한 것으로 화제가 되었으며, 2011년 기업공개로 단숨에 시가총액 160억 달러(한화 약 19.2조 원)를 달성하였으나 이후 지속적인 실적 부진으로 인해 현재는 사세가 다소 위축되었다.

61 집단에너지 사업으로 생산된 에너지를 공동 구매하거나 해당 에너지를 구매하는 집단끼리 서로 에너지를 교환하는 공동체. 집단에너지 사업이란 열병합발전소 등을 통해 열과 전기를 동시에 생산하여, 전기 에너지는 전력거래소에 도매로 판매하고 열에너지의 경우 일정 지역 내에 있는 주택 및 상업시설, 공장 등에 소매로 판매하는 사업이다.

62 1878년 설립된 영국의 자산운용 및 투자 자문 회사.

63 앞서 스타트업 클러스터로 소개된 올드 스트리트 로터리 근처에 있는, 런던의 젊은 예술인들이 모여 있는 지역. 특색 있는 그래피티와 빈티지 가게들이 모여 있는 것으로 유명하다.

64 강, 운하 및 작은 호수를 항해하기 위한 용도로만 분류되는 보트의 총칭. 런던의 경우 높은 집값 및 임대료로 인해 내로우보트에서 거주하는 사람들도 많으며, 그 이외에는 관광용으로 주로 활용된다.

65 본디 '반려동물' 그 자체를 일컫는 단어였으나, 현대에는 개의 한 품종으로 사용되고 있다. 원산지는 중국이지만 실크로드를 통해 영국까지 전래하였다고 전해지고, 영국에서는 이 개의 품종을 개량시켜 마치 불독과 같은 형태로 만들어 냈

다. 그러나 개량을 위한 지나친 근친교배로 인해 각종 유전병 등에 시달리는 품종이기도 하며, 개성 있는 생김새로 인해 인기가 여전히 높지만 비윤리적 개량에 대한 비판이 높은 상황이다.

66 원문의 'I've Just h'를 입력할 경우 주소 표시줄에는 'q=i%27ve+just+h' 로 매개변수가 표시된다. 검색 결과 클릭 시에도 동일한 정보가 웹 사이트로 보내진다.

67 2008년 미국의 게이브리얼 와인버그(Gabriel Weinberg)가 만든 검색 엔진, 개인정보 보호에 상당히 철저한 면모를 보여 일체의 개인정보를 수집하지 않는 것으로 유명하다.

68 1993년 창간한 미국의 잡지. 기술이 문화, 정치, 경제에 미친 영향을 종합적으로 다루는 월간지로 유명하다. 현재는 미국의 출판 및 뉴미디어 기업인 콩데 나스트를 모기업으로 두고 활동을 계속하고 있다.

69 케임브리지대 베넷 공공정책연구소에 재직 중인 경제학자.

70 과학철학자인 마이클 폴라니의 이론을 기반으로 만들어진 학술지의 논문 게재 형식이며 동료평가를 통해 논문을 게재하게 되는 학술지 그 자체를 일컫는 말. 피어 리뷰 저널들은 편집장과 심사위원을 두고 그들의 심사를 거쳐 학술지에 실리게 되는데, 학술지의 신뢰도 자체가 바로 이 심사위원들의 심사에 달려 있기 때문에 이름 있는 학술지들은 상당히 엄격한 동료 평가를 거치는 것으로 유명하다.

71 스웨덴의 환경 운동가. 15세 때부터 기후 대응에 미온적인 기성세대를 비판하기 위해 매주 금요일마다 등교를 거부하는 활동을 벌였으며, 이어 2019년 유엔 기후 행동 정상회의에서 연설하여 세계적으로 명성을 얻었다.

72 1988년 설립된 체코의 컴퓨터 보안 소프트웨어 기업. 본문에 언급된 안티바이러스 소프트웨어 외에도 머신러닝 및 인공지능을 연구 개발 하고 있다.

73 1982년 미국에서 창간된 컴퓨터 전문 잡지. 인쇄판은 2009년 1월 이후 발행이 중간되었고, 대신 1994년부터 서비스를 개시한 온라인판은 현재도 서비스를 계속하고 있다.

74 1994년 캐나다에서 창간된 생활, 예술, 문화, 정치 등을 다루는 종합 잡지. 원래 창간 시에는 얼터너티브 펑크 록 음악 관련 잡지로 출발하였으나 점점 종합지의 성격을 띠게 되었다.

75 파레토 법칙(전체 결과의 80%가 전체 원인의 20%에 집중되어 현상, 2대8 법칙으로 불리기도 한다)을 그래프에 나타냈을 때 꼬리처럼 긴 부분을 형성하는 80%의 부분. 전통적인 상업에서는 이러한 80%의 부분은 차지하는 비중은 컸지만 파편화되어 있었기 때문에 무시당하는 경향이 강했으나, 인터넷 및 물류 기술의 발달로 인해 이 부분에서도 경제성이 발견되며 주목받고 있다.

76 재화나 서비스의 균형이 파레토 최적(타인에게 손해를 가하지 않고서는 어떤 한 사람에게 이득이 되는 변화를 만들어 낼 수 없는 상황)이 아닐 때 이론적으로 발생하는 경제적 손실. 즉 파레토 최적이 아닌 상황에서는 특정한 경제 주체에게 이득이 되기 위해서는 필연적으로 다른 경제 주체가 손해를 입게 되는데, 이때 발생하는 손실을 사중손실이라 일컫는다. 즉 필자는 현재 상황을 파레토 최적으로 보고, 지금 상황에서 개인 정보를 더 강하게 보호려는 조치를 할 경우 점프샷의 폐업 및 힛와이즈의 사세 축소와 같은 손실이 발생하기 때문에 이를 사중손실이라 정의한 것이다.

77 현재로서는 상상하기 어려운 이야기이지만 사실이다. WHO는 코로나바이러스 확산 초창기부터 건강한 일반인은 마스크 사용을 권하지 않는다는 입장이었고, 당시 마이클 라이언(Michael Ryan) WHO 긴급준비대응 사무차장은 "일반 대중들에게 마스크를 착용하게 하는 것이 어떤 특별한 이점이 있다는 구체적인 증거가 없다."며 "마스크는 일반적으로 환자 또는 그 환자로부터 바이러스가 확산하는 것을 막는 사람들, 그리고 의료진이 착용해야 한다."라고 선을 그은 바 있다. (2020년 3월 31일, CNN 보도) 그러나 전 세계적으로 확진자 및 사망자가 속출하자 감염자 관리가 어렵게 된 각국 정부에서 일반인에 대한 마스크 착용을 권고하게 되면서 WHO의 제안은 무력화되었다. 이 책에서 이야기하는 콘텐츠에 어울리게 이야기해 보자면, 현재 구글에서 'Michael Ryan'을 검색할 경우 자동 완성되는 유일한 연관 검색어는 'Michael Ryan Masks'이다.

78 2006년 설립된 미국의 개인 재무 관리 서비스. 2009년에 인투이트라는 세무·회계 소프트웨어 회사에 인수되어 현재도 산하 서비스로 존재하고 있다.

79 원문은 'Terraced House'이며, 몇 채의 주택이 측벽을 공유하며 좌우로 길게 붙은 2~3층 형태의 중형 주택이다. 본디 산업 혁명 시기 도시노동자들을 수용하기 위해 지어진 상당히 열악한 형태의 주거지였으나, 오늘날에는 주로 중산층

들이 거주하고 있다.

80 은행이 고객의 당좌 계좌 잔액을 초과하는 당좌수표 발행을 허가하는 계약.

81 봄철에서 여름에 걸쳐 식물이 개화를 할 때 발생하는 알레르기성 비염의 일종.

82 온라인 플랫폼을 통해 기업 활동의 과정에 소비자 또는 일반 대중이 참여할 수 있도록 그 일부를 개방하고, 참여자 기여로 인해 기업 활동 역량이 향상될 경우 그 수익을 참여자와 공유하는 기업의 활동 방식. 보통 경력 단절 여성, 장애인, 은퇴자 등에게 참여 기회를 제공하고 있다.

83 구글의 광고 경매 방식. 광고주는 구글에 키워드를 구매하여, 키워드 검색 결과에 자신의 광고가 송출되도록 한다. 사용되는 과금 체계는 차순위 과금 체계가 주로 사용되는데, 이는 최상위 입찰자가 실제로 광고가 송출되었을 경우 자신의 입찰가가 아닌 차순위 입찰자의 가격을 납부하는 방식이다.

84 열을 뜻하는 'Heat'와 지도의 'Map'을 결합한 단어로, 색상으로 표현할 수 있는 정보를 일정한 영역 위에 열 분포 형태의 그림으로 시각화하는 기법이다. 대중이 가장 접하기 쉬운 히트맵 시각화는 축구 경기에서 선수들의 90분간 움직임을 나타내는 스포츠 데이터 분석인데, 실제로 선수가 경기 중 경기장의 특정 자리에 오래 머물수록 높은 열을 뜻하는 붉은색에 가까운 색이 표시된다.

85 지리적으로 미국의 남부, 즉 북위 36℃ 이하에 해당하고 일조량이 매우 강한 지역을 일컫는다. 최근에는 노스캐롤라이나와 플로리다로부터 조지아, 텍사스를 거쳐 애리조나 및 캘리포니아 남부에 이르는 미국의 신흥 산업 지대를 일컫는 말이 되었다.

86 탄자니아의 실질적인 수도 기능은 아직 다르에스살람에 있지만, 이 도시는 국토 동쪽 해안가에 치우쳐 있는 관계로 1973년 국민 투표를 통해 수도를 국토 중심부의 도도마로 이전한 것이다. 비슷하게 최대 도시가 해안가 또는 나라 한쪽에 치우쳐 있어 국토 중심부로 수도를 옮긴 나라는 브라질과 카자흐스탄 등이 있다.

87 특정 지점의 위치와 그 지점까지의 거리를 알아내기 위한 측량법. 측정하고자 하는 점과 직각삼각형을 이룰 수 있는 임의의 두 점을 선택하여 삼각함수를 활용하여 계산한다.

88 'Clap For Our Carers'라는 캠페인으로, 2020년 영국 전역에서 국민보건서비스

소속 의사 및 간호사, 청소 인력, 간병인, 기타 지원인력 등에 대한 격려와 위로의 마음을 표하고자 매주 목요일 오후 8시에 길거리에 나와 박수를 친다.

89 2000년 설립된 영국의 인터넷 기반 시장 조사 및 데이터 분석 기업. 주요 정치 여론 조사 역시 정기적으로 수행하고 있다.

90 크리켓 종목의 일종으로, 크리켓 종목 중 경기 시간이 가장 길고 가장 오래된 경기 방식이다. 하루에 6시간씩 총 5일간 경기를 하게 되며, 영국과 인도 등 자격이 있는 10개국만 테스트 크리켓 대회에 참가할 수 있다.

91 크리켓에서 1회에 1명의 선수가 100득점 이상을 하는 경우를 일컫는 말.

92 크리켓의 투수인 볼러(Bowler)가 공격수인 배트맨(Batman)이 지키고 있는 위켓(Wicket)을 향해 공을 던지는 행위, 만약 이 공으로 인해 위켓이 쓰러질 경우, 배트맨은 아웃된다.

93 크리켓에서 포수 역할을 담당하는 포지션.

94 위켓을 구성하는 세 개의 막대. 즉 스텀프 세 개가 모이면 위켓이 된다.

95 야구의 폭투와 마찬가지로, 크리켓에서 볼러가 던진 공이 위켓을 맞히지 못하고 위켓키퍼도 그 공을 잡아내지 못해 공이 그라운드로 흘러 나가는 것을 의미한다. 역시 야구와 마찬가지로 이때 크리켓의 공격수인 배트맨은 득점 기회를 잡을 수 있다.

96 크리켓의 최외곽 수비 위치. 즉 이 선을 넘어 공이 날아갔다는 것은 공의 비거리가 길어 공격 측의 득점 기회가 상당히 많음을 의미한다.

97 크리켓에서 1이닝 동안 5개의 위켓을 맞추는 것. 최정상급 크리켓 볼러들만이 5위켓을 달성할 수 있다고 간주한다.

98 짐바브웨의 민주화 운동가이자 정치가. 민주변화운동당을 창당하여 로버트 무가베의 독재에 대항하였으며, 2002년과 2008년 대통령 선거에 출마했고, 2009년부터 2013년까지는 짐바브웨의 국무총리로 재직했다.

99 트위터 및 기타 소셜 미디어로 전파되는 형태의 급진적인 대중운동.

100 2001년 나이지리아 북부에서 결성된 이슬람 극단주의 테러 조직. 아프리카의 탈레반이라 불릴 정도로 극단적인 테러와 학살을 저지르고 있으며, 특히 여학생들을 강제로 납치해 보코하람의 구성원들과 강제로 결혼시키는가 하면 노예화하는 것으로도 악명 높다. 나이지리아뿐만 아니라 그 주변국인 니제르, 차드,

카메룬 등지의 치안에도 악영향을 끼치고 있다.

101 프랑스의 정치철학자. 프랑스의 왕정이 붕괴하고 난 후 설립된 프랑스 제2공화국의 제헌의회에 참여하여 프랑스 헌법에 미국식 민주주의의 요소를 첨가하고자 큰 노력을 기울였다.

102 축전기를 의미하며, 전기 회로에서 방출되는 전기를 에너지로 저장하는 장치.

103 1984년 창설된 영국의 크리켓팀.

part 3. 권력

104 영국의 법학자이자 철학자 겸 변호사. 공리주의 이론을 창시한 것으로 유명하다.

105 영국의 섭정 시기는 조지 4세가 영국 국왕이었을 때의 시대이다. 이러한 이름이 붙은 이유는 아버지 조지 3세의 정신질환 증상 때문에 통치에서 물러나고, 조지 4세가 1811년부터 9년간 섭정을 맡다가 1820년 왕위에 올랐기 때문이다. 이 시기를 다룬 유명한 문학 작품으로는 제인 오스틴의 『오만과 편견』이 있으며, 한편 이 시기 프랑스에서는 7월 왕정에 반대하는 봉기가 있었으나 진압당했고 이는 빅토르 위고의 소설 『레 미제라블』의 배경이 되었다.

106 현재 메타(페이스북)의 최고 운영 책임자(COO). 세계은행 및 글로벌 컨설팅 회사인 맥킨지 앤 컴퍼니를 거친 후 2001년부터 2008년까지 구글에서 일했는데, 이때 구글의 광고 수익 모델을 처음 고안한 것으로 알려졌다. 이후 2008년 페이스북에 합류하여 구글과 유사한 광고 수익 모델을 페이스북에도 적용했으며, 이어 2012년 페이스북 최초의 여성 임원으로 임명되었다. 그 후 2022년 6월 1일 같은 해 가을에 메타의 최고 운영 책임자 자리에서 사임할 것을 밝혔다.

107 조지 오웰의 소설 『1984』에서 무산계급(프롤레타리아, proletarian)의 준말이다. 1984의 세계관에서는 국민들을 언어적으로 통제하기 위해 지배층이 신어라는 것을 만들어 사용하고 있는데, 프롤 역시 신어의 일종이다.

108 1869년 창간된 영국의 국제 건축 잡지. 조경, 건물의 디자인, 인테리어 및 건축 환경 그리고 이에 대한 이론 등을 주로 다루고 있다.

109 영국의 할인 체인점. 세인즈버리, 테스코와 함께 영국의 3대 슈퍼마켓 체인점을 이루고 있다. 한국에도 진출하였으나 2015년에서 2016년 사이에 철수한 것으로 추정된다.

110 병아리콩을 삶아 만든 중동 지역의 소스이며, 해당 지역의 향토 음식을 조리하거나 곁들여 먹는 것에 사용된다.

111 사진을 밝게 하고 그림자를 약간 더 키워 광원 효과를 강조하는 필터. 빛이 없어 풀 죽은 분위기의 사진도 미적으로 되살려내는 효과가 강해 인스타그램 사용자들 사이에 가장 인기 있는 필터였다.

112 영국의 커피 밴(커피를 판매하는 푸드트럭) 사업 컨설팅 업체.

113 프로그래밍 언어로 재사용할 수 있는 소스 코드 또는 반복적인 텍스트의 작은 부분 등을 일컫는 말이며, 사용자가 프로그래밍하다가 반복된 패턴의 편집을 할 때 작업을 효율적으로 할 수 있게 돕는 기능을 하기도 한다. 검색 결과에서 스니펫은 사용자의 검색 결과 최상단에 표시되는 간략한 텍스트형 정보로, 사용자가 검색한 의도에 부합하는 정확한 답을 제공하여 반복 검색 또는 스크롤 작업을 회피할 수 있도록 설계된 검색 기능이다.

114 동영상 또는 애니메이션 등을 기록하는 아날로그 매체를 일컫는 말. 실질적으로 아날로그 필름과 동의어이다.

115 디지털 광고의 한 형태로 일련의 이미지 또는 텍스트가 사용자의 동작에 의해 슬라이드 쇼처럼 순환되는 광고. 페이스북에서 흔히 볼 수 있다.

116 2011년 3월 있었던 구글의 BeatThatQuote 인수를 일컫는 것. BeatThatQuote는 영국의 금융상품 가격 비교 웹 사이트였는데, 구글은 3,770만 파운드를 주고 이 회사를 인수했으며 이 회사의 기능을 Google Compare라는 도구에 통합시켰다. 그러나 Google Compare는 그다지 만족스러운 결과를 내지 못했고, 2016년 3월 서비스를 종료했다.

117 바이오 스타트업 테라노스의 회장 겸 CEO. 본문에서 서술되는 간편 혈액 검사 키트의 개발로 세계적인 명성을 얻었으나, 결국 모두 사기로 드러났다. 현재 회사는 폐업하고 홈즈 본인은 여러 개의 소송에 직면해 있다.

118 글로벌 공유 오피스 기업 위워크의 전 CEO. 홈즈와 마찬가지로 위워크가 가파르게 성장할 때는 상당한 명성을 얻었으나, 그 이후 기업공개에 실패하며 기업 가치는 추락했고, 그 과정에서 노이만은 CEO에서 물러나면서 막대한 양의 금전적 보상을 받은 것으로 드러나 논란이 더욱 불거졌다.

119 미국의 미디어 기업 뉴스 코퍼레이션의 설립자이자 회장. 산하에 폭스 뉴스, 21

세기 폭스사, 다우 존스, 월스트리트 저널 등 다수의 미디어 기업을 소유하고 있다.

120 멕시코의 통신 회사인 아메리카 모빌의 회장. 산하에 다수의 금융, 인프라, 유통회사 등을 거느린 멕시코 최대의 재벌이다.

121 월마트의 창립자 가문. 창업자 샘 월튼(Sam Walton) 및 그의 동생 버드 월튼(Bud Walton)의 후손들로 구성되어 있으며 이들이 가진 월마트 지분의 합은 50%를 넘는다.

122 스냅챗의 공동 창립자 겸 CEO. 스냅챗의 성공으로 2015년에 세계 최소 억만장자에 등극했다.

123 프랑스의 경제학자. 현재 파리경제대학의 교수로 재직 중이다.

124 에식스 대학교 교수로 재직 중인 영국의 사회학자. 공중보건 및 경제사회학 등에 많은 관심을 가지고 연구하고 있으며, 부자들의 기부보다 글로벌 정부 간 협력을 통해 사회를 개선해야 한다는 주장을 제기하고 있다.

125 프랑스의 정치철학자. 프랑스의 왕정이 붕괴하고 난 후 설립된 프랑스 제2공화국의 제헌의회에 참여하여 프랑스 헌법에 미국식 민주주의의 요소를 첨가하고자 큰 노력을 기울였다.

126 시카고 대학 법학전문대학원 교수로 재직 중인 미국의 철학자. 페미니즘과 동물권 등을 포함한 포괄적인 윤리학에 관심을 두고 연구하고 있다.

127 오스트리아-헝가리 제국 출신의 영국 경제학자이자 정치학자. 오스트리아 학파의 일원으로 자유주의 이념을 강력하게 주장하였으며, 1974년 노벨 경제학상을 수상하였다. 1944년 발간한 저서 『노예의 길』은 자유주의의 대표적 고전으로 여겨지고 있다.

128 축제의 이름인 버닝맨은 매년 8월 마지막 월요일부터 9월 첫째 주 월요일까지 미국 네바다주 블랙록 사막에서 열리고, 축제 기간 중 토요일 밤이 되면 축제를 상징하는 거대한 나무 인물상을 불태우는 것에서 유래했다. 창조적이고 자유로운 축제를 표방하며, 실리콘밸리의 IT 기업가 중 이 축제의 팬이 많은 것으로 유명하다. 실제로 구글이 자사의 검색 엔진 페이지에 특별한 기념일이나 세계적으로 영향을 끼친 인물을 낙서처럼 그려 넣어 메시지를 전달하는 구글 두들(Google Doodle)은 지난 1998년 구글의 공동 창업자인 세르게이 브린과 레

리 페이지가 버닝맨 축제에 참석하기 위해 휴가를 떠난다는 사실을 알리기 위해 구글 로고 위에 불꽃을 그려 넣어 표시한 것에서 유래했다. 일론 머스크 역시 2014년 "버닝맨이 바로 실리콘밸리다."라고 표현하기도 했다.

129 미국의 시인이자 저술가, 정치 활동가. 1960년대 미국을 풍미했던 히피 출신으로, 사이버 공간에서 히피적 유토피아를 구현하려는 것에 관심이 있다.

130 하버드대 존스턴 심리학과 교수를 역임하고 있는 캐나다계 미국인 언어학자이자 심리학자. 여러 권의 대중과학 베스트셀러로 널리 알려졌으며 본문에서 언급된 『우리 본성의 선한 천사』의 경우, 인간이 현대로 오면서 더 복잡한 사회체계를 채택할수록 폭력이 감소하였으며, 우리가 이례적으로 폭력이 횡행하는 시기에 살고 있다는 주장은 확증 편향에서 비롯된 것이라는 주장을 펼치고 있다. 즉 이는 본질적으로 인간의 행동을 선하게 생각하는 저커버그식 자유주의와 일맥상통한다.

131 18세기 말~19세기 초 프랑스의 정치 사상가. 자유주의의 관점에서 프랑스 혁명을 비판했으며, 프랑스 혁명의 결과 조직된 정부는 전제주의적 형태를 갖춘다고 주장했다. 또한 상업에 대해 상당히 우호적이어서 나폴레옹의 대륙봉쇄령 및 잦은 원정에 대해서도 크게 비판한 바 있다.

132 9세기 영국의 정치가. 자유무역을 제창하여 당시 영국의 악명 높던 곡물법(185년부터 1846년 사이에 당시 영국이 수입 식재료 및 곡물에 대한 관제를 강제한 법률)을 폐지하는 것에 공헌했고, 프랑스와의 관계를 개선하는 일에 힘썼다.

133 19세기 말~20세기 초 영국의 경제학자이자 사회학자. 기존의 자유주의를 비판하고 사회자유주의적인 주장을 처음으로 주창하였으며, '자유'의 개념을 정부의 개입이 없는 소극적 의미가 아닌 자아실현 능력을 뜻하는 적극적 개념으로 이해하였다.

134 19세기 말~20세기 초 영국의 경제학자. 『제국주의론』이라는 저서로 당시 세계를 휩쓸던 제국주의를 비판하였으며, 자유방임의 형식적 원리 뒤에 숨은 부작용에 대해 비판하고, 사회주의 사상가인 레닌 및 마르크스에게도 큰 영향을 끼쳤다.

135 19세기 말~20세기 초 미국의 진보 운동 지도자. 현재까지도 미국에서 온라인으로 발간되고 있는 여론 비평 잡지 『더 뉴 리퍼블릭(The New Republic)』의 창

간자이며, 그의 정치 철학은 미국의 제26대 대통령인 시어도어 루즈벨트(Theodore Roosevelt) 등에게 영향을 끼쳤다.

136 미국의 정치학자. 시민사회 및 사회적 자본에 관한 각종 저술로 유명하며, 자발적인 문화가 중요한 미국에서 시민들의 참여 감소에 대해 상당히 우려하였다.

137 라트비아 출신의 영국 자유주의 정치철학자. 자유에는 '소극적 자유'와 '적극적 자유'가 있다고 주장하였으며, 기본적으로 개인의 최소한의 사적 영역으로서의 소극적 자유를 보장해야 한다고 주장한다. 이는 결국 본문에서 언급된 현대의 다원주의 가치관과 연결된다.

138 19세기 말~20세기 초 프랑스의 철학자. 사회 경제사, 사회주의 및 카스트 제도 등에 대한 연구에 매진하였으며 뒤르켐 학파의 일원으로 현대 사회학의 근간을 마련하고자 노력하였다.

139 1916년 제1차 세계 대전 서부전선에서 벌어진 대규모 전투. 철조망과 기관총 등 새롭게 도입된 전쟁 병기 앞에 수많은 전상자가 발생하였으며, 영국과 프랑스 연합군 측에서는 약 60만 명, 맞서 싸웠던 독일군 측에서는 최소 43만 명에서 최대 53만 명의 사상자가 발생하였다. 이 같은 막대한 피해로 인해 베르됭전투, 이프르 전투 등과 함께 제1차 세계 대전의 끔찍함을 상징하는 전투로 일컬어진다.

140 End-to-End Encryption, 즉 메시지를 보내는 곳(End)과 받는 곳(End)에 이르기까지 모든 과정에서 암호화된 상태로 메시지를 전달하는 방식을 의미한다. 현재는 텔레그램과 왓츠앱 등의 메신저에서 주로 사용한다.

141 이념적 관념 또는 도덕적 전제보다, 권력 및 실질적이고 물리적인 요소 및 이것에서 파생되는 정치적 고려에 주로 의거하는 정치적, 외교적 견해. '정치현실주의'라고도 불리며, 이를 추종하는 대표적인 정치인은 미국의 전 국무장관 헨리 키신저(Henry Kissinger)가 있다. 단, 이 이론은 도덕적 관념을 무시함으로써 쉽게 극우적 이념으로 변질하기 쉽다는 비판도 만만치 않다.

142 2003년 설립된 빅 데이터 공공정보 분석 기업. 본문에 언급된 대로 CIA, FBI 등 미국의 주요 정부 기관을 고객으로 두고 있으며, 지난 2020년 9월 뉴욕증권거래소에 상장되었다. 공동 창업자 중에서는 본문에도 언급되었던 페이팔의 창업자인 피터 틸(Peter Thiel)이 있어 시선을 끌기도 했다.

143 팔란티어 테크놀로지스의 CEO. 본문에 인용된 그의 행적을 살펴보면 미국의 국익을 중요시하는 보수주의자로 보이나, 의외로 그는 스스로 진보주의적이라고 여기며 2016년 미국 대선에서는 힐러리 클린턴을 지지한다고 밝힌 바 있다.

144 Single Customer View. 소비자의 쇼핑 행태가 온·오프라인을 망라하게 되면서 발생한 데이터 마케팅의 기법. 기업의 입장에서 온라인 소비의 확장이 과거 오프라인 장소에 집중되던 때와는 달리, 소비자의 데이터가 온·오프라인 여러 곳에 뿌려지기 때문에 고객 이해가 복잡해진 측면이 있다. 이는 곧 데이터의 부족으로 인한 마케팅 효율의 저하로 이어지고, 이를 해결하기 위해 소비자가 각 소비 채널에 남긴 흔적을 모두 통합하여 해당 소비자에게 맞춤형 마케팅이 가능하게끔 하는 것이 바로 단일 고객 관점이다.

145 지형, 사람, 사물을 통합하여 하나의 시각화된 데이터로 보여 주는 팔란티어의 제품. 군사적 활용에 특화되어 있다고 알려져 있으며, 과거 미국이 오사마 빈 라덴을 사살했던 '넵튠 스피어 작전'에 활용되었다. 고담이라는 지명은 뉴욕시의 별칭이기도 했으며 미국의 만화 배트맨 시리즈에 등장하는 가상의 도시인데, 범죄자들이 들끓는 도시라는 점에서 의미심장하다.

part 4. 제언

146 베네수엘라의 정치인. 현재 야당인 인민의지당의 실질적인 당수 역할을 담당하고 있다. 2019년 베네수엘라 정치 위기 당시 야권이 연합한 결과 국회의장으로 취임하여, 니콜라스 마두로 대통령이 정통성이 없음을 주장하며 스스로 베네수엘라의 임시 대통령임을 내세웠다.

147 미국의 작가 데이브 에거스의 소설로, 주인공 메이 홀랜드(Mae Holland)가 거대 IT 기업인 더 서클에 입사하며 겪은 일을 묘사하였다. '정보의 투명한 공개가 과연 인류에게 이득인가?'라는 철학적 질문을 던지는 것으로 유명하며, 2017년 엠마 왓슨과 톰 행크스 주연의 영화로도 개봉하였다. 다만 영화의 평은 그리 좋지 못하였다.

148 영국의 방송사 채널4에서 2011년부터 방영한 SF 스릴러 드라마. 미디어와 정보기술의 발달이 인간의 윤리관을 앞서 나갔을 때의 부정적인 면을 다루며, 충격적인 연출과 소재로 전 세계의 인기를 끌었다. 현재는 넷플릭스를 통해 독점 공

개되고 있다.

149 1994년 설립된 미국의 전문 팩트체크 웹 사이트로, 팩트체크 기관 중 가장 오랜 역사를 지녔다. 초기에는 일반 대중의 궁금증을 해결하는 루머 관련 정보 제공으로 알려졌으나, 2001년 9.11테러 이후 정치 팩트체크 분야로 변모했다.

150 페이팔의 공동 창업자 피터 틸은 그의 저서 『제로 투 원(Zero to One)』에서 '경쟁하지 말고 독점하라'라는 주장을 통해 경쟁은 비즈니스에 백해무익하며 그 해결책은 독점기업뿐이라는 논리를 펼친다. 다만 그의 주장은 독점이 끼치는 경제적 해악을 무시한다기보다는 좋은 비즈니스는 언젠가는 시장을 지배할 수밖에 없으며, 경영자가 경쟁에만 집착해서는 더 중요한 것을 놓칠 수 있다는 취지로 이해해야 한다.

151 구글이 직접 운영하는 사이트 및 매체와 광고를 게재할 수 있는 구글의 제휴 사이트를 모두 포괄하는 구글 산하의 광고 노출 영역 전체를 일컫는 말.

152 이 트윗과 관련된 논쟁은 지난 2016년 2월 벌어진 일이다. 앤드리슨이 이러한 트윗을 올려 물의를 일으킨 뒤, CEO인 마크 저커버그는 그의 발언이 페이스북의 입장을 대변하지 않는다고 말하며 진화에 나섰으나 인도 현지에서는 한동안 페이스북에 대해 '인터넷판 동인도 회사'라고 비난하는 등 논란이 지속되었다. 이 책에서는 제국주의적 관점에 관한 논란만을 소개했지만, 실제로 프리 베이직스 논란은 망 중립성과 관련이 더욱 깊었다. 페이스북은 이동통신사들과 함께 무료 인터넷 보급을 내세우며 프리 베이직스를 추진했지만, 실제로 그 서비스는 무료인 대신 교육, 의료 등 일부 웹 사이트만 접속이 가능했고, 이에 인도 정부가 망 공급자가 특정 서비스만을 허용할 경우 이용자들이 편향된 정보 또는 관점에 노출될 수 있다는 이유로 이를 금지한 것이다.

153 국가 간의 규제가 다소간의 차이가 있다는 점을 활용하는 기업 활동. 예컨대 선진국에서는 불가능한 일이 저개발국에서 가능한 경우, 기업은 생산 시설을 저개발국으로 이전하여 낮은 규제의 혜택을 입을 수 있다.

154 이 단락에서 사고를 일으킨 기업 중 존슨 앤드 존슨과 엑슨모빌은 아직 존속하고 있으나, 유니온 카바이드의 경우 지속된 민·형사 소송에 시달린 끝에 지난 1999년 다우 케미컬에 88억 9천만 달러에 인수되어 역사 속으로 사라졌다.

155 데이터에 근거하여 신용 점수를 계산하는 일종의 시스템. 우리나라에서는 흔히

'여신'이라고 불린다.

156 보험 상품에 가입하고자 하는 사람이 있을 때, 보험 회사가 그 가입을 승인하는 것을 '계약 인수(Underwriting)'라고 일컫는다. 보험의 가입을 증권의 인수로 표현하는 이유는, 증권회사가 기업에서 발행한 유가증권을 인수한 후 시장에 그것을 유통할 때 인수한 전액이 유통되지 않아 잔액을 떠안아야 하는 위험과 보험 상품의 위험, 즉 보험 가입자에게 사고가 발생할 시 보험료의 수입보다 더 많은 보험금을 지급해야 하는 위험이 그 형태의 측면에서 상당히 유사하기 때문이다.

157 옥스퍼드대 인류 미래 연구소에 재직 중인 스웨덴 출신의 철학자. 인공지능과 기술적 특이점 분야의 세계적인 전문가로 알려져 있으며, 현재도 인공지능 및 인체 냉동 보존술과 같은 미래 기술 등에 대해 연구를 지속하고 있다.

158 이는 원주율이 무한하고 규칙이 없는 순환하지 않는 무한소수이기 때문이다. 만약 원주율이 특정 시점에서 끝이 나는 소수이거나, 무한소수라고 할지라도 특정 숫자열의 순환으로 이루어진 규칙이 있는 소수라면 초지능을 지닌 기계라고 해도 숫자의 끝이나 규칙을 발견하는 순간 계산을 멈추게 될 것이다. 그러나 순환 규칙도 없는 무한소수라면 기계는 영원히 이것에 대한 계산만을 이어 나갈 것이고, 이는 인류의 소멸로 이어지는 것이다.

159 2010년 설립되고 2014년 구글에 인수된 영국의 인공지능 기업. 머신러닝 및 신경과학을 기반으로 인간 지능을 분석하여 컴퓨터로 구현하는 것이 목표이며, 특히 지난 2016년 우리나라의 프로 바둑 기사 이세돌과 대결을 펼쳤던 알파고(AlphaGo)로 유명하다.

160 클라우드 컴퓨팅 서비스를 제공하는 미국의 IT 기업. 기업에서 주로 사용하는 고객 관리 시스템(Customer Relationship Management, CRM)으로 유명하다.

161 영국의 철학자로, 아리스토텔레스의 영향을 강하게 받아 본문에서도 언급된 현대의 덕 윤리학(Virtue Ethics)에 많은 공헌을 하였다. 현대의 덕 윤리학은 포스트모더니즘에 맞서 규범에 따른 윤리학의 재구성에 많은 공을 들이고 있다.

162 노동 시장이 정규직 위주에서 기업의 특정 프로젝트나 업무별로 할당된 임시직 형태의 고용 위주로 바뀌는 경제를 일컫는 말. 스마트폰의 출시 등으로 플랫폼 경제가 확장되면서 본격적으로 등장한 고용의 형태이다. 그러나 노동자들이 개

인 사업자 형태로 재편되면서 법률의 보호를 받지 못하거나 노동 조건이 오히려 악화되는 등의 문제가 있어 비판받고 있다.

163 2013년 설립된 영국의 온라인 음식 배달 전문 기업.

164 2008년 설립된 중국의 온라인 음식 배달 전문 기업.

165 웹 사이트에서 데이터에 접근하기 위해 쓰이는 기능인 API와, 세계의 종말을 다룬 요한묵시록의 영어명 '아포칼립스(Apocalypse)'를 합성한 단어.

166 개인 또는 개인의 그룹이 직간접적으로 발생시키는 온실가스의 총량을 일컫는 말. 일상생활에서 사용하는 연료, 전기, 생활용품 등에서 발생하는 온실가스가 모두 포함된다.

167 '장티푸스 메리(Typhoid Mary)'는 본명 메리 맬런(Mary Mallon, 1869~1938)으로, 역사상 최초로 확인된 무증상 장티푸스 보균자이다. 그는 여러 집안에서 요리사로 일하면서 공식적으로 53명을 장티푸스에 감염시켰고, 그중 3명은 사망했다. 당시 보건 의식 부족으로 인해 메리 맬런은 자신이 장티푸스 보균자임을 끝까지 인정하지 않았고, 미 보건당국은 그녀가 출현하는 곳마다 계속해서 장티푸스 감염자가 발생하자 어쩔 수 없이 그녀를 사망할 때까지 병원에 격리하였다고 전해진다. 코로나바이러스가 창궐하는 현대에도 유사한 논쟁이 있지만, 그녀의 경우 무증상 보균자가 강제적으로 격리된 첫 번째 사례였기 때문에 인권 침해에 관한 많은 논란이 있었다고 전해진다.

168 파편이라는 뜻의 스플린터(Splinter)와 인터넷(Internet)이 합쳐진 단어로, 온라인 속 세상이 여러 가지 이유로 인해 쪼개지는 것을 의미한다. 이는 중국이 2003년 자국의 인터넷 감시 및 검열 시스템인 '만리장성'을 본격적으로 가동하고 서구 웹 사이트들을 차단하면서 그 개념이 생겨나기 시작했으며, 에릭 슈미트 구글 회장은 지난 2018년 인터넷 세상 자체가 미국 중심의 인터넷과 중국 중심의 인터넷으로 파편화될 것이라는 우려를 남기기도 했다.

찾아보기

ㅈ

ㅎ